노동법의 기초구조

니시타니 사토시 (西谷 敏) 저
한국노동법학회 · 한국비교노동법학회 편역

Grundstrukturen des Arbeitsrechts

박영사

서　문

　　『노동법의 기초구조(劳働法の基礎構造)』가 일본에서 출판된 것은 2016년 5월 말이다. 얼마 지나지 않아 6월 초순에 본서를 한국어로 번역하여 출판하고 싶다는 제의를 받았다. 일본에서는 아직 본서를 읽은 사람이 적은 단계에서 한국의 친구들이 본서를 한국에서 번역출판할 만한 가치가 있다고 평가해 준 것이 무엇보다도 기뻤다.

　　노동법의 기초이론에 대해서는 지금까지 몇 가지 저서나 논문에서 단편적으로 논해왔지만, 아직 논할 기회가 없었던 논점을 포함하여 노동법의 기초이론에 관한 연구를 다소 정리한 형태로 후세에 남기고자 집필한 것이 본서이다. 본서는 좁은 의미에서의 기초이론뿐만이 아니라 법정책론이나 법해석론에도 이르고 있지만, 본서 전체에 흐르는 통주저음(通奏低音)이 규제완화론 비판에 있다는 것을 금방 느낄 수 있다고 생각한다. 규제완화론의 융성으로 노동법이 계속 후퇴하고 있다는 위기감이 저가가 본서를 집필하도록 만든 것이다.

　　1980년대 중반부터 유럽에서 확산되어 온 노동법의 규제완화론은 노동에 관해서도 시장원리를 관철하는 것이 경제 발전을 위해서 불가결하고, 이것이 결국은 근로자를 위해서도 도움이 된다는 '새로운 철학'(Peter Hanau)에 근거로 하고 있다. 거기에는 노동법은 가능한 한 축소되어야 하는 '악'일 수밖에 없다. 확실히 노동법이라는 것은 공장법 이후의 노동보호법이든 단결권보장법이든 노동의 양상에 관한 사용자의 자유로운 결정을 규제하는 것을 본질적인 특징으로 삼기 때문에 시장원리주의자가 눈엣가시로 삼는 것도 당연하다면 당연하다.

　　유럽에서 노동법의 규제완화론이 융성하게 된 시기부터 나는 중대한 관심을 가지고 이를 관찰해 왔다. 당초에는 설마 그것이 일본에서도 맹위를 떨

치리라고는 예상하지 못했다. 일본의 노동법은 유럽의 노동법에 비교하여 원래 매우 탄력적이고, 그 이상의 규제완화가 강하게 요구된다는 생각을 할 수 없었기 때문이다. 그러나 일본에서도 1990년대 후반부터 노동법의 규제완화 정책이 적극적으로 추진되어 노동법의 중요한 원칙이 붕괴되어 왔다.

최근에 아베내각은 동일근로 동일임금 원칙의 실현과 장시간 근로의 제한이라는 얼핏 보면 규제완화와는 상반되는 정책 슬로건을 내세우고 있다. 이러한 정책의 배경에는 지금까지의 기업우위의 정책이 전개되는 가운데, 비정규직근로자의 빈곤이나 장시간 근로를 방치할 수 없을 만큼 심각한 상태가 된 상황이 있다. 또한 노동력 부족이나 디플레이션 경제에 대한 대응이라는 관점에서도 일정한 조치가 필요하게 되었다. 게다가 정책이 추진하는 군국주의화 및 헌법 개악의 의도에서 근로자의 눈을 딴 데로 돌리려고 하는 정치적인 목적이 있다고도 지적되고 있다.

어느 경우든 노동법의 규제완화 노선 그 자체가 변경된 것은 아니다. 그것은 정권이 동시에 해고를 쉽게 하는 해고의 금전해결제도나 잔업수당의 미지급을 합법화하는 근로시간제도의 실현을 계획하고 있는 점에서 명확하다. 또한 2016년 8월에 후생노동성의 간담회가 발표한 보고서 "근무방식의 미래 2035: 한 사람 한 사람이 빛나기 위해서(働き方の未来2035: 一人ひとりが輝くために)"는 기술혁신의 진전으로 개개인의 자유롭고 자율적인 근무방식이 확대된다는 유토피아와 같은 세계를 그리고, 민법을 수정하는 노동법적 보호의 축소를 주장하고 있다. 이것도 규제완화론을 다른 각도에서 정당화하여 촉진하고자 하는 것이다. 이러한 동향을 보면, 규제완화론을 바르게 비판하고, 근로자의 인간다운 생활을 보장할 수 있는 노동법의 확립이 여전히 노동법학의 기본적인 과제라는 것을 알 수 있다.

한국과 일본에서는 노동법상의 여러 제도나 노동운동의 역할에서 상이한 부분도 많이 있지만, 직면한 기본적 과제에서는 공통되는 면이 크다고 생각한다. 노동법의 규제완화의 배경에는 급속하게 진전된 경제의 세계화가 있으며, 자본주의국가이면서 이러한 격렬한 경쟁에서 자유롭게 있을 수 있는 국가는 존재하지 않기 때문이다.

경제 글로벌화의 질주를 방임하면 200년 이상의 험난한 투쟁을 통해 획득해 온 노동권과 근로조건을 하향시키는 경쟁에 이르게 되고, 결국은 노동이 붕괴될 우려가 있다. 우리들은 이를 수수방관할 만큼 어리석지는 않다. 세계화는 결코 인간이 제어할 수 없는 초월적 자연현상이 아니다. 글로벌한 차원에서 노동권과 근로조건 기준을 적절하게 규제할 수 있는 룰(rule)을 확립하는 것은 쉬운 작업은 아니라고 해도 불가능하지는 않다. 각국의 노동운동이나 노동법학자가 연대하여 노동권의 붕괴를 저지해야 하고, 이와 함께 노력하는 것이 이러한 국제적인 룰을 확립하는 첫 걸음이다.

이웃나라인 한국과 일본의 노동법(학)의 연대는 급선무이다. 본서의 번역출판이 그러한 연대를 전진시키는 역할의 일부분을 담당할 수 있게 된다면 그 만큼 행복한 일은 없다.

본서의 번역출판에 힘써주신 이승길 교수(아주대), 노상헌 교수(서울시립대)를 비롯한 노동법 연구자 여러분들과 그 밖의 관계자에게 진심으로 감사의 인사를 전한다.

2016년 10월

니시타니 사토시

西谷 敏

역자서문

　　한국에서 노동법을 공부하면서 일본 오사카시립대학(大阪市立大学) 명예교수이신 니시타니 사토시(西谷敏) 교수의 논문이나 저작물을 읽지 않고 공부한 사람이 없다고 해도 과언이 아니다. 이번에 니시타니 교수의 노동법에 관한 철학이 온전히 담긴 『노동법의 기초구조(労働法の基礎構造)』를 번역하기 위해 의기투합한 우리들도 노동법 공부를 처음 시작한 대학원 시절 저자의 논문을 통해 노동법(학)의 기초를 다졌다고 할 수 있다.

　　전후 일본 노동법학계를 이론적으로 견인해온 니시타니 교수의 노동법(학) 이론은 '근로자의 자기결정권'의 지향이다. 근로자의 자기결정 이념은 단적으로 인적 종속성(사용자의 지휘명령에 대한 복종)과 경제적 종속성(지위의 비대등성)을 기본적 특징으로 하는 근로관계에서 근로자가 자기결정을 실현하는 것은 쉽지 않다는 점을 전제로 하여, 이를 실현하는 데는 국가 및 근로자집단(특히 노동조합)의 조력이 필요하다는 점을 강조한다. 자기결정의 이념은 구체적인 인간(근로자)이 구체적인 상황에서 행하는 결정을 인간존엄 이념과의 정합성을 고려하면서 실현시키고자 하는 것으로 그 조건형성을 위해 국가의 개입을 필요로 한다. 그 점에서 시장에 대한 국가개입에 기본적으로 부정적인 규제완화론과는 분명히 다르며, 개인의 실패를 모두 개인의 자기책임으로 귀착시키는 자유주의적인 자기책임론과도 구별된다. 노동법을 근로자 개인의 자유와 인권을 신장시키는 방향으로 전개함으로써 종국에는 인간존엄의 이념을 구체화해야 한다는 것이 저자의 오롯한 생각이다.

　　이 책은 이러한 저자의 노동법학 관점뿐만 아니라 법학에 관한 깊은 이해와 탁월한 지적 능력을 바탕으로 노동법의 생성과 발전 그리고 오늘날까지의 발전 경향을 총괄 검토하고, 미래의 노동법 발전 방향을 예측하고 있다. 저자의 그 끝을 알 수 없는 법학적 지식과 수미일관된 관점에 대하여 감복하면서 번역하게 되어 역자들에게는 버거우면서도 즐거운 작업이었다. 저자의 유려한 필체와 정연한 논리가 한국어로 제대로 전달되지 못하였다면 그것은 모두 역자들의 내공이 부족한 탓일 것이다.

이 책은 노동법을 처음 공부하는 학생이나 중견학자에 이르기까지 왜 노동법을 공부하는가에 대해 물음을 던질 때 다시 읽어보아야 할 지침서가 될 것이다. 이 책이 노동과 인권 그리고 민주주의를 생각하는 사람들에게 새로운 용기를 북돋우며 한·일 노동법(학)의 이해를 두텁게 해줄 것으로 믿는다.

이 책의 번역작업은 한국노동법학회와 한국비교노동법학회의 공동사업으로 행한 것임을 밝혀둔다. 그리고 어려운 출판 사정에도 불구하고 흔쾌히 이 책의 출판을 결정해주신 박영사에도 감사드린다.

2016년 10월
한국노동법학회 회장 이승길
한국비교노동법학회 회장 노상헌

서   문

역자서문

일러두기

제1장 노동법의 본질과 발전 ·· 1

들어가는 말 ·· 1

Ⅰ 노동법의 성립과 본질적 성격 ··· 3

1 노동법의 성립   2 노동보호법의 본질적 성격   3 단결권보장법의 성격

Ⅱ 노동법 전개의 정책적 요인 ··· 10

1 사회정책의 본질 논쟁에서 본 두 가지의 요인   2 '총자본의 이성'의
의의와 한계   3 노동운동과 사회운동

Ⅲ 노동정책과 법 ·· 17

1 의회제 민주주의와 노동법   2 법의 구속성과 안정성   3 입헌주의와
노동법

Ⅳ 노동법의 유연화와 규제완화론 ··· 21

1 규제완화론과 유연안정성론   2 기업의 환경변화와 노동법의 유연화론
-독일의 논의

Ⅴ 세계화와 노동법 ··· 26

1 국제적인 노동법의 추진   2 세계화와 규제완화   3 세계화시대의 노동법

맺는 말 ·· 32

제2장 시민법과 노동법 ·· 34

들어가는 말 ·· 34

Ⅰ 시민법과 사회법(노동법)의 이질성 ··································· 35

1 법에서의 인간상(人間象)에 관한 논쟁   2 일본에서의 논쟁 수용

   3 노동법의 독자성과 전후 노동법학

  Ⅱ 노동법 독자성론에 대한 반성과 비판 ························ 41

   1 시민법과 노동법의 경제적 기초   2 이질성의 의미   3 기반의 변화
   4 와타나베 요죠(渡辺洋三)의 노동법학 비판

  Ⅲ 현대 시민법론과 노동법 ································· 50

   1 와타나베 요죠(渡辺洋三)의 새로운 이론   2 현대 시민법론의 승계와
   발전   3 '시민사회'론의 전개와 시민법론   4 현대시민법에서의 노동법

제3장   민법과 노동법 ······································· 61

  들어가는 말 ··· 61

  Ⅰ 시민법과 민법(전) ···································· 62

  Ⅱ 독일에서 보는 민법과 노동법 ·························· 63

   1 독일 민법전과 고용   2 민법과 노동법의 관계

  Ⅲ 프랑스에서의 민법과 노동법 ·························· 70

   1 민법전과 역무임대차   2 노동법의 성립과 발전

  Ⅳ 일본에서의 민법과 노동법 ···························· 73

   1 민법상의 고용(雇用)   2 고용과 근로계약   3 근로계약에 관한 법적
   규제   4 민법의 사회화와 노동법   5 법해석에서의 민법과 노동법
   6 민법과 노동법의 입법론

제4장   노동법의 기본이념 ································· 90

  들어가는 말 ··· 90

  Ⅰ 법의식과 법이념 ····································· 91

   1 법의식과 법이념의 상호관계   2 노동법의 법의식과 법이념

  Ⅱ 생존권 이념 ·· 94

   1 생존권과 생존권적 기본권   2 생존권과 노동법

  Ⅲ 인간존엄 이념 ······································ 103

   1 누마타 이네지로(沼田稲次郎)의 인간존엄론   2 인간존엄 이념의 근거

　　3 실정법상 인간존엄론의 의의

　Ⅳ 자유와 자기결정 ·· 111

　　1 노동법에서의 자유의 재발견　2 자기결정권　3 자유이념에 대한 역풍

　Ⅴ 평등과 차별금지 ·· 126

　Ⅵ 노동권과 '양질의 일자리'(Decent Work)의 이념 ····························· 127

제 5 장　노동법에서의 공법과 사법 ·· 129

　들어가는 말 ··· 129

　Ⅰ 공법 · 사법 이원론의 재검토 ·· 130

　　1 헌법의 기본적 성격　2 민법학 등에서의 공법 · 사법 협동론

　Ⅱ 근로자 · 사용자 간의 기본적 인권의 효력 ·· 134

　　1 독일에 있어서의 제3자 효력론　2 일본에서의 해석

　Ⅲ 노동보호법의 사법적 효력 ·· 140

　　1 문제의 소재　2 단속법규를 둘러싼 민법학의 논의　3 독일에서의
　　논의의 발전　4 일본에서의 법해석

　Ⅳ 공법적 · 사법적 규정의 해석 ·· 157

제 6 장　근로계약과 근로자의사 ··· 159

　들어가는 말 ··· 159

　Ⅰ 전후 노동법학에 있어서 근로계약 ·· 161

　　1 근로조건의 집단적 결정　2 지위설정계약론　3 자유의사의 허위성

　Ⅱ 근로계약의 의의 ·· 167

　　1 기업과 근로계약　2 근로계약의 현실적 기능　3 근로자의 합의 · 동의
　　와 자유로운 의사

　Ⅲ 강행법규와 근로자의 의사 ·· 179

　　1 근로자 의사의 부정과 그 정당화 근거　2 근로자 의사의 편입

　Ⅳ 집단규범과 근로자의 의사 ·· 184

1 단체협약의 규범적 효력과 한계   2 취업규칙과 근로계약

Ⅴ '틀' 안에서의 개별합의 ··· 192

1 근로조건의 변경 등과 합의   2 개별합의 성립   3 비갱신조항의 법적
효력

제 7 장 '근로자'의 통일과 분열 ··· 203

들어가는 말 ··· 203

Ⅰ 정규 · 비정규노동과 표준적 근로관계 ······························· 206

1 정사원과 표준적 근로관계의 의의   2 일본의 비정규고용   3 비정규
고용의 법정책

Ⅱ 정사원의 다양화 ··· 223

1 일반근로자와 관리직   2 다양한 정사원(한정 정사원)   3 고도전문
근무제(사무직 · 면제)

Ⅲ '근로자'의 범위 ··· 230

1 현대 근로자개념론의 의의   2 근로자개념론의 성격   3 근로자개념의
상대성   4 비근로자의 보호

제 8 장 노동조합과 법 ··· 238

들어가는 말 ··· 238

Ⅰ 노동조합의 생성 ··· 239

Ⅱ 노동조합의 특질 ··· 240

1 노동조합의 경제적 기능   2 요구실현의 수단   3 노동조합의 대표성
4 노동조합과 종업원대표제

Ⅲ 노동조합에 대한 법의 대응 ··· 255

1 적극적 승인의 의미   2 적극적 승인과 국가 정책   3 기본적 인권과
노사관계

Ⅳ 노동조합에서의 개인과 집단 ··· 260

1 단체로서 노동조합의 성격   2 개인주의와 집단주의의 일반적 배경
3 노동조합에서의 집단주의와 그 내용

제 9 장　노동법에서의 법률, 판례, 학설 ··· 271

　　들어가는 말 ·· 271

　Ⅰ 판례의 구속력 ·· 272

　Ⅱ 노동법에서의 입법과 사법 ··· 274

　　　1 위헌법률의 심사　　2 입법과 사법의 역할분담　　3 판례법리의 명문화

　Ⅲ 판례와 학설 ·· 292

　　　1 법학과 재판실무　　2 재판에 대한 학설의 영향　　3 판례에 대한 학설의
　　　접근

　　맺는 말 ·· 301

제 10 장　노동법의 해석 ·· 303

　　들어가는 말 ·· 303

　Ⅰ 법해석논쟁에서 이익형량론으로 ·· 304

　　　1 법해석논쟁의 의의　　2 이익형량론과 그 비판

　Ⅱ 이익형량론과 노동법의 학설·판례 ·· 310

　　　1 노동법학과 이익형량론　　2 노동판례의 해석방법　　3 일관된 방법의
　　　결여인가 이익형량본인가

　Ⅲ 법해석방법론에서 본 노동법의 특질 ·· 324

　　　1 노동법과 이익의 형량　　2 노동법의 특질과 이익형량론

　　맺는 말 ·· 332

제 11 장　근로관계의 사법화와 분쟁해결 ·· 335

　　들어가는 말 – '사법화'의 빛과 그림자 ·· 335

　Ⅰ 근로계약의 성질과 근로관계의 사법화 ·· 337

　Ⅱ 일본식 기업사회와 사법화 ··· 339

　　　1 일본식 기업사회의 특징　　2 사법화의 진행　　3 사법화의 한계

　Ⅲ 사법화의 제 형태 ·· 344

1 규범·룰(rule)의 종류　2 실체형　3 절차형과 법의 절차화
4 사용자의 재량형

Ⅳ 노동분쟁과 그 법적 해결 ·· 350

1 공적 분쟁해결제도의 의의　2 노동분쟁의 유형과 특징　3 분쟁해결의
방법

제12장　노동법의 미래 ··· 357

들어가는 말 ··· 357

Ⅰ 노동의 의의와 노동권 ··· 357

1 노동의 의의　2 노동권의 보장

Ⅱ 고용의 보장과 일자리의 보장 ··································· 360

Ⅲ 법체계에서의 노동법 ··· 364

찾아보기　367

【1】 주요 법령

均等法	雇用の分野における男女の均等な機会及び待遇の確保等に関する法律（男女雇用機会均等法）
高年法	高年齢者等の雇用の安定等に関する法律(高年齢者雇用安定法)
国公法	国家公務員法
最賃法	最低賃金法
職安法	職業安定法
パート(労働)法	短時間労働者の雇用管理の改善等に関する法律
地公法	地方公務員法
派遣法	労働者派遣事業の適正な運営の確保及び派遣労働者の保護等に関する法律(労働者派遣法)
労安法	労働安全衛生法
労基法	労働基準法
労契法	労働契約法
労組法	労働組合法

【2】 주요 문헌

荒木・労働法	荒木尚志『労働法[第2版]』(2013, 有斐閣)
菅野・労働法	菅野和夫『労働法[第11版]』(2016, 弘文堂)
西谷・個人	西谷敏『労働法における個人と集団』(1992, 有斐閣)
西谷・規制	西谷敏『規制が支える自己決定－労働法的規制システムの再構築－』(2004, 法律文化社)
西谷・人権	西谷敏『人権としてのディーセント・ワーク－働きがいのある人間らしい仕事－』(2011, 旬報社)
西谷・組合法	西谷敏『労働組合法[第3版]』(2012, 有斐閣)
西谷・労働法	西谷敏『労働法[第2版]』(2013, 日本評論社)
毛塚 古稀	山田省三・青野覚・鎌田耕一・浜村彰・石井保雄(編)『労働法理論変革への模索〔毛塚勝利先生古稀記念〕』(2015, 信山社)

菅野 古稀　　　荒木尚志・岩村正彦・山川隆一(編)『労働法学の展望〔菅野和夫先
　　　　　　　　生古稀記念論集〕』(2013, 有斐閣)
角田 古稀(上)(下)　石井保雄・山田省三(編)『労働者人格権の研究〔角田邦重先生古稀
　　　　　　　　記念〕(上)(下)』(2011, 信山社)
西谷 古稀(上)(下)　根本到・奥田香子・緒方桂子・米津孝司(編)『労働法と現代法の理
　　　　　　　　論〔西谷敏先生古稀記念論集〕(上)(下)』(2013, 日本評論社)

【3】 주요 판례집 · 잡지

刑集	最高裁判所刑事判例集	労経速	労働経済判例速報
民集	最高裁判所民事判例集	労民集	労働関係民事裁判例集
判時	判例時報	季労	季刊労働法
判タ	判例タイムズ	労旬	労働法律旬報
労判	労働判例		

제1장
노동법의 본질과 발전

▌들어가는 말

노동법의 역사는 결코 오래되지 않았다. 노동법의 효시인 영국 최초의 공장법 성립에서 헤아려 보면 약 200년, 독일에서 노동법의 개념이 성립한지 약 100년, 그리고 일본에서 본격적으로 노동법이 성립한지 겨우 70년이다. 어떻게 계산을 해도 몇 천 년의 역사를 가진 민법이나 형법과 비교하면 노동법의 '새로움'은 두드러진다. 노동법은 자본주의가 발전한 일정한 단계에서 일정한 조건으로 성립된 것으로 민법이나 형법과 같이 사회질서를 유지하는 데에 보편적으로 필요하다고 증명된 것은 아니다.

따라서 노동법은 세계화를 배경으로 하는 자본주의의 전개과정에서 점차 쇠퇴하거나 변질될 가능성이 있다. 1980년대부터 유럽과 미국을 지배하고, 일본도 1990년대부터 확산된 규제완화론은 국가의 규제를 받지 않는 시장의 자유에 최대가치를 두는 견해이다. 이 논리는 노동 분야에도 적용되어 각국의 노동법에 가장 큰 영향을 미쳐 왔다. 하지만 독일의 하나우(Peter Hanau)가 말한 것처럼 규제완화론이 시장에 대한 규제는 사용자의 경제활동을 저해하는 것으로 근로자에게도 유해하다는 '새로운 철학'에 근거한다면,[1] 규제완화론의 진전은 논리적으로는 노동법이 가능한 한 후퇴할 것을, 나아가 노동법의 해체를 요구할 수밖에 없게 된다. 또는 노동법이라는 개념이 유지되더라도 그 내용이 변질되어 버릴 가능성도 있다.[2]

---

1) ベーター・ハナウ・藤原稔弘(訳) "雇用促進のための労働法の規制緩和" 日本労働研究雑誌 442호(1997) 74쪽.
2) 물론 개별 노동법의 규제가 시대에 뒤떨어져 새로운 경제 변동에 대응할 수 없어 완화가 필

1

또 유럽에서는 노동법의 부분적인 유연화와 노동법·사회보장법에 의한 근로자의 보장을 결합한 새로운 개념을 유연안정성(flexicurity)이라고 명명하고 주장되어 부분적으로 실시하고 있다. 유연안정성이란 말할 필요도 없이 유연성(flexibility)과 보장(security)의 합성어이다. 이것은 뒤에서 언급하는 것처럼 유연한 노동법제, 평생교육, 적극적 노동시장정책, 사회보장제도의 4요소로 구성되는 포괄적인 정책체계로 이해된다. 하지만, 여기서 유연한 노동법제(예를 들어 해고제한의 완화)가 중요한 역할을 수행한다면 규제완화론과 공통된 부분이 있고, 실제로 힘 관계에서는 이러한 요소만이 일부 강조될 수도 있다. 따라서 유연안정성 정책도 그 방법에 따라 규제완화론과 마찬가지로 각국의 노동법을 쇠퇴 또는 변질시킬 가능성이 있다.

그러나 노동법의 쇠퇴 또는 변질이란 무엇인가? 이것은 다수의 근로자나 사회 전체에서 무엇을 의미하는 것인가? 이러한 점을 고려하려면 그 전제로서 원래 노동법이란 어떠한 법인가, 노동법은 어떠한 요인으로 성립하여 발전해 왔는가, 노동법이 향후에도 필요하다면 어떠한 이유인가 등을 명확히 할 필요가 있다. 이러한 원리적인 고찰을 제외하고 성립된 정책론은 경박한 것으로 끝날 수밖에 없다. 노동법학도 법해석론의 틀에 갇히지 말고, 미래의 노동법과 관계된 논의에 적극적으로 관여해야 한다는 주장은 옳다.[3] 하지만 먼저 그 전제인 기본 문제를 해명하는 것이 노동법학의 필요한 과제이다.

이 책은 처음부터 끝까지 이러한 원리적인 고찰을 목적으로 하며, 특히 본 장에서는 노동법의 본질적인 성격과 그 발전 방향을 사회정책의 본질 논쟁을 단서로 하여 살펴본다.

요할 수도 있다. 이러한 의미에서 개별 규제완화와 규제완화'론'은 밀접하게 구별해야 한다.
3) 로리츠는 독일의 노동법학은 현행법의 해석에만 관심을 두는 경향이 있지만, 노동법의 장래에 대하여 생각하는 임무를 정치가 또는 경제학자에게만 맡겨서는 안 된다고 언급한다 (Loritz, Anforderung an die Arbeitswelt von morgen, ZfA 2013, SS. 336, 372).

Ⅰ. 노동법의 성립과 본질적 성격

1. 노동법의 성립

(1) '노동법'의 개념

주요 선진국 가운데 최초로 '노동법'(Arbeitsrecht)의 개념을 사용한 것은 독일이다. 독일에서 이 개념이 1873년경부터 문헌에서 확인되지만, 늦어도 제1차 세계대전 전인 1912년경에는 폭넓게 보급되었다.[4] 진츠하이머와 포트호프(Heinz Potthoff)의 편저로 1914년에 창간된 잡지 「노동법」이 '현업 근로자, 직원, 관리의 전근무법(全勤務法)을 위한 연감'이라는 부제가 있었던 점에서 알 수 있듯이 당시의 '노동법'의 개념은 그때까지 자주 이용되던 '노동자법(Arbeiterrecht)'과는 달리, 현업 근로자 이외에 직원이나 관리도 포함하는 넓은 개념이었다. 거기서는 또 개별적 노동관계법뿐만 아니라 집단적 노동법도 그 구성 부분을 이루고 있었다.[5] 1919년의 바이마르 헌법 제157조제2항은 "공화국은 통일 노동법을 제정한다"고 선언하고, 여기서 처음으로 '노동법'의 용어가 헌법전에 등장했던 것이다.

프랑스에서는 1910년부터 1927년에 걸쳐 노동자법에 관한 여러 법규를 하나의 노동법전으로 정리하는 작업을 진행하였다. 하지만 노동법에 상당하는 법 분야는 일반적으로 '산업입법'으로 부르고, 법학부의 강의과목에서 최초로 '노동법'의 명칭을 사용한 것은 1954년이라고 보여진다.[6] 영국이나 미국에서 '노동법'의 개념을 도입한 것은 더욱더 늦고, 또한 노동보호법이 미성숙한 점도 있어 개별적 노동법과 집단적 노동법을 총괄하여 '노동법'으로 파악

---

4) Rückert, "Frei" und "sozial": Arbeitsvertrags−Konzeptionen um 1900 zwischen Liberalismus und Sozialismus, ZfA 1992, S. 237.

5) 진츠하이머의 노동법 구상에서는 단체협약법제가 빠질 수 없었다(Sinzheimer, Über den Grundgedanken und die Möglichkeit eines einheitlichen Arbeitsrechts für Deutschland (1914), in: Sinzheimer, Arbeitsrecht und Rechtssoziologie. Gesammelte Aufsätze und Reden, Bd. 1, 1976, S. 57f).

6) 中村睦男 『社会権法理の形成』(1973, 有斐閣) 160쪽.

하려는 발상 자체가 충분하게 정착했다고 할 수 없다. 이렇게 어느 국가나 '노동법'의 개념에 대한 역사는 짧아 이 점에서 그 존재의 불확실성과 일정한 상관관계가 있다고 생각된다.

(2) 공장법의 성립과 발전

그러나 여기서 본질적인 문제는 '노동법'의 개념 자체가 아니다. 노동법의 개념이 아직 없거나 보급되지 않은 시기에도 노동법의 성격을 가진 많은 법률이나 판례법리가 존재하였다는 점이다.[7] 노동법의 역사는 당연히 이러한 법률이나 판례까지 소급해야 한다. 특히 공장법의 역사가 중요하다. 그 명칭이야 어쨌든 어느 국가나 공장 이외의 사업장에서 근로조건(특히, 근로시간)의 최저기준을 설정하고 직장환경을 개선하려는 법률이 제정되었다. 이것이 노동법의 시작이고, 많은 국가에서 지금도 노동법의 핵심이 되고 있다.

영국에서 최초의 공장법은 1802년 「도제의 건강과 도덕을 위한 법률」이다. 하지만 모든 업종의 공장에 적용되면서 감독제도도 갖춘 본격적인 공장법은 1833년에 제정되었다. 18세기 후반부터 산업혁명 시대에 들어선 영국은 19세기 초 이후 공장법의 보호가 필요할 정도로 열악한 근로조건과 노동환경이 만연해 있었다.

공장법은 이후 각국에 보급되었는데, 어느 국가나 공장에서 연소자와 여성을 보호하는 법률로 출발하였고, 점차 그 대상 범위를 성년 남자에게도 확대되는 경과를 거쳤다. 그 후 노동보호법은 현업 근로자 외에 사무직원 등과 같은 화이트칼라 계층도 포섭하게 된다. 이것은 화이트칼라 근로자가 증가하고, 그 지위가 낮아짐에 따라 대응한 것이다. 이에 점차 전체 근로자를 대상으로 하는 노동보호법이 각국에서 확립하여 노동법의 지주가 되었다. 일본에서는 1911년 공장법(1916년 시행)이 그 시초이다. 이 법을 부분적으로 계승하면서 일본국헌법의 이념에 따라 대폭적으로 확충한 것이 1947년 노동기준법

---

7) 진츠하이머가 1914년의 논문에서 통일 노동법의 필요성을 주장한 중요한 이유 중에 하나는 그때그때의 필요에 따라서 제정되어 분산된 노동법규를 통일하려는 것이었다(Sinzheimer, a.a.O.(5), S. 36ff).

이고, 이것이 현재에도 노동보호법의 핵심을 이루고 있다.

2. 노동보호법의 본질적 성격

(1) 종속성의 인식

공장법을 시초로 하는 노동보호법은 근로조건이나 직장환경에 관한 일정한 기준을 설정하고, 감독제도와 벌칙을 적용하여 사용자에게 그 준수를 강제한다. 즉 노동보호법의 본질은 사용자를 '규제'하는데 있다.

이러한 법적 규제의 전제에는 노동의 여러 조건을 형식적으로 대등한 입장에 서는 근로자와 사용자의 자유로운 계약으로 결정한다. 하지만 실제로는 양 당사자의 지배·종속관계 때문에 사용자가 일방적으로 결정한다는 인식이 자리잡고 있다. 근로자의 종속성 때문에 노사가 대등한 결정을 하는 형식을 이용하여 사용자가 단독으로 결정하고 관철한다는 인식이야 말로 노동법의 규제를 지탱하는 핵심 근거이다. 여기에서 '종속성'이란 노동이 사용자의 지휘명령으로 행해지는 것(이른바 인적 종속성)과 근로자와 사용자의 지위가 대등하지 않다는 것(이른바 경제적 종속성)의 두 가지 요소가 결합한 상태를 말한다.[8]

이러한 의미에서 종속성이 계속되는 한 노동법은 필요하고, 종속성이 해소되면 노동법이 존재할 근거는 사라진다. 이를 테면 근로자와 사용자의 관계가 실질적으로도 대등하다면 당사자의 계약자유야 말로 적정한 근로조건을 실현하는 가장 적절한 방법이기 때문이다.[9] 따라서 노동법 분야에서 규제완화론은 자신의 입론을 근거로 삼기 위하여 근로자의 종속성을 부정하거나 적어도 과소하게 평가하려는 것이다.[10] 결국 근로자의 종속성이 존재하는지 여

---

8) 이러한 두 가지 요소를 기초로 하여 근로자의 계급으로서 지위가 있다고 생각하고, '계급적 종속성'을 강조하는 견해, 또는 근로자가 사용자의 기업조직에 편성된다는 '조직적 종속성'을 강조하는 견해 등이 있지만, 본문에서 언급한 두 가지의 종속성이야 말로 가장 기본적이다.
9) 당사자의 대등성을 전제한 일반 계약관계에 대해서도 예를 들어 공서양속 위반의 법률행위를 무효로 하는 등의 규제(민법 제90조)는 적용된다. 하지만 이것은 이른바 예외적인 법의 개입으로 당사자의 지배종속관계를 전제한 노동보호법의 개입과는 질적으로 구별해야 한다.
10) 西谷·個人 55쪽 이하; 西谷·規制 125쪽 이하 참조.

부, 그 정도는 어떠한지가 노동법의 필요성을 결정하는 가장 큰 판단기준이 되는 것이다.11)

(2) 단독결정의 규제

이렇듯 노동보호법의 목적은 종속적 관계에서의 근로조건은 사실상 사용자가 일방적으로 결정한다(적어도 이것이 일반적이다)는 인식에 기초하여 최저기준을 설정함으로써 사용자가 단독으로 결정하는 것을 규제한다. 노동보호법의 목표는 틀림없이 사용자이다. 하지만 사용자에 대한 규제는 당연히 근로자에게도 반사적 효과를 미치지 않을 수 없다. 특히 근로조건이 사용자와 근로자 간의 합의(근로계약)로 결정되는 원칙을 취하면서, 동시에 노동보호법에 사법적 강행성을 인정한다면 노동법에 의한 규제의 효력은 형식적으로도 근로자에게 미치게 된다.

규제완화론은 자주 이 점을 근거삼아 과잉 규제는 근로자의 자유로운 근무방식을 제약한다고 비판한다. 이 점은 추상적, 형식적으로는 옳다. 그러나 근로자가 건강을 해칠 만큼 장시간 일할 자유, 생활을 유지할 수 없을 만큼 저임금으로 일할 자유, 또는 열악한 직장환경에서 일할 자유를 과연 존중할 만한 가치가 있는 것인가? 노동법의 규제에 의해 제한되는 '자유로운 근무방식'은 대부분의 경우 근로자가 바라는 것도 아닌 관념적인 자유에 불과하다. 규제완화의 요구는 기본적으로는 사용자의 자유로운 확대를 목적으로 하며, 근로자의 '일할 자유'의 논리는 통상 근로계약의 형식에서 착안한 수사에 불과한 것이다.12)

---

11) 노동법에 의한 규제는 '인위'이기 때문에 객관적으로 종속성이 계속 심각해지는 상황에서 오히려 '규제'만이 후퇴한다면, 근로자에게는 최악의 사태를 생각할 수 있다. 1990년 이후 '헤이세이(平成) 불황'의 시대에 일어난 사태는 이에 가깝다.

12) 물론 과도한 규제가 근로자에게 불리하게 작용하는 경우는 있을 수 있다. 예를 들어 모성보호를 위하여 임신 중인 여성의 취업을 제한하는 것은 그 기간 중의 수입 확보나 커리어 형성의 점에서 여성에게 오히려 불이익으로 받아들여지는 경우가 있다. 노동기준법은 이러한 점을 고려하여 산전휴업, 산후 6~8주간의 취업금지의 해제, 임신 중에 경이한 작업으로의 전환, 변형 근로시간에서의 시간 제한, 시간외 근로의 금지에 대하여 근로자의 '청구'를

6

3. 단결권보장법의 성격

(1) 노동보호법과의 이질성과 공통성

노동보호법과 함께 노동법의 다른 기둥은 단결권보장법이다(집단적 노동법, 노동단체법이라고도 한다). 노사관계에 대한 국가법의 관계 방법의 관점에서 보면, 노동보호법과 단결권보장법은 대조적이다. 노동보호법이 근로자·사용자 관계에 직접적·강권적으로 개입한다면, 단결권보장법은 노사관계에 대한 국가의 불개입(노사'자치'의 보장)을 기본으로 하기 때문이다. 국가법은 부수적으로 사용자에 의한 단결권의 침해를 배제하여 정상적인 노사관계의 유지·발전을 조성하거나(특히 부당노동행위제도), 노사교섭의 결과(단체협약)를 법적으로 재가하여 그 안정적인 타당성을 담보하거나 분쟁 해결에 조력을 제공하는 등의 역할을 수행한다. 그러나 단결권보장법의 핵심 요소는 국가의 불개입에 의한 노사'자치'의 보장이다.

노사자치는 객관적으로는 사용자에 의한 근로조건의 단독결정을 제한한다는 의의를 가진다. 즉 개별 근로계약의 차원에서는 노사대등 결정의 형식으로 사실상 사용자의 단독결정(Alleinbestimmung)을 관철하기 때문에 이러한 현실을 바탕으로 노사의 집단적 공동결정(Mitbestimmung)으로 그 단독결정을 제약하려는 것이 집단적 자치(특히 단체협약)이다.[13] 이것은 개별계약의 차원에서는 형해화될 수밖에 없는 계약자유를 집단적 차원에서 회복하려는 점에서는 노동보호법과는 이질(異質)적이다. 하지만, 사용자의 단독결정의 규제라는 객관적인 의의에서 양자는 공통된다. 국가법은 여기서는 노동보호법과 같이 사용자의 단독결정을 직접 규제하지는 않지만, 공동결정으로 단독결정의

요건으로 하고 있다(노동기준법 제65조·제66조). 이 문제는 본서 제6장 Ⅲ. 2. 참조.

13) 이것은 독일노동법의 창시자라고 해야 하는 진츠하이머의 입장이다. 西谷敏『ドイツ労働法思想史論―集団的労働法における個人·団体·国家―』(1987, 日本評論社) 181쪽 이하, 214쪽 이하 참조. 이러한 입장은 전후 서독에서도 계승하였다(Däubler, Grundrecht auf Mitbes-timmung, 1973, S. 8f.; Belling, Das Günstigkeitsprinzip im Arbeitsrecht, 1984, S. 18f) 일본에서도 이미 제2차 세계대전 전부터 단결권은 비슷한 관점에서 설명하였다(末弘厳太郎『労働法研究』(1926, 改造社) 32쪽 이하).

규제를 보장·촉진해 간접적으로 사용자의 단독결정을 규제하는 것이다.

이렇듯, 노동보호법과 단결권보장법은 외견상 국가에 의한 노사관계에 개입과 불개입이라는 정반대의 성격이지만, 사용자에 의한 사실상의 단독결정을 규제하는 객관적인 의의에서는 공통적이다. 양자가 노동법이라는 통일된 개념으로 포섭될 수 있는 것은 단순히 양자가 모두 '노동'에 관계된다는 외적 이유에 의한 것이 아니라, 양자의 내적 공통성이 노동법의 통일성을 지탱하고 있는 것이다.

노동법은 그 목적에서 보면, 종속노동으로 생활하는 사람의 인간다운 생활을 보장하기 위한 법이라고 규정할 수 있지만, 가장 중심적인 수단은 사용자의 단독결정을 규제하는 것이다.[14] 하지만 통설이 노동법의 제3의 영역으로 자리매김한 고용보장법(노동시장법)[15]은 국가나 고용서비스를 제공하는 중요한 주체로 하기 때문에 사용자에 대한 규제는 부수적이다. 하지만 이 영역은 각종 노동보험법과 함께 노동법의 외곽에 자리매김되어야 하고, 사용자의 단독결정을 규제하는 것이야 말로 노동법의 핵심이라는 사실은 바꾸지 않는다. 고용보장법을 노동법의 영역에 포함시키는 것에는 이론은 없지만, 이것에 의해 노동법의 핵심 부분의 성격이 애매해지는 일은 없어야 한다고 생각한다.

(2) 노동보호법과 단결권보장법의 비중

노동보호법과 단결권보장법은 노동법에서 불가결한 양대 기둥으로 여겨져왔다. 단결권 보장에 근거한 집단적 노사관계에는 탄력성이라는 장점이 있

---

14) 또한 근로계약도 국가법이나 집단적 협정의 지원을 받아서 근로조건의 대등결정이라는 그 본래의 취지대로 적절하게 기능할 것이 기대된다. 그리고 실제로 여기에 가까운 기능을 영위하는 경우 역시 사용자에 의한 단독 결정을 제약하는 역할을 하게 된다. 이렇게 생각하면, 노동보호법, 노사자치(단결권보장법), 단체협약의 세 가지가 사용자의 단독 결정을 제약할 수 있는 요소이고, 이러한 것을 어떻게 적절하게 편성해 체계를 구축할 것인지가 노동법의 기본 과제이다(西谷·規制 247쪽 이하 참조).
15) 菅野·勞働法은 제2편을, 荒木·勞働法은 제4부를 '노동시장(의) 법'으로 편제하고 있고, 西谷·勞働法은 제3부를 '고용보장법'으로 편제하고 있다.

고, 노동보호법에는 안정성이라는 장점이 있다. 양자 중에 어느 쪽을 어느 정도 중시할 것인지는 국가와 시대에 따라 다르다. 집단적 노사관계가 넓은 범위의 근로자를 포섭하여 적절하게 기능하고 있다면, 이에 따라 노동보호법이 수행할 역할은 작아질 것이다. 이 경우 노동보호법이 근로조건의 규제를 위하여 지나친 역할을 수행하면, 노사자치를 막는다고 비난받는다. 반대로 집단적 노사관계가 적절하게 기능하지 않는다면 노동보호법에 큰 역할을 기대한다.16)

이와 같이 이러한 양자의 역할 분담은 추상적인 이론보다도, 집단적 노사관계가 현실에서 수행하고 있거나 또는 수행할 수 있는 역할에 대한 객관적 인식에 근거하여 판단되어야 하는 문제이다. 집단적 노사관계가 본래의 역할을 제대로 발휘하지 못하면, 노동보호법이 그 경직성이라는 단점에도 불구하고 사용자의 단독결정을 규제하여 적절한 근로조건을 확립하기 위하여 중요한 역할을 맡는 수밖에 없다.17) 집단적 노사관계가 본래 하여야 하는 역할을 이유로 노동보호법의 억제 내지 후퇴를 주장하는 것은 일본의 규제완화론의 상투적인 수단으로 학설의 입법론에도 크게 영향을 미치고 있다. 하지만, 집단적 노사관계가 제대로 기능하지 못하는 것이 분명한 일본의 상황에서는 이러한 주장은 공허할 뿐만 아니라 유해하기까지 하다.

---

16) 예를 들어 독일에서는 임금수준의 결정은 단체협약의 핵심 과제로 생각했기 때문에 오랫동안 법률에 의한 최저임금제도를 기피해 왔다. 하지만, 사용자의 사용자단체로부터의 탈퇴, 외국인근로자의 유입, 노동조합의 조직률의 저하 등의 요인으로 단체협약의 기능이 후퇴하면서 노동조합도 최저임금제를 요구하게 되고, 결국 2014년에 최저임금법(Mindestlohngesetz)을 제정하여 2015년부터 시급 8.5유로로의 전국·전산업 일률의 최저임금제도를 도입하였다 (경위와 법률 내용은 Wank, Der Mindestlohn, RdA 2015, S. 88ff.; Waltermann, Aktuelle Fragen des Mindestlohngesetzes, AuR 2015, S. 166ff. 참조).

17) 상세한 내용은 西谷·規制 315쪽 이하 참조.

II. 노동법 전개의 정책적 요인

1. 사회정책의 본질 논쟁에서 본 두 가지의 요인

마르크스의 '자본론'에 "자본은 근로자의 건강과 수명을 고려하는 것을 사회가 강제하는 것이 아니라면, 조금도 고려하지 않는다"라는 유명한 구절이 있다.[18] 즉 개별 자본은 경쟁원리에 따라 오직 이윤의 증가만을 추구하고, 근로자를 가능하면 저임금으로 장시간 동안 일하도록 강요하기 때문에 이에 어떠한 사회적 강제가 작동하지 않는다면 자신이 고용하는 근로자의 생명·건강에는 관심을 두지 않는 것이다.[19]

여기서 '사회적 강제'란 노동운동에 의한 직접적인 저항과 국가법(노동법)에 의한 규제이다. 사회적 강제가 작동하지 않는 노동관계는 '원생적 노동관계'라고 부른다. 기업이 노동운동이나 노동법에 의한 사회적인 강제를 받지 않는 경우 근로자가 생명·건강을 희생하는 근무방식을 강요받을 수 있다는 것은 오늘날에도 변함이 없다.[20]

노동운동을 통한 자본에 대한 직접적인 압력이 사회적 강제가 된다는 점은 이해하기 쉽지만, 또 하나의 사회적 강제인 국가의 사회정책(특히, 노동보호법)이 어떠한 이유로 성립해 발전해 왔는가는 검토할 필요가 있는 문제이다. 근로일(근로시간)에 관한 '자본론'의 서술도 다양하게 해석할 여지를 남겨

---

18) マルクス·長谷川部文雄(訳)『資本論第1部』(1964, 河出書房) 221쪽.
19) 실제로는 그것은 개별 자본에서도 반드시 합리적이라고는 할 수 없다. 왜냐하면 '노동력'에 대한 남용과 낭비는 근로자의 사망의 증대, 신규 모집의 어려움, 이에 필요로 하는 비용의 증대, 근로자의 정착성을 극도로 감퇴하는 것을 초래하기 때문이다. 하지만 모든 개별 자본이 합리적으로 행동하는 것은 아니다(大河內一男『社会政策(総論)[改訂版]』(1963, 有斐閣) 23쪽 이하).
20) 청년근로자를 사용하는 '블랙기업'의 실태는 이러한 것의 예증이다(今野晴貴『ブラック企業-日本を食いつぶす妖怪-』(2012, 文春新書) 참조). '블랙기업'이 블랙이 되는 것은 기본적으로는 사회적 강제(노동조합의 존재, 노동법의 준수, 기업의 사회적 평가 등)가 작용하지 않기 때문이다. 따라서 현재의 '우량기업'도 사회적 강제가 약해지거나 사회적 강제를 상회하는 강한 힘(극심한 경쟁 등)이 가해지면, 언제 블랙화되지 않는다고도 단정하지 못한다.

두고 있다. 자본주의 국가는 왜 개별 자본을 규제하는 사회정책을 펼치지 않을 수 없었을까? 이 문제와 관련해 한때 사회정책학에서는 활발한 논쟁이 있었다. 이른바 사회정책의 본질논쟁이다.

논쟁은 오코우치(大河内一男)21)와 키시모토(岸本英太郎)22)로 대표되는 두 진영 사이에서 펼쳐졌다. 이러한 양자의 견해 차이를 명확화하기 위하여 우선 일본에도 큰 영향을 미친 동독의 이론가인 쿠친스키의 견해를 인용해 보겠다.

쿠친스키는 법률상 근로시간의 상한을 규제하는 요인으로 근로자계급의 투쟁에 대하여 양보가 이루어진 점과, 근로시간의 연장이 최대 한도에 달하여 그 이상의 연장이 자본제의 기초, 즉 노동자계급의 생존을 위협하기에 이르렀다는 점을 들면서 두 요인의 관련성은 국가별로 상이하다고 논한다.23) 예를 들어 프랑스에서는 노동자계급의 저항이 결정적인 역할을 하고, 영국에서는 두 요인이 같은 크기의 역할을 하고, 독일에서는 근로자의 저항은 미미한 역할밖에 하지 않았다고 한다.24)

오코우치는 이러한 요인 중에 후자가 사회정책을 성립시킨 결정적인 요인으로 본다. 오코우치에 따르면, 개별 자본에 의한 노동력의 '낭비'를 방치한다면, 전체 국민경제로서 노동력의 마멸(磨滅)과 현저한 부족에 직면하고, 이것은 또 세대간의 재생산도 방해하게 된다. 그래서 '사회적 총자본'은 개별자본에 의한 노동력의 남용을 억제하여, "전체 산업사회가 끊임없이 일정량의 '노동력'을 확보하고 장기간에 걸쳐 안정된 '노동력'의 공급을 보증할 수 있도록 배려해야 한다."25) 여기서 '사회적 총자본'이란 '이른바 자본제적 산업사회의 오성(悟性)', '총체로서의 자본의 이성'26)으로서 그것은 현실에서는 근

---

21) 大河内一男는 많은 저서에서 비슷한 견해를 나타내고 있지만, 여기서는 大河内·前揭 주 19)에 따른다.

22) 岸本英太郎 『窮乏化法則と社会政策－社会政策から社会保障へ－』(1955, 有斐閣).

23) Kuczynski, Die Theorie der Lage der Arbeiter, 1968, S. 196f.

24) Kuczynski, a.a.O. (23), S. 107.

25) 大河内, 앞의 주19) 28쪽.

26) 大河内, 앞의 주19) 28쪽.

대국가로 대표된다. "국가는 사회적 총자본 또는 총체로서의 자본의 의지의 집행인이라는 실체를 가지고 근대 사회정책의 주체로서 등장한 것이다.'27)

　이에 대하여 키시모토는 자본의 지칠 줄 모르는 착취에 대한 근로자 계급의 저항이야 말로 사회정책을 창출하는 중요한 요인이라고 한다. "근로자계급의 저항 없이는 표준노동일은 성립하지 않는다. 이 저항이 존재하고, 그 발전이 예견되고, 이를 의식하는 것 없이 자본가계급이나 그 국가가 표준노동일을 실시하는 일은 없다. 이러한 의미에서 보면, 늘어나는 근로자계급의 저항이야 말로 근로시간을 단축하게 한 결정적인 근거이다"28)라고 한다.

　키시모토는 노동운동의 힘이 없어도 사회정책이 성립할 수 있다는 쿠친스키의 이론은 결정적으로 잘못되었다고 비판하였다.29) 하지만 여기에는 오코우치 이론을 강하게 의식했던 것이 분명하다. 키시모토에 따르면, 노동운동의 저항 없이 근로시간을 단축하는 경우는 있을 수 없고, 독일이나 일본처럼 노동운동과 근로시간의 단축과의 관련성이 미약하게 보이는 경우에도 근로자의 저항이 커진다는 것을 분명하게 예상하고, "여러 외국의 역사와 비교해 보면, 양보하는 편이 자본자계급 및 그 국가에게 유리하다고 생각하게 만드는 사정"이 있기 때문에 비로소 근로시간 단축이 이루어진다고 한다. 어디까지나 노동운동의 저항이라는 요소가 근로시간 단축에 있어서는 불가결한 것이라고 한다. 이러한 논의의 전제에는 임금(및 이에 밀접하게 관계된 근로조건)은 근로자계급의 저항이 없다면 필연적으로 노동력의 가치 이하로 떨어지고, 그 의미에서 근로자는 절대적으로 궁핍하게 된다는 이론이 있었다.30)

　오코우치도 근로시간법을 비롯한 사회정책을 정립하는데 노동운동의 힘이 기여했다는 사실을 무시하는 것은 아니다. 하지만 오코우치는 노동운동은 노동력을 지속적으로 확보한다는 총자본의 의지가 국가의 의지로서 구체화할 때의 하나의 매개 항에 불과하다고 생각한다. 사회정책은 "설령 자본에 대한

---

27) 大河內, 앞의 주19) 28쪽.
28) 岸本, 앞의 주22) 50쪽.
29) 岸本, 앞의 주22) 51쪽.
30) 岸本, 앞의 주22) 4쪽 이하.

12

노동의 반항이나 투쟁이 없는 경우에도, 또한 총체로서 자본의 경제 내적인 필요라는 점에서 필연적 출현하지 않을 수 없다."[31]

그러면 사회정책의 한 내용으로 인정받는 단결권의 보장정책은 어떠한가? 키시모토에게는 이 노동보호법과 일체의 것으로 파악되고, 사회정책이 노동자계급의 저항에 대한 양보라는 주장을 강력하게 뒷받침하였다. 이에 대하여 오코우치는 단결권 보장에도 "사회적 의식을 가지고 또한 일정한 자주적 조직을 가지기에 이른 '노동력'을 합리적으로 자본의 손에 확보하고, 이를 보전하는 수단을 비로소 얻게 된다"고 하여, 어디까지나 '노동력'의 관점에서 설명하고자 한다. 사회정책의 도의론과 정치론을 함께 배제하고, 이것을 어디까지나 사회과학으로 파악하려는 오코우치의 방법론적인 자세[32]가 이러한 입론의 기초에 있다고 할 것이다. 하지만 노동운동의 법적 승인도 '노동력'의 관점에서 설명하려는 것은 다소 억지스럽다.[33]

2. '총자본의 이성'의 의의와 한계

이러한 사회정책의 본질 논쟁에 얼마나 의의가 있었는지에 대해서는 사회정책학회로부터 심각한 우려가 제기되었다.[34] 이 논쟁에는 '사회'정책을 오직 '노동'정책의 문제로 논하는 협소함이 있었고,[35] 노동정책의 성립과 발전의

---

31) 大河內, 앞의 주19) 75쪽.
32) 大河內, 앞의 주19) 64쪽 이하. 여기에는 경험적 지식과 가치판단의 준별을 역설한 베버의 강한 영향을 볼 수 있다. 하지만 오코우치는 가치의 사회성, 역사성을 고려한 가치서열의 존재를 긍정하거나, 베버의 '몰가치론'에서 거리를 두고 있다(大河內, 앞의 주19) 58쪽 이하).
33) 또한 노동운동, 특히 단체교섭권의 승인을 가치법칙의 관철이라는 자본제 사회에 내재하는 논리로서 설명하는 渡辺洋三의 견해(제2장 Ⅱ. 4)에는 오코우치와 서로 통하는 발상을 볼 수 있다.
34) 隅谷三喜男 『労働経済論』(1969, 筑摩書房) 7쪽 이하, 208쪽 이하; 氏原正治郎 『冗舌的社会政策論－社会科学的認識の原点に帰れ－』 社会政策学年 16집 『社会政策と労働経済学』(1971, お茶の水書房) 137쪽 이하; 岡田与好 『競争と結合－資本主義的自由経済をめぐって－』(2014, 蒼天社出版) 166쪽 이하 등.
35) 사회정책의 개념은 국가와 시대에 따라 다양한 의미로 사용된다. 크게는 독일식 노동문제 중시형(Sozialpolitik)과 영국식의 복지중시형(social policy)으로 구분한다(成瀬龍夫 『総説現代社会政策』(2011, 桜井書店) 15쪽 이하). 이 분류에서 보면, 논쟁은 독일형 사회정책을 전제로

요인이라는 본래 역사적·실증적인 문제를 매우 이론적·도식적으로 다루는 편향도 있었다는 점은 부정할 수 없다. 하지만 자본주의 국가에서는 어떠한 이유로 자본을 규제하는 공장법 등과 같은 노동정책을 취했는가라는 문제 설정은 중요하며, 이와 관련된 논의에는 노동법의 발전을 생각할 때 참고로 할 다양한 논점이 포함되었다고 생각한다.

개별 자본에 의한 노동력의 무분별한 소모적 이용이 장기적으로 노동력을 고갈시키고 지속적으로 노동력을 확보하는 데에 지장을 초래할 수가 있는 것은 사실이다. '총자본'도 이점을 우려하여 공장법 등과 같은 사회정책으로 개별 자본을 규제하려는 것도 충분히 생각할 수 있다. 특히 초기에 공장법이 성립하는 요인을 '총자본의 이성'에서 찾으려고 한 오코우치 이론은 탁월한 견해였다고 할 수 있다.

이러한 '총자본의 이성'은 특히 임금이나 근로시간이 근로자의 생존과 재생산에 필요한 수준으로 떨어지고, '노동력'을 장기적으로 확보하는 것이 어렵게 되는 상황에서 발휘된다. 하지만 반대로 말하면, 노동보호법의 내용을 개선하고, 근로조건이 근로자의 생존과 재생산에 필요한 최저기준을 초과하여 향상함에 따라 총자본에 있어 노동력 정책의 필요성은 상대적으로 떨어지게 된다. 고도로 발전한 산업사회에서는 필요하다고 여겨지는 노동력도 고도화된다는 점36)을 고려한다고 하여도, '총자본의 이성'에 의한 노동법의 발전에는 커다란 한계가 있다. 또한 후술하는 세계화가 진전되면서 생산거점의 해외이전이나 외국인근로자의 도입 등 새로운 형태의 노동력을 확보하는 정책을 가능하게 하는 점과, 정책 형성에서 다국적 기업의 발언력을 강화하는 점에서 종전보다 '총자본의 이성'의 작용을 좁게 하고 있다고 생각된다.

그 구조 내에서 전개되었던 것으로 볼 수 있다.

36) 오코우치는 '노동력'은 고정된 것이 아니라, 사회적으로 풍부한 규정을 받으면서 성숙해 가는 것(예를 들어 근로시간은 '물리적 한계' 이외에 '도덕적 한계'도 문제된다)으로 근로자 조직이 확립된 후의 사회정책을 설명하고자 한다(大河内, 앞의 주19) 204쪽 이하, 214쪽 이하).

3. 노동운동과 사회운동

단결권보장법은 물론 노동보호법의 발전을 추진해 온 기본적인 힘은 노동운동에 있었다고 해야 할 것이다. 이것은 예를 들면 근로시간 단축의 역사에서 명확하다.

메이데이의 기원이 된 1886년 시카고 헤이마켓 광장 사건의 발단이 8시간 근로제를 요구한 파업이었던 것은 주지의 사실이다. 이때부터 노동운동은 8시간 근로제를 요구하는 국제 운동을 펼쳐 왔다. 그리고 1917년 러시아의 혁명이 일어난 후 혁명정부가 즉시 8시간 근로제를 선언했던 것은 혁명의 위기에 놓여 있던 유럽국가에게 크나큰 충격을 주었다. 1919년에 ILO(국제노동기구)를 설립하고, 제1호 협약에서 '공업적 업종에서 8시간 근로제'를 규정한 데에는 이러한 배경이 있었다.

또한 제2차 세계대전 후에 급격한 근로시간의 단축은 근로자의 생명·건강의 유지와는 별도의 관점에서 요구되고 실현되어 왔다. 1960년대의 주 40시간을 요구하는 유럽의 근로시간 단축 운동은 주휴 2일제(주 40시간=8시간×5일)를 요구하는 것으로 분명히 근로자의 가족생활을 확보하는 데에 가장 큰 목적을 두었다. 또한 주 35시간제(7시간×5일)를 목표로 1980년대에 전개된 격렬한 투쟁은 장기불황 속에서 고용을 확보하기 위한 일자리 나누기(워크쉐어링)가 목적이었다.37) 이러한 끈기 있는 운동의 결과로 많은 유럽국가의 근로시간은 주 40시간을 밑돌게 된 것이다.38)

이렇게 근로시간의 단축은 단순히 '노동력'을 유지·확보하는 관점에 따른 것은 아니었다. 원래 8시간 근로제의 요구는 '8시간의 휴식(수면)과 8시간의 자유시간'이라는 발상(1일 3분법)을 포함하였다. 이것은 이미 노동력을 확

---

37) 이 시기의 독일의 근로시간 단축 투쟁에 대하여는 和田肇『ドイツの労働時間と法－労働法の規制と弾力化－』(1998, 日本評論社) 2쪽 이하 참조.

38) EU근로시간지침(2003/88/EC)에 따르면, 잔업을 포함하여 주 48시간이 근로시간의 상한이다. 거기에는 규제의 목적으로서 근로자의 건강유지를 들고 있다. 그러나 그 경과를 보면, 명확히 근로자의 가족생활의 보장과 워크쉐어링의 관점을 포함하고 있다(西谷·人権 239쪽 이하).

보하는 관점을 초월한 것이었다. 그러나 그후 근로시간의 단축은 근로자의 가족생활을 보장하거나 워크쉐어링(일자리 나누기)의 관점에서 요구되었고, 격렬한 투쟁을 거쳐 실현하였다. 연간 3(근로)주의 연차유급휴가제도의 보장 (ILO 제132호 협약) 등도 근로자의 인간다운 생활을 확보하기 위한 것이지 단순한 '노동력'의 관점에 따른 것은 아니다.

물론, 선진국에서의 이러한 노동법의 발전은 지속적인 경제 성장(이것은 종종 개발도상국을 희생 위에서 실현되었다.)이라는 조건에 의해서 지탱된 것이다. 하지만 경제 성장은 당연히 근로조건의 개선이나 노동권의 확립을 가져오는 것은 아니다. 대폭적인 근로시간 단축 등의 성과는 경제 성장의 조건에서 노동운동·사회운동의 많은 노력의 성과라는 점을 명기할 필요가 있다.

이렇게 사회정책＝노동법을 추진해 온 기본적인 힘은 노동운동·사회운동에서 찾아야 한다. 하지만 그 운동을 '노동조합'의 운동으로 이해한다면 매우 협소한 것이다.

우선 프랑스 등의 국가에서는 노동조합보다도 파업을 위한 일시적 결합인 코알리시옹(coalition)이 선행하고 이것은 노동조합의 결성에 이른다는 경과를 거쳤다. 프랑스에서는 현재도 파업을 비롯한 운동은 활동가인 조합원의 호소에 많은 비조합원이 따르는 형태로 전개하고 있다.[39]

또한 노동조합에 한정하지 않고, 정당 등의 다양한 정치단체, 근로자교육협회, 인도지원단체, 각종 시민단체 등이 사회정책(노동보호법)을 확립하는 데에 기여한 사실도 간과해서는 안 된다. 노동조합의 영향력이 전체적으로 약화되는 경향에 있는 오늘날 노동법을 발전시키는 사회적인 추진력으로서 각종 NPO 등에도 큰 역할을 기대하게 된다.

그리고 8시간 근로제가 정착된 경험에서 분명히 알 수 있는 것처럼 사회주의의 성립과 거기서의 노동법제의 발전이 자본주의 국가의 노동법에 매우 큰 영향을 미쳐온 점도 중요하다. 자본주의 국가에서 노동운동이 －혁명에

---

39) 大和田敢太 『フランス労働法の研究』(1995, 文理閣) 11쪽 이하; 田端博邦 『グローバリゼーションと労働世界の変容－労使関係の国際比較－』(2007, 旬報社) 24쪽 이하.

의하든 점진적인 사회개량에 의하든- 사회주의를 이상으로 이행하려는 자세를 유지하고 있는 한 자본주의 국가는 끊임없이 이에 대한 경계를 소홀히 할 수 없고, 사회주의 국가와 자국의 근로조건이나 근로자권의 차이를 의식해야 했다. 이것은 자본주의 국가에서 노동보호법을 개선하는데 지속적인 압력으로 작용했다. 사회주의가 붕괴한 1990년 이후 각국의 노동법은 명확히 큰 추진력을 상실하였던 것이다.

사회정책의 본질논쟁에서 '노동운동에의 양보론'이 말하는 '노동운동'은 이러한 넓은 의미에서 이해해야 하고, 이를 구성하는 여러 요소 중에 어떠한 부분이 어떠한 역할을 수행할 것인지는 노동조합, 정당, 여러 사회단체의 구체적인 상황에 따라 규정하게 된다.

III. 노동정책과 법

1. 의회제 민주주의와 노동법

지금까지 노동법, 특히 노동보호법의 성립과 발전을 국가정책의 관점에서 보아 왔지만, 노동법의 성립·발전을 '법'의 측면에서 고찰하는 것도 중요하다.[40]

근현대의 민주적 법치국가에서는 국가의 사회정책은 기본적으로는 의회가 제정하는 법률을 통하여 실현된다.[41] 그래서 사회·노동운동은 의회에 대한 영향력을 행사함으로 사회정책을 형성·발전하는 데에 관여할 수 있다.

노동·사회운동의 힘이 의회를 통하여 법에 반영되는 통로는 다양하다. 즉 ① 총파업(general strike), 대규모 데모 등의 대중행동, ② 근로자 정당의 활

---

40) 노동법의 성립·전개시에는 물론 그 밖에 이데올로기도 중요한 역할을 완수한다. 沼田稲次郎 『労働基本権論－戦後労働法史のイデオロギー的側面－』(1969, 勁草書房) 3쪽은 바람직한 노사관계상, 기대되는 노동조합상, 민주주의, 복지국가 등의 이데올로기가 협의의 법적 이데올로기보다도 노동법의 제정·타당을 강하게 규정한다고 말한다.
41) 사회정책이 판례로 성립되어 발전하는 경우도 있지만, 판례법 주의의 국가에서도 사회정책은 입법의 형태로 실현되는 경우가 많다.

동이나 의회내 로비활동, ③ 노동정책을 심의하는 공적 기관에 대한 근로자대표의 참가, ④ 노동입법이 쟁점인 의회선거 등이다. 물론, 복수의 통로를 통한 운동이 어우러져 노동입법의 제정·개폐에 결실을 맺는 경우도 많다.

자본주의 국가는 당연히 새로운 노동입법에 반대하고 기존의 규제완화를 요구하는 자본가 단체로부터 강한 압력을 받는다. 그러나 의회 민주주의에서는 국가는 끊임없이 많은 국민의 지지를 얻는 것에 유의해야 하며, 소수자=자본의 이익에 적합한 정책도 공공성의 외관을 치장해야만 실현할 수 있다. 현대 자본주의 국가는 이러한 기본적인 모순을 안고 있는 것이다. 그래서 노동입법을 위한 근로자·국민에 의한 사회적 압력이 고조된 경우에 국가가 이에 따르는 것은 민주주의적 시스템의 정통성을 담보하기 위하여 불가피한 것이다. 사회정책을 위한 근로자·국민의 요구를 무시하는 것은 파업 등의 항의행동을 일으켜서 사회질서를 혼란시킬 뿐만 아니라 의회제 민주주의 자체의 위기를 초래하는 것이다.

따라서 자본주의 국가의 사회정책이 운동에 대하여 양보하는 경우에 그 '양보'는 구체적인 운동에 대한 개별적인 대응에 한정되는 것은 아니다. 오히려 운동에 대한 '양보' 자체가 민주적 시스템의 구조적인 숙명이다. 자본주의 국가는 어떻게 하여 국민·근로지의 요구를 반영하는 사회성책=노동법을 자본의 이익을 크게 저해 않고서 실현하는가, 어떻게 하여 자본의 이익이 되는 사회정책을 마치 근로자의 이익을 위한 것처럼 치장해 실현할 것인지에 절치부심한다. 현대 국가에서 노동법정책은 기본적으로 이러한 이중성을 내포하고 있다.

그러나 이러한 국가의 노동법정책에서 본질과 외관의 모순은 민주주의가 우선 정상적으로 기능하기 때문에 발생하는 것으로 의회제 민주주의가 형해화하면, 이 모순은 해소되고 국가의 노동정책은 자본의 이익을 솔직하게 표현하게 된다. 노동·사회운동을 후퇴뿐만 아니라 의회제 민주주의의 형해화도 노동법을 후퇴시키는 중요한 요인이다.

2. 법의 구속성과 안정성

법은 각국의 역사·사회·문화에 뿌리박힌 고유한 체계성을 가지고 있다. 사회정책을 법을 통하여 전개하는 것은 국가법의 체계 속에 근로자 보호라는 새로운 요청을 받아들이는 것을 의미한다. 이것은 쉬운 길은 아니었다.

공법은 국가정책을 직접 반영하는 영역으로 정책입법의 목록에 노동자 보호법을 추가하는 것은 법체계상 거의 큰 저항감 없이 실현할 수 있었다. 하지만 19세기 사법은 프랑스에서는 민법전, 독일에서는 법학에 의하여 강고한 체계를 형성하고 있어서 사회정책적 요청을 여기에 가져오는 것은 커다란 어려움이 따랐다. 뤼케르트가 1900년 전후로 독일에서 근로계약과 관련된 논의를 상술한 것처럼, 노동문제·사회문제의 해결을 요구하는 사회적·정치적인 세력과 사법(학) 사이에는 첨예한 긴장관계가 있었다.[42] '시민법에서 노동법(사회법)으로'라고 하는 법사상의 전환은 이미 19세기 후반부터 점진적으로 진행해 왔다. 하지만, 노동법이 사법을 포함한 전체 법체계 속에서 확고한 지위를 차지하기 위해서는 1918년의 독일 '혁명' 등에 의한 법사상 전체의 근본적인 전환이 필요하였다.

이렇게 법은 고유한 체계성을 가지기 때문에 사회정책을 노동법의 형태로 실현하려면 특유한 어려움이 항상 따라붙지만, 그 반면에 우선 사회정책이 법체계에 포함되면 거기에서 독특한 안정성이 발생한다. 법률을 개정하려면 당연히 의회의 다수가 찬성해야 하고, 개정 절차는 종종 매우 번잡하다.

확실히 노동법은 법 중에서도 정책적인 색채가 강한 영역이다. 특히 기술성이 현저한 분야(노동안전위생법 등)에서는 법개정은 빈번하다. 하지만 노동법의 많은 영역에서는 정책을 변경하려면 관계당사자의 첨예한 이해의 대립

---

42) Rückert, a.a.O. (4), S. 22ff. 사회민주주의자로 독일 노동계약법의 기초를 구축한 로트말도 법과 현실의 명확한 구별을 주장하고, 근로계약에서 근로자보호라는 사회적 요청을 실현하기 위해서도 오로지 양속 위반의 법률행위를 무효라고 하는 민법전 제138조에 의거한 것이다(Rückert, a.a.O. (4), S.249). 기존의 사법체계를 중시하는 로트말의 이러한 자세를 당시의 진츠하이머도 평가했었던 점에 대해서는 島田裕子『ジンツハイマー労働の法体系』季刊労働法 247호(2014) 203쪽 이하 참조.

이나 견해의 차이가 발생한다. 이러한 문제영역에서 법률을 개정하는 것은 어렵고, 강력한 반대를 물리치고 법률의 개정을 강행하는 것은 때로는 정권에 치명상도 입히게 된다.

이리하여 정책은 법의 형태를 취하는 경우 일종의 관성원리가 작용해 그 개정에는 많은 에너지가 필요하게 된다. 이 때문에 국가가 일정한 사회정책을 실시하는데 법률 이외의 형태(명령, 규칙, 지침, 행정지도 등)를 선호한다. 일본에서는 이러한 경향이 매우 현저하다. 하지만 법률 이외의 형태, 특히 행정지도와 같은 방법은 명확성, 투명성, 안정성이라는 노동법의 정착에 불가결한 요청에 반하고 전체적으로 노동법의 기능을 후퇴시킬 우려가 있다. 노동법 분야에서는 특히 사법화(司法化, legalization, Verrechtlichung)가 중요한 의의를 가진다(사법화는 제11장 참조).

3. 입헌주의와 노동법

입헌주의에 근거하는 근대헌법은 국가의 입법권을 구속하기 때문에, 어떠한 형태로든 국가의 사회정책의 기초를 규정하는 조항을 포함하는 20세기형 헌법 하에서는 사회정책＝노동법이 헌법상 기초를 두게 되어, 이것은 더욱더 안정성을 얻게 된다. 사회정책에 관계된 헌법 조항은 직접 국가에 사회정책입법의 제정 의무를 부과하는 효력까지는 없더라도 사회정책입법에 대해서 헌법의 실현으로서의 의미를 부여하여 그것을 촉진하고, 사회정책입법의 폐지·후퇴를 제약한다.

물론 헌법상 '근거' 규정을 두는 방법은 다양하고 그것은 국가의 사회정책 입법을 어느 정도로 구속할 것인지는 헌법을 해석하는 문제라고도 할 수가 있다. 독일 기본법 제20조제1항의 '사회국가' 규정이나, 프랑스 1946년 헌법 전문의 '모든 사람은 노동할 의무와 고용받을 권리를 가진다' 등의 추상적인 선언은 어느 정도 국가의 사회정책 입법을 구속하는지 한마디로 명확하다고는 할 수 없다. 하지만, 그래도 이러한 여러 규정을 근거로 하여 성립하고 정착한 중요한 사회정책의 입법을 합리적인 근거없이 폐지하는 것은 이러한 규정을 근거로 비판받게 된다.

일본의 경우 사회정책이 국민·근로자의 기본적 인권과 연관되어 있다는 점에 큰 특징이 있다. 노동법은 생존권 규정(제25조제1항) 혹은 개인의 존중·행복추구권 규정(제13조) 및 노동기본권의 보장(제28조)에 강고한 근거를 두고 있다. 나아가 임금이나 근로조건 기준을 법정화하는 것을 국가의 의무 규정으로 두고 있다(헌법 제27조제2항).[43] 이 규정은 이러한 법률에 의하여 소유권(제29조제1항)과 직업선택의 자유(영업의 자유. 제22조제1항)를 일정 정도 제약하는 것을 허용하는 것과 아울러, 일정한 노동보호법의 제정을 국가의 책무로 한다는 이중의 의미를 가진다고 해석된다. 이러한 것의 귀결로서 노동자보호법은 과잉해서는 안 되고(과잉금지), 아울러 과소해서도 안 된다(과소금지)고 하는 요청이 발생한다. 후자의 관점에서 볼 때 일단 제정되어 타당하게 적용되고 있는 노동법적 규제를 합리적인 근거없이 폐지 내지 완화하는 것은 헌법 위반이라는 의문을 불러일으킨다.[44]

따라서 신자유주의의 규제완화는 일본에서는 헌법의 문제가 될 수 있다.

IV. 노동법의 유연화와 규제완화론

1. 규제완화론과 유연안정성론

노동법은 노동보호법이든 단결권보장법이든 사용자의 단독결정을 규제하는 것을 통하여 근로자의 인간다운 생활을 보장하는 것을 중요한 목적으로 한다. 이에 대하여 1980년대 이후 각국에서 강화해 온 노동분야의 규제완화론은 시장원리, 즉 법의 규제를 받지 않는 사용자의 자유로운 재량에 가장 큰 가치를 두는 것이다. 이것은 노동법과는 적대적인 관계에 설 수밖에 없다. 규제완화론의 침투로 실제로 노동법은 엄청나게 변화하였다.

---

43) 국제비교에서 보아 이러한 규정은 드물다고 지적받고 있다(樋口陽一(ほか編) 『注釈日本国憲法上巻』(1984, 青林書院) 627쪽[中村睦男]).
44) 西谷·規制 268쪽 이하; 西谷·労働法 25쪽 이하.

또한 규제완화만을 일면적으로 주장하는 규제완화론과는 달리, 종합정책으로 내세운 유연안정성론도 국가에 따라서는 노동법을 크게 전환시켰고, 앞으로도 전환할 가능성이 있다. 유연안정성에 대해서는 덴마크와 네덜란드의 모델이 유명하지만, 유럽위원회는 이러한 경험을 근거로 2007년에 "유연성과 보장을 통하여 보다 많은, 보다 질 높은 고용을 보장하는 유연안정성의 공통원칙"을 제안하고, 각 회원국에서 이를 국내법으로 규정할 것을 요구했다. 여기에서 유연안정성이란, ① 유연하고 신뢰할 수 있는 근로계약, ② 근로자가 취업할 가능성을 높이는 포괄적인 평생학습전략, ③ 실업으로부터 새로운 직업으로의 전환을 촉진하는 적극적인 노동시장정책, ④ 소득지원, 취업지원, 노동시장의 유동성을 연계시키는 현대적인 사회보장제도의 4요소를 편성한 종합적인 정책체계이다. 그 중심축은 일자리의 보장(해고제한)으로부터 고용의 보장으로의 전환에 있다.[45]

유연안정성의 대표적인 모델의 하나는 덴마크 모델이다.[46] 이 모델의 특징은 완화된 해고제한과, 실업자에 대한 두터운 생활보장 및 직업훈련의 결합에 의한 고용의 유동화에 있다. 이 전제는 탄력적인 노동시장과 국민의 높은 부담에 근거로 하는 고복지인데, 이러한 정책은 정부, 노동조합, 사용자단체의 합의를 통하여 실행하고 있다.

또 다른 대표적인 모델은 네덜란드 모델이다.[47] 네덜란드 모델은 역시 정부, 노동조합, 사용자단체의 3자 합의를 통하여 임금의 억제와 단시간근로의 촉진에 따른 근로시간의 단축으로 실업률을 크게 떨어뜨린 것으로 알려져 있다. 단시간근로자와 정규직의 임금 및 사회보장에서 균등한 취급을 전제로 한 워크쉐어링이 핵심이다.

---

45) 유럽연합회의 유연안정성의 견해에 대해서는 若森章孝『新自由主義・国家・フレキシキュリティの最前線−グローバル時代の政治経済学−』(2013, 晃洋書房) 149쪽 이하; 柳沢房子「フレキシキュウリティ−EU社会政策の現在−」レファランス 2009年5月号 81쪽 이하 참조.
46) 덴마크 모델에 대해서는 若森, 앞의 주45) 158 쪽 이하 참조; 柳沢・주45) 186쪽 이하 참조.
47) 네덜란드 모델에 대해서는 長坂寿久『オランダモデル−制度疲労なき成熟社会−』(2000, 日本経済新聞社); 柳沢, 앞의 주45) 90쪽 이하; 水島治郎『反転する福祉国家−オランダモデルの光と影』(2012, 岩波書店) 참조.

EU의 장려에 따라 각국에서 유연안정성을 국내법화하는 경우에 그 내용은 각국의 역사적, 경제적, 사회적 조건에 따라서 다양할 수 있다. 또한 국내법화에서는 노사정의 합의가 필요하지만, 노동조합과 사용자단체의 요구는 당연히 첨예하게 대립할 수도 있다. 유연안정성을 구성하는 여러 요소 중 사용자단체가 '유연성'(해고제한의 완화, 비정규직고용의 자유화 등)을 요구하고, 노동조합이 '보장'(일자리의 유지와 사회보장제도의 정비 등)을 요구하는 것은 당연하다. 유연안정성은 본래 대립하는 '유연성'과 '보장'을 타협하려는 것이다. 구체적인 제도에서 어느 요소가 어느 정도의 비중을 가지는지는 특히 노사간 힘의 관계에 좌우된다.[48]

유연안정성론은 원리주의에 근거한 노동법의 일면적인 규제완화의 주장과 비교해 보면, 보다 포괄적인 구상으로서 격동하는 경제정세 속에서 근로자의 고용보장을 목표로 하고 있는 것은 분명하지만 이에 대한 평가는 신중해야 한다. 특히 이것은 노동법 외에 교육정책, 적극적인 노동시장정책, 사회보장정책 등 폭넓은 정책 영역에 걸쳐 있어서 그러한 폭넓은 관점에서 평가할 필요가 있다. 하지만 현실적으로는 유연안정성의 이름으로 노동법의 유연화, 특히 해고제한의 완화[49]와 근로자의 비정규직화를 부분적으로 촉진할 수도 있고 이 경우에는 그 정책은 규제완화론에 매우 가깝다.[50]

2. 기업의 환경변화와 노동법의 유연화론 – 독일의 논의

덴마크나 네덜란드와 같은 포괄적인 모델에 기초한 고용·노동제도의 패러다임 전환을 추구하지 않고, 전통적인 노동법제도를 기본적으로 유지하면서

---

48) 若森, 앞의 주45) 149쪽, 177쪽 이하는 유럽위원회가 '유연성'과 '보장'의 대립적 성격을 은폐하고, '유연성'과 '보장'이 상호 촉진적이고 노사 양측에게 장점이 있다고 하는 점, 그리고 실제로는 '유연성'에 비중을 두고 있는 점을 비판한다.

49) 특히 덴마크 모델에서는 두드러진다. 유연안정성과 해고규제의 관계에 대하여는 濱口桂一郎『解雇規制とフレクシュリティ』季刊労働法の権利 270호(2007) 42쪽 이하 참조.

50) 유럽에서도 유연안정성에 대하여 다양한 대항전략이 내세워지고 있다. 이에 대해서는 矢野昌浩 "労働法·社会法理論のレジティマシー―議論の整理のために―" 法律時報 86권 4호(2014) 7쪽; 同 "労働市場への社会的包摂とディーセント·ワーク「ポスト·フォーディズムと社会法理論」に関する論点整理" 法律時報 85권 3호(2013) 7쪽 이하 참조.

부분적으로 탄력화하려는 국가도 있다. 그 대표적인 국가는 독일이다.

독일의 노동법 탄력화 주장에 대해서는 1989년대와 1990년에 걸친 정책과 논의를 소개한 적이 있다.[51] 그런데 그 후 탄력화 혹은 유연화를 요구하는 논의는 한층 커져서 2003~2005년의 하르츠 개혁에 이르렀다.[52] 네 부문으로 구성된 하르츠 개혁에는 해고제한의 완화(적용제외의 확대), 기간제고용제한의 완화, 파견근로의 자유화, 미니잡·미디잡의 제도화(사회보험료의 감면) 등의 조치를 포함하였다. 하지만, 이것은 반드시 노동법의 골격 부분을 바꾸는 것은 아니어서, 그 후에도 유연화의 요구는 잠잠해지지 않았다. 최근의 로리츠나 한스 하나우의 논문[53]을 소재로 하여 그 유연화의 주장을 살펴보자.

우선 노동법의 유연화를 필요로 하는 배경에는 세계화를 들 수 있다. 세계화로 인한 기업간 경쟁의 격화는 이중의 의미에서 노동법의 유연화를 요구한다. 첫째로 각국의 기업은 세계의 투자가에게 매력적이어야 하고, 노동법에 의한 과도한 근로자의 보호는 투자를 유치할 때 장애가 된다. 둘째로 기업은 엄혹한 경쟁과 경제변동 속에서 언제 위기에 직면할지 모른다. 경영위기는 더 이상 예외적인 사태는 아니고, 끊임없이 대비하여 유연성을 확보해야 한다.

유연성에는 외적 유연성과 내적 유연성이 있다. 외적 유연성이란 주로 고용량의 탄력적인 조정을 말한다. 해고의 용이화, 기간제근로자·파견근로자의 활용, 도급계약·노무공급계약에 근거하는 인력의 이용이 그 수단이 된다. 이를 위해 노동법의 개혁도 필요하다. 독일에서는 하르츠 개혁으로 일정한 유연화를 조치했지만, 여전히 불충분하다고 하면서 더 한층 유연화해야 한다

---

51) 西谷敏 "ドイツ労働法の彈力化論(一)~(三)" 法学雑誌 39권 2호(1993) 42권 4호(1996) 43권 1호(1996).

52) 하르츠개혁의 내용에 대해서는 名古道功 "ドイツにおける労働市場改革立法" 労働法律旬報 1571호(2004) 18쪽 이하; 橋本陽子 "第2次シュレーダー政権の労働法·社会保険法改革の動向－ハルツ立法·改正解雇制限法, 及び集団的労働法の最近の展開" 学習院大学法学会雑誌 40권 2호(2005) 180쪽 이하 참조. 그 평가에 대해서는 モニカ·ゾンンマー "ドイツ·ハルツ改革の功罪"(http://www.jil.go.jp/foreign/labor_system/2014_10/german_01.html) 橋本陽子 "ハルツ改革後のドイツの雇用政策" 日本労働研究雑誌 647호(2014) 51쪽 이하 참조.

53) Loritz, a.a.O. (3), S. 355ff.; Hanau (Hans), Wirtschaftsrisiko und Spielräume für Flexibilisierung, ZfA 2014, S. 131ff.

는 요구가 제기되고 있다. 이러한 외적 유연화는 표준적 노동관계에 있는 근로자를 감소시키는 것을 의미할 수 있지만, '표준적 근로관계와의 결별인가?'라는 월터만의 비판[54]에 대하여 로리츠는 독일에서 표준적 근로관계에 있는 근로자는 66%이며, 1998년부터 10년 동안 불과 3%만 줄어든 수치만을 들면서 '표준적 근로관계에서 결별'이라는 사태는 아니라고 반론한다.[55]

내적 유연화란 임금, 근로시간 등의 근로조건을 쉽게 변경하는 것이다. 집단적 차원에서는 이미 1980년대부터 단체협약에서 개방조항(사업장 협정으로 단체협약의 기준을 밑도는 것을 허용하는 조항)[56]이나 일반적인 근로조건(근로계약에 의해서 근로자 일반에 적용되는 근로조건)을 사업장 협정으로 일률적으로 인하할 수가 있는지 여부가 문제되었다.[57] 개별 노동관계에서는 사용자의 일방적인 변경권을 인정하는 단체협약 조항의 시비 및 그 범위가 문제되었다. 구체적으로는 상여금 등의 부가급부에 부여되는 철회유보조항이나 임의유보조항, 근로조건의 일부 해지를 인정하는 부분해지 등의 허용범위이다. 연방노동법원은 이러한 조항이 특히 약관을 근거로 하여 도입된 경우에 규제를 가하여, 철회 가능 부분이 전체 수입의 25% 내에 그치는 경우에만 허용하는 룰을 확립해 논의하였다.[58]

이러한 논의에서 분명한 것은 독일에서는 30년에 이르는 노동법 유연화 요구에도 불구하고, 여전히 일자리의 '보장'을 중핵으로 하는 제도가 기본적으로 견지되고 있는 점, 논의는 입법론과 함께 입법론보다도 진폭이 좁은 법해석론의 차원에서 전개되고 있으며, 특히 연방노동법원에 의한 재판관법과

---

54) Waltermann, Abschied vom Normalarbeitsverhältnis? Gutachten B zum 68. Deutschen Juristentag, 2010.

55) Loritz, a.a.O. (3), S. 341f.

56) 西谷, 앞의 주51) (三) 2쪽 이하. 최근의 동향에 대해서는 山本陽大『現代先進国の労働協約システム-ドイツ・フランスの産業別協約-(第1巻ドイツ編)』(2013, 労働政策研究・研修機構) 31쪽 이하; 岩佐卓也『現代ドイツの労働協約』(2014, 法律文化社) 43쪽 이하 참조.

57) 米津孝司 "ドイツ労働法における集団的自治と契約自治" 角田古稀(上) 269쪽 이하 참조.

58) Bayreuther, Vorbehalte in der arbeitsrechtlichen Vertragsgestaltung - Wie viel Flexibilität soll das AGB-Recht zulassen? ZfA 2011, S. 45ff.; Hanau, a.a.O. (53), S. 144ff.; Reinfelder, Individualrechtliche Fragen der Flexibilisierung des Arbeitsentgelts, AuR 2015, S. 300ff.

다수의 학설이 사용자의 결정권 확대를 통한 유연화에 대한 신중한 자세를 유지하고 있는 점, 일부 학설에 의한 유연화가 그러한 까닭에 집요하게 요구하고 있는 점 등이다. 하지만 이러한 유연화의 요구는 경제의 세계화를 배경으로 한 기업경영의 불안정화(의 가능성)가 중요한 논거인 만큼 향후 독일 경제의 동향에 따라 점차 힘을 얻어 노동법에 큰 영향을 미칠 가능성이 있다.

어쨌든 이러한 근로자권의 보장과 유연화의 요구라는 긴장관계를 둘러싼 논의가 법률적 규제망을 정비하는 것을 전제로 하여, 단체협약과 사업장협정의 이원적 결정 시스템을 통하여 강고한 근로자권을 확립하고, 게다가 사적 자치의 원칙을 유지하고 있다는 독일의 사정을 배경으로 이루어지고 있다는 점에 유의해야 한다. 법률에 의한 규제도 노동조합에 의한 집단적 규제도 나아가 근로계약에 의한 제동도 불충분하여 사용자가 매우 폭넓은 재량권을 가지는 일본에서는 결코 동일한 차원에서 논해서는 안 된다.

V. 세계화와 노동법

1. 국제적인 노동법의 추진

'세계화'의 단어가 항간에 범람하고 있다. 하지만 세계화가 의미하는 내용은 반드시 명확하지 않다. 독일의 사회학자 벡(Beck)은 '세계화'(Globalisierung)라는 말은 "가장 빈번하게 사용하거나 남용하고, 가장 드물게만 정의하고, 아마도 가장 오독된 가장 막연하고 정치적으로 가장 효과가 있는 슬로건이다"라고 언급한다.[59] 이러한 용어의 문제를 의식하여 자연현상으로서의 세계화와 미국 주도의 이데올로기로서의 '글로벌리즘'을 구별하는 견해도 있다.[60] 하지만 여기서는 '세계화'를 자본, 물자, 사람, 정보가 국경을 초월한 이동(borderless화)을 급진전시키는 것으로 이해하고, 자본의 해외이동, 생산(공장)의 해외이전, 판로의 해외전개, 노동력의 이동 등이 노동법에 어떠한

---

59) Beck, Was ist Globalisierung? 1997, S. 42.
60) 平川克美 『グローバリズムという病』(2014, 東洋経済新報社) 9쪽 이하.

영향을 미치는가를 살펴보기로 한다.

노동법＝사회정책은 기본적으로는 한 국가의 정책＝법으로서 발전해왔다. 하지만, 국제적인 차원에서 상호간의 영향관계는 이른 시기부터 두드러졌고, 그러한 의미에서는 노동법은 처음부터 글로벌한 부분을 가지고 있었다. 국제적인 영향관계는 예를 들어 유럽 여러 국가간의 영향, 사회주의 소련으로부터 자본주의 국가에 대한 영향, 1980년대의 유럽과 미국으로부터 일본에 대한 영향 등과 같이 사실상의 것도 있지만, ILO(국제노동기구)가 설립된 1919년 이후에는 그 영향은 공식적인 것이 되었다. 실제로 ILO가 협약 및 권고를 통하여 각국의 노동법에 미쳐 온 영향에는 특기할 만한 것이 있다.[61] 그리고 제2차 세계대전 후에는 노동법 분야에서도 중요한 역할을 수행한 국제기관으로 UN(국제연합)이 추가되었다. 1966년의 두 가지 국제인권규약(사회권규약＝A규약과 자유권규약＝B규약) 및 1979년의 여성차별철폐조약은 일본의 노동법제에도 많은 영향을 미쳤다. 게다가 양국간, 다국간의 경제협력협정(EPA)이나 자유무역협정(FTA)에 노동조항이 삽입되어 노동법의 전개에 영향을 미치는 경우가 있을 수 있다.

국제기구가 국제노동기준의 확립에 노력해야 하는 목적에 대해서 1944년의 ILO헌장(필라델피아선언) 전문은 "세계의 평화 및 협조가 위태롭게 될 정도로 커다란 사회불안을 일으키는 부정, 곤란함 및 궁핍을 다수의 인민에게 초래하는 근로조건"을 개선하는 것이 급선무라는 점과, "어느 국가가 인도적인 근로조건을 채택하지 않는 것은 자국에서 근로조건의 개선을 희망하는 다른 국가에 장애가 된다"는 점을 들고 있다. 적정한 근로조건의 확립으로 세계평화·협조와 공정한 국제경쟁을 실현하는 것이 그 목적이다.

그러나 경제의 발전에 상응하여 강화되고 있는, 특히 1990년 이후에 사회주의의 붕괴를 배경으로 한층 강화된 세계화의 움직임은 이러한 국제기관의 노력과는 완전히 반대로 각국의 노동법제의 규제를 해체하는 방향으로 움직여 왔다.

---

61) 특히 일본과의 관계에 대해서는 中山和久 『ILO条約と日本』(1983, 岩波新書) 참조.

2. 세계화와 규제완화

자본, 물자, 사람, 정보가 자유롭게 이동하고 경제의 거래를 전개하는 글로벌한 세계는 자유로운 시장원리가 지배하는 공간이다. 여기에는 국가의 규제는 미치지 않고 국가를 대신해 시장을 적절하게 지배하는 기관도 형성되어 있지 않다. 오히려 글로벌한 세계의 주역은 다국적 기업이다. 이것은 무엇에도 제약받지 않는 자유로운 시장을 요구한다.

국가는 여전히 민주주의의 원리에 따라 국민의 복지를 증진시키기 위하여 존재한다는 원칙을 갖고 있지만, 그 실제적인 기능은 점점 글로벌한 다국적 기업의 이익에 종속되고 있다. 그러나 이것은 결코 다국적 기업에 있어 국가가 필요없다는 것을 의미하지는 않는다. 우선 경제적 어려움이 발생하면, 국가는 국가시스템과 국제시스템의 파탄을 방지한다는 명목으로 재정을 투여해 자본을 전면적으로 지원한다. 국민 및 근로자에게 시장주의에 기초한 자기책임론으로 최대한 부담을 강요하는 국가는 자본에 대해서는 국가사회주의적으로 대응한다.[62] 쟈넷도 "은행이 도산할 때, 실업이 급증할 때, 대규모 시정조치를 요구될 때 '협조주의 시장국가' 등은 존재할 수 없다." "존재하는 것은 우리가 18세기 이래 알고 있던 국가뿐"이라고 언급한다.[63]

시장에서 최대한의 자유를 요구하는 글로벌 자본주의는 사용자에 대한 규제를 본질로 하는 노동법과는 기본적으로 모순된다. 다국적 기업은 국가를 지배하고 '시장의 자유'를 기치로 노동법의 해체를 요구한다. 특히 글로벌 경제의 맹주인 미국은 그 자신이 노동법적 규제도 경제적 규제도 최소한으로 하는 국가이기 때문에 미국적 기준을 국제기준으로 삼는 것은 다른 국가의 노동법적 규제를 공격하는 논리가 된다.[64] 또한 유럽, 미국, 일본 등이 가입

---

62) ウルリッヒ・ベック・島村賢一(訳) 『ユーロ消滅?ードイツ化するヨーロッパへの警告』(2013, 岩波書店) 10쪽.
63) トニー・ジャネット・森本醇(訳) 『荒廃する世界のなかでーこれからの「社会民主主義」を語ろう』(2010, みすず書房) 215쪽.
64) 미국에서는 일본에 대해서도 일미구조협회, 연차개혁요망서(최근에는 「2015년 미국 통상대표외국무역장벽보고서(年米国通商代表(USTR)外国貿易障壁報告書)」), 재일미국상공회의소

한 OECD(경제개발협력기구)는 각국의 경제성장을 촉구한다는 관점에서 규제완화에 가까운 입장에 서있고, 각국 정책에 중요한 영향을 미치고 있다.

또한 각국은 글로벌 자본의 자국 기업에 대한 투자를 유치하기 위하여 기업의 이윤율을 상승시키는 것을 목표로 그 장애가 될 수 있는 노동법의 후퇴를 요구한다. 로리츠가 말한 것처럼 "투자가는 유감스럽지만 노동법에 흥미가 없기" 때문이다.[65] '세계에서 가장 기업이 활동하기 쉬운 국가로'라는 슬로건(아베 신조 총리)은 결코 일본의 전매특허가 아니다. 하지만 세계화가 진전하는 가운데 오히려 폐쇄적인 내셔널리즘을 강화하는 근로자 · 국민도 자국의 경제 경쟁을 유리하게 이끌기 위하여 '과도한' 규제를 시정하도록 요구한다. 신자유주의의 경제정책을 세계적으로 확산하면서 궁지에 내몰린 사회적 약자가 "자신의 곤경의 원인을 '외부인'이나 이웃 국가의 행동에서 찾고, 환상적인 '국민적 일체성'에 도움을 구하는 경향이 강화되고 있는 것"이다.[66]

게다가 '총자본의 이성'과 '노동운동에 대한 양보'라는 노동법의 발전을 추진해온 두 요인은 모두 세계화 속에서 작용하기 어렵게 되었다. 노동력을 지속적으로 확보하기 위한 '총자본의 이성'은 공장의 해외이전과 외국인 노동력의 도입이라고 하는 새로운 해결의 길을 찾아냈기 때문에 국내의 근로조건 수준을 유지 · 개선하는 데에 큰 관심이 없다. 또한 노동운동은 다국적 기업이 주도하는 글로벌한 경제경쟁의 격화 속에서 전체적으로 힘이 약해졌다.[67] 단결권 · 단체교섭권을 전제로 한 고임금이 국내 수요를 환기하고, 이것이 생산을 한층 더 확대하는 등 고도 성장기의 포디즘은 세계화 시대에는 기능하지 않게 되었다. 글로벌 경쟁의 격화라는 조건에서는 국내의 고임금은 내수를 환기시키기보다도 국제경쟁에서의 불리한 비용으로 보기 때문이다.[68] 각국의

의견서(최근에는 2014.6.2. 의견서) 등을 통하여 다양한 분야의 규제완화를 요구해왔다. 여기에는 파견법의 규제완화와 해고제한의 완화도 포함하고 있다.

65) Loritz, a.a. O. (3), S. 370.

66) 塩川伸明『民族とネイションーナショナリズムという難問ー』(2008, 岩波新書) 146쪽.

67) ILO의 발표에 따르면, 세계 금융위기 이후인 2008-2013년에 걸쳐 세계 48개국의 노동조합의 평균조직률은 2.3%로 떨어지고, 단체협약이 적용되는 근로자의 비율은 평균 4.6% 떨어졌다고 한다(http://www.ilo.org/tokyo/information/pr/WCMS_417397/lang-ja/index.htm).

68) 田端, 앞의 주39) 36쪽 이하.

노동운동은 후퇴하고, 노동운동의 국제 연대도 쉽게 이루어지지 않는다.[69] 이렇게 노동운동에 의하여 추진해 온 노동법도 새로운 주체를 찾아내지 않는 한 후퇴할 위험성이 있다.

3. 세계화시대의 노동법

세계화의 진전은 이상과 같이 다양한 요인을 매개로 노동법의 규제를 완화시키고자 한다. 이것은 전체적으로 각국에 근로조건의 기준을 하향 평준화시키는 크나큰 압력으로 작용한다. 2008년의 세계금융경제의 위기를 계기로 질 높은 고용이야 말로 경제 성장의 열쇠이고 선진국은 그러한 방향으로 공동보조를 맞추어야 한다는 풍조도 싹트고 있는 것은 분명하다.[70] 하지만 특히 경제의 정체, 높은 실업률, 재정의 위기를 고민하는 국가에서는 매우 높은 근로조건이나 과도한 근로자의 보호가 경제의 경직화를 초래한다는 규제완화의 이데올로기가 쉽게 침투하고, 이것이 실제로 노동법에 크나큰 영향을 미치고 있다.

그러나 노동운동의 힘에 의하여 역사적으로 형성된 근로자권과 근로조건의 기준은 근로자의 생활의 일부분이 되어 앞에서 언급한 법의 관성원리에 의해서도 지탱되기 때문에 간단하게 무너지는 것은 아니다. 유럽 선진국의 근로자권과 근로조건은 세계화로 크게 인하 압력을 받으면서도 아직도 상당한 수준을 유지하고 있다.

이 점은 특히 근로시간의 수준에서 두드러진다. 유럽국가에서는 1980년

---

69) 2006년에는 국제자유노련, 국제노련, 그리고 다른 8곳의 국제조직이 합동해 국제노동조합총연합(ITUC: The International Trade Union Confederation)을 결성하였는데, 거기에는 세계 163개국·지역의 334개 조직을 통하여 1억 7,600만 명의 근로자가 가입하고 있다(2015년 1월 현재). 최대의 과제는 세계화를 변혁하여 일하는 자에게 도움이 되는 세계화를 추구하는 것이다. 구체적인 과제로서 핵심적 근로기준 적용의 실현, 인권·노동조합의 확보, 다국적 기업문제 대책, 산업재해 방지, 아동노동 박멸, HIV·에이즈 대책, 빈곤 박멸 등을 내세우고 있다(이상 홈페이지). 하지만 그 현실적인 성과는 미지수이다.
70) 특히 G20 피츠버그 정상회담 성명(2009년)과 G20 상트페테르부르크 정상회담(2013년) 등에서 이러한 점이 강조되고 있다(내용은 외무성 홈페이지 참조).

대에 주 35시간제를 위하여 노도(怒濤)와 같이 진행된 근로시간의 단축에 대한 파도는 일단 진정되고 있고, 그 반동도 발생하고 있다. 하지만 주 근로시간은 대략 40시간 내이고, 시간외 근로를 포함해 주 48시간이 EU지침이 정한 한도 시간으로 되어 있다.[71] 원칙적인 한도시간은 주 40시간이지만, 시간외 근로협정을 체결해 사실상 장시간의 잔업 실태가 만연된 일본[72]과 EU국가를 비교해 보면 그 차이는 너무나도 명확하다.

현재 국가 차원에서 노동법의 수준을 유지하려는 힘과 세계화를 배경으로 한 규제완화의 힘이 서로 대립하면서 다투고 있다. 글로벌한 규제완화의 압력에 대항하기 위해서는 본래 글로벌한 규제의 구조를 구축해야 한다. 하지만 ILO나 UN 등의 국제기구는 계속적으로 노력했지만 충분한 힘을 발휘할 수 없고, 중요 국가의 협력 없이 글로벌한 차원에서 자유롭게 행동하는 다국적 기업을 효과적으로 규제하는 힘을 가질 수 없을 것이다.

이러한 상황 속에서 종래의 근로조건이나 근로자권을 유지하려면 각국에서 세계화의 압력에 대항하여 필요한 노동법적 규제를 유지·강화한다는 착실한 노력을 거듭하는 것이 중요하다. 적어도 '세계에서 가장 기업이 활동하기 쉬운 국가'라는 발상은 글로벌한 차원에서 밑도 끝도 없는 근로조건의 인하 경쟁을 유발하는 것으로 노동법적 규제의 수준이 현저하게 낮은 일본에서는 가장 적당하지 않는 것이다. 일본과 유럽국가 사이에 근로시간, 연차유급휴가, 고용평등 등의 근로자권의 수준에 절망적이라고도 할 수 있는 단절이 있는 것을 보면, 오히려 '유럽을 쫓아가고 추월하라'는 1960년대 일본의 슬로건이 여전히 현실성을 잃지 않고 있다고 생각된다.

그렇지만 근로자권이나 근로조건에서 유럽의 수준도 결코 안정된 것은 아니다. 그 불안정성을 초래하고 있는 유럽 '위기'의 원인은 그리스 등의 금

---

71) '근로시간 편성의 일정한 측면에 관한 유럽의회 및 각료이사회 지침'(2003/88/EC).
72) 일본에서는 주 60시간 이상 근로하는 근로자가 30세대 남성의 17%에 이른다는 수치가 있다(『過労死等の防止のための対策に関する大綱』(2015.7.24. 閣議決定)). 주 60시간 이상이란 후생노동성이 설정한 월 80시간 이상의 시간외 근로라는 과로사 기준을 초과하는 장시간 근로이다.

융위기, 과격파에 의한 무차별 테러, 난민유입 문제 등 다양하다. 하지만, 적어도 그 한 원인은 유럽 경제가 미국과 일본과의 치열한 경쟁에 놓여 있는 점에 있다. 근로자권 등에서의 일본의 낮은 수준이 유럽 수준의 인하 압력으로 작용하고 있다. 이러한 상황에서는 '유럽을 좇아가고 추월하라'는 발상은 너무 순진하다. 유럽 수준과의 격차를 축소하는 것은 일본의 근로자에게 필요할 뿐만 아니라, 글로벌한 차원에서 근로자권을 유지·확보하기 위하여 일본이 완수해야 하는 국제적 책무라고 생각할 필요가 있다.

▎맺는 말

각 기업이 치열한 경쟁 환경 속에서 경영상 유연성을 필요로 하고 있고, 노동법도 이러한 요청을 어느 정도 고려할 필요가 있음은 의심할 여지가 없다. 모든 변화를 거부하는 경직된 노동법은 중요한 노동법의 원칙을 지킬 수 없을 뿐만 아니라 경제변동의 탁류에 휩쓸려 자신이 유실될지도 모른다. 노동법은 적절한 정도의 탄력성을 내포하는 경우에 비로소 경제 사정의 변화 속에서 본래의 기능을 완수할 수 있다.

또한 정보통신기술(Information and Communication Technology, ICT)의 발전이나 사물인터넷(Internet of Things, IoT)의 표어로 나타나는 '제4차 산업혁명'이 노동형태와 근로자의 생활을 크게 바꾸는 것[73]은 거의 확실하고, 이에 노동법은 대응할 필요도 있다.

그러나 노동은 사람들이 생존하기 위하여 불가결한 행위로서 그 방법은 사회의 기본적 구조를 규정한다. 경제가 어떻게 전개하든 산업구조나 생산기술이 어떻게 변화하든 일하는 사람과 그 가족의 복지가 가장 기본적인 목표라면, 결코 변해서는 안 되는 노동의 방법이 있는 것이다. 고용과 일자리의

---

73) 인터넷의 보급은 근로자의 노동형태를 바꾸고, 또 텔레워크를 가능하게 했다. 하지만, 스마트폰의 보급은 일과 사적 생활의 경계 자체를 애매하게 만드는 경향이 있다(坂本有芳 "ICT高度化が就業者の仕事·家庭生活に及ぼす影響" 日本労働研究雑誌 663호(2015) 34쪽 이하 참조).

안정, 일정한 길이의 근로시간, 다른 근로자와 이유 없이 차별받지 않는 안정된 수입, 인간적인 직장환경 등은 무엇보다도 우선 실현해야 할 과제이다. 이것은 경제나 고용환경의 변화를 이유로 경시되어도 별다른 문제가 없는 것이 아니다. 그리고 사용자의 단독결정에 대한 규제를 본질로 하는 노동법은 이러한 인간적인 고용·근로조건을 보장한다.

　단독결정의 규제라도 이것은 결코 사용자의 권한을 부정하지는 않는다. 사용자에게는 법률의 틀 내에서 근로자 집단 혹은 개인과의 합의에 의해 근로조건 등을 유연하게 결정할 자유가 있고, 나아가 집단적·개별적 합의에 저촉되지 않으면 그것을 단독으로 결정할 자유도 있다. 규제는 '테두리를 만드는 것'을 '부정'하는 것은 아니다.

　규제완화론이나 노동법의 유연화론이 명시적·묵시적으로 요구하는 것과 같은, 어떠한 업종과 규모의 기업에서도 어떠한 경제적 변동에도 대응할 수 있는 규제라는 것은 애당초 있을 수 없거나 만일 있을 수 있다고 해도 더 이상 노동법이라고 부를만한 가치가 없을 것이다.[74] 노동법은 적절한 정도의 탄력성을 유지하면서도 인간다운 노동과 이를 기초한 건전한 사회로 발전하기 위하여 규제해야 하는 것은 단호해도 규제하지 않으면 그 존재 근거를 의심할 수 있다.

---

74) 이것은 원래부터 노동법을 어떻게 이해하는가에 달려 있다. 나는 앞에서 언급한 것처럼 사용자의 단독 결정의 규제를 그 본질적인 특징으로 보고 있지만, 또한 "개인으로서도 사회집단으로서도 근로자의 자유인권이나 생활이익을 구체적으로 보장하는 것을 원리로 하는 것이 노동법의 기본 성격"이기 때문에 파시즘 국가에서 노동법은 '붕괴'했다고 보는 견해(沼田稻次郎 "勞働法の基礎理論－社会変動と勞働法学" 沼田稻次郎(ほか編) 『勞働法事典』(1979, 勞働旬報社) 6쪽)에 공감한다.

제 2 장
시민법과 노동법

들어가는 말

　'시민법과 노동법'이라는 테마는 제2차 대전 후(이하 '전후'로 표기함) 일본 노동법학에서 독일 노동법의 강한 영향을 받으며 치열하게 논의되었던 주제이다.1) 그것은 노동법을 시민법과 대비시킴으로서 그 독자적 성격을 명확히 하고, 법체계에서 노동법의 지위를 확립하고자 하는 문제의식에 터잡은 논의였다. 이 논의에서 노동법과 대비되는 '시민법(bürgerliches Recht)'이란 19세기 유럽에서 보편적이었던 민법을 중심으로 한 법영역 또는 법사상을 일컫는다. 시민법은 그 후 법 발전과정에서 여러 수정이 가해지긴 했지만, 현재에도 여전히 전체 법체계의 기층을 이루고 있다. 그러므로 시민법과 노동법의 관계 해명은 현재에도 노동법의 성격을 명확히 하기 위해 중요한 의의를 가지는 작업이다.

　시민법과 노동법에 관한 논의에서는 시민법의 추상성·형식성이 비판되고, 근로자의 구체적인 생활 실태를 고려하는 노동법의 의의가 적극적으로 평가되었다. 그러나 법학계에서 점차 '시민법의 르네상스'라고도 일컬어질 만

---

1) 沼田稲次郎『市民法と社会法』(1953, 日本評論新社); 津曲蔵之丞 "市民法と労働法"『労働法講座』1권(1956) 51쪽 이하; 片岡曻『労働法における人間』季刊労働法 48호(1963) [약간 수정한 후, 同『労働法の基礎理論』(1974, 日本評論社) 1쪽 이하에 수록. 여기에서는 이 서적을 인용한다]; 峯村光郎 "市民法と社会法" 新労働法講座 1권(1966) 3쪽 이하; 蓼沼謙一 "市民法と労働法"『現代法と労働法学の課題(沼田還暦記念・上)』(1974, 総合労働研究所) 304쪽 이하; 浅井清信 "市民法と労働法" 現代労働法講座 1권(1981) 2쪽 이하. 그 외 西谷敏 "現代市民法と労働法" 前田達男・萬井隆令・西谷敏(編)『労働法学の課題(片岡曻先生還暦記念)』(1988, 有斐閣) 45쪽 이하도 참조.

한 현상이 확산되어 왔다. 즉 현대 법사상의 문제성을 개인의 자유·평등이라는 본래 시민법에 포함되어 있던 적극적 이념이 자본주의의 발전에 따라 왜곡되고 후퇴되어 온 점에 착안하여, 시민법의 이념을 현대에서 재평가하고 재확립하고자 하는 경향이다(현대시민법론). 종전의 논의에서 19세기 시민법과 대립적으로 인식되었던 노동법은 이러한 현대시민법론에서 오히려 시민법이념의 실현에 기여해야 할 중요한 법분야로 자리매김하였다. 한편 노동법은 시민법과 노동법의 이질성을 부정하고 19세기 시민법의 전면적 부활을 꾀하는 규제완화론과 대결하지 않으면 아니 된다. 이러한 복잡한 관계의 해명이 이 장의 주된 과제이다.

더욱이 말할 필요도 없이 시민법의 중심이 되는 법영역은 민법이고, 민법과 노동법의 관계는 '민법과 노동법' 문제의 중요한 구성 부분이다. 다만 그것은 실정법상 해석론이나 입법론에 관계된 독자적 의의를 가진 것이어서 제3장에서 다시 검토하고자 한다.

I. 시민법과 사회법(노동법)의 이질성

1. 법에서의 인간상(人間象)에 관한 논쟁

일본에서 '시민법과 노동법'론에 결정적인 영향을 준 것은 저명한 법철학자 라드부르흐의 『법에서의 인간』(1926)과, 독일 노동법의 창시자라 일컫는 진츠하이머의 『법에서의 인간의 문제』(1933)이다. 두 저서 모두 강연 기록이다.

라드부르흐는 인간상의 전환이야말로 법 역사의 신기원(epoch)을 제시한다는 명제를 세우고, 자유롭고 독립하여 다른 개인들과 서로 대등한 입장에서 거래를 행하는 경제인(homo economicus)을 주체로 지정하는 자유주의적 시민법과 법주체의 지적·경제적·사회적 힘 관계의 차이를 고려하는 동시에 고립된 인간이 아닌 집단인(集團人)을 전제로 한 새로운 법사상을 대비시켰다.[2]

---

2) Radbruch, Der Mensch im Recht(1926), in: Radbruch, Der Mensch im Recht - Ausgewählte

라드부르흐 견해의 특징은 인간상의 변화에서 보이는 '시민법에서 사회법으로'의 흐름을 법사상 전체의 경향으로 인식하였다는 점이다. 그에 따르면 이러한 경향은 민법의 영역에 머물지 않고 민사소송법, 형법, 공법 영역에서도 관찰된다. 그러나 새로운 법사상을 전형적으로 표현하는 영역으로서 노동법이 고려되었다는 것은 명확하다.

진츠하이머 또한 라드부르흐와 같이 법에서의 인간상이 그 법의 성격을 결정짓는다는 명제에서 출발한다. 그는 시민법에서의 추상적인 유형적 존재와, 노동법에서의 계급적 존재를 서로 대비시킨다. 계급적 존재로서의 인간의 징표(Merkmal)는 자유가 아닌 종속성이다. 진츠하이머에 따르면 시민법에서는 '자유'(의사)가 결정적인 역할을 수행하지만, 노동법에서 결정적인 것은 지배와 종속이라는 인간의 '상태'이다. 또한 노동법에서 기본적 중요성을 가지는 권리는 추상적인 자유가 아니라 인간의 일정한 물질적 요구를 만족시키는 현실에서의 생존을 결정하는 것이다. 그러므로 시민법의 중핵이 소유권(Eigentum)임에 반하여 노동법의 중핵은 인간권(Menschentum)이다.[3]

진츠하이머의 논의는 라드부르흐의 견해를 계승한 것이지만, 양자 간에는 간과할 수 없는 차이점도 보인다.

첫째, 라드부르흐가 모든 영역에서의 법사상의 전환을 문제로 한 것에 반해 진츠하이머는 고찰의 범위를 인간의 생활(Dasein)에 관계된 법질서로 한정한다. 문제로 삼은 것은 시민법, 노동법, 경제법이다.

둘째, 진츠하이머가 고찰대상을 '법질서' 또는 '법의 존재질서'에 한정하였던 것에 대응하여, "법에서의 인간"에서 논하는 경우의 '법'은 보다 실체적인 것이 된다.[4]

Vorträge und Aufsätze über Grundfragen des Rechts, 1957, S. 9ff.

3) Sinzheimer, Das Problem des Menschen im Rechts(1933), in: Sinzheimer, Arbeitsrecht und Rechtssoziologie – Gesammelte Aufsätze und Reden, Bd. 2, 1976, S. 53f.

4) 그의 고찰대상이 이와 같은 '법의 존재질서'라고 한다면, 그가 말하는 bügerliches Recht의 번역어로서 '시민법'이 타당한 것인가, 오히려 '민법'이라고 번역하여야만 하는 것이 아닌가라는 문제가 생긴다. 하지만 그는 베버의 '이념형' 개념을 사용하여 시민법, 노동법, 경제법을 파악하고 그 전개 과정을 문제로 하고 있으므로 역시 '시민법'이라고 번역하는 것이 적절할 것이다.

셋째, 진츠하이머는 시민법에서 노동법으로 발전하면 그 종국에 등장하는 것으로서 '경제법'이라고 하는 새로운 개념을 제시하였다. 이것도 물론 이 념형이긴 하지만 그 소재를 이루고 있는 것은 당시 이미 명확히 세력을 과시하고 있던 파시즘과 볼셰비즘이다. 그는 인간의 생존에 관한 법이 노동법의 한계를 넘어 더욱더 이 양자(시민법과 노동법)에서 볼 수 있는 '경제법'으로 발전하고 있는 사실을 관찰한 것이다.

유의할 것은 이들 두 사람의 학설은 모두 법현상의 전개를 객관적으로 기술한 것에 있었다는 점이다. 물론 독일 노동법의 창시자라고 일컬어지는 진츠하이머가 시민법에서 노동법으로의 발전을 긍정적으로 인식하지 않았을 리는 없지만, 그것은 앞서 소개한 강연에서는 분명하게 전면에 드러나지 않는다.5) 또 진츠하이머는, 장래 법질서에서의 인간상에 대해 다음과 같은 전망을 기술하고 있다. "그 발전이념에서 귀결되는 인간상은 이러한 법질서[시민법, 노동법, 경제법]의 어느 것에 매몰되지 않고, 이러한 모든 법질서의 여러 특징을 총괄하는 것이다. 그것은 경제법에서 모든 경제적 여러 힘을 경제적 전일체로 직접 결부시킨다는 사상을 이끌어낸다. 그것은 노동법에서 이 결합과 통일에서 개개인을 위한 생활·노동 공간의 보장이라는 사상을 이끌어낸다. 마지막으로 그것은 시민법에서 자율적인 개인 영역이라는 사상을 이끌어낸다. 즉 그곳에서 인간이 자신에게만 속하고, 인간을 관통하는 정신적 힘에 속하려는 개인 영역이라는 사상이다"고.6) 정리하면 그는 세 가지의 법질서의 발전과정을 객관적으로 서술한 다음, 향후 법질서가 갖추어야 할 모습으로 세 법질서의 '총합'을 지향하고 있는 것이다.

이것은 확실히 단순한 기술을 넘어 그의 가치관의 표명이다. 그러나 그 '총합'의 의미나, '총합' 그 위에 형성될 새로운 인간상의 내용이 충분하게 전

---

5) 이 강연은 1933년 나치의 정권 장악과 함께 독일로부터 망명을 강요받아 암스테르담 대학의 법사회학 강좌 담당자로 초빙된 진츠하이머가 취임 당시에 한 것이다. 이러한 사정으로 이 강연에서 그는 의식적으로 법사회학적 입장을 강조하여 법의 발전 경향의 객관적 서술에 한정하고 있다.

6) Sinzheimer, a.a.O.(3), S. 68.

개되어 있지는 않다. 강연이 있었던 1933년은 파시즘과 볼셰비즘이 어떻게 전개될지가 불투명한 격동의 시대였고, 이러한 추상적인 전망을 구체적인 법질서로 구상할 객관적인 조건도 결여되어 있었다. 또한 유대인으로서 네덜란드로 어쩔 수 없이 망명생활을 할 수밖에 없었던 진츠하이머에게는 그러한 작업에 종사할 주체적 조건도 결여되어 있었다.

2. 일본에서의 논쟁 수용

시민법적 인간상을 자유·대등한 추상적 인격으로 보고, 현실의 종속적이며 집단적 관계를 시야에 둔 노동법적 인간상을 그에 대비시킨 라드부르흐와 진츠하이머의 이론은 전후 노동법학에 매우 큰 영향을 끼쳤다.7) 두 학자의 이론은 위에서 서술한 바와 같이 법적 인간상의 전환을 통해 관찰되는 법사상의 변화·발전을 객관적으로 추출하고자 하는 것이었으나, 전후 일본 노동법학이 이를 계승하여 스스로 이론적 기초를 다지던 시기, 시민법에서 노동법으로의 발전은 객관적으로 관찰되는 경향일 뿐만 아니라 달성되어야 할 목표로서의 의미도 가지고 있었다. 근로관계도 추상적 인격상의 단순한 거래관계로 취급하던 시민법의 일원적 지배를 타파하고 노동법을 독자의 법영역으로서 확립하고자 한 노동법학은 인간상을 매개로 하여 시민법과 노동법을 대비시키는 라드부르흐와 진츠하이머의 이론에서 전범적(典範的)인 논거를 취하였다.

이러한 전후 노동법학의 자세를 가장 명확하게 주장하고 나선 이가 카

---

7) 片岡曻 『現代勞働法の展開』(1983, 岩波書店) 제1장 제2절(9쪽 이하)은, "전후 이후 『고도성장』의 과정에 이르는 기간에 거의 그 골격을 형성해 온 일본의 노동법 이론"을 "전후 노동법 이론"이라고 칭하면서 그 특징으로는, ① 근로자의 계급적 종속성과 생존권 이념을 중시하고 노동법의 독자성을 강조하였다는 점, ② 단결권을 중시하고 단체법의 우월성을 승인하였다는 점, ③ 노동조합의 법적 실천을 중시하였다는 점 등을 들고 있다. 籾井常喜 "プロレイバー的勞働法學に問われているもの" 前田(ほか編), 앞의 주1) 77쪽은, 그 내실은 프로레이버(pro-labor)적 노동법학의 이론 지향을 특징짓는 것이라고 한다. '전후 노동법 이론'과 '프로 레이버(pro-labor)적 노동법학'은, 모두 불명확한 개념이지만, 여기에서는 엄밀한 정의를 유보하고 전후(1945년)부터 고도경제성장기(1955~1973년)까지 우세하였던 노동법학의 경향을 '전후 노동법학'이라고 부르기로 한다.

타오카 노보루(片岡昇)였다.8) 카타오카는 진츠하이머가 민법 및 노동법에서의 인간상에 부여한 규정을 기본적으로 승인할 수 있다고 하면서,9) 그 이론을 특히 단결권에 입각하여 부연 설명한다. 카타오카에 따르면, 모든 사회관계를 평등하고 개별적인 인격의 자유로운 합의로 환원하고자 하는 시민법을 전제로 하면, "근로자의 계급적 지위에 직접적 근거를 가지며 또한 계급 주체로서의 근로자의 직접 표현이기도 하여야 할 단결은 도저히 그 존재를 인정받을 여지가 없다."10) 왜냐하면 단결은 그 존재 구조 자체가 개개 근로자에 대한 외적 강제를 포함하고, 또 그 활동에서 제3자에게 영향을 미치지 않을 수 없으며, 이에 더하여 단결은 자본제 생산관계 그 자체에 내재하는 모순의 근본적 극복까지 지향하기 때문이다. 그러므로 "민법적 인간상과 단결에서 표현되는 노동법적 인간상 간에는 엄밀히 말해서 넘을 수 없는 분열 내지 단절이 존재하고 있다."11) 이것은 바꾸어 말하면, 단결의 승인을 불가결한 기초로 하는 노동법과 민법 사이에 "예리한 원리적 대립 관계"12)가 존재한다는 것을 의미한다.

카타오카는 이러한 입장을 전제로 "근대 법질서는 노동법의 성립에 의해, 추상적 자유라는 원리가 일원적으로 지배하는 세계에서 서로 대립하는 이질적 원리의 상극을 내포하는 모순적 세계로 전환·발전한다"고 말한다.13) 이와 같이 시민법과 노동법의 관계가 '넘을 수 없는 분열 내지 단절' 혹은 '서로 대립하는 이질적 원리의 상극'이 존재한다고 한다면, 노동법상 제 문제의 해석에서 가능한 한 시민법적 원리의 적용이 배척되고 생존권을 기초로 한 노동법 이론이 관철되어야만 한다. 카타오카는 이러한 입장에서, 예를 들

---

8) 片岡, 앞의 주1) 1쪽 이하.
9) 그러나 카타오카는 진츠하이머의 견해를 전면적으로 지지한 것은 아니고, 약간의 유보를 나타내고 있다. 특히 경제법에 관한 진츠하이머의 이론에는 상당히 강한 위화감을 품고 있었던 듯하다(片岡, 앞의 주1) 15쪽 이하).
10) 片岡, 앞의 주1) 17쪽.
11) 片岡, 앞의 주1) 21쪽.
12) 片岡, 앞의 주1) 22쪽.
13) 片岡昇 "労働法と市民法 －労働法的人間像と解雇理論" 法哲学年報(1963下) [同 『労働法の基礎理論』(1974, 日本評論社) 97쪽 이하에 수록. 이하의 인용은 같은 서적에 의한다].

면 해고사유에 관해, 해고권남용설이 아니라 정당사유설을 적극적으로 지지하고, 민법상 고용과 노동법상 근로계약을 엄격하게 구별(峻別)하는 것이다 (제3장 Ⅳ. 2. (2) 참조).

3. 노동법의 독자성과 전후 노동법학

물론 전후 노동법학은 라드부르흐와 진츠하이머 이론의 이해와 시민법과 노동법의 관계에 대해서 이러한 카타오카의 견해로 통일되어 있었던 것은 아니다. 하지만 전후 노동법학이 전체적으로 시민법에 대한 노동법의 독자성을 강조하는 경향이 강했음은 명백하다.14) 그 배경에는 다음과 같은 사정이 있었다.

일본에서는 노동법이 전후가 되어서야 간신히 본격적인 발전을 개시하였는데, 노동법을 새로운 법영역으로 확립하기 위해서는 말할 것도 없이 노동법의 독자성을 명확히 하는 것이 불가결하였다. 더구나 일본 민법은 독일 민법전(BGB) 이상으로 시민법적이었다. 일본 민법은 고용에 관하여 불과 9개조의 규정을 두고 있는데 지나지 않았고 고용계약의 법적 취급은 기본적으로는 계약법의 일반적 규정에 의거하고 있었다. 한편 일본에서는 제2차 대전이 끝나고 얼마되지 않은 시기 노동조합법과 노동기준법이라는 노동법 분야의 포괄적 법률이 제정되어, 시민법(민법)과 노동법의 차이는 법전 내에서도 명백하였다(제3장 Ⅳ. 2. (1) 참조).

또한 대다수의 근로자·국민이 극빈생활에 처한 전쟁 직후 시기에는 시민법적 자유보다도 사회법적 생존권의 보장이 근로자·국민에게 보다 더 절실한 관심사였고, 생존권 보장을 위한 법제도·이론 확립이 시급한 임무라고 생각되었다. 이에 더하여 당시 노동법학이 직면하였던 이론적 과제는 시민법

---

14) 기본적인 입장에서 카타오카의 대척점에 있는 아즈마 미츠토시(吾妻光俊)도, "노동법 체계는 시민법 체계의 단순한 수정에 그치는 것이 아니라, 그 독자적 규제 대상을 가진, 독자의 법구조 내지 법개념을 내포한다"고 기술하고 있다(吾妻光俊 『新訂労働法』(1963, 青木書院親社) 40쪽). 이에 반하여, 石井照久는 노동법의 독립성과 특이성을 지적하면서도, "노동법은 종래의 시민법 질서를 수정해 가면서, 시민법 질서와 함께 전체로서 자본제 법질서의 체계 안에 조화적으로 일체화되어 있는 것이다"고 한다(石井照久 『労働法総論』(1957, 有斐閣) 148쪽).

의 구조를 넘어 전개해 나가던 노동운동의 각종 활동(생산관리, 스크럼·피케팅, 직장점거 등)에 대해 법적인 근거를 마련하는 것이었다. 광범위한 여론의 지지를 받은 노동운동을 법적으로 정당화하는 법리야말로 정의에 부합한다고 생각되어 시민법의 구조에 갇히지 않는 노동법 이론의 확립이 추구되었다. 이러한 모든 사정이 시민법과 노동법의 차이 내지 이질성을 강조시키는 요인이 되었던 것이다.15)

이렇게 시민법과 대치되어진 노동법은 ① 근로자의 종속성을 전제로 하고, ② 생존권 이념을 기초로 하며, ③ 특히 단결권=집단주의에 의해 근로자의 지위 향상을 꾀하는 것을 사명으로 하는 법분야로 이해되었다. 이렇게 해서 근로자의 종속성, 생존권, 집단주의라는 삼위일체를 골격으로 하는 전후 노동법학이 형성된 것이다.16)

II. 노동법 독자성론에 대한 반성과 비판

1. 시민법과 노동법의 경제적 기초

라드부르흐나 진츠하이머가 법적 인간상을 매개로 그려낸 시민법에서 사회법으로의 법사상적 발전은 모든 자본주의 국가에서 명백히 역사적 사실로 존재하였다. 그 발전은 자본주의 경제구조에 기초를 두고 있었기 때문이다.

자본주의에서는 상품생산이 지배적 생산관계를 형성하며, 노동력도 상품화한다. 상품교환=등가교환은 말할 것도 없이 상품 소유자가 자유롭고 상호 대등하다는 것을 불가결한 전제로 한다. 모든 경제 외적 구속으로부터 해방되어 자유로운 개인들이 자기의 합리적인 사고에 따라 자유롭게 다른 상품 소

---

15) 西谷敏 "日本における市民法と労働法−歴史的展開と展望" 日独労働法協会会報 14호(2013) 1쪽 이하, Nishitani, Bürgerliches Recht und Arbeitsrecht in Japan, in: Düwell/Löwisch/Waltermann /Wank (Hrsg.), Das Verhältnis von Arbeitsrecht und Zivilrecht in Japan und Deutschland, 2013, S. 5ff.

16) 西谷敏 "<記念講演> 労働法における人間像を考える" 法学雑誌 54권 4호(2008) 1698쪽 이하 참조.

유자와 대등한 입장에서 계약관계를 맺음으로서 상품교환관계가 성립한다. 근로자도 노동력이라는 상품의 소유자로서 시장에 등장한다. 19세기 시민법은 이러한 경제 전체를 아우르는 상품교환 과정을 반영한 법 형태이자 동시에 그에 따른 상품교환 과정을 법적으로 담보하는 역할을 담당한 것이었다.17)18)

그러나 상품교환 과정이 가치증식 과정과 표리일체를 이루고 있다는 것이 자본주의 경제의 또 하나의 특징이다. 자본이 노동력 상품을 구입하는 것은 분명히 생산과정에서의 가치증식을 위해서이다. 가치증식은 노동력에 대해 그 가치 이하의 임금을 지불하는 경우는 물론, 가치에 부합한 임금이 지불되는 통상의 경우에도 발생한다. 어느 쪽이는 개별 자본은 자본주의적 경쟁원리 때문에 생겨나는 잉여가치의 최대화를 지향한다. 그래서 상품교환＝노동력의 등가교환의 배후에서 전개되는 현실에서의 근로관계는 사용자에 의한 단독 결정과 근로자에 대한 인격적 지배에 기한 종속적 관계가 되지 않을 수 없다. 임금은 경향적으로 저하하고, 장시간 노동이 만연하며 직장 환경도 악화된다.

이렇듯 근로자와 사용자가 대등한 입장에서 체결하였음이 분명한 근로계약이 지배종속관계의 기초가 되어버리는 모순은 자본주의 사회의 기본적인 특질에서 유래한다. 근로관계를 자유로운 법인격 간의 대등한 계약관계로 파악하는 시민법은 하나의 픽션이지만, 그것은 형식상 대등한 관계의 배후에 있는 지배종속관계를 시야 밖에 둔 것일 뿐 현실로 존재하지 않는 것을 존재하는 것처럼 그린다는 것이 아니다. 게다가 이 픽션은 결코 무의미하다고 할

---

17) 자세한 내용은 沼田, 앞의 주1) 16쪽 이하 참조. 또한 상품교환 과정과 법주체, 법규범의 관계를 상세하게 논한 パシュカーニス(Pashukanis, Evgenii Bronislavovich)·稻子恒夫(訳), 『法の一般理論とマルクス主義』(1958, 日本評論社) 第4章(113쪽 이하) 참조.
18) 인간의 제관계를 자유롭고 자율적인 개인들이 맺는 계약이라고 설명하는 발상은 근대사회에 특유한 것인데, 당시에는 정치사회도 자유·평등한 시민 상호간의 계약(사회계약)으로 설명되었다. 이것은 본래 소규모 자영업자라고 하는 실제로 존재하는 계급을 모델로 하여 형성된 이론이었으나(전형적으로는 로크의 '노동에 기초를 둔 소유' 개념. 松下圭一 『ロック「市民政府論」を読む』(2014, 岩波現代文庫) 154쪽 이하 참조), 점차 추상화되어 자연법론까지 결부시켜 시민(성년남성에 한정되어 있었으나)을 모두 포함하는 일반이론이 되었다.

수 없다. 시민법은 근로자도 자유롭고 대등한 인격으로 취급함으로써 지배종속이라는 근로관계의 현실을 숨기는 역할을 수행하였지만, 그 픽션은 동시에 자유·대등한 형식원칙으로부터 괴리된 지배종속의 현실을 끊임없이 비판적으로 재검토하는 시점과 근거를 제공하기 때문이다.

그러나 근로자의 상태가 악화됨에 따라 시민법이라는 픽션과 현실의 괴리가 지나치게 확대된다면 법은 사회관계를 규제할 능력을 상실한다. 시민법에 대한 불신은 법에 대한 불신이 되어 법질서가 동요한다. 이러한 사태에 직면한 국가는 시민법을 수정함으로써 법에 대한 신뢰를 회복하려는 시도를 어쩔 수 없이 하게 된다.19)

19세기 후반부터 각국에서 일어난 것은 이와 같은 사태였다. 그 당시 자본주의의 달성, 특히 독점자본주의의 성립과 함께 자본에 의해 착취·수탈되는 근로자의 궁핍한 상황이 더욱 심화되었고, 그것이 근로자들의 저항을 불러 일으켰다. 모든 나라에서 '근로자문제' 내지 '사회문제'가 심각한 정치문제가 되었다. 각국은 노동보호법의 새로운 제정 또는 강화 및 사회보험법을 창설함으로써 이러한 문제에 대응하려 하였다. 근로자의 자주적인 단결에 대한 관용적인 태도가 서서히 침투하는 것도 이 시기였다. 이러한 움직임의 배경에는 노동력의 마멸(磨滅)을 우려한 '총자본의 이성'도 없지는 않았지만, 노동운동에 대한 양보가 주된 동인(動因)이었다(제1장 Ⅱ. 참조).

이와 같이 사회법은 시민법이 애써 시야 밖에 두었던 사회계층의 생활실태를 법적 시야 안으로 받아들여 대책을 강구한 것이었다. 그 전형인 노동법은 상품교환 과정의 뒷면인 가치증식(착취)을 경감시키고, 노동과정에서의 비인격적 혹사를 완화하고자 한다. 그것은 시민법의 적용을 부분적으로 배제하고 그것을 수정(노동보호법과 단결의 승인)한다. 그것이 '시민법에서 사회법으로'라고 일컬어지는 현상의 의미이다.

---

19) 沼田, 앞의 주1) 46쪽 이하.

2. 이질성의 의미

시민법과 사회법의 관계가 위에서 살펴본 내용과 같다고 한다면 양자가 이질적인 면을 가지고 있다는 것은 명백할 것이다. 그러나 양자를 이념적인 대립관계에 있다고 보는 것이 적절하다고는 생각하지 않는다.

다시 한 번 확인하면, 라드부르흐나 진츠하이머에게 시민법적 인간상은 인간을 계약주체로서의 측면에서 추상적으로 인식한 법적 인격(Person)이고, 거기에는 근로자나 사용자도 똑같이 자유롭고 대등한 인격이었다. 이에 반하여, 사회법(노동법)에 있어서의 인간은 시민법이 시야 밖에 두었던 종속성과 집단성이라는 현실을 법적 시야에 끌어들인 구체적 인간(Mensch)이며, 양자는 '추상'과 '구체'의 관계에 있었던 것이다.

본래 추상과 구체라 함은 동일한 차원에서 대립하는 것이 아니고, 일방이 다른 일방을 부정한다는 것도 아니다. 추상과 구체란 동일물을 보는 각도의 다름이다. 즉 개개의 근로자라는 존재가 시민법적으로 보면 자유·평등한 계약주체가 되고, 노동법적으로는 사용자에 종속된 구체적 인간이 된다.[20] 노동법은 근로자의 종속성이나 집단성이라는 사회적 실태를 법적 시야 속에 담아냈다는 점에서 특징을 가지지만, 그것 때문에 근로자가 추상적으로 자유·평등한 법적 인격이라는 것까지 부정하는 것은 아니다.

라드부르흐나 진츠하이머가 '시민법에서 사회법으로'라고 말했을 당시, 그들이 생각하였던 것은 결코 '시민법'을 부정하면서 '사회법'이 등장하였다는 것이 아니었다. 그것은 형식적·추상적인 '시민법'이 일원적으로 관철되던 시대에서 근로관계의 현실을 법적 시야에 담은 사회법·노동법이 등장하여 시민법과 병존하는 시대로 발전해 왔다는 점을 의미하는 것이었다. 그 새로운 시대에서의 시민법과 사회법의 관계는 어떻게 되는가. 어떠해야 하는가에 대해 라드부르흐는 언급한 바가 없으며, 진츠하이머도 추상적인 전망을 기술하

---

20) 무엇보다도 여기서 말하는 '구체적'이라 함은, '개별 구체적'이라는 의미가 아니다. 노동법에서의 '구체적' 인간은 계급 내지 계층으로서의 근로자라는 특징을 구비한 인간인 것이고 다양한 근로자의 평균에 지나지 않아서 그러한 의미에서는 여전히 추상적이다.

는데 지나지 않았다. 하지만 아무도 시민법의 단순한 부정 내지 배제를 생각했던 것이 아님은 명백하다.

카타오카는 노동법의 특질을 너무 강조한 나머지 추상과 구체의 관계를 원리적 대립으로 치환하여 시민법과 노동법의 공통성과 연속성을 부정하기에 이르렀던 것이라고 생각된다.[21] 카타오카만큼 명확하게는 아니었다 하더라도 이와 같은 발상은 많든 적든 전후 노동법학에 공통된 특징이었다.

3. 기반의 변화

일본에서 시민법과 노동법의 대립관계가 중시되고 노동법의 독자성이 일면적으로 강조되었던 것은 전후의 여러 사정을 배경으로 하는 것이어서 그 나름의 필연성이 있었다고도 말할 수 있다. 그러나 그것이 결과적으로 노동법 이론에 일정 부분 왜곡을 초래하게 되었다는 점은 부정할 수 없다. 즉 노동법에서의 근로계약 경시, 근로계약에서의 근로자 의사에 대한 무관심, 근로관계에서의 근로자의 개인적인 자유의 경시, 단결권에서의 과도한 집단주의 등이 그것이다.[22]

전후의 여러 조건을 배경으로 하는 이러한 이론은 고도성장기 이후의 사회현황이 격변하는 가운데 대폭적인 이론적 재검토가 필요하게 되었다. 1955년경부터 시작된 고도경제성장은 국민의 생활수준을 향상시키고, 노동력 부족은 근로자의 종속성을 어떤 의미에서 경감시켰다. 근로자의 계급인식은 점차 후퇴하고 근로자는 생활수준 향상과 더불어 정신적 충족이나 자기실현—즉 개인적 '자유'—에 대한 관심을 높여갔다. 그것은 생존권 의식의 후퇴와 평행(parallel)하는 관계였다. 또 격렬한 쟁의의 패배 후에 형성된 안

---

21) 무엇보다도 카타오카는, 훗날 그 입장을 어느 정도 수정한 것으로 보인다. 예를 들면, 片岡(著)·村中孝史(補訂)『勞働法(1) [第4版]』(2007, 有斐閣) 331쪽은 근로자의 단결에 대한 법인(法認)과 노동법의 등장은「시민법 원리에 대한 수정적 계기로서의 의의를 가진 것으로, 그 부정을 의미하는 것은 아니다. 즉, 시민법의 개인주의적 자유 원리를 전제로 하면서, 그것이 초래하는 사회적 폐해를 교정하고자 하는 바로, 오늘날의 노동법이 가진 현실적 의의가 있다」고 기술한다.

22) 西谷敏 "現代勞働法の理論課題" 法の科学 8호(1980) 42쪽 이하, 西谷·個人 3쪽 이하.

정적 노사관계는 소수파 근로자에 대한 노사일체주의의 공세를 동반한 것이어서 노동조합이라는 집단이 당연히 정통성을 가진다는 확신을 동요하게 만들었다.23)

이와 같은 사정은 종속성, 생존권, 집단주의라는 삼위일체로서의 노동법이론에 다양한 각도에서의 재검토가 필요하기에 이르렀다. 전후 노동법학이 시민법에 대한 노동법의 독자성을 지나치게 강조하였던 것은 아니었던가 하는 반성이 생겨났다. 노동법과 시민법은 확실히 상정된 인간상이 다르고, 그에 대응하여 이질적인 성격을 가진 법영역이기는 하지만, 양자는 원리적으로 서로 대립·반목하는 것이 아닌, 자유·평등이라는 공통의 이념에 입각하여 있다고 보아야만 하는 것은 아닌가? 노동법은 근로자의 종속성과 집단성을 시야에 두고서, 자유·평등 이념의 실질적인 실현을 꾀한다는 점에 특징을 가진 법영역으로 보아야 하는 것은 아닌가? 이러한 문제의식이 점차 인식되기 시작한 것이다.24)

4. 와타나베 요죠(渡辺洋三)의 노동법학 비판

(1) 비판의 초점

시민법과 노동법의 이질성을 강조하였던 전후 노동법학을 다른 각도에서 엄밀하게 비판하였던 것은 와타나베 요죠(渡辺洋三)이다. 와타나베의 노동법학 비판은 반드시 위에서 언급한 것과 같은 맥락에서 이루어졌던 비판이었던 것은 아니었고 다소 일면적이기도 하였지만, 전후 노동법학에 대한 기초적(radical)인 문제제기로서 노동법학에 충격을 주어 노동법학이 스스로의 존재의의를 반성하는 하나의 계기가 되었다고 생각한다.

폭넓은 관심을 가지고 각 법분야에 대해 예리한 문제제기를 해왔던 와

---

23) 西谷·個人 22쪽 이하 참조.
24) 西谷, 앞의 주22) 54쪽 이하; 西谷, 앞의 주1) 52쪽 이하; 西谷·個人 22쪽 이하, 50쪽 이하; 浅井, 앞의 주1) 16쪽 이하; 本多淳亮『勞働法総論』(1986, 靑木書院) 22쪽 이하. 그 외 沼田稲次郎에 의한 인간 존엄 이념의 강조도 그러한 경향을 뒷받침하는 것이었다. 이 점에 대해서는, 제4장에서 상세하게 검토한다.

타나베는 1960년대에 일련의 노동법학 비판을 전개하였다.25) 논점은 여러 분야에 걸쳐 있었지만,26) 비판의 중심은 노동법학이 노동법의 독자성만을 강조하고 시민법과의 공통성을 경시하고 있다는 점에 있었다.

와타나베에 따르면 노동법학은 시민법 원리를 수정하는 것으로 생존권의 의의를 강조하지만, 자본주의 사회에서 근로자의 생존권은 노동력 상품의 판매라는 형태로 밖에는 실현될 수 없다는 역사적 제약을 받고 있다. 결국 '생존권 원리는 즉자적으로는 노동법 원리답다고 할 수' 없고, '노동법이 자본주의노동법이기 때문에 노동력 상품 교환법이고, 법학적으로는 재산법의 범위에 포함된다'고 한다.27) 예컨대 노동조합의 기본적 기능은 단체교섭을 통해 노동력 상품에 관한 가치법칙을 관철시키는 것(임금=노동력의 가치를 노동력 상품의 가치에 일치시키는 것)에 있고, 따라서 노동법이 노동조합에 단체교섭권 등의 노동기본권을 보장하는 것은 시민법을 수정하는 것이 아니라, 시민법(가치법칙)을 관철시키는 것에 지나지 않는다. 이처럼 자본주의에서 생존권을 이념으로 한 노동법이 성립할 수 있는 것은 '서로 다른 두 계급이 공통으로 승인하는 논리 틀'28)에 의할 수밖에 없으나, 노동법학은 지금까지 노동법의 독자성만을 강조하고, '시민법에도 노동법에도 공통된 부르주아법의 일반 속성'을 과소평가하는 경향이 있었다고 비판한다.29)

---

25) 渡辺洋三 "法社会学と勞働法" 野村平爾教授還暦記念 『団結活動の法理』(1962, 日本評論社); 同 "法社会学と勞働法" 『法律時報』 1962年9月号; 同 "勞働法の基本問題" 『社会科学研究』 18권 1호(1966) [이들 논문 모두 渡辺洋三 『法社会学の課題』(1974, 東京大学出版会)에 수록. 인용은 이 문헌에 의한다].

26) 와타나베의 노동법 비판은 노동법학에는 법해석을 위한 사회관계 조사는 있어도 '법현상의 사회법칙을 탐구하는 사회과학으로서의 법률학'인 법사회학에 대한 관심이 희박하다는 점, 현실의 노동조합이 법칙적으로 단결의 필연성보다도 분열의 필연성을 내포하고 있다는 점을 노동법학이 간과하고 있다는 점 등에 향해 있었다. 이러한 비판에 대해 노동법학이 대응하게 됨으로써 60년대부터 70년대에 걸쳐 활발한 논의가 있게 되었다. 이 문제에 대해서는 西谷敏 "勞働法·法社会学論争の教えるもの" 戒能通厚·原田純孝·広渡清吾(編) 『日本社会と法律学 ―歴史·現状·展望(渡辺洋三先生追悼論文集)』(2009, 日本評論社) 704쪽 이하 참조.

27) 渡辺, 앞의 주25) 167쪽.

28) 渡辺, 앞의 주25) 161쪽.

29) 渡辺, 앞의 주25) 143쪽.

그러나 와타나베가 시민법을 협의의 상품교환법이라고 이해를 전제로 하면서, 생존권 원리나 노동법까지도 시민법으로 이해하고자 한 것은 일면적이었다. 생존권 원리가 좁은 의미의 시민법 원리와 대립적인 측면을 가진 것은 라드부르흐·진츠하이머를 계승하였던 전후 노동법학이 강조하였던 바이다. 앞에서 언급한 바와 같이 자본주의적 경제관계가 상품교환 과정과 함께 가치증식 과정을 포함하는 까닭에 그 모순의 격화와 더불어 국가는 어쩔 수 없이 협의의 시민법을 수정할 수밖에 없어 노동법이 만들어지게 되었던 것이다. 시민법과 노동법은 모두 자본주의 경제를 기초로 하지만 그것은 와타나베가 말한 것처럼 상품교환 과정의 반영이라는 점만으로 설명할 수 있는 것이 아니다. 와타나베가 노동법은 시민법 원리를 관철시키는 것이라고 말할 당시는 단체교섭을 염두에 두고 한 말이었지만, 그것은 본래 다양한 기능을 수행하기 마련인 단체교섭에 대한 인식방법 면에서 일면적이고, 또한 노동법의 또 다른 하나의 중요한 축인 노동보호법을 시야 밖에 넣지 않았다는 점에서도 일면적이었다.

(2) 비판의 배경

그렇다면 와타나베는 왜 이와 같은 노동법학 비판을 전개하였던 것일까?

1960년대까지의 전후 일본에서는 오늘날에는 상상하기 어려울 정도로 근로자·국민·지식인 사이에서 사회주의를 기대하는 목소리가 펴져 있었다.30) 대립의 지점은 자본주의가 개량을 거듭함으로써 점진적으로 사회주의로 이행하는지(구조개혁론), 사회주의의 실현에는 체제변혁=혁명이 필요하다고 생각하는지에 있었다. 당시 와타나베의 최대 관심사는 사회주의에의 길(방법)을 둘러싼 이러한 격한 노선대립 속에서 자본주의법의 이데올로기성 및

---

30) 沼田稲次郎 "労働法における法解釈"(1956) 『沼田稲次郎著作集2巻』(1976, 労働旬報社) 336쪽은 자본주의 붕괴와 프롤레타리아 혁명 성취는 필연적이고, "오늘날에는 이러한 인식이 깊든 얕든 그 차이는 있을지언정, 보수적인 사람들까지 포함하여 적어도 지식인들에게는 의심되지 않는 진리로 생각되어지고 있었다고 보아도 무방하다"고 기술하였다.

한계를 객관적으로(즉, 와타나베가 말하는 '법사회학적'으로) 분석하는 것을 통해 혁명의 필연성을 논증하는 것이었다. 이러한 와타나베의 관점에서 보면, 시민법과는 이질적인 노동기본권이나 생존권 의식을 강조하는 노동법학 입장이 자본주의법에 있어서의 사회법(노동법)과 사회주의법의 경계를 모호하게 하고, 자본주의에서의 개량을 통해 사회주의로 점차적으로 이행하고자 하는 구조개혁론과 연결될 위험이 있다는 인식을 반영한 것이다.

그러나 노동법학에 있어서도 노동법이 자본주의법으로서의 한계를 가지고 있고 사회주의법과 이질적인 것이라는 점은 자명한 것이었다.[31] 그리고 많은 노동법학자는 당시 지식인들의 일반적 경향과 동일하게 사회주의의 실현을 희구하고 있었다. 다만 노동법학계 바로 앞에 놓인 관심사는 일상적으로 야기되는 노사간의 격한 투쟁을 적절하게 해결하기 위한 법이론을 창조하여 제공하는 것, 그리고 노동법이론을 통해 근로자의 권리의식, 계급의식을 각성시키는 것이었다. 그것은 체제변혁을 둘러싼 기본적 자세와 결코 모순되는 것은 아니라고 생각되고 있었다. 그러한 의미에서 노동법학계로서는 와타나베의 비판에서 그 핵심 부분은 받아들여질 수 있는 것이 아니었던 것이다.[32]

다만 와타나베의 노동법학 비판이 노동법학에 강한 자극을 주어 전후 노동법학의 존재의의를 보다 객관적으로 반성하게 하는 계기가 되었다는 것은 사실이다.[33] 그 반성은 명시적으로는 시민법과 노동법의 관계에는 미치지 않았지만, 자본주의법으로서의 노동법이라는 측면을 보다 강하게 인식시켜, 시민법·노동법의 일면적 대립론을 반성하게 하는 계기가 되었다고 말할 수 있을 것이다.

---

31) 沼田, 앞의 주1) 12쪽 이하; 片岡, 앞의 주1) 27쪽 이하; 浅井, 앞의 주1) 17쪽 등.
32) 노동법학에 의한 반론은 그 수가 많고 논점도 다양한 부분에 걸쳐 있지만, 특히 좌담회 "日本労働法学の方法論と課題" 季刊労働法 45호(1962); 特集 "労働法学の方法と課題" 学会誌労働法 24호(1964) 참고.
33) 그 대표적인 성과는 片岡昇 『現代労働法の理論』(1967, 日本評論社)이다.

Ⅲ. 현대 시민법론과 노동법

1. 와타나베 요조(渡辺洋三)의 새로운 이론

(1) 시민법과 부르주아법의 재정립

일본의 사회·경제체제를 둘러싼 과제는 60년대의 고도경제성장기를 거쳐 크게 변화하였다. 일본이나 유럽 여러 나라들의 고도성장은 자본주의 경제체제 아래에서도 근로자·국민의 생활이 어느 정도 풍요롭게 될 수 있음을 명백하게 하였지만('복지국가'), 그와 동시에 사회주의로의 열의가 점차 침체해 갔다는 것도 의미하였다. 더욱이 일본에서는 경제적 번영의 그늘로 인간소외, 공해로 인한 환경파괴, 관리국가로의 진행, 군국주의 부활의 위험성 등이 심각한 문제로 인식되어 전체적으로 기본적 인권, 민주주의, 평화라는 헌법적 가치로의 관심이 높아져갔다.

와타나베의 시민법론은, 이러한 배경 아래에서 크게 전환된다. 1960년대의 와타나베에게는 시민법은 부르주아법적으로 왜곡된 법이고, 시민법의 발전보다도 사회주의에 의한 그 극복이 주된 과제였다. 그러나 70년대 이후 와타나베는 시민법과 부르주아법을 대항적인 것, 상호 모순되는 것으로 인식하고, 부르주아법(및 그 발전 형태로서의 현대 부르주아법)을 비판하는 척도로써 시민법을 재정립한다는 입장을 취하게 된다.[34]

와타나베의 새로운 견해에 따르면, 시민법은 '자기의 노동에 기초를 둔 소유제도를 토대로 한 상품교환법 체계'이고, 시민법의 담당자로서의 시민은 '자기의 노동의 결과로 재산을 축적하는 근로시민'인 것이다. 그리고 자기의 노동에 기초하여 취득한 재산에 대한 권리인 시민적 재산권은 '인간의 생존에 필요한 근본적 조건과 관계있는 기본적 인권이다'. 이에 반하여, 부르주아법은 타인의 노동에 대한 지배와 착취에 기반한 소유권법 체계이고, 자본주의적 재산권은 인간의 생존을 억압한 결과로 성립하는 부르주아적 재산권이

---

34) 渡辺洋三 『法社会学とマルクス主義法学』(1984, 日本評論社) 14쪽.

다. 시민법을 출발점으로 한 자본주의법의 발전은 부르주아 지배의 확립과 함께 부르주아 시민법으로 전환하고, 나아가 부르주아 현대법으로 변질된다.[35] 이러한 상황에서 시민법의 기본적 이념을 기준으로 하여 부르주아 현대법을 비판하고, 시민법의 현대적 복권을 꾀하는 것이 가장 중요한 과제라고 하는 것이 70년대 이후 와타나베의 시민법론이다.

이러한 와타나베의 새로운 시민법론(현대 시민법론)은 19세기부터 20세기에 걸친 자본주의의 일반적 발전 경향을 근거로 한 것이기도 하였지만, 동시에 시민혁명을 거치지 않은 것으로부터 시민법에 내재하는 민주주의적 법원리를 결여시킨 채 부르주아적 법원리가 지배적으로 되어버린 전후 일본의 특수한 상황에 대한 비판에 기초하고 있었다. 와타나베는 이러한 현상에 대해 전후 개혁의 상징이라고 할 만한 일본국헌법의 입장으로 되돌아가, '현대 부르주아법 비판의 척도로서 그것이 잘라내 버린 시민법에 본래 내재하는 민주주의적 법리의 원점을 다시금 재검토하고, 거기서부터 문제를 재정립할 필요가 있다'고 생각하였던 것이다.[36]

(2) 생존권과 노동법의 지위

특히 본 장 주제와의 관계에서 중요한 것은 생존권과 노동법의 지위이다. 와타나베는 본래 시민법을 자기 노동에 기초를 둔 소유제도로 인식하고, 그것에 근로시민의 생존권 원리가 내재되어 있다고 보는 것으로, '현대법에 있어서의 새로운 생존권 전개는, 부르주아법에 의해 왜곡되어 버린 본래의 시민법의, 현대에서의 복권'으로서, 나아가 '노동에 기초를 두지 않는 부르주아적 소유제도로부터 자기 노동에 기초를 둔 소유제도로의 현대적 재전환'[37]으로 이해할 수 있다고 한다. 이 '복권' 내지 '재전환'은 일찍이 시민적 인권의 담당자였던 부르주아지(소생산자를 포함함)가 그 시민적 성격을 잃어버린 현대에서 '그것에 갈음하는 새로운 시민사회의 담당자로서 근로자 계급을 주체

---

35) 渡辺, 앞의 주34) 17쪽 이하.
36) 渡辺, 앞의 주34) 96쪽.
37) 渡辺, 앞의 주34) 21쪽.

로 한 근로자가 그에 어울리는 현대 시민사회를 다시 만드는 것(그것이 바로 민주적 변혁이다)을 의미한다'는 것이다.[38]

와타나베가 시민법의 '복권'의 예로서 든 것은 노동법 분야에서는 또다시 단체교섭이다. 와타나베에 따르면, 단체교섭은 '본래의 합의원칙이 시민법의 부르주아화에 의해 형해화되고 왜곡되었던 것을 본래의 합의원칙으로 되돌아가게 하기 위한 것이라는 점에서는 본래적으로 매우 시민법적인 것'이고, '노동법의 법리도 새로운 단계에 있어서의 시민법 원리의 복권'이라고 말한다.[39] 와타나베가 단체교섭을 중시하는 태도는 일관되어 있지만, 60년대의 와타나베가 단체교섭을 자본주의법의 한계라는 맥락으로 인식하였던 것에 반해, 여기에서는 단체교섭과 그것을 중심으로 한 노동법이 시민법 원리의 복권으로서 적극적으로 평가되고 있다.

(3) '시민법'론의 궤적

와타나베의 '시민법'론은 적극적 평가(전후 시기) → 부르주아법이라는 파악에 근거한 이데올로기적 비평(60년대) → 재평가(70년대 이후)라는 궤적을 그리며 전개되어 왔다.[40] 그 배경에는 60년대 경제성장을 거쳐 사회주의의 전망이 멀어질 뿐만 아니라 복지국가이 이면으로서 관리국가화나 군국주의적 부활의 위험이 커지면서 종합적으로 민주주의, 인권이 위기에 봉착하게 된 70년대 이후의 시대 상황이 있었다. 와타나베는 시민법=부르주아법 이데올

---

38) 渡辺, 앞의 주34) 21쪽.
39) 渡辺, 앞의 주34) 56쪽 이하.
40) 와타나베는 자신의 시민법론에 대하여 시대에 따라 그 중점을 두는 곳을 바꿔왔다는 점을 들어 이를 세 단계로 나누고 있다. 제1단계는 '제2차 대전 전 전근대적 시민사회적 법관계를 비판하고 극복한다는 관점에서, 시민혁명에 원점을 둔 근대시민 사회적 법관계를 적극적으로 평가하고, 그것을 일본에 도입하여 정착시키는 것에 중점을 두고 시민법론을 전개한(민주화=근대화) 전후 개혁시기, 제2단계는 '전후 일본의 『시민사회』의 형성이 동시에 독점자본의 지배를 강화하는 지금껏 보지 못했던 새로운 현상' 아래에서 현대 법인식을 위한 법사회학적 과제로서 '현대 독점지배에 편입되어 버린 시민법(전후 부르주아 시민법) 비판'에 집중한 1960년대, 그리고 제3단계가 시민법을 재평가하였던 70년대 이후이다(渡辺, 앞의 주34) 94쪽 이하).

로기 비판에서 헌법적 가치의 실현으로 전략 목표를 바꾸었던 것이다. 그것은 커다란 역사의 흐름에서 보자면 '후퇴'였다고 말할 수 없지 않다. 그러나 그 '후퇴'는 새로운 전진의 교두보를 쌓기 위한 후퇴였고, 더욱이 객관적으로는 사회주의에서도 자유, 평등, 민주주의 등의 이념이 보편적 의의를 가진다는 것을 인식시키는 계기도 되었다.[41]

본래 자본주의 체제의 본질을 통찰하여 그 변혁을 전망해 가면서 이를 비판하는 것(이데올로기 비판)과, 자본주의법에서의 헌법적 가치를 옹호하고 그 실현을 위해 노력하는 것(내재적 비판)은 결코 모순되는 것은 아니다.[42] 그러한 의미에서, 60년대부터 70년대 이후까지 걸친 와타나베의 시민법론의 변화는 와타나베 자신이 말한 바와 같이, 단순한 중점의 위치 이동에 지나지 않았다고도 말할 수 있다. 생존권보다도 인간의 존엄성 이념을 중시하고, 노동법에서의 자유·자기결정의 의의를 강조하는 노동법학의 이론적 전개(제4장 Ⅲ, Ⅳ)에 대해서도 같은 평가가 가능할 것이다. 이러한 전환의 의의는 시대의 급격한 변화를 배경으로 사회가 법학에 요청하는 과제 자체가 크게 변화해 왔다는 사실 관계를 빼놓고는 평가할 수 없다.[43] 문제는 결국 시대의 흐름을 끝까지 탐구해 가면서 사람들의 최대 행복이라는 법의 궁극의 이념을 실현하는 것을 자기의 가장 중요한 과제로 보려는 법학자의 자세를 어떻게 평가할

---

41) 예를 들어 藤田勇 『自由·平等と社会主義−1840年代 ヨーロッパ〜1917年 ロシア革命−』 (1999, 青木書店)은 그 연구목적을 "「자유·평등」의 문제, 혹은 「자유와 민주주의」 문제의 사회주의적 해결이라는 사상적·실천적 영위의 역사적 고찰"이라고 규정한다(5쪽). 또 노동법을 '국가의 계급적 기반 차이를 넘어 근로자의 인간으로서의 존엄에 상당하는 생존을 보장하는…법의 한 형태'로 재인식하는 沼田稲次郎의 새로운 입장(沼田稲次郎 "労働法の基礎理論−社会変動と労働法学" 沼田稲次郎(ほか編) 『労働法事典』(1979, 労働旬報社) 5쪽 이하)도 같은 맥락이라고 이해할 수 있다.

42) 沼田稲次郎 『労働基本法論 −戦後労働法史のイデオロギー的側面』(1969, 勁草書房) 19쪽은, '지배계급이 새롭게 만들어 낸 여러 이데올로기 상호간의 논리적 모순을 비판하는 것'을 「내재적 비판」이라 하고, 내재적 비판을 동반하지 않는 이데올로기 비판은 설득력이 빈약하지만, 내재적 비판에만 머무르는 한 이데올로기 비판의 진의를 잃게 된다고 한다.

43) 이러한 이론의 전환은 현상적으로는 '근대화 노선으로의 전환'이라고 말할 수 없지 않지만, 그것을 '유물사관 법학의 자멸'이라는 평가(毛塚勝利 "解説1·戦後労働法学と蓼沼法学−総括と継承" 『蓼沼謙一著作集Ⅰ 労働法基礎理論』(2010, 信山社), 550쪽)에는 찬성할 수 없다.

것인가로 귀착될 것이다.

2. 현대 시민법론의 승계와 발전

1970년대부터 와타나베의 이론은 '시민법론' 혹은 '현대시민법론'으로 많은 학자들에 의해 계승되었다. 대표적으로 시미즈 마코토(清水誠)이다. 시미즈는 시민법론을 '근대시민사회의 기본원리인 모든 인간의 자유, 평등, 우애라는 이념을 사고 및 행동의 기준으로 관철시켜 가면서 그것에서 법제도, 법체계를 이해하고 운용하고자 하는 이념적 지향'이라고 정의한다.[44]

시미즈의 '시민법'은 이러한 이론적 지향으로부터 바라본 개념이다. 그의 이론에서는 사법(私法)뿐만 아니라 공법상 제원리, 즉 헌법에서의 입헌주의, 국민대표제, 법치주의, 권력분립주의, 기본적 인권보장, 재판의 독립, 지방자치, 군사력의 시민에 의한 통제 등, 나아가 형법에서의 죄형법정주의, 적정절차의 보장, 변호권의 존중, 고문금지, 무죄추정의 원칙 등도 그것을 구성하는 요소가 된다.[45]

여기에서는 라드부르흐의 법적 인간상론과 함께 시민법이 지극히 넓은 법분야에 걸친 기본적인 법이념이라고 파악되고 있다. 하지만 라드부르흐의 '시민법'이 추상적인 인격을 주체로 하는 법적 세계로서 사회법(노동법)과 대비되었던 것과는 달리, 시미즈의 시민법은 자유, 평등, 우애라는 19세기 시민법 이념을 현대 사회 안에 실현하자고 의도하는 바로 '현대시민법론'이라 일컬을 만한 것이었다. 따라서 사회법(노동법)에 대한 평가도 당연히 크게 다르다. 시미즈는 사회법이론에 '자본주의 사회 속에서 시민사회와 시민법 이념을 최대한 실현하고자 하는 실천적 과제'[46]를 부과한다는 것 이상으로, 사회법이나 노동법에 대해 논하고 있는 것은 아니지만 거기에는 와타나베와 동일하게 사회법·노동법이 '시민법'과 대비되는 것이 아니라 그 중요한 구성부분으로서 평가되고 있음은 명백하다.

---

44) 清水誠『時代に挑む法律学－市民法学の試み』(1992, 日本評論社) 1쪽 이하.
45) 清水, 앞의 주44) 7쪽.
46) 清水, 앞의 주44) 9쪽.

현대사회에서의 시민법의 의의를 재평가한 뒤 그 시점에서 현대법을 분석하고 그것을 기점으로 법의 개혁(입법론, 해석론을 포함함)을 지향하는 법이론을 현대시민법론이라 부른다면, 그에 속한다고 생각되는 학자와 문헌은 일일이 셀 수 없을 지경이다.[47] 물론 학자들 간에 전문 영역이 서로 다르기 때문에 그 세부적 내용에 있어서 흥미로운 차이점도 많이 보이지만, 여기에서 그만 논의를 그친다.

3. '시민사회'론의 전개와 시민법론

와타나베, 시미즈 등의 시민법론은 시민법이 본래 내재하고 있기 마련인 자유, 평등, 우애, 민주주의 이념이 충분하게 정착하지 못한 일본의 상황을 강하게 인식하였던 이론이었다. 그러나 1989년 경부터 서유럽국가에서도 이러한 논의와 문제의식을 공유한 '시민사회'(civil society)론이 전개되게 된다. 여기서 말하는 civil society는 학자에 따라 약간의 차이는 있으나, 대략 국가도 아니고 기업도 아닌, 공적 관심에서 활동하고 발언하는 시민들의 자유로운 단체를 가리킨다. 이를 둘러싼 논의가 한창 무르익게 된 것은 동유럽의 혁명 과정에서 이들 단체가 커다란 정치적 역할을 담당하였다는 점과 여러 자본주의 국가에서 시민단체가 여론 형성에 중요한 역할을 담당해 왔다는 점 등에 의거한다.[48]

원래 '시민사회'의 개념은 다의적이었다. 19세기 시민법의 경제적·사회적 기초도 '시민사회'(bürgerliche Gesellschaft)이지만, 그 개념 자체가 중의성을 가지고 있었다고 여겨진다. 즉 '시민사회'는 자유로운 시민들이 자치적으로 형성한 결사·커뮤니티라는 의미와 자본주의 경제가 지배하는 부르주아 사회

---

47) 原島重義 『市民法の理論』(2011, 創文社) 第一部; 吉田克己 『現代市民法と市民法学』(1999, 日本評論社) 第二章; 広渡清吾 『比較法社会論研究』(2009, 日本評論社) 第10~12章; 池田恒男·高橋眞(編著) 『現代市民法学と民法典』(2012, 日本評論社) 등 논문; 吉村良一 『市民法と不法行為の理論』(2016, 日本評論社) 第1部第1編第1章; 篠原敏雄 『市民法学の可能性』(2003, 勁草書房); 同 『市民法学の輪郭』(2016, 勁草書房) 등.
48) 山口定 『市民社会-歴史的な遺産と新展開』(2004, 有斐閣) 1쪽 이하; 植村邦彦 『市民社会とは何か-基本概念の系譜』(2010, 平凡社) 12쪽 이하 참조.

라는 의미도 가지고 있었다.[49] 전통적인 '시민사회'가 이러한 중의성을 가졌다
는 점에서 civil society에 대응하는 개념으로, bürgerliche Gesellschaft에 대신
하여 Zivilgesellschaft(Bürgergesellschaft)라는 단어가 사용되는 경우가 많다. 이
것도 일본어로는 '시민사회'라고 번역되지만, 이 개념은 전자와는 달리 노동·
자본·상품시장을 통해 조작되는 경제영역은 포함되지 않는다. 예를 들어 하
버마스는 이에 대한 엄밀한 정의는 어렵다고 하면서도, '적어도 그 제도적 핵
심은 자유로운 의사에 기초한 비국가적 그리고 비경제적 결합'에 있다면서,
그 예로서 교회, 문화단체, 학회, 독립미디어, 스포츠·여가단체, 토론클럽, 시
민포럼과 시민단체, 직업단체, 정당, 노동조합, 대체시설 등을 들고 있다.[50]
그는 이들 여러 단체로부터 시민의 자유로운 정치문화 형성과 권력을 갖지
않는 정치적 공공 담당자의 제도화(교류와 조직화의 형태)를 기대하는 것이다.[51]

　　이러한 새로운 '시민사회' 개념은 위에서 언급한 여러 단체가 수행하고
있는 역할을 기술하는 것에 머물지 않고 이들 활동에 대한 적극적 평가를 전
제로 하여 그러한 여러 단체를 통한 공론 형성을 통해 건전한 민주주의 발전
을 기대한다는 규범적 의미가 부여되는 경우도 많다.[52] 여기서는 '시민사회'
의 담당자인 '시민'에게도 규범적 의미가 부여된다. 정치학자인 야마구치 야

---

49) bürgerliche Gesellschaft가 가진 이 중의성은, Bürger의 개념 자체가, 시민층(Bürgertum, 영국
　　의 bourgoisie와 middle class의 중간에 해당함)에 속하는 사람들과 'citizen' 즉 권리와 의무 양
　　측면에 있어서 어느 한 커뮤니티의 구성원이 되는 자 전체를 가리킨다는 것에서 유래하고
　　있다(ユルゲン·コッカ(Jürgen Kocka)著·松葉正文·山井敏章(訳) 『市民社会と独裁制－ドイ
　　ツ近現代史の経験』(2011, 岩波書店) 7쪽 이하 참조). 역사적으로 '시민사회'는 커뮤니티 혹은
　　국가의 의미로 사용되었던 경향이 강하였으나, 헤겔이나 마르크스가 자본주의 사회라는 의
　　미로 사용하게 되었다고 한다(植村, 앞의 주48) 제3, 4장 참조). 이와 같이 '시민사회'에도 원
　　래 두 가지의 의미가 있었지만, 거기에 시민의 자발적 결사를 '시민사회(civil society)'로 인
　　식하여 평가하는 학설이 더해지게 되어 '시민사회'는 세 가지의 의미를 가질 수 있게 되었다
　　(吉田, 앞의 주47) 107쪽 이하 참조).
50) Habermas, Strukturwandel der Öffentlichkeit(Suhrkamp, 1990), Vorwort zur Neuauflage 1990, S.
　　46.
51) Habermas, a.a.O. (50), S. 45.
52) 山口, 앞의 주48) 12쪽은 '과제개념' 혹은 '목표개념'이라 한다. 또한 広渡清吾 "変革の戦略
　　としての市民社会論" 中村浩爾·湯山哲守·和田進(編著) 『権力の仕掛けと仕掛け返し』(2011, 文
　　理閣) 15쪽 이하 참조.

스시(山口定)는 그런 의미에서의 '시민'을, '자립한 사람들이 상호 자유·평등·공정한 관계에 서서 공공사회를 구성하고, 자치를 그 사회 운영의 기본으로 하는 것을 목표로 하는 자발적인 인간형'이라고 정의한다.[53]

이와 같이 자립한 시민이 자유·평등한 권리주체로서 또한 민주주의의 담당자로서 헌법이 상정한 사회를 실현하는데 주체적으로 참가한다는 전망은 분명히 와타나베, 시미즈(清水) 등의 현대시민법론이 묘사하였던 바와 같다. 현대시민법론과 새로운 시민사회론은 자본과 국가라는 거대한 힘이 자신들의 지배하에 있는 매스미디어를 통해 '여론'을 조작하여 정치결정을 좌우하려고 하는 현대사회에서 자유·평등한 시민이 자발적으로 만든 결사나 포럼을 통해 대항 여론을 형성하고자 하는 운동에 기대를 품는다는 점에서 기본적인 문제의식을 공유하고 있는 것이다.[54]

4. 현대시민법에서의 노동법

(1) 시민법의 복권(復權)으로서의 노동법

고전적 시민법과 노동법의 관계는 본래는 동일 평면상의 대립이 아니라 추상과 구체라는 관계로 정리되었지만, 전후 일본의 여러 사정에서 실제로는 그 대립면이 강조되어 왔다는 것은 앞서 논술한 바와 같다. 그에 반하여 시민법의 기본정신을 현대사회에 활성화하고자 한 현대시민법론에서는 노동법은 그 중요한 일환으로서의 새로운 지위를 부여받는다. 와타나베는 인권의 역사를 생존권의 발전이라는 통일적인 관점에서 이해함에 따라 노동법 법리를 새로운 단계에서의 시민법원리의 복권으로 인식하였다. 와타나베에 따르면 노동법에서 대립하는 것은 부르주아적 시민법의 부르주아적 측면이지, 시

---

53) 山口, 앞의 주48) 9쪽. 이 당시 야마구치(山口)는 '시민'개념이 극히 다의적이라는 것을 전제로 하고 있었다. 그는 베버에 의한 네 가지의 Bürger, 즉 ① 유산시민층＝계급＝부르주아지로서의 '시민', ② 도시자치의 담당자로서의 '시민', ③ 공민권 보유자＝국가 공민으로서의 '시민', ④ 교양 시민층 등을 소개한 뒤, '시민'은 이에 더하여 ⑤ '생활세계'를 거점으로 하는 '시민', ⑥ '지구시민' 내지 '세계시민', ⑦ '시'에 살고 있는 주민 등을 의미할 수 있다고 한다 (山口, 앞의 주48) 30쪽 이하).
54) 山口, 앞의 주48) 71쪽 이하에서도 현대시민법론과의 문제의식의 공통성을 지적한다.

민법 일반은 아니었다. 오히려 노동법원리는 그 부르주아적 측면을 수정함으로써 시민법적 측면을 계승하고 현대로 발전시키는 요소인 것이다.[55]

단체교섭·단체협약을 시민법적 합의원칙의 부활로 파악하는 것은 진츠하이머 등의 이해와 공통한다. 확실히 와타나베와 같이, 그것을 이유로 노동법 전체를 시민법원리의 부활로 인식하는 것은 다소 견강부회(牽强附會)인 감이 있었다. 또한 그밖에 현대시민법론에 있어서도 노동법의 지위가 반드시 명확한 것은 아니다.

그럼에도 불구하고, 노동법을 새로운 시민법이념 속에서 자리매김하는 것으로 그 존재의의를 재고하려 한 발상은 노동법학으로서도 신선한 시도였다. 그것은 누마타 이네지로(沼田稲次郎)의 인간존엄론의 제창(제4장 Ⅲ.)과 더불어 노동법에서의 시민법적 요소의 '재발견'의 방향성을 촉진시킨 것이었다.

(2) 현대시민법의 일환으로서의 노동법

노동법을 현대시민법 속에서 자리매김하는 것은 노동법의 특수성을 일면적으로 강조한 지금까지의 태도에 반성을 구하는 계기가 되었다. 그것은 물론 (고전적) 시민법과의 대항관계 속에서 독자적인 법영역으로서의 노동법을 확립하고자 했던 노동법학계의 노력과 성과를 부정하는 것이 아니다. 19세기 시민법의 전면적 부활을 지향하는 규제완화론은 노동법과 적대적 관계에 서지 않을 수 없다(제1장 '들어가며'). 근로자·사용자 관계가 지배종속관계인 이상, 양자의 형식적 대등성을 전제로 한 시민법이 많은 부분에서 수정되어야만 하는 것은 당연하다.

그러나 그 수정이라는 것은 단순히 노동법원리가 시민법(민법)을 배제한다는 의미가 아니다. 시민법과 노동법이 추상과 구체의 관계로 정리된다고 한다면, 노사간의 대등한 결정이라는 본래의 시민법적 원칙을 현실의 노동환경 속에서 구체적으로 실현시키는 것도 노동법의 중요한 사명이 된다. 바꾸어 말하면, 노동법에서의 인간은 사용자에 대한 종속적 관계이면서도 또한

---

55) 渡辺, 앞의 주34) 57쪽.

적어도 자유롭고 대등하고자 노력하는 인간이고,[56] 노동법이 그러한 노력에 도움을 제공하는 것도 하나의 임무가 된다. 노동법에게 이러한 새로운 시각을 제공한 것은 현대시민법론의 중요한 공적이다.

이에 더하여 노동법을 현대시민법 속에서 자리매김하는 것은 노동법에 있어서도 생존권만이 아니라 자유의 이념이 중요한 의의를 가진다는 것을 가르쳐주는 결과가 되었다. 그것은 근로자의 종속성·생존권·집단주의를 삼위일체로 한 전후 노동법학에게 많은 점에서 재검토를 촉진하는 계기가 되었던 것이다(상세한 내용은 제4장 Ⅳ. 참조).

(3) 시민과 근로자

현대시민법론은 또한 현대 사회의 '시민'과 '근로자' 관계의 재검토를 촉구한다.

근로계약은 자유로운 시민임에 분명한 근로자가 자기 노동력의 이용을 일정 시간 사용자에게 맡기는 것을 내용으로 하는 계약이다. 즉 근로관계에서 '근로자'로서 나타난 자는 다른 한 면에서는 '시민'이다. 이 '근로자'='시민'은 소비자, 사회보장의 수급권자, 지역주민, 납세자, 유권자 등 여러 측면을 가지고 있다. 그리고 이들 다양한 측면이 실은 근로관계상의 여러 문제와도 밀접하게 관계가 있는 것이다.

전통적인 노동법학은 근로자를 계급으로 혹은 기업사회의 구성원으로 파악하는 경향이 강해, 그 '시민'으로서의 측면에는 비교적 큰 관심을 기울이지 않았다. 그것은 전후 초기에 널리 퍼져 있었던 근로자의 계급적 파악을 반영한 것이었고, 이에 더하여 근로자(와 그 가족)를 기업사회의 구성원으로 이해하는 일본적 기업사회 현실을 법이론에 투영한 것이기도 하였다. 현대시민법은 이러한 관점에도 반성을 촉구한다는 의미를 가지고 있다.

더욱이 '시민'을 기점으로 하여 생각해 보자면, '시민'을 구성하는 사회계

---

56) 이러한 점에서 "「권리를 위한 투쟁」을 짊어지고자 하는 약자, 그 의미에서, 「강자가 되려는 약자」, 라는 의제(擬制) 위에 비로소, '인'권 주체는 성립한다"라는 견해(樋口陽一 『国法学－人権原論[補訂]』(2007, 有斐閣) 69쪽)는 중요하다.

층의 80% 이상은 근로자 및 그 가족이다. 노동의 존재의의를 빼놓고서 '시민'에 대해 말할 수 없다는 것은 당연하다. 요약하자면 '근로자'는 '시민'이고, '시민'의 대다수는 '근로자'인 것이다.

　　이러한 인식방법은, 여러 가지 중요한 문제를 제기한다. 일본에서 야마구치 야스시(山口定)가 정의한 것과 같은 '시민'이 성장하지 않은 큰 원인은 그 대다수를 차지하는 근로자가 '회사인간'에서 벗어나지 않았기 때문은 아닐까? 그렇다고 한다면 노동의 존재의의를 개혁하지 않는 한 '시민'의 성장은 기대할 수 없는 것은 아닐까? '공무원 때리기'에서 나타나는 공무원근로자와 '시민'간의 대립의 상당 부분은 실은 근로자 내부의 대립은 아닐까? '시민'의 입장에 선 근로자·노동조합의 활동에 대해서 노동법적으로 어떠한 지위를 부여할 수 있는 것인가? 근로자의 이익을 대표하는 노동조합과 시민단체간의 관계는 어떻게 정리되어야만 하는가 등등이다.[57] 이것은 노동법의 범위를 넘어서는 문제를 포함하지만, 노동법 분야에 있어서도 많은 새로운 검토 과제를 제기하는 것이다.

---

57) 西谷敏 "「市民」としての労働者と, 「労働者」としての市民" 広渡清吾·浅倉むつ子·今村与一(編) 『日本社会市民法学－清水誠先生追悼論集』(2013, 日本評論社) 571쪽 이하 참조.

제 3 장
민법과 노동법

들어가는 말

19세기 시민법의 중핵에 있는 법영역은 민법이었다. 법에서의 인간상을 매개로하여 시민법에서 사회법으로의 변화를 논한 라드부르흐(Gustav Radbruch)는 공법과 형법 등에서 변화도 시야에 넣고, 거기에서의 시민법은 사법과 공법의 양쪽을 취한 이념이었다. 그러나 시민법의 이념을 가장 전형적으로 나타낸 것이 민법이라는 것에는 변함이 없다. 그것은 '시민법'으로 번역되는 bürgerliches Recht가 '민법'으로도 의미하는 것으로부터도 명백하다. 1896년 제정되어 1900년에 시행된 독일 민법전은 Bürgerliches Gesetzbuch(BGB)이다.

시민법은 앞서 언급한대로 자본주의경제에서 상품교환과정을 반영한 법이고, 자본주의법 일반에 공통하는 보편성을 갖고 있다. 이에 대하여 민법은 시민법이념에 바탕을 두면서도 각각의 국가의 역사, 전통, 사회적 여러 사정을 반영하여 성립 · 전개하는 법이고, 그 모습은 다양하다. 민법의 기초가 되는 민법전 그것은 제정당시의 여러 가지 사정을 반영한 역사적 산물이다. 국가의 사정에 따라 그 성격을 달리하고, 또 그 후 사회적 · 경제적 여러 사정의 변화에 대응하여 때로는 개정도 있어 왔다. 더욱이 법영역에서 민법은 민법전을 기초로 하면서 여러 특별법의 제정이나 판례법의 축적으로 19세기 시민법으로부터 상당히 벗어나 독자의 발전을 보이고 있다. 따라서 법체계에서 노동법의 위치 명확화라는 관심에서는 민법전과 현대민법의 차이를 의식하면서 그것과 노동법의 관계를 고찰하는 것이 필요하다.

Ⅰ. 시민법과 민법(전)

　　각국의 민법전은 19세기 시민법 이념에 근저를 두면서 성립 당초부터 나라에 따라 커다란 편차를 보였다. 1804년 나폴레옹 민법전은 비교적 시민법 사상에 충실하였다. 이 법전은 민법에 머물지 않고 전 법체계의 기초로서의 성격을 가졌다.[1]

　　이에 대하여 100년 가까이 늦은 1896년에 제정된 독일 민법전(BGB)은 1871년 제 2 제정 성립을 전제로 하였다. 제국 내에서 사법질서의 새로운 통일이라는 사명을 띠었으며, 각 정당의 정책과 프로이센을 비롯한 각 연방의 의도에 좌우되면서 성립되었다.[2] 이 때 독점자본주의 단계에서 격심한 경제 변동에서 초래된 각종 사회적 모순은 다양한 이익단체의 요구를 민법전으로 향하게 하였다. 성립된 민법전은 확실히 19세기의 이상인 시민법적 이념을 기조로 하고 있었지만, 한편으로는 전근대적인 가부장제적 요소를 남기고, 다른 한편으로는 부분적으로 노동자(근로자)의 상태를 고려한 사회법적 요소를 포함하고 있었다.

　　노동법과의 관련에서는 1887년 제 1 초안에 대한 기르케(Otto von Gierke)와 멩거(Anton Menger) 등의 비판이 유명하다. 당시 대표적인 게르만법학자 기르케는 형식적으로 자유롭고 대등한 추상적 개인만을 상정한 제 1 초안은 너무나 로마법에 가깝고, 사회계층의 현실과 실재를 무시한 것으로 비판하였다.[3] 또한 멩거는 이른바 법조사회주의 입장에서 마찬가지로 제 1 초안이 노동자계급의 실정에 무관심한 것을 비판하였다.

　　민법전 편찬자는 민법전은 어디까지나 일반법이어야 하고, 각 사회계층

---

1) 나폴레옹 민법전의 성격에 대해서는, 水林彪 "近代民法の本源的性格－全法体系の根本法としてのCode civil" 民法研究 5호(2008); 同 "近代民法の原初的構想－1791年フランス憲法律に見えるCode de lois civiles について" 民法研究 7호 終刊(2011) 참조.
2) 독일 민법전의 성립과정에 대해서는 石部雅亮 "ドイツ民法典編纂史概説" 石部雅亮(編) 『ドイツ民法典の編纂と法学』(1999, 九州大学出版会) 3쪽 이하 참조.
3) 西谷敏 "O.v. ギールケ「私法の社会的任務」" 日本労働研究雑誌 432호(1996) 68쪽 이하 참조.

에서 나오는 요구는 특별법으로 대응해야 한다는 기본적 입장을 고수하였다. 그러나 제1 초안에 대한 비판은 그 후 사법청준비위원회 결의와 제국의회 제의를 거쳐 민법전 안에 부분적으로 들어가게 되었다. 노동과의 관계에서는 사용자의 안전배려의무에 관한 규정(제618조)과 사용자가 같이 생활하는 근로자의 질병 시 간호의무를 부담케 하는 규정(제617조)이 주목된다.[4]

더욱이 모든 국가에서 민법전 성립 후 급격한 환경변화는 민법에서 커다란 변용을 가져오게 되었다. 그것은 특별법의 제정과 민법전의 개정으로 또는 판례(법관법)의 발전에 의해 초래되었다. 특히 민법이 소비자, 임차인 등 사회적 약자로 총칭되는 사람들의 구체적인 생활실태를 직시하고, 그들을 보호하기 위한 조항을 설정하고 또 그러한 법리를 발전시켜온 것이 중요하다. 이러한 법의 보호적 개입은 자유롭고 대등한 법적 인격을 상정하는 시민법이 예상하지 못한 것이고 민법의 변질(민법의 사회화)을 나타내는 것이다.

이러한 사실로부터 법체계에서의 노동법의 위치를 정립하기 위해서는 추상적인 시민법과 노동법의 동질성 내지 이질성에 대하여 논하는 것만으로는 불충분하다. 각 나라에서 민법전이 노동(고용관계)을 어떻게 취급하였는지, 그리고 그 후 민법의 발전, 특히 그 사회화가 노동법과의 관계에서 어떠한 의미를 가지고 있는가를 고찰하여야 한다.

II. 독일에서 보는 민법과 노동법

1. 독일 민법전과 고용

(1) 민법전의 노무공급계약과 근로계약

독일 민법전에는 노무공급계약(Dienstvertrag)에 관한 20개 조문(제611~630조)이 있다. Dienstvertrag은 고용계약으로 번역되고도 있지만, 독일 민법전에

---

4) 이러한 규정의 성리과정과 의의에 대해서는 高橋眞『日本的法意識論再考－時代と法の背景を読む』(2002, ミネルヴァ書房) 78쪽 이하 참조.

서 말하는 그것은 의사와 환자의 관계나 변호사와 고객의 관계 등 일본에서는 유상위임 · 준위임계약에 분류되는 계약을 포함하는 넓은 개념이다. 입법과정에서 사회민주당이 '근로계약'의 개념을 사용할 것을 주장하였지만, 그 개념이 너무 협소하여 노무공급계약에 관한 규정으로 되어버린 경위가 있다.5)

노무공급계약 가운데 일방당사자(노동자)가 타방당사자(사용자)의 지시에 종속되어(인적 종속성) 노무를 제공하는 형태가 근로계약(Arbeitsvertrag)이고, 노동법규의 적용대상이 되는 것은 근로계약 또는 그 당사자이다. 따라서 독일에서는 노무공급계약에서 근로계약을 도출하는 기준의 명확화가 중요한 과제로 되었으며, 그 기준을 '종속성'(Abhängigkeit)에서 구한다. 이 '종속성'의 의미 내용에 관한 화려한 논쟁은 일본에서도 일찍부터 소개되었다.6)

민법전의 노무공급계약에 관한 규정 가운데 일정한 근로자보호 관점에 근거한 조항이 포함되어 있다. 민법전은 당초부터 결코 노동법과 관계가 없던 것은 아니다. 그 배경에는 자본주의의 발전이 초래하는 노동자계급의 궁핍, 1878년 사회주의단속법(Sozialistengesetz)에 의한 탄압에도 불구하고 성장해온 사회민주당과 노동조합의 세력, 그러한 사정을 배경으로 로마법적인 시민법에 대한 비판이었다.

(2) 통일 노동법전의 약속

그러나 독일 민법전은 전술한 바와 같이 기본적으로 일반법으로서의 성격을 유지하고 있다. 여기서 노동문제는 특별법에서 취급되며, 이 문제는 법전 성립 시 부대결의에도 명시되어 있다.7) 노동법에 관한 독자의 법률적 정비는 민법전 성립을 담당했던 입법자에게 부과된 중요한 과제였다. 민법전

---

5) Rückert, "Frei" und "sozial": Arbeitsvertrags – Konzeptionen um 1900 zwischen Liberalismus und Sozialismus, ZfA 1992, S. 230.

6) 津田蔵之丞『労働法原理』(1932, 改造社) 제4장 제2절(114쪽 이하).

7) 부대결의(附帶決議)는 "어느 자가 자기의 정신적 또는 육체적 노동력의 일부를 타인의 가내 공동체나 경제적 혹은 공업적 기업을 위해 약정임금과 교환하여 제공하는 것을 의무지우는 계약은 독일제국에서 가능한 한 신속하게 통일적으로 규율된다"고 말한다(Stenografischen Berichte über die Verhandlungen des Reichstags, IX, Legislaturperiode, 1896, SS3842, 3846).

제정 당시 노동입법의 필요성이 강하게 의식되었던 것은 일본 민법과의 비교에서 주목해야 할 사실이다.

게다가 입법자에게 기대된 것은 단지 현실적 필요에 따른 개별 문제마다 노동법규를 정비하는 것에 머물지 않고 통일적인 근로계약법전을 편찬하는 것이었다. 독일에서 통일적인 노동법전 또는 근로계약법전의 제정이 계속적으로 중요한 과제이고, 정치적인 전환기마다 약속되어졌다.[8] 예컨대 바이마르 헌법 제157조제 2 항은 통일적인 노동법전 제정을 공화국의 임무로 선언하였고, 1990년 동서독일의 재통일을 기초한 통일조약은 전 독일 입법자의 임무로서 '근로계약법, 일요일 · 축일 근로의 허용을 포함한 공법적 근로시간법, 특별 여성근로보호를 가급적 신속하게 새로운 통일법전화할 것'을 선언하였다(제30조제 1 항).

그리고 이렇게 부여된 임무에 따라 과거 여러 번 근로계약법 초안이 작성되었다. 1923년의 근로계약법초안, 1938년의 노동관계법초안, 1977년의 근로계약법초안, 1992년 독일노동법통일연구회가 작성한 근로계약법초안[9] 그리고 헨슬러와 프라이스에 의한 근로계약법초안이다.[10] 그러나 근로자와 사용자의 이해가 상반되고, 연구자의 견해도 크게 대립할 수 있는 근로계약법의 분야에서 새로운 포괄적인 법전을 작성하는 것은 지난한 작업이었다. 과거의 시도가 모두 실패로 끝난 것은 이유가 없는 것은 아니다. 독일 노동법은 현재도 아직 통일적인 법전을 가지지 못하고 있으며 개별적인 입법과 판례법리로 구성되어 있는 것이다.

---

8) 바이마르시대 진츠하이머는 통일 노동법전의 의의로서, 첫째 모든 노동법적 규정이 하나의 공화국법에 통합되는 것, 둘째 노동법이 모든 노동자(특별규정을 필요로 하는 약간의 예외는 제외하고)에 대하여 일반화되는 것, 셋째 노동법의 각 부분이 하나의 정신에 의해 내적으로 결합되는 것을 들고 있다(Sinzheimer, Grundzüge des Arbeitsrechts, 2. Aufl., 1927, S. 45f).

9) 大沼邦博 · 村中孝史 · 米津孝司 "ドイツ統一労働契約法(草案) 1~12" 法律時報 65권 3호(1993) ~66권 3호(1994)에 번역되어 있다.

10) Henssler/Preis, Entwurf eines Arbeitsvertragsgesetzes, 2015.

(3) 민법개정과 노동법

노동법을 구성하는 개별입법의 하나가 민법전이다. 제정 당초부터 일정한 근로자 보호규정이 포함된 민법전은 그 후 여러 번 개정되면서 근로계약의 원칙에 관한 몇 개의 조항을 수용하게 되었다. 주요한 규정은, 고용에서 남녀평등원칙(제611a조, 제611b조. 나중에 일반평등대우법의 제정으로 삭제됨), 근로자의 권리행사를 이유로 하는 보복금지(제612a조), 경영양도 시 권리의무의 승계에 관한 규정(제613a조), 위험부담에서 사용자책임 규정(제615조), 근로자의 의무위반에서 사용자의 증명책임 규정(제619a조), 해약·해고에 관한 일련의 규정(제620~623조)이다. 또한 2001년 채무법 개정에 따라 민법전에 삽입된 약관규정의 일부가 근로계약관계에도 적용하게 되었다.[11]

2. 민법과 노동법의 관계

이렇듯 독일 노동법은 민법전의 여러 조항을 구성요소로 한다. 독일에서 민법과 노동법의 관계에 관한 논의는 이러한 것을 전제로 하여 이해해야한다. 법에서의 인간상을 매개로 시민법과 노동법의 이질성을 강조해 마지않았던 진츠하이머 조차 민법에서 노동법을 해방시키는 것은 한계가 있다고 지적하고,[12] 1927년 체계서(교과서)에서는 노무공급계약에 관한 민법의 규정을 일반노동법으로 포섭하면서, 노동법 해석에서 그 적용을 당연한 전제로 하였다.[13]

---

11) 민법전의 소비자 정의규정(§13 BGB)에 따르면 근로자도 소비자이다. 연방노동법원은 실제로 그러한 전제에서 근로자도 민법의 소비자 보호 규정이 적용되기 위한 전제로서 적용의 타당성을 개별적으로 검토한다는 입장을 취한다(Löwisch/Caspers/Klumpp, Arbeitsrecht, 9.Aufl., 2012, S. 6).

12) 그는 장래의 노동법 구상에서 일반민법으로부터 가능한 한 해방을 주장하면서 노동법의 일정한 관계(인격, 의사표시, 대리 등)는 일반민법의 구속을 받을 수밖에 없기 때문에 현재로서는 완전한 해방은 무리라고 말한다(Sinzheimer, Über den Grundgedanken und die Möglichkeit eines einheitlichen Arbeitsrechts für Deutschland (1914), in: Sinzheimer, Arbeitsrecht und Rechtssoziologie. Gesammelte Aufsätze und Reden, Bd. 1, 1976, S. 49f).

13) Sinzheimer, a.a.O. (8), S. 44f. 이것은 그의 노동계약 관점에서 당연한 귀결이었다. 그는 "노

독일에서도 노동법 해석에서 민법의 적용을 가능한 한 배제하려고 하는 논의가 없었던 것은 아니다. 예를 들며, 가밀쉐그는 1962년 논문에서 "노동법은 더구나 고향(Heimatststätte)을 제공하지 아니한 민법전으로부터 해방되어 고유의 규범, 고유의 원리, 고유의 해석론을 동반한 독자의 영역으로 되었다"고 말하였다.[14] 민법전은 기본적으로 "우리가 미리 노동법적으로 허용되고 정당하다고 느끼는 결과가 민법전에서 도출되는 경우에만" 원용되는 것이고, 민법전이 그러한 해결을 가져오지 못하는 경우(예컨대 하자있는 근로계약에서 부당이득법의 적용이 되는 경우)에는 우리는 정당하게 민법전을 떠나 고유한 노동법적 해결을 찾는 것이다. 그는 이러한 민법전과의 결별은 결코 사법과의 결별이 아니고 낡은 법률로부터의 결별에 지나지 않는다고 말한다. 그러나 압도적인 다수설은 민법은 노동법의 기초이고 노동법의 영역에서 민법전의 적용을 당연한 것으로 한다.[15]

이 통설의 입장을 상세하게 논증한 것은 리하르디이다.[16] 그는 노동법이 민법전에서 해방되는 것을 반대하는 논거로서 다음과 같은 이유를 든다. 첫째, 노동법의 독자성을 강조하여 노동법이 민법에서 해방되더라도 노동법의 평가기초가 불명확하면 법관의 법발견을 신뢰할 수밖에 없고, 민법으로부

동법이 취하는 노동계약은 채권관계뿐만 아니라 인법적 관계(personenrechtliches Verhältnis)도 갖기 때문에 노동계약을 복합적 성격을 갖는 계약으로 보고 있다(Sinzheimer, Grund-züge des Arbeitsrechts, 1. Aufl., 1921, S. 18f). 米津孝司 "ドイツ労働契約法理における法的思考" 西谷古希(下) 485쪽 이하(주2)에서도 진츠하이머 등 바이마르시대 노동법학자가 근로관계를 채권관계로도 생각했다는 것을 강조한다.

14) Gamillscheg, Mutterschutz und Sozialstaat, in: Festschrift für Molitor, 1962, S. 78f. vgl. auch derselbe, Gedanken zur Rechtsfindung im Arbeitsrecht, in: Festschrift für Hans Schmilz, 1967, Bd. I, S. 70f. 마찬가지로 민법에 대한 노동법의 독자성을 강조한 것으로는, Schnorr von Carolsfeld, Die Eigenständigkeit des Arbeitsrechts, RdA 1964, S 297ff.; Müller, Die Ressortierung der Arbeits- und der Sozialgerichtsbarkeit, RdA 1966, S. 289ff. 참조.

15) 예를 들면 뢰비쉬는 1869년 북독일연방영업법 제105조제1항이 노동법분야에서 개별계약의 자유를 최초로 선언한 이래 사적 자치가 민법과 노동법에 공통하는 기초였다고 한다(Löwisch, Das Verhältnis von Arbeitsrecht und Bürgerlichem Recht in Deutschland, in: Düwell/Löwisch/Waltermann/Wank(Hrsg.), Das Verhältnis von Arbeitsrecht und Zivilrecht in Japan und Deutschland, 2013, S. 21).

16) Richardi, Arbeitsrecht und Zivilrecht, Zfa 1974, S. 3ff.

터의 해방은 "법률으로부터의 해방"이 된다. 둘째, 민법전은 확실히 집단적 노동법을 시야에 두고 있지 않지만, 개별근로계약관계를 계약유형의 하나로서 규율하고 있다(물론 불충분한 점은 있지만). 셋째, 사회적 사상을 실현해야 하는 것은 노동법의 영역뿐만 아니라 민법의 적용영역에서도 문제가 된다. 예컨대 계약의 형해화는 대량판매나 임차관계에서도 문제가 되며, "근로자"에 속하지 않더라도 마찬가지로 보호를 필요로 하는 다수의 사람이 존재한다. 따라서 필요한 것은 노동법을 민법에서 해방시키는 것이 아니라 오히려 노동법과 민법의 공통성을 전제로 하여 노동법 분야의 법리로서 민법 해석론에 영향을 주는 것이다. 요컨대 "사회국가사상이 전 사법질서 내에서 타당해야 한다면 노동법의 독자성이라는 명제는 이미 현대의 요청이 아니다"고 한다.[17]

이러한 견해에 따르면 노동법상 여러 문제에 대해서 민법전의 규정이 적용되는 것이 원칙으로 된다.[18] 그러나 노동법상 문제에 대해 민법의 규정이 결여되어 있는 경우, 또 민법에 의거하는 것이 부당한 결과로 이어지는 경우가 있는 것은 당연하므로 여기에 판례법과 개별입법의 의의가 있다. 예를 들면, 크레버는[19] 판례가 민법에 의한 해결이 불충분하다고 생각하여 독자의 법리를 발전시킨 예로서 근로계약이 무효인 경우의 임금청구권(민법은 부당이득반환청구만 인정), 사용자의 명시적 의사표시 없이 사업소 관행이 사용자의 의무로 되는 것, 근로자의 손해배상책임 한정, 쟁의기간 중 근로관계를 들고 있다. 또한 민법의 규정이 결여되어 입법적 해결이 필요한 예로는 집단적 협정(단체협약과 사업소협정)에 의한 근로관계의 내용 결정의 문제, 또 법관에 의한 법창조가 필요한 예로서는 쟁의행위의 적법성기준을 들고 있다.

---

17) Richardi, a.a.O. (16), S. 25.
18) Richardi, Der Arbeitsvertrag im Zivilrechtssystem, ZfA 1988, S. 254는 민법적 제원칙을 적용하는 경우가 아니고 오히려 적용하지 않는 경우에 그 정당성의 근거가 증명되어야 한다고 한다.
19) Krebber, Der Einfluß der Rechtsdogmatik auf Wissenschaft und Praxis des Arbeitsrechts, in: Stürner(Hrsg.), Die Bedeutung der Rechtsdogmatik für die Rechtsentwicklung, 2010, S. 179ff.(セバスチャン・クレッバー・根本到(訳) "労働法における学問と実務への法解釈学の影響" 松本博之・野田昌吾・守矢健一(編) 『法発展における法ドグマーティクの意義－日独シンポジウム』 (2011, 信山社) 321쪽 이하).

그러나 크레버도 또한 노동법이 민법과 깊게 결부되었다는 것을 당연하게 여긴다.[20] 왜냐면 근로계약은 민법상 규정된 노무공급계약의 일종이고, 단체협약도 일반민법에서 취해질 수 있는 구조를 가지고 있기 때문이다. 이렇게 노동법은 세부 수정과 세부 보충을 동반한 민사법(Zivilrech)의 성격을 가진다. 게다가 크레버에 따르면 노동법에서 민법의 일탈에 대해 노동법적인 특칙을 해석학적으로 평가할 만한 통일적인 사고양식은 확립되어 있지 않고, 오히려 노동법적인 해결은 "섬 생활(Insulanerleben)"의 상태에 있다고 한다. 그러나 크레버가 말한다. "노동법이 법교의학적인 주형(틀)에서 형성되지 아니한 것은 노동법학의 약점이 아니다. 노동법은 이렇게 살아가는 것을 배운 것이다. 그런데 (노동법의) 섬들을 일별하면 노동법이 일반민법에 가까이 있다는 것이 얼마나 중요한지 명확하게 된다. 민법교의학은 노동법의 계류점(Anker)인 것이다"고.

이렇듯 독일의 통설은 민법(전)에 대한 노동법의 독자성보다는 양자의 강한 결부를 강조하는 경향에 있다.[21] 그것은 민법전 제정 당시부터 일정의 근로자보호규정이 두고 있었고, 그 후에도 노동법 발전의 받침대 역할을 수행한 것, 동시에 통일적인 노동법전 내지 근로계약법전을 제정하기 위한 시도가 그때마다 좌절된 것을 고려하면 이해할 수 있는 견해이다. 이러한 사실을 전제로 하여 노동법상의 여러 법규 중 근로계약에 관련된 부분을 민법전에 집어넣어야 한다는 입법론이 주장되고 있다.[22] 그 주장자인 뢰비쉬는 여

---

20) Krebber, a.a.O. (19), S. 293(일본역·주19) 336쪽).
21) 독일 법학부에서 노동법 담당자는 1968년 27명에서 2009년 96명으로 증가하였다. 그 가운데 노동법과 민법을 겸임하는 자는 1968년 27%였지만, 2009년에는 87%로 되었다. 이러한 수치를 들어 노동법의 지위 저하, 민법에의 접근을 지적하는 자가 있다(Rehder Rechtsprechung als Politik, 2011, SS. 249f., 324). 그러나 복수과목을 담당하는 것은 독일 법학부의 전통이고, 노동법 담당자가 민법을 겸임하는 것은 그렇게 이상한 것은 아니다. 이러한 사실에 깊은 의미를 인정할 필요는 없다(Düwell, Die Praxis des Arbeitsrechts - Akteure und Rechtsentwicklung, in: Düwell u.a. (Hrsg.), a.a.O. (15), S. 135). 그렇지만 노동법 담당자의 대부분이 민법을 겸임하고 있다는 사실은 일본과 크게 다른 것이고, 독일에서 노동법과 민법이 공통의 기반을 가지고 있음을 반영한 것이며, 또한 공통의 기반을 재생산하는 역할을 수행한다고 말할 수 있다.
22) Löwisch, Kodifizierung des Arbeitsvertragsrechts im Bürgerlichen Gesetzbuch, ZfA 2007, S. 1ff.;

러 기술적 이유를 들면서 "근로계약법에 대하여 민법전으로 규정하는 것은 근로자에게 드디어 "민"법이 적용되는 시민으로 들어가는 것을 의미한다"고 말한다.[23]

III. 프랑스에서의 민법과 노동법

1. 민법전과 역무임대차

1804년 나폴레옹 민법전에서 근로계약은 임대차에 관한 장(제3편제8장) 가운데 '일과 근로의 임대차'의 일부로서 '역무임대차(louage de services)'(제1779조제1호)로 규정되어져 있다. 게다가 이 역무임대차에 관한 조문은 불과 2개에 지나지 않는다. 그 하나는 "역무는 시간에 따라 또는 특정 사업에 대해서가 아니면 약속할 수 없다"고 하며, 근로자에게 종신에 걸쳐 노예적 구속을 금지한 제1780조, 또 하나는 임금의 액수나 선불 등에 관해 증서 없이 다툼이 있는 경우에는 "고용주의 확신을 믿는다"고 규정된 제1781조이었다. 더구나 후자는 고용주에게 일방적으로 유리하다는 비판을 받아 1868년에 삭제되었다.[24] 그리고 이 시기의 민법학자는 역무임대차에 대하여는 거의 관심을 표하지 않았던 것 같다.

근로관계를 역무의 임대차로써 법률구성하는 것은 로마법의 전통을 계승한 것이지만, 논리적으로는 역무의 임대인인 근로자를 자유롭고 대등한 계약당사자로 보고, 노동에 대한 여러 전근대적인 규제를 배제하는 것을 함의하였다. 그 의미에서 이러한 법률구성은 시민법원리의 프랑스식 표현형태라고 말할 수 있다.[25] 역무임대차에 관한 민법전의 규정은 미흡하여 근로자·

---

derselbe, a.a.O. (15), S. 37ff.

23) Löwisch, ZfA 2007, a.a.O. (15), S. 4.

24) 이 문제에 대해서는, 野田進 "勞働契約理論における民法の一般原則－フランスでの議論の軌跡" 阪大法学 149·150호(1989) 199쪽 이하; 本久洋一 "フランスにおける「勞働契約」の誕生·準備的諸考察" 早稻田法学会誌 43권(1993) 385쪽 이하 참조.

25) 그러나 이러한 것은 근로관계에 관해서 시민법원리가 전면적으로 관철되었다는 것을 의미

사용자관계에서 생길 수 있는 여러 문제의 법적 해결을 계약법의 일반규정에 맡기는 것을 의미한다. 어쨌든 프랑스에서는 19세기말까지 근로계약의 개념은 성립하지 않았고, 근로자·사용자관계를 독자적으로 취급하는 법리는 존재하지 않았다.[26]

그러나 프랑스에서도 독점자본주의의 성립과 함께 노동문제가 심각하게 되고 노동운동의 고조와 더불어 드디어 19세기말 경부터 '사회연대주의' 사상에 터잡아 본격적인 노동보호법의 전개가 시작되었고,[27] 또한 단결권보장(1884년)이 실현되었다. 이러한 상황에서 근로자·사용자관계를 역무의 임대차로 취급하는 견해는 차츰 강하게 비판되어 감에 따라 근로계약의 개념이 형성되었다.

특히 노동보호법의 발전과 함께 그 적용범위를 확정하기 위해 '근로자', '근로계약'의 개념의 명확화가 필요하게 되었다. 이를 테면 1989년 산재책임법 제1조는 적용대상을 '근로자'로 규정되었지만, 그 '근로자'란 학설상 '근로계약에 의해 고용된 자'로 이해되었기 때문에 '근로계약'의 개념규정이 과제로 되었다. 학설은 근로계약의 특질로서 사용자의 지휘명령에 대한 근로자의 종속 즉 '법적 종속성'을 기본적인 징표(Merkmal)로 한 것이다.

2. 노동법의 성립과 발전

이러한 프랑스 노동법, 특히 노동보호법은 민법전에서 고용계약에 관한 규정의 실질적인 결여 때문에 독일의 경우 이상으로 민법전과 무관계로 발전을 개시하였다. 19세기말 이래 여러 법령은 1910년부터 1927년에 걸쳐 편찬된 노동법전에 정리되었다. 새로운 노동법적 규제는 기본적으로 노동법전에 들어갔고, 노동법의 발전은 노동법전의 풍부화라는 형태로 진행되었다. 그렇

하는 것은 아니다. 특히 해약증명이 있는 근로자 수첩을 갖고 있지 않은 근로자의 고용을 금지하는 법제(공화력 11년 芽月(germinal) 22일<1803년 4월>법률)는 노동자의 역무제공을 행정적으로 감독하는 의미를 가진다. 이 점에 대해서는 本久, 주24) 417쪽 이하 참조.

26) 矢部恒夫 "フランス法における労働契約概念について" 大阪市立大学法学雑誌 28권 1호(1981) 194쪽 이하.

27) 中村睦男 『社会権法理の形成』(1973, 有斐閣) 194쪽 이하.

지만 노동법전은 근로계약에 관련된 모든 문제에 대해 망라적으로 규정된 것은 아니었기에 프랑스에서도 독일과 마찬가지로 노동법과 민법의 관계가 문제될 수밖에 없었다.

다만 프랑스의 논의 특징은, 노동법의 독자성 주장이 근로계약 개념의 쇠퇴 내지 그것부터의 결별이라는 색채를 강하게 가지고 있다.[28] 특히 제2차 대전 후 일찍부터 노동법의 독자성 주장을 제창한 폴 듀랑(Paul Durand)은 근로자·사용자관계의 주된 연원을 근로계약이 아닌 근로관계 내지 기업제도에서 찾았다. 하지만 거기에는 당사자의 자유로운 의사에 갈음하여 노사의 조직협동체적 관계와 기업 사장의 고유권한(규칙제정권한, 지휘명령권한, 징계권한)이 규정적인 의의를 가진다고 했다(근로계약의 의의가 완전히 부정된 것은 아니다). 이러한 근로관계와 기업의 조직적인 성격의 강조는 당연히 고도의 의사주의적인 프랑스 민법전으로부터 거리를 두어야 한다는 주장과 연결된다.[29]

이에 대하여 학설은 일제히 듀랑의 견해를 비판한다. 비판적인 학설은 기업제도론을 일응 평가하여 근로계약론에 결부시키려는 카멜랑 등의 흐름과 기업제도론을 전면적으로 부정하는 리옹칸 등의 흐름으로 나뉜다.[30] 특히 리옹칸은 기업공동체론이 근로자와 사용자의 기본적인 이익대립을 은폐한다는 점을 비판하고, 또 인간의 자유로운 의사 내지 합의의 의의가 평가되어야 한다는 입장에서 근로계약이야 말로 노사관계의 진정한 법원(法源)이라고 주장했다.[31]

---

28) 野田 앞의 주 24) 203쪽 이하; 三井正信 "フランスにおける労働契約概念の形成とその展開(下)" 季刊労働法 145호(1987) 202쪽 이하 참조.

29) 듀랑의 기업제도론의 내용과 비판에 관해서는 특히 三井正信 "戦後フランスにおける労働契約衰退論についての一考察(1)·(2)" 法学論叢 125권 4호, 126권 2호(1989) 참조. 듀랑은 독일의 Gierke, Gilbert, Nikisch 등의 인적 공동체이론과 편입설로부터 강한 영향을 받았다고 한다(앞의 (2) 56쪽 이하).

30) 자세한 것은 三井正信 "フランス労働契約理論の現代的展開(1)" 広島法学 14권 2호(1990); 앞의 (2) 14권 3호(1991) 참조.

31) 프랑스의 경우도 근로계약의 상당 부분은 법률 및 단체협약에 의해 결정되기 때문에(신분규정 statut), 그것과 근로계약의 관계가 문제로되지만, 근로계약은 ① 근로자로서의 지위획득의 기준, ② 당사자 선택의 자유, ③ 신분규정의 개별적 적용, ④ 신분규정보다도 유리한 근로조건결정의 가능성으로서의 의의를 가진다고 한다(三井, 앞의 주30) (2) 56쪽).

그 후 논의는 근로관계론의 성과를 어느 정도 평가하면서도 근로계약이 가지는 우월적 지위를 설명하는 입장으로 수렴되어 갔다. 그러나 노동법상 개별문제에 대해서 노동법전에 규정이 존재하지 않는 경우, 그 법적 처리에 있어 민법의 일반원칙을 어떻게 평가할 것인가, 즉 어떠한 경우에 일반원칙으로 돌아가는지, 어떠한 경우에 일반원칙에서 벗어나 노동법 독자의 해결을 도모할 것인지, 이에 대하여는 당연 견해가 대립한다.[32] 노동법전의 편찬도 노동법과 민법(일반법)의 관계에 결론을 보았다는 것은 아니다.

Ⅳ. 일본에서의 민법과 노동법

일본에서의 민법과 노동법의 관계를 고찰하려면 앞에서 살펴본 독일과 프랑스의 법 상황을 참조하면서, 일본 민법에서의 '고용'의 개념, 노동법의 전개, 민법의 사회화 현상을 각각 확인한 다음 이것을 종합적으로 고려하여 판단하여야 한다.

1. 민법상의 고용(雇用)[33]

일본 민법전은 1890년 구민법의 시행을 둘러싼 이른바 법전논쟁을 거쳐 1896년(친족, 상속은 1898년)에 제정되어 1898년에 시행되었다. 프랑스법의 영향을 강하게 받았던 구민법과 비교하면 독일 민법(제1·제2초안)의 영향이 강하지만 프랑스법의 영향도 남았고, 영국 등 그 밖의 국가로부터 영향도 보이

---

32) 野田, 앞의 주 24) 220쪽에서는 민법전과 노동법의 관계에 관한 프랑스의 논의가 '큰 시계의 추와 같이 커다란 궤적을 그리는 진폭운동'으로 표현한다. 또한 三井, 앞의 주30) (3) 広島法学 14권 4호(1991) 355쪽 이하에서는 프랑스의 근로계약론이 1980년 이후 노동법유연화의 흐름 가운데 새로운 혼미상태로 들어갔다고 한다. 프랑스의 근로계약에 관해서는 大和田敢太 "フランス労働契約" 本多淳亮先生還暦記念 『労働契約の研究』(1986, 法律文化社) 508쪽 이하 참조.
33) 원래 일본 민법전에는 雇傭(고용)의 표기가 사용되었지만, 2004년 구어체로 변경할 때 雇用(고용)으로 고쳤다. 여기서는 편의상 '雇用'으로 통일한다.

고 있다.[34] 어쨌든 시민법적인 성격이 강한 '차물(借物-남의 것을 빌린)'의 법전이었다.[35]

일본 민법 제3편 채권 제2장 계약 제8절은 '고용'으로 규정하고 있지만,[36] 거기에는 불과 9개 조문(제623~631조)으로 구성되었다. 이 규정은 모두 대등한 계약당사자로서의 근로자와 사용자의 쌍방에 적용되는 규정이다.

물론 그것이 현실에서 일정부분 근로자보호의 역할을 수행할 수 있다는 것은 부정할 수 없다. 이를 테면 '사용자는 노동자의 승낙을 얻지 아니하면 그 권리를 제3자에게 양도할 수 없다'는 제625조제1항은 사용자가 근로자를 전적시키려면 근로자의 개별적 동의 또는 전적을 법률상 정당화하는 명확한 근거를 필요로 한다는 판례법리의 기초가 되었다.[37] 또한 근로자에게 매우 중요한 의미를 갖는 퇴직의 자유는 민법 제627조제1항이 그 근거가 된다. 그러나 이러한 것은 기본적으로 근로자의 시민적 자유 확보를 목적으로 하는 규정이고, 또한 이에 대응하는 권리·자유는 사용자에게도 보장되어 있다. 근로자의 종속성이나 생활실태를 고려한 보호규정은 민법에서는 전혀 없다고 할 수 있다.[38]

이렇게 일본 민법의 고용에 대한 태도는 프랑스 민법전 정도 극단적으로 무관심한 것은 아니지만, 독일 민법전 정도로 근로자보호에 관심을 표시하지는 않았고, 어쨌든 입법과정에서 이 문제에 대해 활발한 논의가 있었다

---

34) 민법전 제정과정에 대해서는 広中俊雄·星野英一(編) 『民法典の百年』 1권(1998, 有斐閣) 3쪽 이하(小柳春一郎); 『新版注釈民法(1)』(1988(改訂版 2002) 有斐閣) 総説 Ⅲ. 9쪽 이하(谷口知平· 石田喜久夫) 등 참조.

35) 大村敦志 "民法と民法典を考える-「思想としての民法」のために" 民法研究 1호(1996) 64쪽 이하에서 계수법과 재래법의 이중구조를 인정하면서 '빌린 것이(借物)'이 일본에 뿌리를 둔 '진짜(本物)'로 되어갔다고 강조한다.

36) 민법제정 단계에서 '고용'의 이해에 대해서는 水町勇一郎 "民法623条" 土田道夫(編) 『債権法改正と労働法』(2012, 商事法務) 2쪽 이하 참조.

37) 新日本製鐵(日鐵運輸第2)사건·福岡高判 平11(1999).3.12. 労判 847호 18쪽; 같은 最二小判 平15(2003).4.18. 労判 847호 14쪽.

38) 초안에서 약자보호가 충분하지 않다는 비판에 대하여 기초자의 한 명인 梅謙次郎는 빈민보호는 필요하지만, 그것은 민법이 아닌 때때로 특별법으로 규정하면 된다고 대답하였다. 広中·星野編, 앞의 주34) 26쪽(小柳).

는 흔적은 없다. 일본 민법은 독일 민법과 거의 같은 시기에 제정되었지만, 그 당시 일본은 일청(청일)전쟁을 거쳐 산업자본주의가 본격적으로 발전하려는 단계이고, 노동자문제 및 사회문제가 국가의 정책적 대응이 필요한 현안 과제로는 대두되지 않았다는 것이다.[39]

그럼에도 불구하고 일본 민법 특히 채권법의 부분은 2004년의 구어체화를 위한 개정(2005. 4. 1. 시행)을 별도로 하면 전혀 개정되지 아니한 채 오늘날에 이르고 있다. 2015년에 채권법을 중심으로 하는 민법개정안이 상정되었지만, 고용에 관해서는 극히 소폭의 개정밖에 제안되지 않았다. 이 점은 독일 민법전의 노무공급계약의 부분이 현실의 요청에 따라 때때로 개정되어온 것과 대조적이다. '노동법은 민법을 고향으로 삼지 않는다'라는 가밀쉐크의 평가는 독일 민법에 대해서는 차치하더라도 일본 민법에는 틀림없이 타당하다고 할 것이다.

2. 고용과 근로계약

(1) 노동법제의 정비

이런 일본에서는 노동법은 당초부터 민법과는 다른 차원에서 발전하였다. 이미 제2차 대전 이전부터 공장법, 건강보험법(산재보상 포함) 등의 노동보호법규가 제정되고, 여러 노동조합법안이 입안되었지만, 노동법의 본격적인 발전을 위해서는 제2차 대전 후 연합군의 점령기를 기다려야 했다.

제2차 대전 후 노동법은 예컨대 독일의 그것과 비교하여 집단적 노사관계법과 개별적 근로관계법의 각 영역에서 포괄적인 내용을 가진 기본적인 법률이 빠른 시기에 제정된 점에 특징이 있다. 집단적 노동법의 분야에서는 1945년에 노동조합법(1949년 전면개정)이 제정되었고, 1946년 제정된 헌법 제28조에 의해 헌법적 기초가 부여되었다. 개별노동법 분야에서는 1947년에 노

---

39) 星野英一 『民法のすすめ』(1998〈第12版 2008〉, 岩波新書) 200쪽에서 프랑스 민법전이 인권선언에 적합하게 하려고 제정된 것에 대하여 일본 민법전은 일본이 독립하여 세계제국과 대등한 지위를 얻기 위해 '부강'하게 되기 위한 수단으로 제정되었다고 지적하면서, 이 차이야말로 근대국가로서의 일본을 상징한다고 말한다.

동기준법이 제정되었다.

노동기준법은 근로관계의 기본적인 준칙과 다양한 근로조건 기준을 정한 법률이며, 그 규정은 공법적인 효력뿐만 아니라 사법적 효력도 가지는 것으로 명문화되었다(제13조). 이것은 통일적인 노동법전은 아니더라도 그것에 가까운 성격을 가지고 있다. 이러한 제정법의 상황은 민법과의 관계에서 노동법의 독자성을 독일의 경우 이상으로 강하게 의식시키는 조건이 되었다. 시민법과 노동법의 이념적 대립을 이유로서 노동법 분야에서 민법의 적용을 거부하는 견해도 유력하게 주장되는 상황이었다.[40]

(2) 고용과 근로계약의 상이

민법과 노동법의 관계는 고용과 근로계약의 상이라는 문제에서 선명하게 나타난다. 실정법상 근로계약의 개념이 확립되지 않았던 제2차 대전 전부터 이미 고용과 근로계약의 관계를 둘러싼 논의가 있었지만,[41] 양자의 관계에 관한 논의는 노동기준법이 '노동계약'의 제목으로 일련의 중요한 사항을 규정한 이래 실제로도 의미를 가지게 되었다.

고용과 근로계약에 관해서는 동일설과 준별설이 대립하였고, 이윽고 동일설에 수렴되면서 정리되었다.[42] 그러나 동일설과 준별설을 같은 평면에서 대립하는 견해로서 정리할 수 있을지 의문이 있다. 동일설이란, 고용과 근로계약을 계약유형으로서는 동일하다고 이해하는 입장이고(계약유형론), 준별설에서 준별의 역점은 반드시 계약유형의 상위에 있다는 것은 아니다. 오히려 법체계 전체에서 두 계약의 지위(개념), 두 계약을 법적으로 규율하는 이념의 차이가 주요한 문제였다(본질론, 이념론).

확실히 준별설의 대표가 되는 카타오카 노보루(片岡曻)의 논의는 근로계

---

40) 특히 片岡曻 "労働法における人間" 季刊労働法 48호(1963); "労働法と市民法－労働法的人間像と解雇理論" 法哲学年報(1963年下)[모두 『労働法の基礎理論』(1974, 日本評論社)에 수록].

41) 학설의 전개에 대해서는 石田眞 "労働契約論" 籾井常喜(編) 『戦後労働法学説史』(1996, 労働旬報社) 615쪽 이하; 石田信平 "労働契約論" 季刊労働法 246호(2014) 213쪽 이하; 水町, 앞의 주36) 2쪽 이하 참조.

42) 水町, 앞의 주36) 10쪽 이하; 石田眞, 앞의 주41) 621쪽 이하도 참조.

약 및 근로관계를 개별적 합의의 요소와 종속적·조직적 요소의 이중구조에서 포착할 수 있는 논의로서 전개되지만, 카타오카가 가장 강조하고 싶었던 것은 '노동계약의 개념은 민법적 고용계약에서의 자유원리가 노동자의 단결의 법인(法認)을 통하여 노동자의 생존권 확보라는 관점에서 수정해야 하고, 동시에 단결에 의해 침투 받을 수 있다는 것으로 성립된다'라는 점이다.[43] 카타오카로서는 이러한 의미로 고용과 근로계약은 본질적으로 다른 것이지만, 유형상 차이 유무, 즉 고용과 근로계약 범위의 차이 등은 주된 관심사가 아니었다.[44] 그리고 이러한 이념과 규정원리의 차이라면, 동일설을 취하는 누마타(沼田)[45]와 타데누마(蓼沼)[46]가 이미 지적하고 강조한 바 있다. 따라서 준별설에 대한 시모이(下井)[47] 등의 비판에 대하여 카타오카(片岡)나 혼다(本多)가 규정이념의 차이를 강조하여 반론한 것은 준별설의 입장으로서는 일관되었다고 할 수 있다.[48] 고용과 근로계약의 관계에 대해서는 유형론과 본질론(이념론)을 구별하여 논의를 정리해야 한다.

사견은 계약유형으로서는 민법상의 고용과 노동법상의 근로계약 간에는 기본적으로는 차이는 없다고 해석한다. 앞서 검토한 바와 같이 독일에서는 민법전이 유상위임계약을 포함한 넓은 노무공급계약(Dienstvertrag)에 대하여 규정하고 있기 때문에 노무공급계약에서 노동법의 적용대상인 근로계약(Arbeitsvertrag)을 추출하는 작업이 필요하고, 그 때 근로계약의 징표가 노동의 종속성(특히 인적 종속성)에서 구해진다. 일본에서도 민법제정 과정에서는 의

---

43) 片岡昇『団結と労働契約の研究』(1959, 有斐閣) 213쪽; 蓼沼謙一 "働く者の生活と現代法"(1965) 『蓼沼謙一著作集 I·労働法基礎理論』(2010, 信山社) 14쪽 이하.
44) 마찬가지로 준별설로 분류되는 多淳亮先 "労働契約と賃金" 季刊労働法 25호(1957) 87쪽 이하에서도 유형론에는 관심을 나타내지 않는다. 스스로 준별설에 서있다고 밝히고 있는 萬井隆令도 문제로 할 것은 '대다수의 전형적인 노동자상을 전제로 하는 앞의 개념의 특성·특질'이라고 한다(『労働契約締結の法理』(1997, 有斐閣) 27쪽).
45) 沼田稲次郎『労働法論序説』(1950, 勁草書房) 162쪽 이하.
46) 蓼沼謙一 "労働関係と雇用契約·労働契約(2)" 討論労働法 38호(1955) 6쪽 이하.
47) 下井隆史 "労働契約と賃金をめぐる若干の基礎理論的考察"(1970) [『労働契約法の理論』(1985, 神戸大学研究双書刊行会)에 수록] 3쪽 이하.
48) 片岡昇 "労働契約論の課題" 季刊労働法別冊 1호(1977) 39쪽; 本多淳亮『労働契約·就業規則論』(1981, 一粒社) 5쪽.

사, 변호사, 교사 등의 '고급 노무'도 고용의 대상에 포함된다고 이해되었고, 그러한 견해가 제2차 대전까지는 유력했다고 한다.[49] 그러나 제2차 대전 후 일본 민법은 유상위임을 '위임' 속에 포함시키고(수임자의 보수에 관한 규정으로 제648조 참조), '고용'은 상대방의 지휘명령에 따라 노무를 제공하는 계약이라는 인식이 일반적으로 되었다.[50] 즉 인적 종속성은 노동계약만의 특성이 아니라 도급·위임에서 고용을 구별하는 징표(Merkmal)이기도 하다. 또 도급 혹은 위임(준위임)의 형식을 취한 계약관계도 그 실태가 고용으로 보이는 경우에는 고용에 관한 민법의 규정을 적용받는다고 해석하여야 한다. 그렇게 생각하면, 고용과 근로계약간에 계약 유형으로서의 기본적인 차이는 없는 것으로 된다.

그러나 국가법이 동일한 계약 유형을 어떠한 시점에서, 어떠한 법이념에 기하여 법적 규제를 갖추는 가는 그것과는 별개의 문제이다. 이 점에서 민법은 고용을 대등한 법적 인격 간의 노무제공과 임금의 교환을 목적으로 한 계약관계로서 파악하고, 계약관계에 대한 개입은 최소한으로 그치고 있다. 하지만 근로자와 사용자의 지위의 비대등성이라는 의미에서의 종속적인 관계를 형성하는 계약으로 근로계약을 파악하는 노동법은 근로계약에 대해 생존권 내지 인간의 존엄이념에 기하여 여러 법적 규제를 추가한 것이다.

다만, 노동법에서도 근로자와 사용자가 본래 대등한 입장에 서서 계약을 체결하고, 계약내용을 결정해야 한다는 이념에 대해서는 노동기준법 제 2 조 제 1 항에서 선언된 중요한 요청이다. 이 점의 이해에 대해서는 시대적 제약이 따르지만 앞서 준별설뿐만 아니라 동일설에도 또한 문제를 내포하고 있다고 할 것이다.

3. 근로계약에 관한 법적 규제

노동기준법 제정 이후, 노동기준법 주변에 몇몇 법률이 제정되었지만, 근로계약의 성립, 전개, 종료 등에 관한 규범은 오랫동안 제정되지 않았고,

---

49) 水町, 앞의 주36) 5쪽 이하 참조.
50) 我妻榮『債權各論·中卷2』(1962, 岩波書店) 540쪽 이하.

그 취급은 판례법리에 맡겨왔다. 법원은 민법원리의 타당성을 일응 전제로 고용에 관한 규정이나 민법의 일반조항을 근로관계 특유의 제사정과 결부하여 해석하는 것으로 판례법리를 형성하여 왔다. 해고권남용법리, 취업규칙법리, 채용내정·시용의 법리, 배치전환법리, 전적(출향)법리, 징계권남용법리 등이다. 이러한 판례는 종종 학설로부터 혹독한 비판을 받기도 했지만, 그것이 노동법 형성에서 중요한 역할을 수행한 것은 부정할 수 없다(제9장 Ⅱ. 2. 참조). 그러나 판례법은 명확성이나 공시성에서 커다란 한계를 가지기 때문에 근로계약에 관한 여러 규범을 제정법으로 규정하는 것이 요청되었다.[51]

근로계약에 관한 법적 규제에서 우선 문제로 되는 것은 그것을 어떠한 법률의 형식으로 하는가이다. 노동기준법은 제정 당시부터 근로계약에 관하여 일정한 규정이 포함되어 있지만, 공법·사법의 성격이 병존하는 노동기준법의 성격상 순수하게 사법적인 계약법의 규범을 포함시키는 것은 적당하지 않았다. 확실히 2003년 노동기준법 개정 시 순수한 사법적 규범인 해고권남용법리를 정하는 규정이 노동기준법에 삽입하였지만(제18조의2), 그것은 그러한 조항에 대해 다른 적당하게 규정할 곳이 없었기 때문에 편의적인 조치였다. 이 규정은 2007년 노동계약법이 제정될 때 동법 제16조로 옮겨졌다.

적당하게 규정할 곳이라면 해고권남용법리를 정하는 규정을 민법의 고용에 관한 부분에 삽입하는 방법이 없었던 아니었다. 이 조항의 사법적 성질로 본다면 그 방법이 정합성이 있다고 할 수도 있다. 그러나 민법개정이 법무성 관할사항이라는 문제는 별개로 하더라도 고용계약의 해약에 대해 근로자와 사용자의 쌍방에게 해약의 자유를 인정한 민법에서 해고(사용자에 의한 해약)를 제한하는 조항을 삽입하는 것은 체계상 위화감을 초래할 것으로 생각된다. 해고권남용법리는 이미 해고에 관해서 몇몇 조항을 두고 있는 노동기준법에 명기하는 방안이 저항감이 적었다는 것이다.[52]

---

51) 이른 시기의 것으로는 沼田稲次郎 "労働権保障法の体系的展望－労働基準法のhorizonをこえて"(1976)[沼田稲次郎著作集 7권(1976, 労働法律旬報)에 수록]이 있다. 또한 논의가 활발하게 된 1990년대 전반의 문헌에 대해서는 石田眞, 앞의 주41) 656쪽, 주58) 참조.
52) 이론상으로는 독일의 해고제한법(Kündigungsschutzgesetz)과 같은 법률을 새롭게 제정하는

이러한 사정으로 취업규칙, 배치전환, 전적(출향), 기간제 근로계약, 징계 처분 등의 여러 문제에 관한 판례를 검토하여 근로계약에 관한 규범을 법제 화하려고 하는 경우, 독자의 법률(노동계약법)을 제정하는 것은 필연적이었다. 이러한 규정을 모두 민법 고용의 절에 삽입하는 것은 독일과 일본의 민법 규 정의 차이를 고려하면 독일 이상으로 받아들이기 어려운 제안이었다.

이리하여 2007년 노동계약법이 제정되었다. 이 법률은 매우 빈약하고 통 일성이 결여되어 있으며 노동기준법과의 관계도 불명확하다. 게다가 근로자 보호의 관점이 불충분하는 등 내용적으로 큰 문제를 남기고 있다.[53] 2012년 개정으로 기간제 근로계약에 관한 조항이 삽입되었지만, 법률의 기본적인 문 제는 해소되지 못했다. 이러한 결과로 된 주된 원인은 판례법리의 확인이라 는 입장에서 출발하여, 근로자측과 사용자측의 누군가 난색을 표시하는 조항 은 삭제한다는 법안작성 방법에 있었다. 노사간의 합의도 없이 노동법학자의 총의(consensus)도 불충분한 채 법률제정에 서두른 점에 근본적인 문제가 있었 다고 볼 수 있다. 노동계약법이라는 법률은 독일 경험에서 보더라도 성급하게 제정하기에는 부적당한 법률인 것이다(노동계약법에 대해서는 제9장 Ⅱ. 3. 참조).

이렇듯 일본에서는 근로계약의 법적 규제에 대해 독일과 프랑스와는 다 른 상황이 생겼다. 즉 독일과 같이 민법전이 근로계약에 관한 규제의 장으로 되지 못하였고, 또한 프랑스의 노동법전과 같이 의거할 수 있는 충실한 법규 도 존재하지 않았다는 것이다. '민법과 노동법'에 관해서는 이러한 법전의 상 황을 전제로 하여 논하여야 한다.

4. 민법의 사회화와 노동법

시민법적 성격이 농후한 일본 민법전은 제2차 대전 후 제1편 총칙의

것은 가능했지만, 정치적으로는 그 조건이 되지 못했다. 한편 독일의 해고제한법은 상시고 용 근로자 5인 이하의 사업장에는 적용되지 않는다(해고제한법 제23조제1항제2문). 동법의 적용을 받지 않는 근로자의 해고는 민법전의 노무공급계약의 해지에 관한 규정과 일반조항 의 적용을 받는 것에 지나지 않는다.
53) 동법의 문제점에 관한 사견에 대해서는 西谷敏 "勞働契約法の性格と課題" 西谷敏·根本到 (編) 『勞働契約と法』(2011, 旬報社) 1쪽 이하.

제1장 통칙과 친족편·상속편에 대해서 개정이 있었고, 2004년 현대어화를 위한 개정을 제외하고는 기본적으로 현재까지 유지된다. 그러나 현대 민법은 민법전을 기초로 하면서 여러 다양한 특별법과 판례법리에 의해 보충되고 있어 이러한 법률과 판례를 시야에 넣지 않으면 이해할 수 없다. 그리고 특별법에는 차가차지법(借家借地法)이나 소비자계약법 등 사회법적인 법률이 포함되어 있고, 이러한 이념에 기한 판례법리도 적지 않다. 법영역으로서 민법은 이미 19세기 의미로서의 시민법이라고 말할 수 없을 것이다.

이러한 발전은 거기에서 상정되는 인간상에 따라 말하면, "이성적·의식적이며 강하고 현명한 인간에서 약하고 어리석은 인간으로"의 변화로서 파악할 수 있다.54) 이를테면 시민법의 기본원리를 수정하여 노동법이 생성되어 온 것 같이 시민법의 수정 위에서 현대 민법이 형성되어 온 것이다(민법의 사회화).

이것은 민법과 노동법이 새로운 차원에서 공통성을 획득한 것을 의미한다. 민법과 노동법은 추상적으로는 시민법을 공통의 기반으로 하지만, 동시에 시민법이 애써 무시한 약자의 사회적 상황을 시야에 넣고 그 법적 보호를 도모하는 방향으로 발전해 왔다는 점에서도 공통의 성격을 갖기에 이른다.55)

그렇지만 노동법이 대상으로 하는 근로관계와 민법이 보호대상으로 하는 '약자'의 법률관계의 차이도 무시할 수 없다.

첫째, 근로자의 종속성은 단지 정보와 지위의 불균등에 그치는 것이 아니라 근로계약 체결과정(근로조건 결정)에서의 종속성(경제적 종속성)과 지휘명령에 대한 복종이라는 인적 종속성이 결합한 독특한 것이다. 예를 들면 근로조건의 저하에 대해 동의를 강요받은 근로자가 거부한 경우 해고나 괴롭힘 등을 우려하여 동의해버리는 것은 다른 관계에서는 보이지 않는 사태이다.

---

54) 星野英一 "私法における人間－民法財産法を中心として"『岩波講座 基本法学 1』(1983) 144쪽.
55) 독일에서도 보증인계약, 혼인, 소비자계약, 리스계약, 정형적인 임대차계약 등에 관해서 당사자의 비대등성이 문제로 되어서 민법전 제305~310조에서 엄격한 약관규제(2002. 1. 1. 시행)가 있게 되었다. 이것으로 인해 민법이 노동법에 접근했다는 지적이 있다(Düwell, a.a.O. (21), S. 151).

근로관계에는 소비자계약 등과는 이질적인 독특한 인격적 요소가 배어져 있는 것이다.56)

둘째, 근로자는 노동력의 매석(저장)이 가능하지 않다는 의미에서 근로계약의 체결을 사실상 거부할 수 없고, 소비자는 통상 사지 않을 자유, 또는 어떤 업자·메이커의 상품을 구입하든지 자유를 가진다. 그 차이는 계약의 규제방법의 차이를 가져온다. 즉 계약의 체결과정이나 내용에 관한 소비자 등의 보호는 계약의 효력을 부정하면 실현되는 경우가 많지만, 근로계약의 규제에는 오히려 근로관계를 존속시키면서 그 내용을 적정화하는 것이 중심적인 과제로 된다.

셋째, 노동법이 대상으로 하는 근로관계는 유효한 근로계약의 존재를 전제로 한다는 것에 한정되지 않는다는 점에서도 특징이 있다. 이를테면, 노동보호법의 일정한 조항은 사실상의 지휘명령관계(예컨대 사용사업주와 파견근로자의 관계, 위장도급에서 발주기업과 '도급'기업 근로자의 관계)가 있으면 적용될 수 있는 것이고, 사용자로서 단체교섭응낙의무도 직접적인 근로계약 없이도 발생할 수 있다.

이러한 차이를 고려하면, '민법의 사회화'를 이유로 민법과 노동법의 경계를 무호하게 하는 법제와 이론은 타당하지 않다. 물론 양자의 공동성을 고려하여 일방의 법원칙을 타방에게 준용하는 것은 가능하고 바람직한 경우가 많다. 예를 들면 소비자계약법에서 약관에 관한 조항은 근로계약에 준용할 수 있고,57) 노동법에서 확립된 법원칙(해고권남용법리, 안전배려의무 등)을 근로관계 이외의 법적 관계에서 적용 내지 유추적용하는 것이 타당한 경우도 있다. 그러나 이러한 민법과 노동법의 부분적인 '교류'를 넘어 양자의 일체화를

---

56) 근로계약에서 인격적 요소를 강조하는 견해로는, 吉田克己『市場·人格と民法学』(2012, 北海道大学出版会) 제11장(229쪽 이하); 吉村良一『市民法と不法行爲法の理論』(2016, 日本評論社) 89쪽 이하 참조.

57) 2015년 국회에 제출된 민법개정안에서는 정형약관에 관한 조항이 포함되어 있고(제548조의2~4), 이 조항과 취업규칙 등과의 관계는 중요한 검토과제이다. 예컨대 土田道夫(編)『債権法改正と労働法』(2012, 商事法務) 174쪽 이하 [土田道夫]; 野川忍. "労働条件の形成と変更―約款·事情変更原則等を中心に" 日本労働法学会誌 123호(2014) 39쪽 이하 참조.

꾀하는 것은 노동법의 독자성을 잃게 만들어 그 발전을 저해하는 것으로 생각된다.

5. 법해석에서의 민법과 노동법

민법과 노동법의 관계를 어떻게 이해할지는 법해석의 방법에도 중요한 영향을 미친다. 특히 근로관계상의 법적 문제에 관해서 노동법의 독자 규정이 결여하고 있는 경우 해석자는 어떠한 태도로서 법해석을 하여야 하는지 문제가 있다. 이하에서는 대표적인 세 가지 방법의 비판적인 검토를 통해 바람직한 법해석 방법의 접근을 모색하고자 한다.

(1) 노동법=특별법론

어느 문제에 대해 노동법상의 규정이 결하고 의거할 만한 판례법리도 형성되어 있지 않은 경우, 관련하는 민법 규정의 적용으로 문제를 해결하려는 태도가 있을 수 있다. 그것은 노동법이 민법의 특별법인 이상 당연한 것이라고 설명된다.

확실히 노동법은 어떤 의미에서는 민법의 특별법이다. 예컨대 해고예고기간에 관한 민법의 규정(제627조제 1 항)과 노동기준법의 규정(제20조)은 바로 일반법과 특별법의 관계로 설명된다. 그러나 노동법이 일반적인 민법의 특별법으로서 노동법규의 명문 규정과 판례법리가 없는 경우에 곧바로 일반법=민법을 적용하려는 것은 타당하다고,[58] 생각되지 않는다.[59]

---

[58] 菅野·労働法 21쪽은 '노동법상의 수정원리·규정이 없는 한 계약법(민법)의 원리(계약자유, 신의칙, 공서 등)와 법규정에 따른다'고 서술되어 있다. 여기서 말하는 '수정원리·규정'이 기존의 법률이나 판례법리만을 의미한다면 찬성할 수 없다.

[59] 또한 石井照久『新版労働法』(1971, 弘文堂) 21쪽은 노동법의 발달을 이유로 간단히 '시민법이론과의 결별'을 말하는 것은 잘못이라 하면서, 노동법의 이론은 '시민법이론을 통하여 그 위에서 나온다'고 한다. 여기서는 '그 위에서 나온다'는 구체적인 의미내용이 문제로 된다. 또한 下井隆史·保原喜志夫·山口浩一郎『労働法再入門』(1971, 有斐閣) 3쪽은, '법이론 구축의 노력 과정에서…실정법상의 근거나 사법의 일반이론과의 관련 등도 강하게 의식하면서 법적 논리구성의 엄밀함을 추구'한다면서 자신들은 '민법이론은 부르주아 법이론이고 노동법과는 관계없다는 견해에는 동의하지 않는다'고 말하고 있다. 이러한 견해는 그것의 당부

노동법은 이미 제정법과 판례법을 소재로서 체계성을 갖춘 독자의 법영역으로서 성립되어 있다고 생각하여야 한다. 따라서 기존의 제정법이나 판례법리에 직접 의거할 수 있는 조항 내지 법리가 결여되어 있는 경우에도 바로 민법으로 돌아가는 것이 아니라, 우선 법의 흠결이 있음을 인정하고 노동법의 이념을 근거로 결과적 타당성과 체계적 정합성을 종합적으로 고려한 다음 법창조가 이루어져야 한다. 그 때 민법의 일반조항은 물론 그 밖의 제규정도 적용될 수 있음은 당연하지만, 그것은 어디까지나 근로자보호 등 노동법의 이념에 기한 검토(screening)를 거쳐 노동법 분야로 가져와야 한다. 예를 들면 업무수행과정에서 고의·과실로 사용자 또는 제3자에게 손해를 발생시킨 근로자는 민법상으로는 채무불이행 혹은 불법행위로서 가해행위와 상당인과관계에 있는 손해 전부의 배상책임을 면할 수 없다. 하지만 처음부터 모든 경우에 근로자에게 배상책임을 부담시켜야 하는지에 대해서는 문제가 있고, 근로자가 배상책임을 져야하는 경우에도 그 전액을 배상시키는 것은 사회적으로 부당한 결과를 초래할 가능성이 있으므로 노동법적인 수정이 필요하게 된다.[60]

근로관계에 대한 민법 규정의 적용에서 이러한 검토가 필요하다는 것은 크레버가 말한 바와 같이 노동법이 민법의 큰 바다에서 점점이 존재하는 '섬'이 아닌 것을 의미한다(본 장 Ⅱ. 2. 참조). 설령 노동법적인 특칙을 해석학적으로 평가할만한 통일적인 사고양식은 확립되어 있지 않다는 크레버의 명제가 옳다고 한다면, 민법조항을 근로계약관계에 적용할 때 행하는 검토의 기준도 명확하게 되지 않기 때문이다. 노동법은 통일적인 이념에 기한 체계를 갖춘 독자의 법영역이고, 민법 등의 타분야의 규정은 이 이념에 기한 평가를 거쳐 비로소 노동법 분야에 적용 내지 유추적용될 수 있다고 해석하여야 한다.

를 떠나 이 책에서의 구체적인 법해석은 과도하게 민법 내지 시민법이론에 경도되어 있는 것으로 생각된다.

60) 판례도 사정에 따라 손해의 일부에 대해서만 근로자의 책임을 인정한다는 태도를 취하고 있지만(예컨대 茨城石炭商事사건·最一小判 昭51(1976).7.8. 民集 30권 7호 689쪽), 명확한 기준이 설정되어있다는 것은 아니다. 판례의 경향에 대해서는 細谷越史 『労働者の損害賠償責任』(2014, 成文堂) 157쪽 이하 참조.

(2) 원리적 대립론

시민법과 노동법의 원리적 대립을 강조하는 견해는 개별문제의 해결에서 기본적으로 민법규정의 적용을 배제하려한다.

예를 들면 해고사유의 제한이 좋은 예이다. 민법에는 기간의 정함이 없는 근로계약에 대하여 당사자에 의한 해약 자유를 인정하는 규정이 존재하고(제627조제1항), 노동법의 제법규에는 차별적 해고나 보복적 해고(노동기준법 제3조, 노동조합법 제7조제1호 등)를 별도로 하면 해고사유를 제한하는 규정은 존재하지 않았다. 제2차 대전 후 초기에는 근대사회의 시민법에서는 거래의 자유가 관철되기 때문에 해고는 자유이다.[61] 또는 시민법체계와 노동법체계는 작용하는 평면이 다르기 때문에 역시 해고는 자유라는 이론도 보였지만,[62] 해고에 대해서 권리남용금지의 일반조항(민법 제1조제3항)의 적용까지 부정하는 논의는 일찍부터 영향력을 잃었다. 여기서 학설은 해고권남용설과 해고에는 정당한 사유가 필요하다는 정당사유설이 대립하게 되었다.[63]

이 양설의 대립에는 민법과 노동법의 관계를 어떻게 보는가의 차이를 반영하고 있다. 해고권남용설은 민법 제627조제1항에 근거하여 사용자의 '해고권'을 일응 관념하고, 그 위에서 권리남용금지의 일반조항을 근로자의 생존권을 고려하면서 적용하는 것으로 문제를 해결하려고 한다. 해고권남용설도 예외적인 사례에 대해서만 남용을 인정하기 때문에 생존권의 고려를 넓게 하여 그 남용을 인정하면 사실상 정당사유설과 그다지 달라지지 않을 정도로까지 넓은 폭이 있지만, 논리적으로 민법상의 '해고권'을 출발점으로 점에 특징이 있다.

이에 대하여 정당사유설은 생존권을 근거로 하는 법창조로서 '사용자는 정당한 사유가 있는 경우에 한하여 근로자를 해고할 수 있다'는 명제를 세우

---

61) 三宅正男 『就業規則』(法学理論編110)(1952, 日本評論新社) 16쪽 이하; "解雇" 石井照久 · 有泉亨(編) 『労働法演習』(1961, 有斐閣) 190쪽 이하.

62) 吾妻光俊 『解雇』(1956, 勁草書房) 16쪽 이하, 57쪽 이하.

63) 학설의 전개에 대해서는 米津孝司 "解雇権論" 籾井常喜編 『戦後労働法学説史』(1996, 労働旬報社) 657쪽 이하; 森戸英幸 "労働契約の終了(1)" 季刊労働法 163호(1992) 159쪽 이하 참조.

는 것이고, 순수하게 노동법 차원에서 문제를 해결하려고 한다. 특히 시민법과 노동법은 원리적인 대립관계에 있고, 현행법체계는 '서로 대립하는 이질적 원리의 상극'이 포함되어 있다고 보는 카타오카(片岡)는 자신의 견해의 전형적인 귀결로서 해고에 관한 정당사유설을 주장한다.[64]

그러나 정당사유설을 당부는 별개로 하고,[65] 시민법과 노동법을 원리적인 대립관계에서 파악하는 것은 적절하다고는 생각되지 않는다. 노동법에서의 인간상은 사용자에 대한 종속성을 특징으로 하지만 추상적으로는 자유롭고 평등한 시민법적인 인간상을 기초로 하는 것이고, 민법과 노동법 사이에는 많은 공통성이 존재한다고 생각하기 때문이다(제2장 Ⅱ. 참조).

민법과 노동법의 관계는 문제마다 구체적으로 검토해야 하지만, 적어도 계약의 유형인 근로계약에 대해 민법의 채권법에 관한 여러 조항의 적용을 선험적(a priori)으로 배제하는 근거는 부족하다하지 않을 수 없다.[66] 또한 민법의 일반조항(권리남용, 신의칙, 공서양속 위반 등)은 노동법을 포함한 사법 일반의 기초에 있는 법원칙으로 생각해야 하고, 그것이 민법전에 규정되어 있다고 하여 시민법 내지 민법만 결부되어서 이해되어서는 아니 될 것이다. 그것은 노동법규의 흠결을 메우고, 근로관계에서 법적 문제의 실태에 따라 합리적인 해결을 위한 법창조에서의 보편적인 기초로 되는 것이다.

(3) 상호침투 · 융합론

시민법과 노동법은 원리적으로 대립하지만, 접점영역에서 양자는 상호침투하고 융합하는 입장이기 때문에 여기서 노동법이념에 의해 수정된 민법조항이 적용된다고 주장하는 견해가 있다.[67]

---

64) 片岡, 앞의 주40) 126쪽 이하.
65) 정당사유설을 취하는 견해로는 米津, 앞의 주63) 657쪽 이하; "解雇法理に関する基礎的考察" 西谷(ほか編), 앞의 주53) 261쪽 이하 참조. 그러나 해고권남용법리가 노동계약법 제16조에 명문화되었기 때문에 법해석으로서 정당사유설의 근거를 대기가 상당히 곤란하게 됐다고 생각된다.
66) 浅井清信 "市民法と労働法" 現代労働法講座 1권(1981) 20쪽 이하.
67) 島田信義 『市民法と労働法の接点』(1965, 日本評論社) 35쪽 이하.

이 견해는 예를 들면, 사용자의 귀책사유로 휴업하는 경우 임금청구권과 휴업수당의 관계에서 이전부터 치열하게 다투어진 문제에 대해 독특한 해결책을 제시하였다. 그 후 판례에 의해 지지되는 다수설에 따르면, 근로제공 불능 시 근로자가 임금 전액 청구권을 잃지 않는다고 규정한 민법 제536조제 2 항은 사용자에게 고의·과실 또는 신의칙상 그것과 동일시할만한 사유가 존재하는 경우에 한하여 적용되고, 사용자에게 거기까지의 책임은 없지만 일응 사용자의 책임범위에 속하다고 볼 수 있는 사유에 의해 휴업하는 경우에는 근로자는 노동기준법 제26조에 근거하여 평균임금의 60%에 상당하는 휴업수당을 청구할 수 있는 것에 그친다.[68]

이에 대하여 상호침투·융합론은 임금과 같이 상품교환의 영역에서는 민법의 규정이 적용되어야 하지만, 그 민법조항은 노동법이념의 침투를 받아 크게 수정된 것으로 이해되어야 한다고 하며, 결국 민법 제536조제 2 항의 채권자의 귀책사유가 노동기준법 제26조에 관한 통설적 견해와 마찬가지로 사용자로서 불가항력을 주장할 수 없는 모든 사정을 포함한다는 결론에 이르게 된다.[69]

이러한 방법이 타당한 결과를 가져오는 것은 적지 않을 것이다. 다만 원리적으로 대립하는 민법과 노동법이 무슨 까닭으로 그 접점영역에서는 상호침투·융합하는지 의문이 남는다. 또한 노동법적으로 수정된 민법규정의 적용이라는 방법에 대해서도 가능하다 할 수 없다. 위의 예에서 분명히 민법 제536조제 2 항은 근로제공 불능의 경우 임금청구권의 문제로도 상정한 규정으로 해석할 수 있기 때문에 그것을 노동법적으로 수정한다는 해석이 가능하다. 그러나 근로관계를 상정했다고 해석되는 민법규정이 존재하지 않는 경우에 오히려 법의 흠결을 정면에서부터 인정하고, 노동법이념의 검토(screening)를 거치면서 민법 그 밖의 여러 조항을 참조하여 법창조에 노력하는 것이 정도라고 생각된다.[70]

---

68) ノース·ウエスト航空사건·最二小判 昭62(1987).7.17. 民集 41권 5호 1283쪽.
69) 島田, 앞의 주67) 145쪽 이하.
70) 野田進 "労働契約法と債権法との関係性－総論的課題の考察" 日本労働法学会誌 123호(2014) 11

6. 민법과 노동법의 입법론

이상과 같은 이해에서 장래도 노동법의 독자성이 유지되어야 한다는 것은 분명하다. 근로관계에서 다른 여러 관계와는 이질적인 근로자의 종속성이 해소되지 않는 한, 노동법의 고유한 의의는 잃지 않기 때문이다. 민법개정론과 관련하여 민법의 고용규정과 노동계약법의 관계가 하나의 논점이 되지만, 노동계약법의 규정을 민법에 흡수하려는 견해, 즉 독일의 뢰비쉬의 제안에 상당하는 안에는 찬성할 수 없다.[71] 그것은 노동법의 독자성을 잃게 만들고 근로계약에 관한 규정과 노동기준법과의 관련을 희박하게 할 우려가 있기 때문이다.

장래에는 노동계약법을 전면적으로 개정하여 근로계약에 관한 법적 규제는 노동계약법에서 체계적으로 규정하여야 한다. 그 때 노동기준법과 노동계약법의 관계를 재검토하여 정리할 필요가 있다. 근로계약에 관계하는 공법적 규제가 필요한 사항에 대해서는 노동기준법에 규정을 두고, 또는 새로운 규정을 둘 필요가 있지만은 어떠한 사항에 대하여 공법적 규제가 필요한지 새롭게 검토할 필요가 있다. 민법전의 고용조항에 대해서는 그대로 남겨두는 방법도 있지만,[72] 노동계약법으로 옮겨 민법전에는 참조조항을 남기는 방법도 있을 수 있다.[73] 이것은 민법전을 어떠한 성격을 가진 법률로 위치지울

쪽 이하는 프랑스의 논의도 참조하면서 근로계약에 관련된 해석문제에 대한 태도로써 노동법 독자의 이념을 중시하는 태도(travailliste)와 계약법으로서의 일관성을 중시하는 태도(civiliste)를 대조시킨다. 그리고 이러한 규범선택을 결정하는 진짜 대립축은 프로레이버(pro−labor)대 비프로레이버가 아니라 실용주의(pragmatisme)대 이론추구주의(théoricien)에 있다고 말한다.

71) 野田, 앞의 주70) 8쪽 이하는 입법론으로서 우선 근로계약에 관한 규정을 노동계약법에 통합하는 설과 민법과 노동계약법의 분류하는 설을 구별한 다음, 이것과 고용계약과 근로계약의 동일설과 준별설을 조합하여 '동일설·통합설', '동일설·분리규정설', '준별설·분리규정설', '준별설·통합설'의 4개의 견해가 있을 수 있다고 한다. 여기서는 뢰비쉬와 같은 안은 염두에 두고 있지 않은 듯하다.

72) 和田肇 "思想としての民法と労働法" 法律時報 82권 11호(2010) 10쪽.

73) 山川隆一 "雇用の規定を残す必要はあるか−労働契約法との関係をどう考えるか" 椿寿夫(他編) 『民法改正を考える』(2008, 日本評論社) 312쪽은 고용관계에 관한 민법상의 규정을 노동계약법에 통합하는 것이 문제가 적다고 한다.

것인가라는 기본문제임과 동시에 도급, 위임 등의 계약주체이고, 게다가 노동법상의 '근로자'라고 볼 수 없지만 '근로자'와 마찬가지로 보호를 필요로 하는 자에 대해서 어떠한 형태로 규정하는가의 문제에도 관련되어 있다(제7장 Ⅲ. 4. 참조). 어쨌든 중요한 것은 노동계약법을 근로계약에 관한 포괄적이고 투명성이 높은 법률로 근본적으로 개정하는 것이다.

제 4 장

노동법의 기본이념

▌들어가는 말

이번 장에서는 전후 일본의 추이에 초점을 맞춰 노동법의 기본이념을 고찰한다. 여기서 말하는 '기본이념'이란 법의 바람직한 모습을 제시하고, 구체적인 입법과 재판 그리고 학계에서의 법 해석 사이에 방향성을 제시하는 기본철학이다. '법이념'은 보다 추상적인 개념으로 "법의 옳고 그름(正不正)이나 합리성을 판단하는 궁극적 규준이 되며, 그 형성과 실현, 다시 말해 법적 실천의 지도 원리가 되는 것"[1]으로 정의되기도 한다. 라드부르흐가 법이념(Rechtsidee)을 정의, 합목적성, 법적 안정성의 세 가지로 규정했다는 사실은 잘 알려져 있다.[2]

이에 대해 여기에서 말하는 기본이념은 라드부르흐기 말하는 '정의'의 개념에 대응하는 한편, 다의적인 '정의'의 개념 가운데 '사회관계 또는 제도의 정당성을 판정하는 실질적인 가치규준'의 의미인 '정의'와 관련되어 있다.[3] 단결권의 이념, 생존권의 이념, 인간존엄의 이념과 같은 형태로 활용되며, 이는 '사상'이라고 바꾸어 말할 수도 있다.[4]

---

1) 加藤新平『法哲学概論』(1976, 有斐閣) 432쪽.
2) ラートブルフ・田中耕太郎(訳)『法哲学』(1961, 東京大学出版会) 207쪽 이하.
3) 加藤新平 앞의 책 주1) 439쪽
4) 毛塚勝利 "解説Ⅰ・戦後労働法学と蓼沼法学－総括と継承"『蓼沼謙一著作集Ⅰ 労働法 基礎理論』(2010, 信山社) 567쪽 이하는 이러한 '이념'의 사용방법에 반대한다. 毛塚는 근대 시민사회의 '법이념'은 보편적 자유·평등이며, 그 이념을 각각의 생활관계에서 실현하는 시민사회 경제시스템의 '법원리'와는 엄격히 구별해야 하며, 이것이 "전후 노동법학의 총괄과 계승을 수행하는 데 있어서 가장 중요"하다고 한다(568쪽). 그러나 예를 들어, 자유·평등과 생존권의 관계는 보다 복잡하며 그 논의가 인간의 존엄 이념을 경시하고 있다는 점에서도 지지

법에서 실질적인 정의(실질가치)라는 문제에 천착하면 자연법과 실정법의 관계라는 법철학적으로 중요한 이슈에 도달한다. 법실증주의 그 가운데 특히 제정법 실증주의 입장에서는 이러한 실질적 가치를 둘러싼 논의 자체가 무의미하다고 간주될 가능성도 있다.5) 그러나 우리는 다양한 실질가치를 실정법으로 규정한 일본국헌법(日本国憲法)을 갖고 있으며, 이런 상황에서는 실증주의적 입장이라 해도 실질적 가치의 문제를 피해갈 수 없다. 즉 법적인 논의에서 헌법이 선택한 실질가치는 대전제이며 그 틀 안에서 어떠한 가치를 어느 정도 중시하는지가 문제될 뿐이다. 따라서 노동법의 기본이념 문제는 입법이나 법해석에 따라 노동법을 만들어갈 때 헌법에서 규정한 기본적 인권 중 어떤 것을 어떻게 이해하고, 그 상호관계를 어떻게 규정해야 하는가의 문제로 귀착된다.

물론 법이념이 모든 개별 문제를 연역적으로 결정하는 것은 아니다. 이념은 각각의 영역에서 하위법의 이념과 법원칙 등에 의해 구체화 되며, 또한 그것이 특정한 결론으로 이어지도록 하기 위해 정책적 고려가 개입되는 경우가 많다. 그러나 입법과 법해석의 기본적 방향을 오해하지 않기 위해서는 개별 문제를 논의할 때 지속적으로 법이념을 명확히 하고, 그것과의 관계를 계속해서 의식할 필요가 있다. 이념 없는 법학은 나침반 없는 항해나 마찬가지이다.

I. 법의식과 법이념

1. 법의식과 법이념의 상호관계

역사적으로 법이념은 여러 형태로 변천해왔다. 그와 같은 변천을 가져온

할 수 없다. 沼田稲次郎 『労働基本権論－戦後労働法のイデオロギー的側面』(1969, 勁草書房) 4쪽은 "노동정책과 노동법에 대해 규정적인 영향을 끼친 원리 혹은 이념－기초적인 이데올로기적 명제－를 주로 다루었으며", 沼田는 원리와 이념을 특별히 구별하지 않았다. 저자는 그러한 沼田의 용어법에 따르고 있다.
5) 青井秀夫 『法理学概説』(2007, 有斐閣) 204쪽.

궁극적인 요인은 법의식의 변화이다. 국가가 법규범을 정립하고 권력을 통해 법 준수를 강제하더라도 그 내용이 국민의 법의식에 의해 수용되지 않으면, 법이 실효성을 갖고 안정적으로 사회를 규율하고 정리할 힘을 갖지 못한다. 이러한 현상은 특히 근대 이후의 민주주의 체제에서 현저하게 나타난다. 민주주의는 선거로 국민의 대표를 선출하는 데에서 끝나지 않는다. 따라서 입법은 국가의사의 발현인 반면, 많든 적든 국민의 법의식에 따라 규정되고 제약을 받는다. 재판도 마찬가지로 국가의 사법작용이지만, 거기에서 이루어지는 법해석에는 반드시 결과적 타당성을 고려해야 하며 이 해석이 결과적으로 타당한지 아닌지에 대한 판단은 국민의 의식에 의존하는 부분이 있다.

그러나 법은 국가가 일정한 목적을 위해 정립한 규범인 이상 설령 그 시점에서 국민 전체의 법의식에 의해 수용되지 않는다고 해도 관철되어야 할 경우가 있다. 특히 헌법에 명시된 기본적 인권은 국민의 법의식과 어긋나는 부분이 있다 해도 그 적용을 보류해서는 안 된다. 헌법 규범의 적용 여부를 법의식과 타협할 것이 아니라 법의식이 헌법 규범에 가까워지도록 변혁되어야 하는 것이다.

1946년 일본국헌법(日本国憲法)이 제정되었을 때, 모든 기본적 인권 조항이 국민의 법의식에 의해 분명하게 지지반은 것은 아니었다. 오랫동안 진근대적인 천황제 국가 이데올로기의 지배를 받아온 국민 다수의 법의식과 근대 서구의 가치를 축으로 하는 헌법의 기본이념 사이에 일정한 괴리가 생긴 것은 당연했다. 그럼에도 불구하고, 헌법이 최고 법규로서 법질서 전체를 지배하기 위해서는 국민의 법의식에 의한 지지가 필요했다. 헌법과 법의식의 괴리를 방치하면 헌법에 입각한 입법 및 법 해석은 국민과는 동떨어진 것이 되며, 반대로 법의식에만 입각한 입법 및 법 해석은 헌법과의 괴리가 생기기 때문이다.

당초 정부는 헌법 보급을 위한 계몽활동에 노력하였지만, 얼마 후 헌법 개정론이 힘을 얻자 그 열의는 급속히 식어갔다. 현행 헌법의 준수·정착과 헌법의 개정은 법적으로는 다른 차원의 문제이지만, 현실적으로 헌법의 개정을 꾀하는 위정자에게 성실한 헌법 준수와 보급을 위한 노력을 기대하기는 어렵다. 따라서 헌법 정착을 위한 다양한 계몽활동은 유력한 법학자 등 지식인이 맡게 되었다. 이는 법체계의 정점에 있는 헌법이 국민들 사이에 정착되는 것이 실정법학에서도 중요한 과제였다는 점을 시사하는 것만이 아니다. 오랜 억압과 전쟁의 참화를 거쳐 제정된 일본헌법에 대한 지식인들의 뜨거운 공감대가 그들의 계몽활동을 지탱한 것이다.[6] 국민의식을 계몽하고 헌법을 정착시키는 것이 사회의 근대화 즉 진보를 위해 필수불가결하다고 생각했던 것이다.

법규범(법이념)과 법의식은 법규범이 법의식을 전제로 하고, 법의식이 법규범에 의해 형성된다는 의미로 상호 규정적이지만, 최고 법규인 헌법에 관해서는 입헌주의, 법치주의를 전제로 하는 한 국민의 법의식이 헌법에 맞춰져야 한다. 법의식의 변화는 헌법을 적용하는 데 있어 고려되는 사항에 머물러야 한다.[7]

2. 노동법의 법의식과 법이념

법규범과 법의식의 상호관계는 기본적으로는 노동법에도 마찬가지이다. 전후 노동법학은 노동기본권을 비롯해 중요한 법이념, 법원칙을 근로자와 국민들 사이에 확산시키는 것을 스스로의 중요한 과제로 삼았다. 그런데 새로운 법영역인 노동법 분야의 기본이념은 한결같이 명확한 것은 아니다. 노동법에서 중심적인 법이념이 무엇인지, 헌법 제28조가 보장하는 노동기본권이

---

6) 我妻栄, 宮沢俊義 등 일본의 대표적인 법학자가 이른바 반대 코스 안에서의 개헌 계획에 반대하며, '호헌' 입장에서 적극적으로 행동했다는 사실(憲法問題研究所(編)『憲法読本(上)(下))』(1958, 岩波新書) 참조)은 기억해두어야 한다. 이 연구회에서는 그 외 湯川秀樹, 務台理作, 大内兵衛, 大河内一男, 丸山眞男, 末川博, 恒藤恭 등 각 분야를 대표하는 유력한 지식인이 참가하고 있었다. 법학자뿐만 아니라, 많은 사회과학·자연과학 분야의 연구자와 지식인에게 있어서도 자유와 민주주의의 관념을 국민 사이에 정착시켜 헌법 개악에 반대하는 힘을 강화시키는 것은 중요한 과제였던 것이다.
7) 물론, 장기간에 걸쳐 헌법과 국민의식의 괴리가 채워지지 않는 경우, 헌법 자체의 개정을 피할 수는 없다. 그러나 헌법에 위배되는 법률 등에 의해 기성사실을 만들어 낸 상태에서 그것을 이유로 하여 개헌 여론을 유도하려는 정권의 태도는 분명히 입헌주의에 위반된다.

어떠한 권리이며, 어떠한 이념으로 지탱되는지는 헌법과 법규의 해석을 통해서 비로소 분명해진다. 그리고 법해석은 상술한 바와 같이 근로자나 국민의 법의식에 의해 규정되는 측면을 갖는다.

다시 말해 노동법학은 근로자와 국민의 법의식에 의해 일정한 정도 규정하되, 근로자와 국민의 의식을 헌법에 적합하도록 변혁해야 하는 과제를 떠안게 되었다. 근로자와 국민의 의식은 고정적으로 전제되어야 하는 것이 아니며 그렇다고 해서 단순히 손 쓸 대상도 아니다. 법해석을 규정하면서 법해석을 포함한 법적 실천에 의해 규정되고 변혁되어야 할 의식이다. 그리고 해석자가 법해석을 통해 근로자와 국민의 의식을 움직이게 하고 그 방향으로 법의식이 변혁된다면 그것이 언젠가는 실정법(입법과 판례)에 영향을 미치고, 그것이 법해석의 정당함을 입증하게 된다. 이것이 누마타(沼田稻次郎)로 대표되는 전후 노동법학 법해석 이론의 기본이었다(제10장 I. 1. 참조). 이러한 방법을 취할 경우, 노동법학은 끊임없이 근로자와 국민의식을 변혁의 입장에서 관찰하고 그것을 고려하면서 법이론을 창조해갈 필요가 있다.

전후 70년 간 사회, 정치, 경제 상황은 완전히 달라졌지만 이러한 법학 방법론 자체는 현재까지도 타당하다고 생각된다. 따라서 노동법의 기본이념은 끊임없이 근로자와 국민의 의식 변화를 고려하면서 사고해야 한다.

II. 생존권 이념

1. 생존권과 생존권적 기본권

(1) 생존권의 의의

일본에서는 오랫동안 노동법에서 가장 중요한 법이념을 생존권에서 찾는 사고방식이 지배적이었다. 그러한 발상에는 상당한 근거가 있지만 동시에 큰 문제점도 내포하고 있었다.

생존권 사상을 무엇보다 인간의 생존 자체에서 가치를 찾아내고, '인간을 인간으로서 인정해야 한다'는 사상으로 폭넓게 이해한다면 그 역사는 중세 토마스 아퀴나스(Thomas Aquinas)까지 거슬러 올라갈 수 있다.[8]

그런데 근대 시민사회가 열리고 모든 '시민'이 형식상 자유를 구가하는 가운데에서 심각해진 빈곤과 생명·건강의 위기를 의식하여 생존권이 논의되기 시작한 것은 19세기 후반 이후의 일이다. 일본에 큰 영향을 미친 것은 오스트리아의 사회민주주의자 안톤 멩거(Anton Menger)의 생존권론이다.[9] 멩거는 일찍이 일본에서도 번역·출판된 『全労働収益権史論』[10]에서 사회주의의 궁극적 목표로 생각할 수 있는 경제적 기본권으로 '전노동수익권'(자신의 노동으로 발생하는 모든 수익을 취하는 모든 개인의 권리)과 함께 '생존권'을 들었고, 그것을 '그들의 생존에 필요한 재화 및 노무가 타인의 긴박하지 않는 욕망을 충족하기에 앞서, 현재 존재하는 자원에 대응하여 그들에게 분배되도록 요구하는 권리'[11]라고 정의했다. 그리고 1919년의 바이마르(Weimar)헌법 제151조 제1항은 이러한 멩거 등의 생존권론의 영향을 받아 '경제생활의 질서는 만인에게 인간다운 생존(menschenwürdiges Dasein)을 보장한다는 목적을 가지며 정의의 제원칙에 적합한 것이어야 한다'고 규정하여 사상 처음으로 실정법상 생존권 보장을 선언했다.

이러한 멩거의 생존권론과 바이마르 헌법의 규정은 일본에서도 제2차 세계대전 전부터 경제학자 후쿠다 도쿠조(福田徳三), 법학자 마키노 에이치(牧野英一), 법철학자 츠네토 교(恒藤恭) 등에 의해 활발하게 소개되어 생존권 사상의 중요성에 대해서는 많은 지식인들 사이에 공통적 이해가 형성되어 있었다.[12] 일본국헌법에 제25조제1항의 생존권 조항이 규정되는 데에 사회당의 「신헌법요강」과 멩거 『전노동수익권사론』을 번역한 모리토 다츠오(森戸辰男)

---

8) 小林直樹 『憲法の構成原理』(1961, 東京大学出版会) 293쪽 이하 참조.
9) 멩거의 기본적인 입장과 그것에 대한 엥겔스의 비판에 대해서는 西谷敏 "法曹社会主義(エンゲルス)" マルクス主義法学講座 8 『マルクス主義古典研究』(1977, 日本評論社) 202쪽 이하 참조.
10) メンガー著·森戸辰男(訳)『全労働収益権史論』(1969, 弘文堂書房).
11) メンガー, 앞의 주10) 14쪽.
12) 中村睦男·永井憲一 『生存権·教育権』(1989, 法律文化社) 12쪽 이하 [中村睦男] 참조.

(당시 사회당 의원)가 중요한 역할을 했다고는 하나,13) 그 바탕에는 이미 생존권 사상을 긍정적으로 받아들인 전쟁 전 지식인의 분위기가 있었다.

이렇게 일본에서는 제2차 대전 전부터 생존권과 사회권에 친화적인 경향이 강했으며 그것이 전쟁 후 생존권 이념의 정착에 큰 역할을 했다고 할 수 있다. 그러나 생존권과 사회권에 대한 공감대는 자유권과 개인의 의사에 대해 소극적으로 평가했다는 반증이기도 하며,14) 그러한 자유에 대한 소극적 자세 역시 ─ 헌법 제정에 의한 '해방'의 분위기에도 불구하고 ─ 전후까지 이어졌던 것이다.

(2) 생존권적 기본권론

헌법이 제정된 후 헌법의 기본적 인권조항을 정리하고 그 성격을 규정한 것은 민법학의 와가츠마 사카에(我妻栄)였다.15) 와가츠마는 기본적 인권을 법 앞의 평등, 사상 및 표현의 자유, 결사의 자유, 직업선택의 자유, 재산권 등의 자유권적 기본권과 생존권, 교육을 받을 권리, 근로권, 노동기본권16) 등의 생존권적 기본권으로 분류하고, 자유권적 기본권이 국가권력을 제한함으로써 실현되는 데 비해 생존권적 기본권은 국가권력의 적극적인 배려·관여에 의해 실현된다는 특징이 있다고 하였다. 그리고 헌법은 자유권적 기본권을 중심 내용으로 하는 19세기형에서 생존권적 기본권을 포함한 20세기형 헌법으로 발전하였다고 논하였다. 물론 일본헌법은 20세기형 헌법으로 볼 수

---

13) 中村·永井, 앞의 주12) 30쪽 이하 [中村] 참조.
14) 笹倉秀夫『法哲学講義』(2002, 東京大学出版会) 163쪽은 原島重義 "我が国における権利論の 推移"(1976)(同『市民法の理論』)(2011, 創文社) 445쪽 이하)를 인용하면서, 牧野英一, 平野義太郎, 末川博, 我妻栄 등은 독일 유학의 경험을 통해서 처음부터 고전적인 자유주의적 민법학에 대한 회의적인 입장을 키웠다고 할 수 있겠다. 그들에게는 '자유권보다 사회권, 개인의 의사보다 사회적 견지, 규범보다 정책적 판단을 중시하는 입장이 농후'하고, 그것이 도쿄대학 민법학(星野英一, 平井宜, 加藤一郎)의 전통이 되었다고 한다.
15) 我妻栄 "基本的人権" 国家学会雑誌 60권 10호(1946) 63쪽 이하, 同『新憲法と基本的人権』(1948, 国立書院)[모두 나중에 我妻栄『民法研究VIII』(1970, 有斐閣) 57쪽 이하, 89쪽 이하에 수록. 인용은 이 문헌에 따름].
16) '노동기본권'의 개념은 다양하게 사용되고 있지만, 헌법 제28조의 단결권(노동3권) 등을 가리키는 경우가 많으므로 여기에서도 그 의미를 사용하기로 한다.

있다.

이렇게 기본권을 이분하여 받아들이는 발상은 학계의 폭넓은 지지를 얻어 일본에서 통설을 형성하였다. 그러나 와가츠마의 기본권 이분론에는 검토할 필요가 있는 여러 가지 문제점이 포함되어 있다.

우선 자유권적 기본권과 생존권적 기본권을 기계적으로 나눴기 때문에 생존권적 기본권에 포함되어야 할 자유의 계기가 무시 혹은 경시된 점이다. 그것은 특히 노동기본권의 이해방식에 큰 왜곡을 발생시켰다. 이 점은 후술하도록 한다.

보다 근본적인 문제는 와가츠마가 생존권적 기본권을 결과적으로 20세기형 헌법 역시 협동체 사상으로 설명하고 있는 점이다. 와가츠마에 따르면, 20세기형 헌법 사상에서는 '국가를 하나의 협동체(Gemeinschaft)로 보며, 국가와 개인(전체와 개별)의 내면적 유기적 결합을 이상으로 삼는다. 따라서 그 확인과 보장할 기본적 인권은 국가의 적극적인 배려와 국민의 적극적인 노력으로 서로 협력하여 실현해야 할 국민의 기본적인 권리이자 의무이다.'17) 와가츠마가 여기에서 말하는 협동체란 결코 나치스와 같은 전체주의가 아니라,18) 슈타믈러(Rudolf Stammler)가 말하는 '자유롭고 의욕하는 인간의 협동체'라고 설명한다.19) "요컨대 이 '협동체'에는 전체로서의 국가와 구성원으로서의 국민이 유기적으로 결합하고 국민 한 사람 한 사람의 문화적 발전이 곧 국가 전체의 문화적 향상이 되며, 동시에 국가 전체의 문화적 발전이 곧 국민 한 사람 한 사람의 문화적 향상으로 연결되는 관계 속에 있는 것이다."20)

생존권이라는 권리의 보장책임을 국가가 맡는 것에 대하여 어떤 근거로 삼는지가 중요한 논점인데, 분명 협동체 사상은 그 중 하나의 설명 방식이 될 것이다. 그러나 그것만이 유일한 설명방식은 아니다. 사회국가적인 국가관과 사회계약설적인 국가관으로부터 국가의 생존권 보장책임을 유도하는

---

17) 我妻, 앞의 주15) 168쪽 이하.
18) 나치스도 협동체 중시를 표방하지만, 我妻에 따르면 그것은 개인의 가치를 부정하는 전체주의로 협동체주의가 아니라고 한다(我妻, 앞의 주15) 174쪽).
19) 我妻, 앞의 주15) 172쪽.
20) 我妻, 앞의 주15) 172쪽. 그리고 245쪽 이하도 참조.

것도 가능하고 오히려 그 편이 자유의 이념을 해치지 않으면서 생존권의 근거를 설명하는 일반적인 방식이다. 그러나 와가츠마는 생존권의 근거를 협동체 사상에서 찾았을 뿐만 아니라 자유권적 기본권을 포함한 20세기형 헌법 전체의 기초로서 협동체 사상을 강조한다. 협동체 사상은 자유권적 기본권과의 관계에서 공공복지에 의한 제한을 적극적으로 긍정하는 것으로 연결된다. 그것은 나카무라 무츠오(中村睦男)가 비판하는 바와 같이 국가의 적극적 역할을 조건없이 긍정하고 권력과 자유의 영원한 긴장 관계를 몰각하는 것이나 다름없다.[21]

와가츠마는 1947~48년 시점에서의 자신의 견해를 후에 다음과 같이 회고하였다. 이 책을 저술한 단계에서는 "일본국 헌법에 제시된 자유권적 기본권과 생존권적 기본권을 협동체 이념으로 통합함으로써, 일본이 평화로운 복지국가가 되는 것은 의외로 가까운 장래에 기대할 수 있다고 생각했다."[22] 이 서술로 협동체이념에 의한 국가와 국민의 유기적 결합이 와가츠마가 묘사한 이상적인 국가·사회상이었다는 것을 알 수 있다. 그러나 사태는 점령군 총사령부의 반대 입장, 국민의 정치의식 침체, 보수정당의 장기집권, 국민 한 사람 한 사람에 대한 복지의 정체라는 형태로 진행된다. "이러한 정세 하에서 자유권적 기본권 조정을 설명하고 협동체 이념의 고양을 주장하는 데는 큰 위험이 내포되어 있다. 나는 그 점을 통렬하게 느끼고 있었다"[23]는 것이 와가츠마(我妻)의 반성의 변이다.

오늘날 와가츠마의 이 반성이 당시보다도 한층 절실한 의미를 갖고 있는 것은 분명하다. 와가츠마의 기본적 인권이론은 이러한 논자 자신의 반성과 함께 수용, 평가되어야 한다.

---

21) 中村睦男 "歴史的·思想史的にみた『社会権』の再検討" 法律時報 43권 1호(1971) 9쪽. 中村는 이러한 발상을 '위로부터의 사회권'으로 받아들이고, '아래로부터의 사회권'을 그것에 대비시켰다.
22) 我妻, 앞의 주15) 머리말 3쪽.
23) 我妻, 앞의 주15) 머리말 4쪽.

2. 생존권과 노동법

(1) 생존권과 개별적 노동관계법

헌법 제25조제 1 항의 생존권이 그 자체로서 어떠한 법적 효과를 갖는지는 여하튼 그것이 노동법의 가장 중요한 기본이념이라는 사실은 전후의 어떤 시기까지는 전혀 의심받지 않았다. 시민법이 추상적인 자유·평등에만 관심이 집중하여 현실에서 근로자의 종속상태와 그로부터 발생한 생존의 위기를 무시한 점, 그 점에 대한 비판으로부터 노동법이 탄생된 점을 생각한다면 노동법학이 시민법과는 다르게 기본이념으로서의 생존권을 근거로 했다는 사실에 의거했다는 점은 이해하기 어렵지 않다.[24]

노동보호법의 중핵인 노동기준법(労働基準法)은 그 서문에서 '노동조건은 근로자가 인간다운 생활을 영위하기 위한 필요를 충족시키는 것이어야 한다'(제 1 조제 1 항)고 선언하고 있다. '인간다운 생활'이라는 표현은 바이마르 헌법 제151조제 1 항의 menschenwürdiges Dasein을 의식한 것이지만, '건강하고 문화적인 최저한도의 생활'(헌법 제25조제 1 항)과 굳이 구별을 하고자 선택된 표현은 아니다.[25] 노동기준법은 헌법 제27조제 2 항의 위임에 의해 제정된 법률이지만, 동조 동항은 제25조제 1 항의 생존권 이념을 노동관계에서 구체화하기 위한 국가의 책무를 정한 규정이므로 생존권 이념과 노동기준법의 직접적인 관계는 명확하였다.

---

24) 진츠하이머도 시민법의 중심이 소유권(Eigentum)인 것에 대하여, 노동법의 중심은 인간권 (Menschentum)인 것을 강조하고 있다(Sinzheimer, Über den Grundgedanken und die Möglich-keit eines einheitlichen Arbeitsrechts für Deutschland(1914), in:Shinzheimer, Arbeitsrecht und Rechtssoziologie. Gesammelte Aufsätze and Reden, Bd. 1, 1976, S.41; derselbe, Das Problem des Menschen im Recht(1933), in: Sinzheimer, Arbeitsrecht und Rechtssoziologie. Gesammelte Aufsätze and Reden, Bd. 2, 1976, S.60).

25) 厚生労働省労働基準局(編著)『平成22年(서기2010년)版労働基準法上』(2011, 労務行政) 64쪽. 이 표현의 제안자인 寺本 과장은 "사회생활 일반의 최저 한도보다 일하는 사람의 노동조건은 본래 높아야 하는 것"이라는 의미를 이 표현에 넣었다고 보인다(松本岩吉『労働基準法が 世に出るまで』(1981, 労働行政研究所) 117쪽 이하).

'건강하고 문화적인'이라는 표현은 근로자·국민의 정신적인 충족 요구를 충분히 파악해야 한다는 문제의식에서 헌법 제25조제1항의 생존권보다 제13조의 '개인의 존중'(혹은 그것과 등치되는 '인간존엄')을 노동법의 가장 중요한 이념으로 보는 발상이 등장한 것은 나중의 일이다.

(2) 생존권적 기본권으로서의 노동기본권

헌법상의 인권을 이분화하여 받아들이는 경우 제28조의 노동기본권은 생존권적 기본권으로 여겨져 왔다. 실제로 와가츠마는 "근로자의 단결권은 국가의 간섭과 제한을 배척하는 자유권적 기본권이 아니라, 국가의 적극적 관여에 의해 보장되는 생존권적 기본권"이라고 단언한다.26) 와가츠마는 그 이유로 노동조합에게 부여된 공공적 임무(단체협약 체결, 경영 참여, 국가 행정기관에 대표 참가)와 사용자가 근로자의 단결과 단체교섭을 저지하는 일이 없도록 국가가 사실상 관여해야 하는 점을 든다.

그러나 국가의 적극적 관여를 노동기본권의 본질이라고 보는 이 논의에는 근본적인 문제가 있다. 단결권 등은 당초 국가법에 의해 금지되고, 이윽고 국가로부터 해방되어 그 후에는 비로소 그 외의 효과(사용자에 의한 방해 배제, 일정한 면책)가 부여됨으로써 적극적 승인이라 할 수 있는 단계에 이르는 것이다.27) 이 적극적 승인 조치 안에 국가의 적극적 관여가 포함된다 하더라도 그것은 어디까지나 단결 등 국가로부터의 자유를 전제로 한 것이다. 와가츠마의 논의에는 국가로부터의 자유라는 계기가 철저히 결여되어 있다. 와가츠마는 국가의 역할에 초점을 맞춰서 기본권을 이분화한 상태에서 각각의 기본권을 두 가지 유형으로 분류하여 설명하려 했기 때문에 노동기본권의 성격을 왜곡하는 결과가 된 셈이다.

그러나 노동기본권을 생존권적 기본권으로 이해하는 사고방식은 노동법학에도 폭넓게 펴져갔다. 다만 와가츠마처럼 노동기본권이 국가의 관여와 관련된다고 보는 것이 아니라 노동기본권과 생존권은 목적(생존권)을 위한 수단

---

26) 我妻, 앞의 주15) 179쪽.
27) 西谷·組合法 21쪽 이하 참조.

(노동기본권)이라는 관계로 결합되었다.[28] 단결권과 파업을 동반한 단체교섭권을 근로자의 근원적인 자유에 의해서가 아니고, 또한 대등한 입장에 선 노사협상 촉진이라는 관점도 아닌, 생존권을 실현하기 위한 수단이라고 받아들인 점에서 비교법상 유례를 찾는 것이 곤란한 전후 노동법학의 특징이었다.

그것은 와가츠마 이론의 영향이라기보다 오히려 전후 시기의 특수한 근로자 의식을 반영한 것이라 할 수 있겠다. 누마타 이네지로(沼田稲次郎)는 그것을 다음과 같이 설명하고 있다.[29] 본래 생존권 사상은 자유권의 낙원(산업자본주의의 자유방임주의)에서 발생하는 궁핍에 대한 저항에 자극 받아 생겨나는 것으로 부르주아혁명의 사상적 세례를 받지 않았으며, 자유권의 낙원이 적어도 모든 근로계층에서 번성한 적이 한 번도 없었던 일본에서는 이러한 형태로 생존권 사상이 탄생될 수 없었다. 자유권 사상이 왜곡됨으로써 생존권 사상 역시 왜곡되지 않을 수 없었던 것이다. 일본에서는 자유권을 극단적으로 부정한 정치적, 사회적 지배로부터 패전·점령에 의한 치열한 해방이 전쟁의 참화와 황폐해진 경제상황·극빈생활 하에서 이루어졌으므로, '전쟁과 파시즘에 대한 부정의 원리로서 자유권과 생존권이 병립적으로, 오히려 직접적으로는 후자의 우위에 대한 자각과 함께 등장했다'는 것이다.

이러한 상황에서 기본적 인권이 전쟁 책임을 떠안은 일본정부와 지배계급을 공격하는 법적 수단으로 부여된 권능으로 이해되면서, 일종의 특권의식과 결부되어 있었다. 따라서 노동기본권을 지지하는 의식도 자유권적이라기보다 전(前)자유권적(특권의식과 결부되어 있었으므로)이며, 또한 극도의 빈곤을 초래한 전쟁 책임자에 대한 책임 추궁과 결부된 생존권 의식을 기초로 하고 있었다. 이러한 의식이 자유권보다는 생존권과 단결권을 결부시키는 학설의 기초에 있었다고 누마타는 말한다.[30]

---

28) 野村平爾『日本労働法の形成過程と理論』(1957, 岩波書店) 21쪽은 단결권과 단체행동권은 생존권과 노동권과의 관계에서 '하나의 수단적인 권리'라고 단언한다. 石井照久『労働法 総論』(1957, 有斐閣) 310쪽도, '노동삼권'은 모두 근로자의 생존 확보를 위한 수단(기본적 수단이지만)이라고 한다(同『新版労働法』(1971, 弘文堂) 70쪽도 같은 취지).

29) 沼田, 앞의 주4) 43쪽 이하.

30) 沼田 자신은 단결권을 생존권 실현의 수단으로 규정해버리는 것에는 찬성할 수 없다고 하면

노동기본권을 생존권 실현의 수단으로 보는 발상은 전후 초기 노동조합의 활발한 활동을 정당화하는 역할을 했다. 당시에는 생산관리, 스크럼, 피케팅과 직장점거 등의 쟁의 전술, 파업 중 임금 지불, 조합업무 전임자 급여의 회사 부담 등 후에 거의 대부분 위법으로 낙인찍히게 되는 노동조합의 행동과 노사관행이 널리 퍼져 있었지만, 이러한 활동이 '생존권 실현의 수단'으로 이해되면서 비로소 정당화될 수 있었다. 글자 그대로 최저생활의 권리로 이해되었던 '생존권' 이념은 그 자체로 시민법적인 규범과 원칙을 타파할 만한 힘을 갖고 있었던 것이다. 따라서 고도성장 속에서 근로자의 생활수준이 상대적으로 향상되고 '생존권' 이념이 점차 퇴색함에 따라 격렬한 단체행동 등을 정당화할 힘을 잃어가는 것은 어쩔 수 없는 일이었다.

더욱이 노동기본권을 생존권 실현의 수단으로 보는 발상은 다른 관점에서도 반성을 요구받게 되었다. 근로자의 노동기본권이 생존권 실현이라는 목적을 달성하기 위한 '수단'에 지나지 않는다고 한다면 논리적으로는 그를 대신할 다른 수단(대상조치)을 준비하기만 하면 금지한다 해도 헌법을 위반했다고는 할 수 없게 된다. 실제로 최고재판소(最高裁判所)는 그것을 하나의 논거로 들어 관공서 근로자의 쟁의행위 전면금지를 합헌이라고 판단하기도 했다.[31]

이러한 최고재판소의 논리에 대해 노동기본권은 생존권 실현의 수단이라 해도 유일한 수단이라 보고 쟁의행위 전면금지의 위헌성을 논하는 것이 불가능한 것은 아니지만, 쟁의행위가 '유일한' 수단인지 아닌지에 대한 논의가 문제의 본질을 꿰뚫는 것이라고는 할 수 없다. 그래서 학설은 새롭게 쟁의권 혹은 노동기본권의 성격을 그 본질까지 거슬러 올라가 해명해야 할 과제와 직면하게 되었다. 대상조치론을 논거로 하는 쟁의금지 합헌판결을 하나의 계기로써 학설은 노동기본권의 근원에 있는 자유권적 요소에 관심을 갖게 된다.[32]

서 단결권을 생존권적 기본권으로 위치시키는 것에는 찬성하고 있다(沼田, 앞의 주4) 47쪽).
31) 특히 全農林警職法사건 · 最大判 昭和48(1973). 4. 25. 刑集 27권 4호 547쪽; 全逓名古屋中郵 사건 · 最大判 昭和52(1977). 5. 4. 刑集 31권 3호 182쪽.
32) 籾井常喜 『ストライキの自由』(1974, 労働旬報社) 64쪽 이하; 中山和久 『ストライキ権』

분명히 노동기본권에는 일반적 자유권을 넘는 효과(특히 쟁의행위의 민사면책)가 인정되며, 그것이 노동기본권의 생존권적 측면이라고 불리는 경우가 있다. 또한 조직강제(Union Shop협정)를 합헌으로 본 판례의 입장33)을 전제로 하여 결사의 자유(헌법 제21조제1항)와는 다른 단결권의 독자적 성격을 강조하는 것이 다수 학설의 입장이다.34) 그러나 노동기본권을 생존권 실현의 수단으로 보는 발상은 분명히 퇴보하고 있다. 그것은 노동법에서의 생존권 이념 그 자체의 후퇴와도 밀접하게 연관된다.

Ⅲ. 인간존엄 이념

1. 누마타 이네지로(沼田稲次郎)의 인간존엄론

(1) 국제적 사조로서의 '인간존엄'

노동법학에서는 1970년대 전후부터 서서히 전후 노동법학에 대한 반성의 기운이 높아졌다. 그 이론적 전환을 주도한 것은 다름 아닌 전후 노동법학의 이론적 지도자인 누마타 이네지로(沼田稲次郎)였다. 1969년에 발표된 『노동기본권론』35)은 '전후 노동법사의 이데올로기적 측면'이라는 부제가 나타내는 바와 같이 전후의 일정 시기까지 지배적이었고, 노동기본권론을 짙게 물들이고 있던 생존권 사상의 이데올로기적 검토, 즉 그 현실적 기반에 대한 해명을 목적으로 한 것이었다. 그러나 그 시점에서 누마타 본인이 그것을

(1977, 岩波書店) 130쪽 이하; 片岡曻 "労働基本権の性格" 『労働法の争点[新版]』(1990, 有斐閣) 8쪽 이하 등. 노동법학의 논의 경과에 대해서는 浜村彰 "団結権論" 籾井常喜(編) 『戦後労働法学説史』(1996, 労働旬報社) 121쪽 이하; 清水敏 "争議権論" 같은 서적 482쪽 이하 참조. 헌법학에서는 樋口陽一(ほか) 『注釈日本国憲法上巻』(1984, 青林書院) 632쪽 이하 [中村睦男]; 伊藤正己 『憲法[第3版]』(1995, 弘文堂) 215쪽; 内野正幸 『社会権の歴史的展開』(1992, 信山社) 10쪽 등.
33) 日本食塩사건·最二小判 昭50(1975).4.25. 民集 29권 4호 456쪽.
34) 菅野·労働法 33쪽; 荒木·労働法 546쪽(각주59) 등. 노동기본권의 성격에 관한 사건에 대해서는 西谷·組合法 35쪽 이하 참조.
35) 沼田, 앞의 주4).

대신할 기본이념에 대해 명확한 결론을 얻은 것은 아니었다. 누마타는 1980년에 "인간존엄의 이념을 사회적 발언의 중심에 놓기까지는 상당한 시간이 필요했다"고 적고 있다.[36]

'인간존엄'(human dignity)은 1945년의 국제연합헌장, 1948년의 세계인권선언, 1966년 두 개의 국제인권규약(A규약, B규약) 등에서 강조된 핵심어이다. 국제사회는 두 차례의 세계대전이 무수한 인간의 살육을 초래했고, 특히 파시즘의 광기가 인간존엄을 근저에서부터 부정했던 경험을 거쳐 비로소 인간존엄의 중요성에 생각이 이르게 되었고, 그것을 보편적인 가치라고 선언한 것이다. 그런 의미에서 인간존엄은 보편적인 동시에 역사적인 이념이다. 일본의 경우 헌법에서 이 개념이 사용되지 않으며 국제법상의 각종 문서가 헌법학에 있어서 반드시 중시되는 것은 아니어서, 이 개념을 둘러싼 논의가 활발하다고는 할 수 없다. 그러나 누마타는 이 이념의 중요성에 착안하여 그것을 확산시키는 것이야말로 민주적 일본사회 건설에 있어 결정적으로 중요한 일이라고 인식하기에 이르게 된다.

(2) '인간존엄'론의 특징

누마타는 이 이념의 중요성을 통감하게 된 계기에 대하여 다음과 같은 상황을 든다.[37] 즉 ① 일반적 배경으로 1960년대 번영하고 풍요롭게 되어가는 가운데 그 속에서의 심각한 인간소외 현상, ② 구체적으로는 1963년 미쓰이미이케탄광 미카와갱(三井三池炭鑛三川坑)의 탄진폭발과 같은 날 국철 츠루미역(鶴見駅) 참사의 충격, ③ 아사히(朝日)소송투쟁, 특히 항소심 단계에서 정부 측 증인의 증언에서 나타난 인간에 대한 냉대, ④ 대학 분쟁에서 나타난 사상 상황의 다극화 등이다. 이러한 사실과 누마타 자신의 설명을 통해, 누마타의 '인간존엄' 이념의 특징으로 다음과 같은 점들을 들 수 있을 것이다.

첫째, 누마타는 '인간존엄'을 실정법상의 개념으로 설정하지 않는다. 누마타는 이 이념에 국가법도 국제법도 초월하는 일종의 현대적 자연법과 같은

---

36) 沼田稲次郎 『社会的人権の思想』(1980, 日本放送出版協会) 13쪽.
37) 沼田, 앞의 주36) 13쪽 이하.

위치를 부여했다. 이것은 세계대전의 참화를 경험한 세계에 급속히 확산된 시대적 사조가 국제문서에 반영된 것이라 할 수 있다. 누마타의 관심은 이 이념을 일본사회에 확산시키는 일 자체에 있었다. 이 점에서 누마타는 법률가이기 전에 사상가였다. 법과의 관련성에 있어서는 "이 이념의 성격과 논리를 규명하여 법 세계의 규범적 구조 속에서 어떻게 이해하고 종합적으로 기능하게 할지"가 문제라고 누마타는 서술하고 있다.[38]

둘째, 1960년대 고도성장기에 경제적 번영과 인간소외가 인간존엄의 이념과 밀접하게 관련되어 있다는 점이다. (누마타는) 근로자와 국민의 생활수준 향상이 생존권 이념을 퇴색하게 했다고 보고, 심각한 인간소외는 생존권 이념을 초월한 문제라고 여겼다. 뿐만 아니라 고도성장은 전체적으로 근로자 계급을 보수화시켜, 사회의 근본적 변혁 전망은 점차 멀어져 갔다. 그런 사태에 직면한 예민한 지식인, 사회과학자는 새로운 전략을 세울 필요에 직면하였다. 와타나베 요조(渡辺洋三)는 시민법론의 현대적 부활에서 방향을 찾았으나(제2장 III. 1.), 누마타는 인간존엄 이념의 확산에 미래를 걸었던 것이다.

게즈카 가츠토시(毛塚勝利)는 누마타의 이론적 전환을 '유물사관법학의 자멸'이라고 평한다.[39] 인간존엄이라는 보편적 이념을 강조하는 것은 이전 누마타가 전개한 계급사관과 이질적인 측면이 있다는 점은 부정할 수 없다.[40] 그러나 그것이 유물사관과 근본적으로 대립하는 것인지 아닌지는 향후 검토되어야 할 과제이며, '자멸'이라는 단정은 성급하다고 생각된다.

셋째, 누마타에게는 1963년의 두 가지 거대한 사고가 그 '출발점'이 되었다는 사실이다. 다수의 인명 사상이라는 충격적인 사실을 접하고, 사람이 새

---

38) 沼田, 앞의 주36) 5쪽.
39) 毛塚, 앞의 주4) 567쪽.
40) 沼田는 노동법을 국가의 계급적 기반의 차이를 넘어 근로자의 인간존엄에 마땅한 생존을 보장하는 법의 한 형태라고 파악해야 한다고 주장한다(沼田稲次郎 "労働法の基礎理 論－社会変動と労働法学－" 沼田稲次郎(ほか編) 『労働法事典』(1979, 労働旬報社) 5쪽). 1979년 시점에서는 충격적이었던 이 테제는 사회주의 체제의 붕괴 후 4반세기가 경과한 오늘날 거의 위화감 없이 받아들여지고 있다. 시대의 변천의 급격함을 생각하면 沼田의 선견지명에 놀라지 않을 수 없다.

삼스럽게 '인간이라는 생명체의 존엄성'을 느끼는 것은 인간의 자연스런 감정일 것이다. 분명 제2차 세계대전의 참화를 경험한 국제사회도 같은 생각을 했음이 틀림없다. 그것은 동일본대지진(東日本大震災)과 후쿠시마(福島) 원전사고를 눈앞에서 본 사람이라면 충분히 이해할 수 있을 것이다. 그러한 '인간이라는 생명체의 존엄성'을 표현함에 있어 '건강하고 문화적인' 생활로는 결정적인 부분에서 불충분하다. '인간존엄' 이념에는 대량의 인명 상실을 거쳐 비로소 사람이 진정으로 자각할 수 있는 인간성에 대한 깊은 사고가 담겨있다.

넷째, 아사히(朝日)소송이 끼친 영향이 지적되듯 인간존엄 이념이 사회보장법과 연결되어 있다는 점에도 주목해야 한다. 이것은 누마타의 시야가 노동운동(근로자계급)으로부터 사회보장운동으로 그리고 보다 넓게 생활보장운동으로, 나아가서는 사회적 인권을 실현하는 사회·국가·국제사회로까지 확대되었음을 의미한다. 그러나 사회보장법 분야에서 제25조제1항의 '건강하고 문화적인 최저한도의 생활'로는 충분하지 않았던 것일까? 누마타는 최저생활보장으로서의 생존권이라는 이념보다도 한층 폭넓게 동시에 깊은 이념으로서 인간존엄을 사회보장법의 기초로 파악할 필요가 있다고 느꼈을 것이다.[41] 바꿔 말하면 '생존권' 이념이 그 협소함으로 인해 약간 퇴색된 상황을 반영한 것이었다.

마지막으로 누마타가 일관되게 개인으로서의 인간존엄과 병행하여 사회로서의 인간존엄을 강조했던 의미가 문제시 된다. 실정법상 개인으로서의 인간존엄은 헌법 제13조의 '개인의 존중', 사회로서의 인간존엄은 '공공의 복지'와 관련지어 설명된다.

그러나 인간의 존엄은 원래 한 사람 한 사람의 인간이 매우 소중한 존재라는 인식에 근거한 개념이며, 개인 우위의 사상이다. 예를 들면 (서)독일

---

41) 沼田稲次郎 "社会保障の思想" 沼田稲次郎·松尾均·小川正亮(編) 『社会保障の思想と権利』 (1973, 勞働旬報社) 31쪽은 제2차 세계대전 후의 '세계인권선언' 속 인간존엄의 사상, 즉 '추상적인 자유에서 멈추는 것이 아니라, 풍요로운 생활을 뒷받침하는 보다 광대한 자유를 확보한다는 발상에는 이미 최저생활보장으로서의 생존권이라는 생각은 극복되었다'고 서술하고 있다.

기본법 제1조제1항의 '인간존엄(Die Würde des Menschen)은 불가침이다. 그것을 존중하고 보호하는 것은 모든 국가 권력의 의무'라는 규정에서 그 '인간'이 설령 사회적 관계 속에서 인식된다고 해도 우선은 개인이다. 그리고 그 개인은 사회의 여러 권력집단과의 관계에서도 국가와의 관계에서도 우월적 가치를 가지며 국가의 궁극적 정통성은 개개인의 자유를 보장할 질서를 형성하는 데 있다고 한다.[42]

이에 반해 누마타가 말하는 사회로서의 인간존엄에서는 '사회'가 주체이다. 그것은 반드시 개별 인간의 존엄이 실현되는 여러 조건을 정비한 사회를 뜻하는 것이 아니다. 사회로서의 인간존엄은 예를 들어, '사회적 인권이라는 것은 사회로서의 인간존엄 실현과 상호 매개적인 개체로서 인간존엄의 실현을 지향하는 것'이거나,[43] '파시즘과의 투쟁을 통해 자각된 인간존엄의 이념은 인간의 인격적, 정신적 발전을 요구하며 그것을 개인뿐만 아니라 사회 - 국가 및 국제사회를 포함-의 과제로 삼고 있다'[44]는 문맥으로 연결된다.

요컨대 누마타는 인간존엄이라는 개념으로 개인의 존재와 함께 사회의 존재를 지칭하려고 했던 것이다. 이는 개인으로서의 인간존엄에서 최고의 가치를 찾아내고, 궁극적으로는 사회나 국가를 그 수단으로 간주하는 발상과는 거리가 있는 것처럼 생각된다. 그러나 개인과 사회를 나란히 둔다면 사회와 개인의 긴장관계가 뒤쪽으로 빠지고 개인 수준에서의 인간존엄의 불가침성이 상대화되는 것이 아닐까? 어쨌든 '사회로서의 인간존엄'이 의미하는 내용 그리고 그것과 '개인으로서의 인간존엄'과의 구체적인 관계는 누마타 본인에 의해서는 충분히 설명되지 않았다.

---

42) Nipperdey, Die Würde des Menschen, in: Nipperdey/Scheuner(Hrsg.), Die Grundrechte, Bd. 1, 1954, S. 10f., 西谷敏 『ドイツ労働法思想史論－集団的労働法における個人・団体・国家－』 (1987, 日本評論社) 472쪽 이하.
43) 沼田, 앞의 주36) 32쪽.
44) 沼田, 앞의 주36) 34쪽.

2. 인간존엄 이념의 근거

앞서 본 바와 같이 누마타 자신은 우선 하나의 사상으로서 '인간존엄'의 중요성을 강조했고, 그것을 어떻게 법적 논의에 반영할 것인가라는 문제의식도 가지고 있었다. 그렇다면 인간존엄은 법적으로는 어떠한 의미 내용을 가지는가? 누마타는 "인간존엄의 이념은 자유의사 주체로서 개인의 자유인권을 재확인할 뿐만 아니라, 사회적 인간의 사회적 권리를 재확인하는 것이기도 하며, 더불어 시민적 인권도 사회적 인권도 그것에 근원하는 이념으로서 창조적으로 자각되는 것"이라 서술하고 있다.[45] 조금 난해한 표현이지만, 요컨대 인간존엄의 이념은 자유권과 사회권을 포섭하며 나아가 근원적으로 양자를 지탱하는 이념이라는 의미일 것이다.

나아가 인간존엄의 헌법상 근거에 대해서는 "제13조는 인권 체계의 기본인 인간존엄의 이념을 개인 존중이라는 제일 원리를 통해 제시하고, 공공의 복지라는 사회원리, 말하자면 사회로서의 인간존엄 이념 하에서 국정이 행해야 할 것을 명확히 한 것"이라고 한다.[46] 여기서는 인간의 존엄이 인권 체계의 기본이 되어 헌법 제13조의 '개인 존중' 규정에 의해 그 취지가 선언된 것으로 풀이한다.

이렇게 헌법 제13조의 '개인존중'과 '인간존엄' 이념을 중첩시켜 이해하는 견해는 헌법학에서는 유력하지만, 이와는 다른 견해도 있다.[47] 특히 호세 욤파트(Josep Llompart)는 '개인존중'이 미국헌법의 개인주의에서 연원하는 규정으로 인간존엄과는 이질적이라고 역설한다.[48] 히구치 요이치(樋口陽一) 또한 누마타처럼 인간존엄을 제13조의 개인존중과 중첩시켜 인권으로 파악하는 것이 아니라, '인권＝'강한 개인'의 자기결정이라는 형식과 '인간존엄'이라는 실

---

45) 沼田, 앞의 주36) 22쪽.
46) 沼田, 앞의 주36) 46쪽.
47) 논의의 상황에 대해서는 西谷·規制 164쪽 이하; 中村浩爾 『民主主義の深化と市民社会』 (2005, 文理閣) 214쪽 이하 참조.
48) 호세 욤파트(Josep Llompart) 『人間の尊厳と国家の権力』(1990, 成文堂) 57쪽 이하; 同 『法の 世界と人間』(1990, 成文堂) 149쪽 이하.

질과의 긴장 문제로 자리매김시킨다. 즉 히구치는 "신분제와 종교의 구속에서 해방된 개인을 논리적 전제에 놓은 상태에서 그 개인의 의사에 근거하여 자기결정을 가능하게 하는 법형식으로서의 '인권', 자기결정에 의해 확보되어야 할 실질로서의 '인간존엄'으로 용어를 쓰고 있다"고 설명한다.[49]

분명 자기결정과 (협의의) 인간존엄의 긴장관계를 간과해서는 아니 되지만, 자기결정의 권리 그것으로도 (광의의) 인간존엄을 근거 삼는 것은 가능하다고 생각되며 그런 의미에서 누마타의 견해를 지지한다.

3. 실정법상 인간존엄론의 의의

인간존엄 이념을 강조한 누마타의 의도는 검토한 바와 같이 일차적으로 그 이념을 개인, 사회, 국가, 국제사회에 확산시키는 것 자체에 있었으나 이는 실정법 해석에 있어서도 중요한 의미를 가진다. 노동법 영역과 관련해 말한다면, 인간존엄 이념을 강조하는 것은 노동법의 가장 근저에 있는 이념을 생존권이 아니라 생존권과 자유권보다 더 기초에 있는 인간존엄의 이념에서 찾는다는 것을 의미하는데,[50] 이는 노동법에서 생존권 이념의 상대화와 자유이념의 재평가로 연결된다.

그것은 먼저 자유권적 기본권과 생존권적 기본권을 이분화하는 와가츠마로부터의 견해를 극복하고 각 기본권을 그 성질에 따라 파악한다는 이론적 노력에 유력한 근거를 부여하였다. 특히 노동기본권을 단순히 생존권 실현의 수단이 아니라, 자유권을 핵심으로 하고 나아가 그것을 뛰어넘는 효과를 부여받은 독특한 기본권으로 인식하여 자유권을 뛰어넘는 부분의 근거를 근로자의 '관여권'에서 찾으려는 새로운 시도[51]는 노동기본권의 궁극적 근거를 헌법 제13조에서 찾는 데에서 이끌어낸 것이었다.[52]

---

49) 樋口陽一『国法学 – 人権原論[補訂]』(2007, 有斐閣) 44쪽(각주1).
50) 또한 생존권과 자유권의 보장을 포함한 인간의 존엄이념의 실현은 노동법의 영역에서 완결되는 것이 아니다. 사회보장법 외에, 주택, 교육, 제세, 소비자보호, 환경 등의 문제를 종합적으로 고려하지 않는 한, 인간 존엄을 제도적으로 보장하는 것이 될 수 없다. 노동법은 이러한 생활보장체계의 일환으로 자리매김되었다(제12장 Ⅲ. 참조).
51) 西谷·組合法 38쪽 이하; 西谷·労働法 518쪽 이하.

더욱이 인간존엄 이념은 기존의 생존권 우위라는 사고방식에 기반해서 보면 경시되기 쉬웠던 자유의 이념을 표면으로 부상시켜, 그것이 노동법 분야에서도 중요한 의의를 가진다는 인식을 확산시키는 데 기여했다.[53] 그것은 또한 기존에 노동법과는 상관없다고 여겨졌던 자기결정의 관점을 노동법에 반영하는 연결점이 되기도 했다. 이러한 점들에 대해서는 다음 절에서 검토하기로 한다.

이렇게 노동법에서 인간존엄 이념의 강조는 생존권과 자유권 그리고 시민법과 노동법의 새로운 차원의 결합을 지향하게끔 했다. 이 점에 대해서 인간존엄론이 시민법과 노동법의 차이를 무시하는 것으로 전후 노동법학의 유산을 없애는 것이나 마찬가지라는 비판이 있지만,[54] 그 비판은 적합하지 않다. 첫째, 원래 시민법과 노동법은 원리적 대립의 관계라기보다 추상과 구체의 관계로 노동법에서도 시민법이념(자유·평등)은 중요한 역할을 해야 했기 때문이다(제2장 Ⅱ. 2.). 둘째, 인간존엄의 이념을 근저에 둔 새로운 시도 역시 시민법과 노동법의 차이를 무시하는 것이 아니라 그 차이를 충분히 파악하고 양자의 적절한 종합을 지향하기 때문이다(제3장 Ⅳ. 5, 6. 참조). 이는 전후 노동법학 유산을 부정하는 것이 아니라 필요한 수정을 동반한 계승과 발전으로 봐야 한다고 생각한다.

---

52) 이것에 대해서 片岡曻·大沼邦博『勞働団体法上卷』(1992, 靑林書院) 48쪽 이하는 노동기본권의 궁극의 가치원리는 헌법 제25조의 생존권에 있다고 보며, 다만 그것은 '동시에 인간 존엄(헌법 제13조)을 기초로 정리된 이념'이라고 보고, 자기결정-관여권의 계기도 이러한 맥락에서 파악하자고 한다.

53) 마찬가지로 생존권과 자유권을 포섭하는 이념으로서 인간존엄을 인식하고 그 관점으로 전후 노동법학을 재조명하려는 것으로서, 遠藤昇三『「戰後勞働法学」の理論転換』(2008, 法律文化社) 5쪽 이하 참조. 또한 여기서는 깊게 다룰 수 없지만 최근 주목받고 있는 근로자의 인격권(角田邦重『勞働者人格権の法理』)(2014, 中央大学出版会) 참조)도 인간존엄의 이념을 기초에 둠으로써 적절하게 이해할 수 있다.

54) 毛塚, 앞의 주4) 551쪽.

Ⅳ. 자유와 자기결정

1. 노동법에서의 자유의 재발견

근대 헌법에서 자유(권)의 가치는 새삼스레 장황하게 이야기할 필요는 없을 것이다. 여기에서는 "법의 존재 의미를 인간의 더 나은 생활과 연관시켜 생각한다면, 자유는 항상 법이 실현을 가능해야 할(유일하지는 않지만 가장 주요한) 가치"이고, "자유의 가치는 그 자체의 고유하고 절대적인 논리를 갖는다"는 고바야시 나오키(小林直樹)의 말을 인용하는 것으로 충분할 것이다.55) 또한 자유가 국가권력과의 대립관계에서 문제가 될 뿐만 아니라 사회 혹은 중간 단체와의 관계에서도 지켜져야 한다는 것은 이미 19세기 중반에 J.S.밀(John Stuart Mill)이 역설한 바이다.56)

그러나 전후 일본의 노동법학에서는 자유권 혹은 자유이념의 중요한 의미가 거론된 경우가 적었다. 그것은 전후 노동법에서 자유는 시민법의 중심적 이념이었으며 독자적 법영역으로서 노동법이 확립되기 위해서는 오히려 제약해야 할 이념이기 때문이었다(제2장 Ⅰ. 3. 참조). 노동법학이 우선 염두에 두었던 자유는 경제적 자유, 즉 소유와 계약의 자유이며 이것들은 생존권 이념에 기초한 단체행동으로 폭넓게 제약 당하는 것이 당연하다고 여겨졌다. 물론 노동조합도 기업 안팎에서 언론활동과 가두집회의 형태로 자유(권)를 누렸지만, 이런 행동들은 자유권이라기보다 단체행동권 행사로 생존권과 결부지어 파악되었다. 한편 근로자 개개인의 자유, 예컨대 노동조합에 가입하지 않을 자유 등은 '상당히 사치스러운 자유'라고 배제되었고,57) 개별적 노동관계에서의 자유는 결국 형식적이자 허위적인 것으로 간주되었다.58)

---

55) 小林直樹 『法理学上卷』(1960, 岩波書店) 171－172쪽.
56) ミル · 斎藤悦則(訳) 『自由論』(2012, 光文社古典新訳文庫) 182쪽 이하.
57) 東洋陶器本訴사건 · 福岡地小倉支判 昭23(1948). 12. 28. 労裁資 3호 125쪽.
58) 마루야마 마사오(丸山眞男)에 의해 자유의 관념을 '구속의 결여로서의 감성적 자유'와 '자기결정으로서의 이성적 자유'로 분류(丸山眞男 "日本に於ける自由意識の形成と特質" 丸山眞男集 3권(1995, 岩波書店) 153쪽 이하)한다면, 당시의 노동법학에 있어서는 전자의 자유를

그러나 고도경제성장을 배경으로 한 근로자 의식과 노사관계의 변화 속에서 상황은 크게 달라졌다. 고도성장에 의해 어느 정도의 생활 안정을 이룬 근로자는 물질적 요구와 동시에 정신적 충족에 대한 강한 요구를 갖게 된다. 물질적 요구가 전면에 나서는 시기에 동일한 계급에 속한 동질한 집합인으로 간주되던 근로자들은 자기충족적 가치관을 강화함에 따라 개성의 발휘, 즉 자유와 자기결정을 요구하게 된다. 근로자의 복장의 자유, 기업 내에서의 표현행위, 사적 영역에서의 자유(잔업거부를 포함)에 대한 요구가 강해지고, 사생활을 포함하여 근로자를 지배하에 두려는 기업사회와의 사이에 긴장관계가 발생한다.

한편 전반적으로 노동조합이 노사협조 경향이 강해짐에 따라 노동에서의 대립은 노동조합과 사용자 사이보다 노동조합 내부에서 도드라지게 되었다. 소수파 조합원은 조합의 통제 처분에 의해 억압되고 사용자로부터는 다양한 인권침해를 받았다.[59] 그런 가운데 조합 내부에서의 조합원의 자유와 기업 내에서의 근로자의 자유가 관심을 끌게 되었다. 노동조합의 단체행동에 있어서도 전술한 바와 같이, 특히 관공노(官公勞)의 동맹파업권과의 관계에서 그 자유권적 측면이 중시되어 왔다.

또한 근로자·사용자 간의 개별 노동분쟁이 점차 노동법학의 관심을 모으게 되었다. 채용내정, 본채용 거부, 배치전환·파견근무, 사상에 따른 임금차별, 남녀차별 등에 관한 재판 사례가 축적되면서 활발한 논의가 이루어지게 된다. 전반적으로 근로자가 다양화 되는 한편, 노동조합의 문제해결 능력이 저하하는 가운데 개별 노동분쟁이 법적인 차원에 등장하는 빈도가 늘어난 것이다. 이러한 개별분쟁의 '사법화' 진전(제11장 Ⅱ. 2. 참조) 또한 노동법에서 근로계약—따라서 다시 개인적 자유—의 의의를 재확인시키는 것이었다.[60]

저자가 이러한 사실들을 지적하고 노동법 이론이 크게 전환되어야 한다

강하게 의식했다고 할 수 있다.
59) 西谷敏 "企業內における人権抑圧の論理−その法理論的検討−" 科学と思想 37호(1980) 39쪽 이하.
60) 西谷敏 《法律時評》労働契約論と労働法の再構築" 法律時報 66권 2호(1994) 2쪽 이하.

고 처음으로 주장한 것은 1980년의 일이다. 나는 인간존엄의 이념을 원용하여, "노동법에서 인간상은 더 이상 계급적 · 인적 · 경제적 종속성 안에서만 인식되어야 하는 것이 아니라 그 자체로 자유의사를 가지고 그것을 사용자에 대해 어느 정도까지는 현실적으로 주장할 수 있는 주체적 인간으로서, 또 단결에 의한 보호를 누리기만 하는 수동적 인간이 아니라, 스스로 자발성에 근거하여 주체적으로 동료와 단결하는 인간으로서 파악될 필요가 있다"고 서술하였다.[61] 누마타는 60년대 이후의 여러 상황 변화, 특히 근로자 · 국민의 의식과 기존의 법이념(특히 생존권이념) 간의 괴리를 의식해 새로운 법이념을 모색하는 가운데 인간존엄의 이념에 도달하였는데, 나 역시 누마타 이론의 영향을 받아 근로자와 국민의 의식 변화와 법적 상황에 등장하는 문제의 성격 변화를 거쳐서, 그것에 대응할 노동법의 기본이념과 근로자상이 전환되어야 한다고 생각했던 것이다.[62] 그것은 말할 것도 없이 노동법의 기본이념은 근로자 · 국민의 의식 변화에 입각하여 끊임없이 현실적 타당성을 고려하면서 다루어져야 한다는 앞서 언급한 방법론(본 장 I. 2.)에 근거한 것이다.

2. 자기결정권

(1) 자기결정권의 성격

일본에서 자기결정(self-determination)이라는 단어가 사용된 것은 1980년대 이후의 일이다.[63] 주로 미국으로부터의 영향이었다. 그러나 이념 혹은 사상으로서의 자기결정은 19세기 중엽의 밀(mill)까지 거슬러 올라간다. 밀의 "자유라는 이름으로 불릴 만한 유일한 자유는 타인의 행복을 빼앗거나 행복을 추구하는 타인의 노력을 방해하지 않는 한도 내에서, 자기자신의 행복을 자기다운 방법으로 추구할 자유"[64]라는 서술 속의 그 자유는 바로 오늘날의

---

61) 西谷敏 "現代勞働法學の理論的課題" 法の科學 8호(1980) 55쪽.
62) 이것에 대해서는 西谷 · 個人 50쪽 이하; 西谷 · 規制 211쪽 이하; 西谷敏 "〈記念講演〉勞働法における人間像を考える" 法學雜誌 54권 4호(2008) 1698쪽 이하.
63) 그 선구적 업적은 山田卓生 『私事と自己決定』(1987, 日本評論社)이다.
64) 밀(mill), 앞의 주56) 36쪽.

자기결정을 의미한다.

따라서 일반적인 자유권을 보장하는 것 안에는 자기결정에 대한 승인이 포함되어 있다고 풀이할 수 있다. 그러나 자기결정을 고유한 권리로 승인하는 것에는 보다 적극적인 의미가 포함된다는 견해도 있다.[65] 어느 쪽이든 자기결정권이라는 발상은 개개인의 결정을 그 내용 여하를 막론하고 존중하는 것이다. 그것은 개개인의 삶의 방식과 관련이 있지만, 어떤 구체적인 삶의 방식의 가치를 인정한다는 것이 아니라, 개개인이 자신의 판단에 따라 살아가는 삶의 방식 그 자체를 긍정한다는 의미이다.

오츠카 히사오(大塚久雄), 마루야마 마사오(丸山眞男), 카와시마 다케요시(川島武宜) 등 전후 계몽주의자가 강조한 개인의 '자율'도 오늘날 말하는 자기결정과 거의 같은 것으로 보이지만, 이들 논자에게 '자율'은 자기목적이 아니며, 그 목적은 사회변혁에 있었다고 지적된다.[66] 당시에는 사람들이 전근대적 이데올로기의 영향에서 탈피하여 자율적으로 판단한다면 사회변혁을 택하리라는 낙관론이 퍼져있었으므로 자율과 사회변혁을 연결지을 수 있었을 것이다. 오늘날 이 연결은 자명한 것이 아니며 오히려 역으로 작용하는 경우도 많다. 그러나 사회변혁은 어떠한 형태에 의한 것이든 스스로의 머리로 생각하고 스스로 판단하는 시민(근로자를 포함)이 짊어질 수밖에 없으며(이 점에 대해서는 제8장 Ⅳ. 3. (2) 참조), 또 자기결정을 존중하지 않는 새로운 사회는 절대 힘들여 실현할 이유가 없다. 그런 맥락에서 어떠한 의미로서 사회가 변혁되어야 한다면 그 과정에서도 결과에서도 자기결정을 존중하는 것은 필수불가결하다.

자기결정권은 기본적으로 결정내용의 여하를 불문하지만, 그렇다고 아주 무제한적이라고는 할 수 없으며, 특히 인간존엄의 관점에서의 제약이 문제가 된다.[67] 이 점에 대해서 히구치 요이치(樋口陽一)는 자기결정이라는 결정의

---

65) 笹倉秀夫『法哲学講義』(2002, 東京大学出版会) 146쪽에서 자기결정'권'은 각자가 자기의 의사와 책임 하에 살아간다는 삶의 방식에 대한 지원을 포함한 점과 민주주의, 정보공개를 필요로 하는 점에 있어서 단순한 자유의 보장을 뛰어넘는 의미를 갖는다고 하겠다.
66) 小田中直樹『日本の個人主義』(2006, ちくま新書) 136쪽 이하.
67) 西谷・規制 176쪽 이하 참조.

방식(이른바 그릇)과 인간존엄이라는 실질적 내용(이른바 내용물)이 긴장관계를 유지하면서 공존하고 있다고 본다.[68] 독일 기본법의 구조로 말하면, 인간존엄(제1조제1항)이라는 최고의 가치 하에 자기결정(인격 전개의 자유)(제2조제1항)이 존재하기 때문에 자기결정은 인간존엄 관점에서의 제약을 피할 수 없다고 설명할 수 있을 것이다.

헌법학의 통설에서는 각자가 자기와 관련된 문제에 대해서 스스로 결정할 수 있는 권리라는 의미로 자기결정권 개념을 사용한다.[69] 자기결정권을 일정한 법적 효과를 동반한 '권리'라고 이해하는 경우에는 그러한 제한이 필요할 것이다. 그러나 자기결정(권)을 하나의 이념으로 인식하는 경우에는 자기와 관련되지만 타인에게도 관련되는 사항에 대한 참가·관여도 그 범위 안에 들어간다고 생각하는 것이 자연스럽다. 그렇게 자기에게도 타인에게도 관련되는 사항은 세상에 무수히 존재한다. 그래서 자기결정 이념은 가장 좁은 의미의 자기결정권을 중심으로 하여 계약, 단체 내 의사결정에 참여, 주민투표에 의한 자치체 운영 참여, 지구환경문제에 관여 등등 동심원적으로 확대되어 가는 것이라고 정리할 수 있다.[70]

자기결정을 이렇게 넓은 의미로 이해하면 사적 자치가 중요한 영역에 포함된다. 반대로 말하면 민법상의 대원칙인 사적 자치는 헌법상의 자기결정권(의 이념)에 기초를 둔 것으로 파악된다. 독일의 후룸(Flume)은 "사적 자치는 인간의 자기결정이라는 일반원칙의 한 부분"이라고 하며 사적 자치의 근거를 기본법 제2조제1항의 인격 전개의 자유(그 기초에는 기본법 제1조제1항의 인간존엄 규정이 있다)에서 찾는데,[71] 당사자의 의사를 중시하는 그 견해는 일본

---

68) 樋口陽一『憲法という作為-「人」と「市民」の連関と緊張』(2009, 岩波書店) 140쪽 이하.
69) 佐藤幸治『日本国憲法論』(2011, 成文堂) 188쪽; 芦部信喜(高橋和之補訂)『憲法「第六版」』(2015, 岩波書店) 126쪽 이하.
70) 西谷·規制 184쪽 이하. 동일하게 자기결정(권)을 널리 타자와의 관계와 사회에의 관여로까지 확대하는 견해로서, 吉村良一『市民法と不法行為法の理論』(2016, 日本評論社) 13쪽 이하; 吉田克己『現代市民社会と民法学』(1999, 日本評論社) 259쪽 이하; 笹倉, 앞의 주65) 146쪽 이하가 있다. 이러한 각도에서 법학의 과제를 정리한 입문서로 西谷敏·笹倉秀夫(編)『新現代法学入門』(2002, 法律文化社) 참조.
71) Flume, Allgemeiner Teil des Bürgerlichen Rechts Ⅱ. Das Rechtsgeschäft, 3. Aufl., 1979, S. 1. 독

에서도 많은 지지를 받고 있다.72) 이러한 견해의 기초에는 원래 법기술적 고려 등이 아니라, 계약 당사자의 의사와 자기결정 존중 그 자체에 대한 적극적인 의의(헌법적 가치)가 존재한다.73) 한편 의사주의라고 불리는 이러한 조류에 대해 비판적인 민법학자도 많다.74) 이러한 대립의 기저에는 공공성과 개인 의사의 관계, 법해석 방법, 공법과 사법의 관계 등에 관한 견해의 차이가 있으며, 그 대립의 뿌리는 깊다.75) 나는 다른 저서에서 그러한 논의를 간략하게 소개한 적이 있으므로,76) 여기에서 그것을 반복해 기술하지는 않는다. 여기서는 노동법에서 자기결정을 문제시하는 나의 견해(私見)는 민법학 내 의사주의 흐름과 공통된 지향에 기인한다는 점, 그런 만큼 민법학에서 의사주의에 대한 반대론은 내 견해에 대해서도 비판을 하지 않을 수 없다는 점77)

일에서는 이것이 통설적 이해라고 됨(米津孝司 "ドイツ労働法における集団自治と契約自治" 角田古稀(上) 279쪽(각주29)).

72) 原島重義 "約款と契約の自由" 現代契約大系1『現代契約の法理(1)』(1983, 有斐閣) 52쪽; 石田喜久夫『民法秩序と自己決定』(1989, 成文堂) 34쪽; 山本敬三『公序良俗論の再構成』(2000, 有斐閣) 22쪽 이하; 吉村, 앞의 주70) 1쪽 이하, 13쪽 이하, 77쪽 이하; 吉田, 앞의 주70) 96쪽 이하.

73) 그러나 사비니와 그것을 계승하는 후룸의 '고전적 사적 자치론'은 자기결정에 근거한 법률관계의 설정행위와 법질서에 의해 한계지어 지도록 설정된 법률관계를 구별하는 중층 구조를 가지고 있었으며, 결코 의사지상주의는 아니었다고 지적되고 있다(児玉寛 "古典的私的自治論の法源論的基礎" 原島重義(編)『近代私法学の形成と現代法理論』(1988, 九州大学出版会) 119쪽 이하, 同 "法律行為と法秩序" 私法 53호(1991) 212쪽 이하).

74) 星野英一 "意思主義の原則, 私的自治の原則"『民法講座1民法総則』(1984, 有斐閣) 380쪽 이하; 平井宜雄『注釈民法(3)』(1973, 有斐閣) 제4장의 서문; 内田貴『契約の再生』(1990, 弘文堂); 同『契約の時代』(2000, 岩波書店); 同『制度的契約論－民営化と契約－』(2010, 羽鳥書店).

75) 笹倉, 앞의 주65) 161쪽 이하는 의사주의=자기결정론을 비판하는 민법학에 대해서 다음과 같은 문제점을 지적한다. ① 요구되어야 할 것은 개인의 자기결정과 공공선인데, 비판학설은 개인의 의사와 공공선 중 양자선택론을 취하고 있다. ② '의사에서 이성으로'는 것은 트렌드의 추종이다. ③ 법해석 방법론으로서 이익형량론을 취하고 있으며, 권력(재판)을 규제하는 '법의 범위'를 경시하고 있다. ④ 민법학은 전체적으로 헌법 제13조에서 출발한다는 발상이 약하고, 공사이원론, 분쟁의 효과적 방지라는 기술관료적 발상에 빠져 있다. ⑤ 독일의 고전적 민법학을 의사만을 절대시한 극단적 개인주의의 이론이라고 보고 있지만, 그것은 옳지 않다.

76) 西谷·規制 186쪽 이하.

77) 사견에 대한 우치다 다카시(内田貴)의 비판에 대해서는 주85) 참조.

을 확인하는 데에서 마무리하고자 한다.

(2) 노동법에서의 자기결정론의 의의

나는 1980년 이후[78] 근로자의 자유로운 의사를 중시할 필요가 있다고 주장해왔으나, 1989년의 철학학회 보고에서[79] '자기결정' 개념을 사용한 이후부터는 근로자의 자기결정권에 대해 논하기 시작했다.[80] 근로자의 자유로운 의사란 결국 자기결정(권)이라고 생각했기 때문이다.

왜 근로자의 자기결정권인가? 단적으로 말하면 자기결정권 이념은 헌법 제13조의 개인 존중(인간존엄) · 행복추구권의 불가결한 구성요소이기 때문이며, 근로자 또한 한 인간으로서 또한 한 시민으로서 당연히 그 권리를 누려야 하기 때문이다. 근로자는 사용자에 대한 종속성 때문에 여러 가지 국가적 보호를 필요로 하지만, 그럼에도 불구하고 현행법상 성숙한 판단능력을 가진 인격으로 상정되어 있다. 그 근로자를 단순히 보호의 대상으로 인식하여, 자유로운 의사주체로서의 측면을 부정하는 것은 헌법의 기본이념과 명백하게 배치된다. 현실에서 기업사회는 고용의 입구부터 출구까지 사용자의 단독결정으로 지배되는 사회지만, 그렇기 때문에 근로자의 자기결정 실현을 의식적으로 추구해야 한다.

그러나 근로자의 자기결정권이 아무리 중요하다고 해도 그것은 어디까지나 포괄적 인권으로서의 개인존중(인간존엄) · 행복추구권의 일환으로 자기결정권만이 노동법에서 기본적 의미를 가진다는 말은 아니다. 노동법의 가장 기본적인 이념은 인간존엄이며 자기결정권은 생존권, 노동권 등과 함께 하위 이념 중 하나이다.

자기결정(권)을 자기만 연관된 영역에서의 결정권에서 출발하되 다양한 형태로 타자와 연관되는 영역에서의 결정참가(권)로 동심원적으로 확대되어가

---

78) 西谷, 앞의 주61).
79) 西谷敏 "労働法における個人・団体・国家－自己決定理念の意義を中心として－" 法哲学年報1989『現代における＜個人・共同体・国家＞』(1990, 有斐閣) 42쪽 이하.
80) 특히 西谷・個人 77쪽 이하; 西谷・規制 211쪽 이하.

는 것이라고 인식하는 사견으로 본다면, 노동법에서도 자기결정은 단순히 사적인 영역(퇴근 후나 휴일 보내기, 연차유급휴가의 이용목적 등)을 넘어서 사적 영역과 직업적 영역의 구분과 상관있는 영역(시간외근로 의무, 전근), 사적 영역의 문제이자 직장환경에도 관계되는 영역(근무복장 등), 사용자와 대등한 입장에서 결정해야 할 영역(근로계약), 직업 생활에서의 이탈(퇴직), 단체 구성원으로서의 참여(자유로운 노동조합 가입과 조합 내 의사결정에 참여) 등, 다양한 국면에서 문제가 된다. 자기결정 이념의 의의와 영향범위는 각각의 차원에서 문제의 성격과 타자(사용자, 노동조합 등)의 법적 이익과의 관계를 고려하면서 검토되어야 한다.

특히 문제가 되는 것은, 근로계약에서의 자기결정 계기이다. 인적 종속성(사용자의 지휘명령에 대한 복종)과 경제적 종속성(지위의 비대등성)을 기본적 특징으로 하는 근로관계에서 근로자가 자기결정을 실현하는 것은 용이하지 않으며, 이를 실현하는 데는 국가 및 근로자 집단(특히 노동조합)의 조력이 필요하다. 국가에 의한 최저기준 설정 자체가 자기결정에 근거한 사적 자치의 기반이 되지만, 나아가 국가법은 근로자의 진정한 의사가 가능한 한 현실화될 수 있도록 다양하게 조력해야 한다(자세한 것은 제6장 Ⅲ. Ⅴ. 참조).

그런데 근로자의 자율·자기결정과 국가에 의한 보호 사이에 긴장관계가 발생한다. 그것은 근로자를 사용자에게 종속되면서도, 국가법 등의 조력을 받아 가능한 한도 내에서의 자율을 위해 노력하는 인간으로 인식하는 사견의 귀결이긴 하나, 이러한 논리는 두 가지 방향에서 비판 받는다.[81] 하나는 근로자의 종속성을 강하게 인식해 자기결정론의 위험성을 지적하는 비판이고,[82] 또 다른 하나는 반대로 국가기관의 도움을 받아 자기결정을 논하는 사견을 가부장주의(paternalism)라고 보고 오히려 자기결정의 관철(스스로 노동조합을 조직하는 것을 포함)을 주장하는 견해이다.[83] 나의 견해가 자기결정과 국가

---

81) 이 점에 대해서는 吉村, 앞의 주70) 87쪽 이하에 의한 정리를 참조.

82) 石田眞·和田肇 "労働と人権" 法の科学 29호(2000) 38쪽 이하; 中島徹 『財産権の領分－経済的自由の憲法理論－』(2007, 日本評論社) 89쪽 이하도 헌법학 등에서의 자기결정론이 신자유주의에 무방비인 점을 비판한다. 이 점에 대해서는 이 절(節) 3(2)참조.

83) 大内伸哉 "労働者保護手段の体系的整序のための一考察" 日本労働法学会誌 100호(2002) 25쪽 이하. 오우치(大内)는 또한 "침해된 자율을 위해 타율적 개입을 허용한다는 역설적인 이론

118

법의 보호라는 이율배반적으로 보이는 두 계기의 양립을 지향하는 이상,[84] 이들 양쪽에서 비판을 받는 것은 당연한 것이라고 할 수 있다. 그러나 반대로 말하면, 이러한 비판은 종속성＝보호의 필요성과 자립＝자기결정이라는 두 가지 계기 중 하나를 무시하거나 경시하는 것은 아닌가라는 반대비판을 면할 수 없을 것이다.[85]

특히 국가법에 의한 보호와 자기결정의 모순을 지적하는 견해에는 한마디 하지 않을 수 없다. 노동법의 특징은 개인－사용자－국가의 삼자관계가 문제가 된다는 데 있다. 이런 관계에서 근로자의 자기결정을 실질적으로 보장하기 위해서는 사용자에 대한 국가의 규제(근로자보호)가 반드시 필요하다. 국가와 개인의 양자관계에서는 정면충돌할지도 모르는 보호와 자기결정이 사용자를 포함한 삼자관계에서는 모순되지 않을 뿐 아니라, 오히려 보호가 자기결정의 전제가 된다는 의미에서 분리하여 생각할 수 없다.[86]

그러면 사용자의 자기결정은 존중하지 않아도 좋은 것인가? 원래 법인기

구조"를 문제시한다(大內伸哉 "労働契約における対等性の条件－私的自治と労働者保護－" 西谷古稀(上) 420쪽).

84) 이것은 근로자를 법 주체로 인정한다는 것과 근로자의 구체적인 실태를 직시하여 그 권리와 이익을 옹호하는 것 사이에 있는 긴장관계라고도 할 수 있다. 이 점에 대해서는 矢野昌浩 "労働法の規制緩和と労働者の法主体性－A.シュピオの所説から－" 早稲田法学 75권 3호 (2000) 189쪽 이하 참조.

85) 우치다 다카시(内田貴)는 근로자의 자기결정에 대하여 집단적 규제와 국가법(재판소를 포함)의 조력을 얻어, 진중하게 취급해야 한다고 주장하는 사견에 대하여, "여기까지 개개의 근로자의 현실적 의사결정의 가치를 희석화한다면 제도적 계약론이 주장하는 바와 같이 개별 당사자의 의사를 집약하여 대표할 수 있는 주체(근로계약의 경우에는 노동조합과 종업원대표)가 관여할 수 있는 제도적 구조에 의한 계약의 적정성 확보와 얼마나 다른 것인가"라고 질문한다(内田貴『制度的契約論』앞의 주74) 107쪽). 이것에 대해서는 아무리 여러 제도의 백업을 필요로 한다고 해도, 근로자의 자기결정의 핵심 부분을 보장한다는 것에 의미가 있다는 점, 그리고 우치다(内田)가 상정한 노동조합과 종업원 대표가 적절한 근로자 이익대표로서 기능하고 있지 않은 것이 현실인 점이 노동법학을 고민하게 하는 하나의 이유라는 점을 지적해 두고자 한다.

86) 이것은 독일에서 기본권보호의무론에 의해 가장 좋은 근거가 만들어졌다. 기본권보호의무에 대해서는 西谷·規制 190쪽 이하; 山本, 앞의 주72) 199쪽 이하; 小山剛『基本権 保護の法理』(1998, 成文堂) 4쪽 이하 등 참조.

업에 대해서는 개인에게 보장하는 것과 동일한 의미에서 인권을 이야기할 필요가 없으며,[87] 그것을 차치한다 해도 사용자는 근로관계에서 기본적으로 충분한 자기결정권을 누리고 있다고 생각된다. 노동법의 기본적인 역할은 사용자의 단독결정(자기결정)을 규제함으로써 근로자의 인간존엄에 어울리는 근로조건과 직장환경을 보장하는 데 있다. 나아가 사용자에 대한 규제에는 헌법 제27조제 2 항이 명시하는 '근로조건의 기준'이라는 법률뿐 아니라 필요할 경우 근로계약의 체결 강제까지 포함하는 것으로 생각해야 한다.[88] 이미 현행법상 채용차별 금지(균등법[均等法] 제5 조, 고용대책법[雇用対策法] 제10조), 기간제계약 갱신거부의 제한(노동계약법 제19조), 고령근로자의 계속 고용 등의 의무(고령자법[高年法] 제9 조제1 항), 위법 파견 시의 직접고용 신청 간주제도(파견법[派遣法] 제40조의6) 등에 의해 노동계약 체결의 강제 또는 사실상의 강제가 제도화되어 있지만, 법해석에 있어서도 사용자의 채용자유를 이유로 계약체결에 사실상의 강제(예를 들어 위장도급의 경우, 사용기업과 '도급'기업 근로자의 암묵적 합의에 의해 근로계약 성립)에 지나치게 소극적이어서는 안 된다.

3. 자유이념에 대한 역풍

1970년경부터 노동법이념의 전개과정은 생존권 이념의 상대화와 자유·자기결정권 중시의 경향으로 총괄할 수 있다. 그러나 1990년대 초기의 거품경제 붕괴와 그 후 장기간 지속된 헤이세이(平成) 불황은 이러한 법이념의 추이에 다시 한 번 큰 변화를 초래하였다. 이 시기의 특징인 워킹 푸어(working poor)의 증가에 따른 '빈곤의 발견'과 규제 완화 정책 추진은 양쪽 다 자유 및 자기결정 이념에 역풍이 되었다.

---

87) 樋口陽一『憲法[第三版]』(2007, 創文社) 182쪽 이하는 '법인의 인권'이 아니라, '법인으로부터의 인권'이 문제시 되어야 한다고 말한다.
88) 鎌田耕一 "労働法における契約締結の強制－労働者派遣法における労働契約申し込みみなし制度を中心に－" 毛塚古稀 521쪽 이하 참조.

(1) 워킹 푸어(working poor) 문제와 생존권

헤이세이(平成) 불황기 고용문제의 가장 큰 특징은 저임금에 고용이 불안정한 비정규직근로자의 급증(약 20%에서 40% 가까이)이며, 비정규직근로자를 중심으로 워킹 푸어층이 대량으로 발생했다는 점이다.[89] 일본에는 더 이상 존재하지 않는다고 오랫동안 믿어왔던 빈곤문제가 극히 심각한 형태로 나타난 것이다. 근로자의 상대적인 생존권 의식 저하와 자유의식 향상이 고도성장기 이후의 물적 생활수준 향상을 배경으로 한 것이었다면, 돌연 현저해진 빈곤화 현상이 다시 생존권 의식을 강화시킨 것은 당연하다고 할 수 있다. 그러나 헤이세이 불황 하에서 생존권 의식은 보다 복잡하다.

헤이세이 불황기의 빈곤이 전쟁 후기와 크게 다른 점은 그것이 '격차사회'라는 상황과 연결되어 있다는 점이다. 심각한 경쟁 환경 속에서 장시간 노동을 강요당하고, 때로는 과로사·과로자살과 정신건강(mental health)의 붕괴에 이르는 정규직의 가혹한 생활도 어떤 의미에서는 '빈곤'이다. 정규직근로자가 결코 '성공한 그룹'이 아닌 것이다. 그러나 소득면에서는 확연한 차이가 발생한다. 정규직의 임금 역시 이 기간 동안 안정적으로 상승한 것은 아니며, 일부 빈곤한 정규직의 존재는 무시할 수 없지만, 헤이세이 불황기의 빈곤문제가 주로 비정규직근로자의 문제로 나타났음은 명백하다. 그리고 비정규직근로자는 노동조합에 조직화되기 어렵고, 나아가 '자기책임' 이데올로기의 영향 때문에 스스로 저항의 목소리를 높일 에너지를 박탈당했다.

자본주의의 틀 자체의 수정을 촉구하는 생존권 요구는 본디 어떤 운동과 연결되지 않으면 지배적인 의식이 되지 못한다. 전후 노동운동은 생존권에 의해 그 근거가 만들어졌고, 생존권은 노동운동에 의해 지탱되었다. 사회보장 영역에서의 생존권을 위한 운동은 그보다 늦어졌지만, '가난은 결코 수치가 아니나 가난과 싸우지 않는 것은 수치'[90]라는 말에 고무되어 일정 정도 고조되었다. 현재 비정규직근로자의 생존권 요구가 지배적 의식으로 사회를

---

89) 西谷·人権 60쪽 이하 참조.
90) 戒能通孝 "生存権は物盗りではない"『現代法10·現代法と労働』(1965, 岩波書店) 서표 4쪽.

움직이지 못하는 것은 기본적으로 운동 주체로서 비정규직근로자의 취약성과 정규직이 중심이 되어있어 (이 문제에) 큰 관심을 보이지 않는 노동조합에 원인이 있다고 보아야 할 것이다.

물론 전체 근로자의 40퍼센트 가까이를 점하고 있는 비정규직근로자의 대다수와 일부 정규직의 저임금은 극히 심각한 문제이다. 이 문제는 인간의 행복추구(헌법 제13조)를 위해서는 충분한 경제생활 보장이 대전제라는 점, 따라서 인간존엄의 이념을 기초로 하는 기본권 안에서 제25조의 생존권이 필수적인 의의를 가진다는 점을 다시 한 번 통감하게 한다. 또한 생존권 보장이 불충분하여 사람들의 관심이 최저생활보장에만 집중되기 쉬운 상황에서는 자유나 자기결정에 대한 관심도 후퇴할 수밖에 없다.[91]

그러나 자기결정을 포함한 근로자의 정신적 행복에 대한 요구가 결코 중요성을 잃어버린 것은 아니다. 정규직을 희망하지만 비정규직밖에 되지 못하는 근로자와, 자기의 자유로운 의사에 반하는 장시간의 과중근로를 강요당하는 정규직은 바로 스스로와 관련된 사항(일의 방식과 근로조건)에 관여(광의의 자기결정)하는 과정에서 소외되어 있는 것이다. 또한 헤이세이 불황에서 직장 안팎으로 근로자의 자유와 인권 침해는 점점 심각해지고 있다. 사상 및 양심의 자유, 표현의 자유, 프라이버시권, 복장 등의 자유, 사생활의 자유, 이전의 자유, 퇴직할 자유와 하지 않을 자유는 공동화 되고, 성희롱(sexual harassment), 괴롭힘, 임산부 차별(maternity harassment) 등에 의한 인격권 침해가 횡행하고 있다. 해고되거나 스스로 퇴직할 경우 주어지는 생활보장이 너무도 불충분하기 때문에 근로자는 이러한 자유 및 인권 침해를 감내할 수밖에 없으며, 그것이 한층 더한

---

91) NHK가 5년마다 실시하고 있는 여론조사 중 '헌법에서 의무가 아니라 국민의 권리로 정해져 있다'고 생각하는 것을 선택하는(복수가능) 설문이 있다. 그 중에서, '사람다운 생활을 한다'는 1973년 이후 일관되게 70~78%이지만, '생각하고 있는 것을 세상에 발표한다'는 1973년의 49%에서 점차로 저하하여, 2013년에는 36%가 되었다(NHK放送文化研究所(編)『現代日本人の意識構造 [第八版]』(2015, NHK出版) 86쪽 이하). 일본인의 '자유' 의식의 미정착은 전후 일관된 문제(西谷敏 "日本における人権の過去, 現在, 美来ー国民の人権意識を中心として一" 労働法律旬報 1399·1400호(1999) 15쪽 이하)이지만, 경제 불안이 심화되는 가운데 더더욱 현저하게 저하 경향을 보인다.

침해를 조장한다. 단적으로 말하면 생존권 보장의 결여로 인해 자유권이 희생되는 상황이 만연하고 있는 것이다.

일본에서 자유와 생존권은 전후 일관되게 긴장관계 속에 있었다. 전후 일정 시기까지 빈곤이 국가 전체를 뒤덮는 가운데 사람들은 자유보다 생존을 요구할 수밖에 없었다. 그 후 고도성장 속에서 근로자의 자유를 요구하는 의식이 높아졌지만, 기업사회에서 정규직은 80년대 후반까지는 안정되고 풍요로운 생활을 위하여 기업으로부터의 자유를 희생했다. 헤이세이 불황 하에 증가한 비정규직근로자는 물론 정규직에게도 생존 보장이 훨씬 불확실해짐으로써 어느 정도 자유의식을 지닌 근로자도 고용＝생존을 위해 어쩔 수 없이 기업에 예속되고 있다. 이렇게 자유와 생존권의 모순이 유례없이 심각한 상황이다.

그러나 현대 빈곤의 주된 원인은 예전과 같은 낮은 경제수준이 아니라, 기업정책이라는 '인위'가 초래한 격차구조에 있다. 그렇다면 빈곤의 확대를 이유로 전후 같은 생존권에 대한 일방적인 강조로 회귀하는 것은 적절치 않다. 그것이 아니라 생존권과 자유권을 포괄하는 인간존엄 이념의 중요성을 확인하고, 현재의 구체적인 상황 안에서 양쪽의 기본권을 동시에 최대한으로 실현하는 길을 찾는 것이 노동법학에 부여된 과제라고 해야 할 것이다.

(2) 규제완화론과 자유 · 자기결정

헤이세이 불황기는 규제완화의 시대였다. 특히 1997년경부터 고용·노동 분야에서도 급속한 규제완화가 추진되었다.[92] 신자유주의에 근거한 규제완화론의 강화와 그를 논거로 한 노동규제완화 추진은 이중적 의미로 자기결정 이념에 대한 역풍이 되었다.

첫째, 일본처럼 노동조합이 약하고 노동조건에 대한 집단적 규제가 약한 국가에서는 법률에 의해 최저근로조건의 규제망을 확립하는 것이 자기결정＝개별합의에 의한 근로조건 결정을 가능하게 하는 기반으로서 필수적이다. 그

---

92) 西谷·規制 68쪽 이하 참조.

런데 규제완화 추진은 그 전제조건을 뒤흔듦으로써 개별합의를 통한 결정에 대한 회의를 더욱 강하게 만들었다. 규제완화론은 자유의 확대를 주장하지만 실은 자유의 존립기반을 무너뜨리는 것이다. 그리고 개별합의보다 낫다는 논리로 집단적 자치에 의거하는 경향이 강하다. 노동조합이 약체화 되고 집단적 자치가 한층 더 유명무실해지고 있는데도 말이다.

둘째, 신자유주의 발상과 헌법 제13조에 기초한 자기결정권 사상이 충분하게 구별되지 않고, 양자가 한꺼번에 비판받는 사태가 발생하고 있다. 즉 시장의 '자유'를 최대한 강조하는 신자유주의가 일반적 자유를 강조하는 이데올로기로 인식되어 일반적 자유의 차원에서 비판의 대상이 되기 때문에 인격적 자율과 자기결정을 중시하는 사고방식도 같은 선상에서 혹은 적어도 신자유주의 공세에 무방비라고 비판 받는 것이다.[93]

그러나 신자유주의의 '자유'와 헌법 제13조에 근거한 자기결정론이 외견상의 공통점에도 불구하고 사상적으로나 근본적으로 상이하다는 점을 확인해야 한다.

① 신자유주의는 시장(경제)과 관련된 개인의 자유는 최대한 존중하지만, 그 시장에서는 근로자도 사용자도 똑같이 추상적인 인격＝경제인(homo oeconomicus)으로 인식되며, 사용자에 대한 종속성과 노동관계를 가진 인격적 성격은 간과된다. 기본적으로는 19세기 시민법적 발상이다. 그에 비해 자기결정론은 제2차 세계대전 후의 세계적 사조인 인간존엄 이념의 일환이며, 끊임없이 인간의 행복이라는 실질 가치와의 연관성(긴장관계를 포함하지만) 안에서 파악된다.

② 자기결정의 이념은 구체적인 인간(근로자)이 구체적인 상황에서 행하는 결정을 인간존엄 이념과의 정합성을 고려하면서 실현시키고자하므로, 그 조건형성을 위한 국가의 개입을 필요로 한다. 그 점에서 시장에 대한 국가개입을 기본적으로 부정하는 신자유주의와는 분명히 다르다. 노동법에 대해 말하면 자기결정론에서는 국가개입에 의한 최저기준의 확립이야말로 자기결정

---

93) 中島, 앞의 주82) 89쪽 이하.

을 유의미하게 하는 불가결의 조건으로 보지만, 신자유주의에서는 보호법적 개입을 기본적으로는 '악'이라고 보고, 그 최소화를 주장한다.

③ 자기결정론이 실제로 사람은 스스로 결정할 수 있다는 점을 중시하고 그 조건을 정비하고자 하는데 비해 신자유주의가 강조하는 것은 개인의 자기책임이다. 자기책임론은 개개인에게 실질적인 선택(자기결정)의 자유가 존재하는지 여부를 묻지 않고, 발생한 결과를 개개인의 책임으로 귀착시키기 위한 논리이다. 그것은 국가나 사회가 책임을 회피할 수 있게 함과 동시에 본인을 속박하여 저항의 힘을 마비시킨다.

물론 자기결정론도 자기책임을 부정하지는 않는다. 대개 어떤 책임도 수반하지 않는 결정 등은 존재할 수 없기 때문이다. 그러나 책임은 어디까지나 결정의 자유를 전제로 하며, 그에 상응하는 것 이상이 될 수 없다. 게다가, 자기결정을 사회성 안에서 인식하는 자유주의(liberalism)적 자기결정론은 자기결정의 결과 본인에게 발생한 상황의 책임을 모두 본인이 짊어지게 하지 않는다. 경쟁사회에서 패자가 발생하는 것은 필연적이고, 사회가 경쟁을 허용한 이상 패자(대개 어떤 이유에 의해 경쟁에 참가할 수 없는 자)를 구제하는 제도(최저의 생활보호)를 준비하는 것은 당연하다.

경쟁에서 패한 것이 본인의 노력 부족에 의한 것임이 분명할 경우, 본인이 자기책임을 느끼는 것은 피할 수 없다. 하지만 사회는 본인의 중대한 부주의로 인한 상황일 때조차 본인을 방치하지는 않는다. 예를 들면 부주의하게 가벼운 장비로 겨울 등산을 하다가 조난당한 경우, 사회는 막대한 비용과 에너지를 투여하여 조난자를 구조하려고 한다. 사회라는 것은 실패하기 쉬운 개인을 포함해 성립된 것이다. 개인의 실패를 모두 개인의 자기책임으로 귀착시키는 것이 아니라, 개인의 경솔함을 충고하면서 그 실패를 사회 전체로 극복하고자 하는 사회가 인간적인 사회이다. 이러한 자유주의(liberalism)적 자기결정론은 신자유주의적인 자기책임론과는 분명히 대조적이다.[94]

---

94) 자세한 것은 西谷·規制 151쪽 이하; 西谷·人権 54쪽 이하 참조.

V. 평등과 차별금지

일본헌법 제14조제 1 항은 '모든 국민은 법 앞에 평등하고, 인종, 신념, 성별, 사회적 신분 또는 가문에 의해 정치적, 경제적 또는 사회적 관계에서 차별 당하지 않는다'고 규정한다. 이 규정의 앞부분과 뒷부분의 관계를 어떻게 이해하는가에 대해서는 논쟁이 있다. 최고재판소는 '인종'에서 '가문'까지의 사항은 예시규정에 지나지 않는다고 하지만,[95] 학설에서는 뒷부분의 열거 사유는 어쩔 수 없는 특별한 사정임을 증명하지 않는 한, '차별'이라 보고 금지한다고 해석하는 등 그 사유들에 특별한 의미를 인정하는 견해도 유력하다.[96] 그러나 어떤 해석이든 다른 사람과 평등하게 취급된다는 점, 혹은 말할 필요도 없이 다른 사람과 차별 당하지 않는다는 점은 인간존엄(제13조)의 중요한 구성요소이며 헌법 제14조는 그것을 선언한 것이다.

이 평등의 이념은 노동법에서도 중요한 역할을 한다. 근로관계에서 평등원칙은 근로자에 대해 우월적 지위에 있고 근로조건을 사실상 단독으로 결정할 수 있는 사용자가 근로계약의 체결에서, 혹은 업무명령과 조치에서 근로사를 균등하게 취급할 것을 명하거나 차별적으로 취급하는 것을 금지하는 형태로 표현된다(헌법 제14조의 사인간 효력에 대해서는 제 5 장 Ⅱ. 2. 참조).

전통적으로 문제가 되어 온 인종(국적), 신념, 성별, 출신 등 사람의 타고난 혹은 쉽게 변경할 수 없는 속성을 이유로 한 차별에 비해 최근에는 고용형태를 이유로 한 차별금지가 중요한 정책적, 논리적 과제가 되었다. 이들 양자간 성격의 차이, 차별금지(평등처우의무) 위반의 인정, 위반이 인정된 경우의 법적 효과 등 검토되어야 할 문제가 많다(제 7 장 I. 3(5) 참조).

---

95) 존속살해중벌규정(尊属殺重罰規定) 위헌판결 · 最大判 昭48(1973).4.4 刑集 27권 3호 265쪽.
96) 樋口, 앞의 주87) 213쪽 이하; 佐藤, 앞의 주69) 200쪽 이하; 芦部, 앞의 주69) 134쪽.

VI. 노동권과 '양질의 일자리'(Decent Work)의 이념

2008년 미국의 금융위기(Lehman Shock)에서 기인한 비정규직근로자의 대량 해고·고용 해지(소위 '파견해지', '비정규해지'), 그리고 그로 인해 주거까지 잃어버린 근로자가 속출한 사태는 사람들에게 큰 충격을 주었고, 비정규직근로자의 고용불안 상황과 안정된 고용의 중요성을 다시 한 번 강하게 인식하게 만들었다. 이러한 상황 속에서 헌법 제27조제1항 노동권의 의의가 새롭게 강조되고 있다. 이 점에 대해서는 노동법의 미래 전망과의 관계에서 다루고자 한다(제12장 I).

또한 모든 구직자에게 '제대로 된' 일자리를 보장한다는 의미의 디센트 워크(Decent Work) 이념이 주목받고 있다. ILO사무국장 후안 소마비아(Juan Somabia)가 1999년 총회에서 밝힌 이념으로 그 후 ILO의 핵심 슬로건이 되었다.[97]

디센트 워크(Decent Work)는 번역하기 어려운 단어이지만, 후생노동성은 일찍이 그것을 '일하는 보람이 있는 인간다운 일'로 번역하였다.[98] 그것이 적합한 번역인지 아닌지는 차치하고라도 매력적인 개념인 것만은 틀림없으며 일본에서도 조금씩 널리 알려지고 있다. '일하는 보람이 있는 인간다운 일'로 불리기 위해서는 최소한 안정적인 일(직장), 공정하고 적절한 처우, 그리고 인간적인 일의 방식이 필요하다.[99] 그리고 모든 사람이 이러한 의미의 '디센트'한 일을 얻을 기회를 가져야 한다면 논리상 필연적으로 현재 일에 종사하고 있는 근로자의 일도 똑같이 '디센트'해야 한다. 이렇게 디센트 워크는 모든 실업자의 권리인 동시에 모든 재직자가 종사하고 있는 노동의 바람직한 모습을 가리키는 개념이기도 하다.[100]

---

97) 田口晶子 "ディーセント·ワークと労働者の人格権" 角田古稀(上) 71쪽 이하 참조.
98) 厚生労働省「ディーセント·ワーク(働きがいのある人間らしい仕事)について」厚生労働省 HP참조. 이 단어는 2014년7월31일 각의에서 결정된『『日本再興戦略』改訂2014』에 도입되었다.
99) 西谷·人権 71쪽 이하.
100) 和田肇『人権保障と労働法』(2008, 日本評論社) 282쪽 이하.

후생노동성은 이전에 디센트 워크를 설명하며 근로자 '소망의 집대성'이라고 서술하였다. 그러나 디센트 워크는 단순히 '소망'에 멈추는 것이 아니라, '인권'으로 생각해야 한다. 그것은 근로의 권리(헌법 제27조제1항)에서 '근로'의 내용은 무엇이든 상관없는 것이 아니라, 제13조(개인의 존중, 인간존엄), 제25조(생존권), 제27조제2항(근무조건의 법정), 제14조(평등원칙), 제18조(의사에 반한 노역금지), 제22조제1항(직업선택의 자유), 제28조(노동기본권) 등의 요구를 만족시키는 노동(즉 디센트 워크)이어야 하며, 그렇게 되면 모든 국민은 디센트 워크를 요구하는 인권을 갖게 되기 때문이다.101)

이 '인권'의 개념에 대해서는 그 법적 성격에 의문을 보이는 견해도 있지만,102) 그것은 어떤 구체적인 효과(법령의 위헌성의 근거가 되는 등)를 갖는 기본적 인권과는 구별되는 개념이다.103)

디센트 워크는 고용 그 자체와 근로조건을 결합시키는 점에 의미가 있는 이념이며, 종래의 근로권, 생존권, 자유, 자기결정권 등의 이념을 대체하는 것이 아니라 그것들과 중첩되어 인간존엄의 이념을 구체화함으로써 노동법 입법과 해석에 지침을 부여하는 역할을 하는 것이다.

---

101) 西谷·人権 42쪽 이하.
102) 하마무라 아키라(浜村彰)는 나의『人権としてのディーセントワーク(Decent Work)』의 서평(労働法律旬報 1761호(2012) 46쪽 이하)에 "「디센트 워크(Decent Work)」는 새로운 법적 개념이 될 수 있는가"라는 표제를 붙이고 그 설문에 부정적인 입장을 표명하고 있다.
103) 佐藤, 앞의 주69) 122쪽 이하는 '인권'은 일본국 헌법에서 말하는 '기본적 인권' 외에 조금 더 다양하고 다원적인 차원에 있어서 다양한 의미를 담아 주장되며, 그 경우에 '인권'과 헌법상의 '기본적 인권'의 관계가 문제가 된다고 지적한다. 樋口, 앞의 주87) 174쪽 이하도 '권리의 인플레화' 문제도 시야에 넣으면서 '새로운 인권'의 중요성을 지적한다.

제5장
노동법에서의 공법과 사법

▌들어가는 말

노동법(사회법)에서는 공법과 사법 요소가 혼재하고 있다. 공장법을 효시로 하는 노동보호법은 국가에 의한 사용자에 대한 의무부여·감독, 위반에 대한 제재를 중심내용으로 하는 공법으로서 출발하였지만, 점차 근로자와 사용자와의 근로계약관계를 규율하는 사법적인 강행법규(및 보충규범)로서의 성격도 띠게 되었다. 예를 들면 노동기준법은 일정한 근로조건기준을 행정적 감독과 벌칙의 적용에 의해서 사용자에게 준수시키려고 하는 공법의 성격을 가지지만, 동시에 동법에서 정하는 근로조건기준이 사법적인 강행적 효력과 보충적 효력을 가지는 것을 명기하고 있다(제13조). 노동보호법에 사법적인 성격을 아울러 부여함으로써 그 실효성을 높이는 것에 의도가 있었던 것이다.

단결권보장을 기초로 하는 집단적 근로관계법은 국가로부터의 자유의 보장(특히 형사면책)이나 행정적 조치에 의한 단결권보장(특히 부당노동행위제도)에 관해서는 공법에 속하지만, 노동조합과 사용자(단체)의 관계(특히 단체협약)는 기본적으로는 사법적 성격을 가진다. 여기에서도 공법과 사법이 혼재하고 있는 것이다. 게다가 일본에서는 사용자의 부당노동행위에 관하여 근로자·노동조합이 노동위원회에 행정구제를 신청하는 것 외에 재판소에 사법구제를 요구하는 것도 가능하므로, 종종 행정법과 사법이 구체적으로 교착한다.

노동법은 이와 같이 공법과 사법이 혼재하여 교착하는 전형적인 법영역으로 생각되어 왔다. 최근 민법이나 행정법 영역에서도 공법과 사법이 다양한 의미로 교착하고, 그러한 협동이 필요하다고 지적되고 있다. 그런데 노동법

분야에서는 오히려 공법·사법 분리론이 완강하게 유지되고 있는 것이다. 예를 들면 헌법상 기본적 인권조항이 사인 간에 어떠한 효력을 가지는가 하는, 노동법상으로도 중요한 의미를 가지는 문제에 대해서 최고재판소는 공법·사법 이원론의 입장을 견지하고 있다. 또한 재판소는 사법적 효력을 명기하지 않는 근로자 보호법규에 대하여 법해석에 의해서 사법적 효력을 인정하는 것에 지극히 소극적이다. 그러나 현대사회의 여러 문제를 적절하게 해결하려면 사법과 공법의 협동은 불가결하고 그것은 특히 노동법 분야에 들어맞는다.

　　본 장에서는 우선 공법·사법 이원론의 재검토에 관한 최근의 주목받는 논의를 소개한 다음에, 노동법상 공법·사법의 관계가 다투어지는 문제로서 노사간에 기본적 인권의 효력, 노동보호법규의 사법적 효력, 공법·사법규정의 해석방법에 관하여 차례로 검토를 한다.

Ⅰ. 공법·사법 이원론의 재검토

1. 헌법의 기본적 성격

　　일본의 헌법학의 전통적 이해로는 헌법의 통치구조에 관한 조항뿐만 아니라, 기본적 인권조항도 우선은 국가와 국민 사이에 타당한 공법적 성격을 가져, 그것을 전제로 기본권조항이 사인 간의 관계에 효력을 미치는지 아닌지, 효력을 미친다고 한다면 어떠한 논리구조에서인지가 문제되어 왔다(기본적 인권의 사인간 효력, 제3자 효력). 최고재판소의 미츠비시수지(三菱樹脂)사건 대법정(전원합의체) 판결1)은 헌법의 자유권적 제규정이나 평등원칙을 규정한 제14조는 '국가 또는 공공단체의 통치행동에 대하여 개인의 기본적인 자유와 평등을 보장할 목적에서 나온 것으로, 오로지 국가 또는 공공단체와 개인과의 관계를 규율하는 것이고, 개인 상호의 관계를 직접 규율하는 것을 예정하는 것은 아니다'라고 하고, 이것은 '기본적 인권이라는 관념의 성립 및 발전

---

1) 最大判 昭48(1973).12.12. 民集 27권 11호 1536쪽.

의 역사적 연혁에 비추어 보더라도, 또한 헌법에 있어서의 기본권규정의 형식, 내용에 비추어 보더라도 분명하다'라고 한다. 이것은 기본적 인권규정의 직접 적용을 부정하는 한도에서 헌법학의 통설[2])에 따른 견해라고 할 수 있다. 판례의 입장을 무효력설과 간접적 효력설의 어느 것으로 이해할 것인지는 차치하고, 우선은 그것이 사인 간의 기본적 인권조항의 비적용을 출발점으로 하고 있는 것을 확인할 수 있다.

그러나 이러한 견해는 과연 최고재판소가 말하는 것처럼 '기본적 인권이라는 관념의 성립 및 발전의 역사적 연혁에 비추어 보아' 분명한 것일까. 이 점에 관하여 근본적인 의문을 제기한 것이 미즈바야시 타케시(水林彪)이다.[3])

미즈바야시에 따르면, 근대헌법의 대표로 여겨지는 프랑스 1791년 헌법은 인권 제규정이 사인 간에 적용되는 것을 전제로 하고 있고, 거기에서는 '인권'이란 '국가로부터의 자유'라고 하기보다도, 우선은 '국가(국민에 의해서 조직된 공권력으로서의 국가)에 의해서 사회적 권력에 저항하고 실현되는 자유'[4])였다. 그리고 헌법의 이러한 과제를 구체화하려고 한 것이 민법전이며, 거기에 공법적인 요소가 포함되는 것은 당연하였다. 그래서 미즈바야시는 말한다. '정확하게 표현한다면, 혁명기 프랑스의 법체계는 public이며 privé인 civil이라는 것의 일원(一元)질서 - 그것이 constitution에 의해서 규정되는지 Code de lois civiles에 의해서 규정되는지의 구별 없이 - 인 것이었다.'[5])

이러한 공사(公私) 일원론이라고도 할 수 있는 프랑스법의 전통에 대하여 공사(公私) 이원론을 내세워 완성시킨 것은 19세기 독일에 있어서의 정치적 국가 - 경제사회의 이원론과 그것을 근거로 한 사법학과 공법학이었다.[6]) 사법에서는 사비니(Friedrich Carl von Savigny)의 판덱텐(Pandekten) 법학, 공법에서는 라

---

2) 宮沢俊義著·芦部信喜補訂 『全訂日本国憲法』(1978, 日本評論社) 188쪽; 芦部信喜 『憲法』 (1993, 岩波書店) 98쪽 이하.
3) 水林彪 "『憲法と経済秩序』の近代的原型とその変容 - 日本国憲法の歴史的位置 -" 季刊企業 と法創造 9권 3호(2013) 104쪽 이하.
4) 水林, 앞의 주3) 112쪽.
5) 水林, 앞의 주3) 114쪽.
6) 水林, 앞의 주3) 116쪽 이하.

반트(Paul Laband)의 국법학, 옐리네크(Georg Jellinek)의 공권론을 들 수 있다. 그러나 독일에서도 1896년 제정된 민법전은 자본주의의 모순을 반영하여 법률의 금지에 위반하는 법률행위를 무효로 하는 규정(제134조), 보호법규위반의 불법행위에 관한 규정(제823조제 2 항), 소유권의 범위를 법률에 의해서 한정하는 규정(제903조) 등 공공성을 고려한 조항을 삽입하지 않을 수 없었다.

그리고 20세기형 헌법의 대표로 여겨지는 바이마르(Weimarer)헌법은 사인간의 경제생활의 본연의 모습 전반을 직접 규율하는 '제 5 장 경제생활'을 포함하고 있었다. 이 장의 서문을 장식하는 것이 '경제생활의 질서는 모든 사람에게 인간다운 생존을 보장하는 것을 목적으로 하는 정의의 제원칙에 적합하는 것이어야 한다. 각자의 경제적 자유는 이 한계 내에서 이를 확보하는 것으로 한다'라는 유명한 선언(제151조)이다.

확실히 바이마르 헌법에는 분명하게 사법의 성격을 가지는 몇 개의 조항이 포함되어 있었다. 가장 두드러진 것은 '경제적 거래에서는 법률의 기준에 기초하는 계약의 자유가 타당하다'라고 규정한 제152조제 1 항과, '폭리행위(Wucher)는 금지된다. 선량한 풍속에 반하는 법률행위는 무효이다'라고 선언한 제152조제 2 항이다. 또한 '모든 독일인은 일반법의 틀 내에서 자기의 견해를 말(言), 문서, 인쇄물, 그림 그 외의 방법으로 자유롭게 표현할 권리를 가진다. 어떠한 근로관계·직원관계도 이 권리를 방해해서는 아니 되고, 누구라도 이 권리를 행사한 것을 이유로 그 자를 차별해서는 아니 된다'라고 하는 제118조제 1 항과, '노동·경제조건의 유지·개선을 위한 단결의 자유는 만인에게 또한 모든 직업에 보장된다. 이 자유를 제한하거나 침해하는 모든 약정 및 조치는 위법이다'라고 하는 제159조는, 기본권보장을 실질화하기 위하여 사인 간의 직접적 효력을 명기한 것이다. 제159조의 규정은 거의 그대로 제2차 대전 후의 (서)독일기본법 제 9 조제 3 항에 계승되었다.

그러나 미즈바야시에 따르면, 일본의 법학은 일본의 특수한 전통 위에 독일 법학을 수용하였기 때문에 공법·사법을 통합한 바이마르 헌법보다도 그것들을 분리한 사비니의 민법이론이나 라반트·옐리네크의 공법이론으로부

터 강하게 영향을 받아 독특한 공법·사법 이원론을 구축한 것이다.[7]

　이러한 미즈바야시의 논의는 일본에서 현재도 뿌리 깊은 영향력을 유지하고 있는 공법·사법 이원론을 그 근원에 소급하여 비판하는 것으로서 매우 중요하다. 뒤에서 서술하는 바와 같은 민법학 등에서의 공법·사법의 교착론·협동론의 대두와 함께 이원론 그 자체의 근본적 검토의 필요를 느끼게 하는 것이다.

2. 민법학 등에서의 공법·사법 협동론

　제2차 대전 후, 행정법원이 폐지되고 공법과 사법은 모두 통상의 법원에서 다루어지게 되었으므로, 그 의미에서는 공법과 사법을 선험적으로 준별하는 실익은 현저하게 감소하였다.[8] 게다가 민법이나 행정법 분야에서는 공법과 사법의 규율대상이나 규제(規整)방법의 차이를 전제로 하면서도, 쌍방이 교착해야 한다는 것은 당연하게 여겨져 왔다. 그런데 최근 민법학 분야에서 이러한 전통적인 교착을 넘은 공법과 사법의 새로운 교착 내지 협동의 필요성이 주장되고 있다.

　요시무라 료이치(吉村良一)[9]는 이러한 관점에서 구체적으로 논의되고 있는 문제로서, ① 경관보호의 문제, 즉 경관의 보호가 공익의 문제에 그치지지 않고, 경관이익이 사인의 '법률상 보호되는 법익'(민법 제709조)이 된다는 것이 최고재판소(平18<2006>.3.3 최고재판소민사판례집 제60권 제3호 948면)에 의해 인정되고 있다는 것, ② 환경법이나 도시·토지법의 영역에서 공법적 규제와 사법적 구제와의 구체적 관계가 독일의 예를 참고로 하여 논의되고 있다는 것, ③ 공법적인 단속법규에 위반하는 행위의 사법적 효력에 대하여 전통적인 공법·사법 이분론을 극복하고, 사법적인 무효를 보다 적극적으로 인정하여 공법과 사법의 교착을 추진하려고 하는 경향이 강해지고 있다는 것, ④ 시장화·민영화에 의해서 재화·서비스의 계약화가 진행되고 있지만, 그 가운데 개별교섭

---

7) 水林, 앞의 주3) 129쪽 이하.
8) 星野英一 『民法概論 I (序論·總則)』(1984, 良書普及会) 4쪽 이하.
9) 吉村良一 『環境法の現代的課題』(2011, 有斐閣) 46쪽 이하 참조.

이 배제되고 공법적 규범의 개입이 예정되는 제도적 계약이라고 할 수 있는 것에 관하여 논의가 이루어지고 있다(우치다 타카시(內田貴)).

요컨대 종래 오로지 사법에 의해서 규율되어 온 영역에 공법이 침입하고, 오로지 공법에 의해서 규율되고 있던 영역에 사법이 침입한다고 하는 현상이 도처에서 발생하고 있다. 사회의 복잡화, 국가기능의 비대화, 시민단체의 활성화 등이 그 배경에 있다. 이러한 상황에 입각하여 호시노 에이이치(星野英一)는 '오늘날에는 법을 공법 · 사법으로 2분하는 것은 적당하지 않고, 이 구분을 전제로 하더라도 양자에게 공통의 부분이 많아, 각각 특수한 법규 내지 생각이 약간 있는 것에 지나지 않는다고 하는 설'이 타당하다고 총괄한다.[10]

또한 행정법학의 분야에서도 공법과 사법의 협동을 지향하는 경향이 현저하다. 이 문제를 분석한 시오노 히로시(塩野宏)는 '행정법에서의 공과 사는 양자의 준별이라고 하는 고전적 공법 · 사법 이원론의 시대를 거쳐, 상대화, 상호교착, 나아가 협동의 방향을 지향하고 있는 상황이다'[11]라고 총괄하고 있다.

그러나 학설에서 이러한 공법 · 사법 협동론이 강해지고 있음에도 불구하고, 그것이 판례에는 반드시 충분히 반영되고 있지 않는 것으로 생각된다. 특히 기본적 인권의 사인 간 효력론이나 공법적 노동보호법규의 사법적 효력론이 영역에서는 판례는 전통적인 공법 · 사법 이원론의 발상에서 벗어나지 못하고 있다는 것이다.

Ⅱ. 근로자 · 사용자 간의 기본적 인권의 효력

1. 독일에 있어서의 제 3 자 효력론

노동법에 있어서의 공법 · 사법관계에 관하여 우선 언급하여야 할 것은 헌법이 보장하는 기본적 인권이 근로자 · 사용자 간에 어떠한 의미를 가지는

---

10) 星野, 앞의 주8) 7쪽.
11) 塩野宏 "行政法における『公と私』" 曽根威彦 · 楜淳能生(編)『法案務, 法理論, 基礎法学の再定位』(2009, 日本評論社) 201쪽.

지, 즉 근로자·사용자 간의 계약이나 사용자의 근로자에 대한 조치 등이 기본적 인권의 침해에 해당한다고 평가되는 경우에 어떠한 법적 효과가 발생하는가 하는 문제이다. 노동법은 기본적 인권의 사인 간 효력이 구체적으로 문제로 되는 대표적인 무대이다.

일본의 문제의 검토에 들어가기 전에 독일에서의 논의상황을 간단하게 소개해 두고자 한다.

위에서 설명한 바와 같이, 바이마르 헌법은 제5장에서 사법질서에 관하여 규정하여 몇 개의 사법적 성격을 가지는 조항을 두고 있었지만, 1949년 제정의 서독 기본법에는 단결권 보장과 그 침해의 사법적 효력을 규정한 제9조제3항을 제외하고 같은 규정은 보이지 않는다. 이것은 서독 기본법에는 통일독일이 성립할 때까지의 잠정적 헌법으로서의 성격이 부여되어 필요최소한의 규정만이 포함된 것에 따른 것이다.[12] 여기서 기본적 인권이 사인 간에 어떠한 효력을 가지는가 하는 것은 오로지 학설·판례에 의한 법해석에 맡겨졌다.

1954년에 창설된 연방노동법원의 초대장관으로서 노동법 분야에서 가장 강한 영향력을 자랑하고 있던 니퍼다이(Hans Carl Nipperdey)는 자신의 직접적 효력설의 입장을 연방노동법원의 판결에 반영시켜 갔다. 쿠라타 모토유키(倉田原志)[13]에 의하면, 당시 연방노동법원는 헌법의 일련의 중요한 기본권은 국가권력에 대한 자유권을 보장하는 것만이 아니고, 오히려 사회생활에 관한 질서원칙이며, 시민 상호 간의 법관계에도 직접적인 의미를 가진다고 하여

---

12) 서독기본법의 잠정적 성격에 관해서는 コンラート·ヘッセ著·初宿正典·赤坂幸一(訳)『ドイツ憲法の基本的特質』(2006, 成文堂) 49쪽 이하 참조. 이 때문이기도 하여 기본법은 자유주의적인 성격이 강하다. 그러나 기본법은 국가에 대하여 2개소에 걸쳐서 '사회국가(Sozialstaat)'의 규정을 할애하고 있고(제20조제1항 <사회적 연방국가>, 제28조제1항제1단 <사회적 법치국가>), 판례·학설, 특히 학설은 이 조항의 해석을 통하여 국가의 적극적 역할을 근거를 두려고 하여 왔다(ピエロート／シュリンク著·永田秀樹·松本和彦·倉田原志(訳)『現代ドイツ基本権』(2001, 法律文化社) 32쪽).
13) 倉田原志 "ドイツ連邦労働裁判所における基本権の第三者効力論の展開" 西谷古稀(下) 229쪽 이하.

'사법상의 결정, 법률행위 및 행위는 질서구조, 구체적인 국가질서·법질서의 공서라고 부를 수 있는 것에 반하여서는 아니된다'라는 입장을 취하고 있었다. 문제가 된 구체적인 규정은 기본법 제3조(평등원칙), 제1조제1항(인간의 존엄), 제2조제1항(인격전개의 자유), 제5조제1항(표현의 자유), 제6조(가족적 제권리), 제12조제1항(직업선택의 자유)이었다.

연방노동법원이 이와 같이 직접적 효력설 혹은 그것에 가까운 입장을 취하고 있었던 것에 대하여, 연방헌법재판소는 1958년 1월 15일의 이른바 류트(Lueth) 판결[14]에서 기본권의 사인 간 효력에 관한 무효력설과 직접적 효력설을 모두 배척하고, 기본권은 제1차적으로는 국가에 대한 방어권이지만 동시에 객관적인 가치질서이기도 하여 그 가치질서는 당연히 사법에도 영향을 미친다고 하였다. 이른바 간접적 효력설의 입장이며, 그것은 '해석되고 적용되는 것은 민법이며, 예컨대 그 해석이 공법, 헌법에 따르지 않게 되더라도 그러하다'라는 문언으로 단적으로 표현되고 있다.

이렇게 하여 일시적으로 연방노동법원과 연방헌법재판소 사이에 기본권의 사인 간 효력의 해석에 관하여 저어(齟齬)가 발생하게 되었다. 그러나 연방노동법원은 점차 그 자세를 완화시켰고, 마침내 1980년대의 일련의 판결에서 직접적 효력설로부터의 결별을 명확히 밝혔다. 특히 해고된 근로자의 계속고용청구권에 관한 1985년 2월 27일의 연방노동법원 대법정판결[15]은 '기본법 제1조와 제2조에 의해서 보장되는 인격보호로부터, 곧장 그리고 직접적으로 근로자의 노무급부에 의한 인격의 발전을 적극적으로 촉진한다는 사용자의 의무가 도출되는 것은 아니다'라고 하여 직접적 효력설을 부정하고, 계속고용청구권은 신의칙(민법 제242조)과 결부된 민법 제611조(노무공급계약의 정의), 제613조(권리의 양도제한)에서 도출된다고 한다. 다만, '그 때, 민법 제242조의 일반조항은 기본법 제1조와 제2조의 가치결정에 의해서 충전되는' 것이다.

동일 국가의 연방헌법재판소와 연방노동법원의 견해가 상당히 장기간에 걸쳐서 대립한 것은 그 자체가 흥미로운 사실이지만, 여기에서는 그것을 문제

---

14) BVerfGE 7, 198.
15) BAGE 48, 123.

삼고 싶은 것은 아니다. 오히려 양자가 채용하는 직접적 효력설과 간접적 효력설이 실질적으로 그다지 큰 차이를 가져오지 않았다는 사실이 중요하다. 간접적 효력설도 기본권의 보장이 객관적인 가치질서를 이루고 있고, 그것이 사법을 포함하는 전법체계를 지배하고 있다는 것, 따라서 민법의 일반조항의 내용이 그 가치질서에 의해서 충전되는 것을 인정하는 것이고, 직접적 효력설과의 차이는 사법적 분쟁의 해결에 있어서 기본권조항을 직접적인 근거로 하는지, 기본권보장의 가치질서에 의해서 충전된 일반조항을 근거로 하는지 하는 점에 존재하는 것에 지나지 않는다고 말할 수 있기 때문이다.

2. 일본에서의 해석

일본에서는 주지하는 바와 같이 1973년의 미츠비시수지(三菱樹脂)사건·대법정판결[16]이 기본적 인권의 사인 간 효력에 관한 리딩 케이스(reading case)가 되고 있다. 이 사건에서는 ① 대졸의 채용예정자 X가 회사의 사상조사에서 허위의 회답·대답을 한 것, ② 회사가 그것을 이유로 하여 수습기간 중에 있던 X의 본채용을 거부한 것이라는 두 가지의 사실이 문제가 되었다. 원심[17]은 사상조사 자체가 공서양속위반으로 위법이었기 때문에 X에 의한 허위의 회답·대답(조사에의 비협력)은 문제로 하지 않고, 해약(본채용 거부)은 무효라고 하였지만, 대법정은 사상조사의 적법성을 인정하여 원심을 파기하였다. 기본적 인권의 사인 간 효력론은 이 논점에 관계하여 전개된 것이다.[18]

판결은 우선, 자유권적 기본권에 관한 헌법의 규정은 오로지 국가 또는

---

16) 앞의 주1).
17) 東京高判 昭43(1968).6.12. 勞民集 19권 3호 791쪽.
18) 판결은 한편으로 수습기간 중인 근로자에 대해서는 해약권유보부의 근로계약이 체결되고 있으므로, 본채용거부는 해고라고 하고, X의 태도가 관리직 요원으로서의 적격성을 부정하는 객관적으로 합리적인 이유라고 할 수 있는지 아닌지를 판단하게 할 필요가 있다고 하여, 사건을 원심에 환송하였다. 고등재판소에서 화해(내용은 X의 전면승리)가 성립하였기 때문에 본건과 같은 사안에서 본채용거부가 허용되는지 아닌지에 관하여 재판소의 결론은 나타나지 않았다. 그러나 본채용거부를 해고라고 보는 대법정의 인식사고나 정치적 신조에 관한 재판소의 경향에서 볼 때에 본건이 판결로 나왔다면, 본채용거부가 권리남용으로 무효로 판단될 가능성도 충분히 있을 수 있었다고 생각된다.

공공단체와 개인의 관계를 규율하고, 개인 상호의 관계를 직접 규율하는 것을 예정하는 것은 아니라고 하여 직접적 효력설을 부정한다. 사인 간의 관계에서도 상호 사회적 힘 관계의 차이에서 일방이 상대방에 우월하여 사실상 후자가 전자의 의사에 복종하지 않을 수 없는 경우가 있지만, 이러한 경우에 한하여 헌법의 기본권보장규정의 적용 내지는 유추적용을 인정하여야 한다는 견해도 또한 채용할 수 없다고 한다. 사적 지배관계에서 개인의 기본적인 자유나 평등에 대한 사회적 허용한도를 넘은 구체적인 침해 또는 그 우려가 있을 때는 입법조치가 아니면 경우에 따라서는 민법 제1조, 제90조나 불법행위에 관한 제규정 등의 적절한 운용에 의해서 적절한 조정을 도모하는 방법에 의해야 하는 것이라고 한다.

이 판결은 기본적 인권의 사인 간 효력에 관하여 간접적 효력설과 무효력설의 어느 것을 취하였는가. 그것은 간접적 효력설의 내용을 어떻게 이해하는가에 의한다. 앞에서 소개한 독일연방헌법재판소와 같은 간접적 효력설에서는 기본권의 보장이 객관적인 가치질서를 이루고 있어, 민법의 일반조항의 내용이 그 가치질서에 의해서 충전된다고 해석되고 있으므로, 실질적으로는 직접적 효력설과 그다지 다르지 않은 결론이 도출된다. 위의 대법정판결의 입장은 분명하게 그것과는 다르다. 거기에서는 개인의 기본적인 자유·평등에의 사회적 허용한도를 넘은 구체적인 침해 또는 그 우려가 있는 경우에는 민법의 일반조항 등의 적용에 의해서 해결될 수 있다고 하는, 거의 자명한 것이 지적될 뿐이고, 그 일반조항과 헌법의 기본권 보장과의 구체적 관계는 언급되고 있지 않다. 이 점에서는 간접적 효력설이라기 보다도 오히려 무효력설에 가까운 발상이라고 해도 좋다.

그러나 대법정의 입장에 어떠한 명칭을 붙일 것인가 하는 중요한 문제는 아니다. 분명한 것은 첫째, 최고재판소가 사상·양심의 자유, 법 앞의 평등 등의 자유권적 제권리를 근로관계 등 사인 간에 있어서 보장하는 것에 소극적인 것이다. 판결은 한편으로 헌법 제22조, 제29조 등에 기초하는 재산권의 행사, 영업 그 밖의 경제활동의 자유는 적극적으로 평가하는 자세를 보이고 있기 때문에, 기본권 일반의 보장에 소극적인 것은 아니다.[19] 오히려 여기에서는 자유권적 기본권과 경제적 기본권을 달리 취급하는 최고재판소 판결의 이데올로기성이 현저하다. 채용 시의 사상조사 등은 그 후 사회적으로는 엄격하게 부정되기에 이르고 있어 그 적법성을 인정하는 최고재판소 판결은 낡은 시대의 유물이 되었다.

둘째, 기본적 인권은 국가·지방공공단체와 개인의 관계, 즉 공법적인 관계에서만 보장된다고 하여 공법적 관계와 사법적 관계를 준별하는 자세가 특징적이다. 여기서는 헌법이 보장하는 가치가 사법질서도 지배한다고 하는 독일의 간접적 효력설과 같은 발상은 볼 수 없다. 이러한 공법·사법 이원론은 예를 들면 공무원관계와 민간의 근로계약관계를 준별하는 판례의 입장[20]에서도 현저하고 그러한 발상이 다음에서 서술하는 근로자 보호법규의 사법적 효력의 부정적으로도 연결되고 있다고 생각된다.

이 대법정 판결은 재판관의 전원일치로 나온 것이기는 하지만,[21] 이상의 어느 점에 비추어 보더라도 현저하게 부당하고 시급한 변경이 바람직하다.[22]

---

19) 樋口陽一『国法学(人権総論)[補訂]』(2007, 有斐閣) 130쪽은, 이 판결에서 경제활동의 자유에 관한 한 '헌법규범의 사인 간 적용에 적극적인 자세'를 읽을 수 있는 것이 가능하다.
20) 관공(官公)근로자의 근로기본권을 민간근로자의 그것과 준별하는 全農林警職法사건·最大判 昭48(1973). 4. 25. 刑集 27권 4호 547쪽, 公労法(現·行政執行法人労働関係法)이 적용되는 현업 국가공무원의 근무관계도 공법적 규율에 복종하는 공법상의 관계에 있다고 한 信越郵政局長사건·最二小判 昭49(1974).7.19 民集 28권 5호 897쪽, 당국에 의한 새로운 '임용'이 없는 한 직원의 근무관계가 갱신, 반복되고 있었다고 하더라도−민간근로자의 경우와 같은 해고권남용법리의 유추적용은 인정되지 않는다−직원은 기간의 만료에 의해서 당연히 그 지위를 잃는다고 하는 大阪大学사건·最一小判 平6(1995).7.14. 労判 655호 14쪽, 情報·システム研究機構(国情研)사건·東京高判 平18(2006).12.13. 労判 931호 38쪽 등.
21) 이 대법정(전원합의체) 판결이 전원일치로 나오고, 게다가 보충의견도 나온 것은 그 반년 전에 공무원의 쟁의권을 둘러싸고 최고재판소 재판관이 비둘기파와 매파로 나뉘어져 격론을 벌인 것(全農林警職法사건·앞의 주20))을 생각하면 기이한 생각을 갖게 한다.
22) 和田肇『人権保障と労働法』(2008, 日本評論社) 2쪽 이하; 萬井隆令 "「判例」についての一試論−三菱樹脂사건最高裁判決·採用の自由論は「判例」なのか" 龍谷法学 40권 1호(2007) 72쪽 이하.

III. 노동보호법의 사법적 효력

1. 문제의 소재

국가법이 어떤 노동정책을 실현하려고 할 때, 관계당사자에게 그 실행을 강제하거나 혹은 재촉하기 위한 수단·방법은 매우 다양하지만,23) 여기에서는 대표적인 공법적 수단과 사법적 수단을 언급하고 그 관련에 관하여 보기로 한다. 여기에서 공법적 수단이란 근로조건이나 직장환경에 관한 법정기준을 국가의 행정적 감독, 지도, 형사사법 등을 통하여 사용자에게 준수하게 하려고 하는 것이고, 사법적 수단이란 소송 등의 민사절차를 가리킨다.

공법적 수단에서의 주된 행위자는 국가와 사용자이며, 근로자는 기본적으로는 보호의 대상으로서 반사적 이익을 받는 것에 그친다. 따라서 공법적 수단은 근로자의 관여 없이 개시되어 수행될 수 있다는 점에 특징이 있다. 근로자도 신고(노동기준법 제104조 등)라는 형태로 절차에 관여할 수 있지만, 그 것은 절차개시의 필수요건은 아니다. 이에 대하여, 사법적 수단에 있어서의 주요 행위자는 근로자와 사용자이며, 절차는 소의 제기나 노동심판의 신청 등이 없으면 개시되지 않는다('원고 없으면 재판 없음'). 여기에 공법적 수단과의 결정적인 차이가 있다. 근로자의 이니셔티브(initiative)가 없어도 실현되어야 하는 중요한 근로조건기준에 대해서는 공법적 수단이 불가결하다.

법정된 기준 혹은 권리의 실현이라는 점에서 말하자면, 공법적 수단(특히 형사사법)은 강한 위협효과를 가지지만, 반면 그 효과는 간접적이다. 예를 들면 임금미지급에 관하여 형사사법절차가 취하여져 사용자의 유죄가 확정되더라도 근로자는 미지급된 임금을 지급받을 수 있는 것은 아니다. 또한 형사절

---

23) 山川隆一 "労働法の実現手法に関する覚書" 西谷古稀記念(上) 75쪽 이하는, 일본과 미국의 실태를 기초로 형사사법에 의한 실현, 행정기관에 의한 실현(행정처분, 행정지도, 감독 등), 사인 간의 분쟁해결을 통한 실현(소송, 노동심판, 부가금제도, 분쟁해결시스템의 이용지원, 행정기관에 의한 소의 제기, 자주적 예방·시정조치에 의한 책임의 감면), 법준수의 지원·촉진(법의 주지·정보제공, 여러 종류의 인센티브에 의한 유도, 행동계획의 이용, 사인에 의한 모니터링)을 들고 있다.

차는 죄형법정주의의 요청에서 일정한 엄격성을 면할 수 없다. 여기서 공법적 절차에서 형사사법은 마지막 수단으로 자리매김이 되고 감독, 지도라고 하는 비교적 탄력적인 수단으로 문제의 해결이 도모되는 경우가 많다.

일정한 근로조건기준을 실현하기 위하여 어느 절차를 예정할 것인가 하는 것은 법정책의 문제이다. 근로조건기준의 법정을 국가의 의무로 하는 헌법 제27조제 2 항도 실현을 위한 절차에 관하여 규정하고 있는 것은 아니다. 어떠한 절차를 선택하는가의 법정책적 판단에 있어서는 이상의 양 절차의 특질을 고려하면서, 기준의 가장 효과적인 실현이라는 관점에서 절차의 선택 혹은 조합이 요구된다.

그렇다면 노동보호법이 그 실현을 위하여 공법적 수단(벌칙, 기업명공표, 행정지도 등)을 정할 뿐이고 사법적 효력에 관하여 아무런 규정을 두지 않는 경우, 그 사법적 효력은 어떻게 판단되어야 하는가. 판례와 그것을 지지하는 다수설은 사법적 효력을 명기하는 규정이 존재하지 않는 경우에는 용이하게 사법적 효력을 인정하려고 하지 않는데, 과연 그것은 타당한 것일까?

예를 들면, 고연령자고용안정법(고령법)은 고연령자의 고용확보의 목적에서 60세를 하회하는 정년 연령의 규정을 금지함(제8조)과 동시에, 65세 미만의 정년 연령을 정하는 사용자에 대하여 ① 정년 연령의 인상, ② 계속고용제도의 도입, ③ 정년제의 폐지 가운데 어느 하나의 조치(고연령자고용확보조치)를 취할 것을 의무화 하고 있는데(제9조제1항), 이러한 조항의 사법적 효력에 관해서는 규정하고 있지 않다. 통설은 이 중 제8조는 사법적 강행규정이라고 하여 60세 미만의 정년 연령을 정하는 취업규칙이나 근로계약 등은 무효가 되고, 그 경우에는 정년제도가 존재하지 않는 것으로 된다고 해석하지만,[24] 제9조제1항은 공법적 효력 밖에 가지지 않고, 사용자가 세 가지의 고연령자 고용확보조치의 어느 것도 취하지 않는 경우에도 근로자는 지위확

---

24) 菅野·労働法 104면; 荒木·労働法 298쪽; 土田道夫『労働契約法』(2008, 有斐閣) 567쪽; 牛根漁業協同組合사건·福岡高宮崎支判 平17(2005).11.30. 労判 953호 71쪽(최고재판소에서 확정). 그렇지만 이 경우 고령법의 보충적 효력을 인정하여 60세 정년제가 규정된 것으로 이해하는 해석도 있을 수 있다(西谷·労働法 392쪽 참조).

인이나 손해배상을 청구할 수 없다고 한다.[25] 그러나 65세까지의 고용은 2004년의 고령법 개정에 의해 그때까지의 노력의무에서 법적 의무로 높여진 것이고, 이러한 경위를 고려하면 그것에 공법적 효력 밖에 인정하지 않는 해석에는 강한 의문이 남는다.[26]

또한 근로자파견법은 파견이 가능한 업무를 제한하고 파견기간의 제한을 규정하여 왔지만, 유력설은 그 기본적 성격은 파견사업의 개시와 운영에 관한 벌칙이 있는 행정적 단속법규(이른바 업법(業法))라고 하고, 일부의 강행규정(예를 들면 제33조)을 제외하면 파견법의 규정에 위반하여 근로자파견이 이루어지더라도 파견근로계약이나 근로자파견계약은 곧 무효로 되는 것은 아니라고 한다.[27] 판례도 파견법의 취지 및 단속법규로서의 성질, 근로자를 보호할 필요성 등에서 불법파견(위장도급)이 행하여지더라도 파견사업주와 근로자의 근로계약은 무효로는 되지 않는다고 하고,[28] 또한 파견사업주 혹은 사용사업주의 불법행위책임을 부정하는 예도 많다.[29]

그러나 단속법규와 강행규정을 준별하고, 사법적 강행성을 명기하는 조항에 한하여 그것을 인정한다고 하는 견해는 과연 타당한 것일까? 이하에서는 강행법규와 단속법규에 관한 최근의 민법학에 있어서의 논의상황과 노동

25) NTT西日本사건·大阪高判 平21(2009).11.27. 労判 1004호 112쪽은, 그 근거로 고령법의 성격·구조·文理·위반의 제재의 규정, 법개정의 경위 및 입법자의 의사, 위반의 법적 효과의 불확정성을 든다(결론이 같은 취지로, NTT西日本(徳島)사건·高松高判 平22(2010).3.12. 労判 1007호 39쪽). 학설로는 특히 櫻庭涼子 "高年齡者の雇用確保措置" 労働法律旬報 1641호(2007) 48쪽 이하 참조.
26) 상세하게는 西谷敏 "労働法規の私法的効力─高年齡者雇用安定法の解釈をめぐって" 法律時報 80권 8호(2008) 80쪽 이하; 根本到 "高年齡者雇用安定法9条の意義と同条違反の私法的効果" 労働法律旬報 1674호(2008) 6쪽 이하 참조.
27) 菅野·労働法 374쪽 이하.
28) パナソニックプラズマディスプレイ(パスコ)사건·最二小判 平21(2009).12.18. 民集 63권 10호 2754쪽.
29) 판례의 경향에 관해서는 塩見卓也 "松下PDP사건最高裁判決後の下級審裁判例" 和田肇·脇田滋·矢野昌告(編著) 『労働者派遣と法』(2013, 日本評論社) 203쪽 이하 참조. 그렇지만 파견법의 2012년 개정(2015년 시행)에 의하여 일정한 불법파견의 경우에 파견사업주가 근로자에게 직접고용을 신청한 것으로 본다는 취지의 규정이 삽입되었고(제40조의6), 부분적으로 사법적 효력이 명기되었다.

법규의 사법적 효력에 관한 독일의 이론적 전개를 소개한 다음에, 일본에 있어서의 법해석론상의 문제를 검토하고자 한다.

2. 단속법규를 둘러싼 민법학의 논의

민법학에서의 전통적인 견해에 의하면, 행정적인 단속규정 속에는 위반행위를 무효로 하는 것(효력규정)과 그렇지 않은 것(단순한 단속규정)이 있고, 양자의 구별에 대해서는 '입법의 취지, 위반행위에 대한 사회의 윤리적 비난의 정도, 일반거래에 미치는 영향, 당사자 간의 신의·공정 등을 자세히 검토하여 결정할 수밖에 없다'[30]라고 한다. 그리고 판례는 당해 행정법규가 단순한 단속규정이라고 하여 그 사법적 효력을 부정하는 경향이 강하다고 한다. 고령법이나 근로자파견법에 관한 위의 판례는 이러한 전체적 경향에 따른 것이라고 할 수 있다. 그러나 최근 민법학에서는 이러한 생각에 근본적인 이론(異論)을 주창하는 논의가 두드러지게 나타나고 있다.

예를 들면 이소무라 타모츠(磯村保)[31]는 단속규정에 위반하는 행위가 이미 이행된 경우와 미이행의 경우를 구별하여야 한다고 주장한다. 즉 이미 이행된 경우에는 단속규정의 취지와 그 무효의 주장을 허용함으로써 당사자 간의 불공평이나 거래의 안전을 해치는 결과를 초래하지 않는지를 상호 관련성을 갖고 고려하여야 하지만, 계약은 성립하였지만 아직 이행되지 않는 단계에서는 당사자의 일방이 단속규정위반을 이유로 이행을 거부하는 경우에는 상대방 당사자의 이행청구도 인정하여서는 아니 된다고 한다. 왜냐하면 법이 일방의 행위를 단속의 대상으로 하고, 다른 한편으로 그 실현을 도와주는 것은 '법질서 내부의 자기모순'이기 때문이라고.

또한 오무라 아츠시(大村敦志)[32]는 사법적 강행성을 부정하는 판례의 일

---

30) 我妻栄『新訂民法総則(民法講義Ⅰ)』(1965, 岩波書店) 264쪽. 이러한 사고의 기초를 구축한 것은 末弘厳太郎 "法令違反行為の法律的効力" 法学協会雑誌 47권 1호(1929) 68쪽 이하라고 한다 (大村敦志『契約法から消費者法へ』(1999, 東京大学出版会) 171쪽 이하 참조).

31) 磯村保 "取締規定に違反する私法上の契約の効力" 『民商法雑誌創刊50周年記念論集Ⅰ·判例における法理論の発展』 民商法雑誌 93권(臨増1)(1986, 有斐閣) 13쪽 이하.

32) 大村, 앞의 주30) 174쪽 이하.

반적 경향과 사법적 강행성을 인정하는 예외적인 판례를 비교 검토한 다음에, 소비자보호를 목적으로 하는 행정법규(보다 일반적으로 말하자면 거래이익보호법령)에 위반하는 행위에 대해서는 그것을 사법적으로 무효로 하는 것이 법목적에 적합하다고 하고, 당사자 간의 신의·공평에도 적합하다는 것을 지적한다. 그리고 강행법규위반과 민법 제90조, 제91조의 관계의 고찰에 입각하여, 행정법규위반의 행위에 대해서는 법목적 외에 구체적 거래를 둘러싼 개별사정도 고려하여 공서양속(민법 제90조) 위반의 문제로서 처리할 것을 제안한다.

나아가 야마모토 케이조(山本敬三)[33]는 공법과 사법의 관계를 헌법의 관점(기본권보호의무, 기본권지원의무)에서 재검토할 필요가 있다고 하고, 단속법규를 국가=입법자가 기본권의 보호 혹은 지원을 목적으로 하여 일정한 적극적인 조치를 정한 것으로 이해한다. 단속법규론이란 그것을 전제로 하여 법원이 이 단속법규의 목적을 실현하기 위하여 민법 제90조를 이용하여 위반행위의 효력을 부정한다는 법형성을 하여야 하는가의 문제라고 한다. 법원의 법형성도 과잉개입금지에 반하여서는 안 되지만, 그것은 비례원칙(적합성의 원칙, 필요성의 원칙, 균형성의 원칙<협의의 비례원칙>으로 구성된다)에 기초하여 판단되어야 하고, 공법·사법 이분론과 같이 법령이 공법에 속한다는 이유만으로 사법적 효력을 부정하기에 충분한 중요성을 인정하지 않는다고 하는 생각은 취할 수 없다고 한다. 야마모토에 의하면 공법이나 사법도 궁극적으로는 기본권의 보호 내지 지원을 위하여 국가가 정한 법으로서 동렬(同列)이라고 하는 것이다.[34]

이와 같이 민법학 분야에서는 공법·사법 이원론에 기초하여 단속법규위반의 행위의 사법적 무효를 원칙적으로 부정하는 전통적인 생각이 근본적으로 재검토되고 있다. 이러한 경향의 배경적 사정으로서 두 가지를 들 수 있다. 첫째는, 공법·사법 이원론 그 자체가 낡은 국가관을 전제로 한 것으로, 유지하기 어려워지고 있다는 것이 있다. 사회가 더욱 더 복잡화 하는 가운데, 사적 영역에 다양한 형태로 공법적 규제가 관여하고, 반대로 공법적 분야에 계약의 논리가 침투하게 된 현대사회·국가에 있어서는 앞에서 서술한 바와

---

33) 山本敬三 『公序良俗論の再構成』(2000, 有斐閣) 246쪽 이하.
34) 山本, 앞의 주33) 250, 255쪽.

같이 민법학이나 행정법학의 각 분야에서 공법과 사법의 협동에 의해서 문제를 해결하려고 하는 경향이 현저하게 되고 있는데, 단속법규위반행위의 사법적 효력을 보다 적극적으로 부정하려고 하는 학설이나 일부판례는 이러한 전체적 경향의 일환으로서 이해할 수 있다.

둘째, 문제가 되는 행정단속법규의 목적·내용의 변화를 들 수 있다. 단속법규위반을 사법적 효력에 미치는 것에 부정적인 전통적 학설·판례는 주로 거래와 직접적으로는 관계하지 않는 가치의 실현을 지향하는 계약 외재적인 규제를 둘러싼 사안, 즉 개업규제에 위반하는 사건(무면허영업)이나 행정절차위반사건을 염두에 둔 것이었다. 그러한 사건에 대해서는 법규위반을 이유로 하여 계약을 무효로 하는 것이 거래의 안전을 침해하는 것은 아닌지, 당사자 간의 신의·공정에 반하는 결과로 되는 것은 아닌지에 관하여 신중하게 검토할 필요가 있다. 그런데 행정법규 중 점점 그 중요성이 증가된 것은 소비자관련의 법규이다. 이러한 법규는 계약당사자의 보호를 목적으로 하고 있으므로 행정법규위반의 행위를 사법적으로 무효라고 이해하는 것이 법목적에 적합하고, 그것에 의해서 거래의 안전을 해치는 것도 아니라면 당사자 간의 신의·공정에 반할 것도 없다. 적어도 이러한 소비자보호를 목적으로 한 행정법규를 감안하면 법규위반의 행위를 원칙적으로 유효라고 해석하는 태도를 바꾸어서 사안의 성질에 맞은 문제해결을 생각하는 것이 필요하다.35)

3. 독일에서의 논의의 발전

독일에서도 노동법은 근로자보호를 위한 공법적 규제로부터 시작되었다.36) 자본주의의 발전에 수반하여 심각함이 증가되어 온 근로자문제 내지 사회문제는, 사회정책학뿐만 아니라 법학자의 관심을 끌게 되지만, 19세기를 통하여 법학자는 사법의 세계에 있어서는 당사자의 자유와 소유권이 최대한

---

35) 大村, 앞의 주30) 175쪽 이하 참조. 오무라는 이러한 관점에서 행정법령을 경찰법령과 경제법령으로 나누고, 후자 가운데 거래이익보호법령과 경제질서유지법령이 포함된다고 한다.
36) 1869년의 북독일연방영업법(Gewerbeordnung)(1872년 이후 독일제국영업법)은 1891년에 많은 근로자보호규정을 도입하여 개정되고, 또한 현행법으로서 타당하다.

존중되어야 하고, 거기에서 발생할 가능성이 있는 부정의 시정은 공법의 과제라고 생각하였다.[37] 그러나 근로자보호의 생각은 서서히 사법에도 침투해온다. 1896년 제정된 민법전(BGB)은 근로자보호와 결합된 '근로계약' 개념의 도입이라는 사회민주당의 요구를 거부하였지만, 제정과정에 있어서의 논의를 반영하여 근로자보호를 목적으로 하는 일정한 조항을 삽입하게 되었다(제3장 Ⅱ. 1 참조). 또한, 단체협약제도의 발전에 대응하여 그것의 법적인 취급이 법률학의 중요한 테마가 되는데, 이것은 1918년 단체협약령에 의하여 입법적으로 해결된다(제6장 Ⅳ. 1 참조). 노동법은 이미 자유의 원리에 기초하여 순수한 체계를 구성하는 사법의 외부에 있는 특수한 공법이라는 것이 아니라, 공법과 사법의 쌍방에 걸치는 영역으로서 자신을 확립해 가는 것이다. 이미 기르케(Otto von Gierke)는 많은 법제도는 공법과 사법을 하나의 전일체 속에 포함시키고 있다고 지적하고 있었는데,[38] 그것은 특히 바이마르 이후의 노동법에 들어맞는다.[39]

오늘날에는 노동법은 사법적인 성격을 한층 강화하고 있다. 점점 많은 노동법상의 규정이 민법전에 삽입되고, 또한 광의로는 노동보호법에 속하지만 공법적인 성격을 가지지 않고, 오로지 사법적 수단에 의한 실현을 기도하는 법률(독일에서는 근로계약법(Arbeitsvertragsgesetze)이라고 총칭된다[40])이 다수 제정되었다. 한편 공법적인 감독이나 사용자의 처벌에 의해서 근로자 보호를 도모하려고 하는 협의의 노동보호법(Arbeitsschutzrecht)의 범위는 한정되고 있고,[41] 노

---

37) Rückert, "Frei" und "sozial" : Arbeitsvertrags–Konzeptionen um 1900 zwischen Liberalismus und Sozialismus, ZfA 1992, S. 246ff. 이 시기에는 '근로계약'의 개념도 이 개혁의 필요성과 결부되어 법령에서는 주로 공법분야에서 사용되었다고 한다(Rückert, a.a.0., S. 231).

38) Gierke, Deutsches Privatrecht, I, 1895, S. 32.

39) 진츠하이머는 노동법이 개인규범과 사회규범의 불가분한 결합인 이상, 노동법에 있어서 공법과 사법을 준별하는 것은 내적으로는 결합하고 있는 것을 논리적으로 준별하는 것이 된다고 한다(Sinzheim, Grundzüge des Arbeitsrechts, 1..Aufl., 1921, S. 9f).

40) Zöllner/Loritz, Arbeitsrecht, 4.Aufl., 1992, S. 307f.

41) 공법적인 노동보호의 분야로서 들 수 있는 것은, 근로자의 생명·건강의 보호, 근로시간제한, 개인정보보호, 환경보호(기업외 주민을 포함)이며, 임금보장은 통상은 순수하게 사법적인 문제로 생각되고 있다(예외로는 모성보호법 제11조 이하 등). 또한, 1996년에 제정된 노동보호법(Arbeitsschutzgesetz)은 모든 종업원(근로자, 훈련 중인 자, 근로자와 유사한 자, 관

동법 가운데 어느 것인가라고 한다면 주변적인 위치에 놓여져 있다.

공법적인 감독이나 사용자의 처벌에 의하여 일정한 기준을 실현하려고 하는 노동보호법은 당초에는 행정법의 일부로서 사법과 준별되었다. 바이마르 시대의 통설은, 노동보호법은 사용자와 국가의 관계를 규율하는 것으로 분명히 보호법규위반의 계약은 무효가 되고(민법 제134조), 보호법규위반에서 발생한 손해에 대하여 배상책임이 생기는(민법 제823조제 2 항) 것은 인정되지만, 보호법은 사용자에 대한 근로자의 청구권을 근거지우는 것은 아니라고 생각하였다.42) 이에 대하여 니퍼다이는 1929년의 논문43)에서 공법상의 규정이라도 근로계약에서 합의에 친숙한 것이라면, 근로계약상의 보호의무를 통하여 근로계약의 내용이 되어, 사용자에 대한 청구권의 근거가 된다고 주장하였다. 그리고 제2차 대전 후 실무와 이론에 있어서의 니퍼다이의 압도적인 영향력을 배경으로 이러한 견해가 통설의 지위를 차지하게 되는 것이다.

그것을 단적으로 나타내는 것은 공법상의 보호규정인 연소자보호법의 추이이다. 1960년에 제정된 동법의 제 6 조는, 이 법률에서의 의무는 그것이 계약상의 약정의 대상에 적합한 한 계약상의 의무도 된다고 규정하고 있었지만, 1976년 그것은 자명한 것이라는 이유로 삭제되었다.44) 이렇게 하여 현재는 노동보호법상의 의무는 그것이 추상적으로는 계약상의 약정이 될 수 있는한, 즉 그것이 단지 질서와 관계되거나 조직상의 성격 밖에 갖지 않는 경우를 제외하고, 동시에 계약상의 의무도 된다고 하는 점에서 일치를 보인다.45) 모든 노동보호규정을 일반조항인 민법전 제618조제 1 항(노무수령자의 안전배려의무)의 구체화로 이해함으로써 이러한 견해를 근거짓는 시도도 있지만,46) 그

리, 재판관, 병사. 다만 가사사용인과 선원은 제외한다)에게 적용된다. 노동보호에 관한 최초의 기본법이다. 그것은 1996년의 EU노동보호기본지령의 국내법화의 의미를 가진다.

42) Kaskel, Arbeitsrecht, 3. Aufl., 1928, S. 156, Fn. 2, S. 193ff., S.258; Hueck/Nipperdey, Lehrbuch des Arbeitsrechts, Bd. 1, 1927, S. 101.

43) Nipperdey, Die privatrechtliche Bedeutung des Arbeitsschutzes, in: Die RG—Praxis im deut— schen Rechtsleben, 4. Bd. (1929), S. 215ff.

44) Söllner, Grundriß des Arbeitsrechts, 12. Aufl., 1998, S. 221.

45) Söllner/Waltermann, Arbeitsrecht, 14. Aufl., 2007, S. 291f.

46) Blomeyer, in: Münchener Handbuch des Arbeitsrechts, Bd. 1, 2. Aufl., 2000, S. 1933f.

러한 이론구성을 취할 것인가 아닌가에 관계없이 노동보호법규가 그 성질에 따라 근로계약상의 권리·의무를 설정하는 것은 통설·판례가 승인하고 있다.

노동보호법상의 규정은 민법전 제823조제2항에 말하는 '타인의 보호를 목적으로 하는 법률'에 해당할 수 있으므로 피해근로자가 이 규정에 근거하여 사용자에게 손해배상을 청구할 수 있는 것은 이전부터 분명하였다. 그것에 더하여 통설·판례가 노동보호규정의 내용이 근로계약상의 사용자의 의무가 될 수 있는 것을 인정하였으므로 근로자는 사용자에게 그것에 관한 이행청구(예를 들면 법률상 의무화된 보호복의 비용의 청구)를 할 수 있고, 이행보조자의 과실의 경우에도 사용자에게 손해배상을 청구할 수 있게 되었다.

이상과 같이 오늘날 독일에서는 노동보호법규는 계약내용으로 될 수 있는 성격을 가지는 것인 한 근로계약내용으로서 사법상의 효력을 가진다는 것은 자명한 것으로 되고 있다.

4. 일본에서의 법해석

(1) 노동기준법 제13조의 의의

공법적인 노동보호법규 위반행위의 사법적 효력에 관하여 일본의 판례·통설은 민법학의 최근의 경향과는 크게 동떨어져 있고, 독일에서의 견해와도 크게 차이가 난다. 나는 일본에서도 최근의 민법학의 논의나 독일의 법해석을 참고로 하여 재고해야 한다고 생각하는데, 이 때 우선 노동기준법 제13조의 의의를 명확하게 해 둘 필요가 있다.

노동기준법 제13조는 '이 법률에서 정하는 기준에 이르지 않는 근로조건을 정하는 근로계약은 그 부분에 대해서는 무효로 한다. 이 경우에 무효로 된 부분은 이 법률에서 정하는 기준에 따른다'라고 규정하여, 노동기준법의 각 조항이 사법상의 강행적 효력과 보충적 효력을 가지는 것을 명기하고 있다(같은 규정은 최저임금법 제4조제2항에서도 볼 수 있다). 독일에서는 노동기준법에 상당하는 근로조건기준을 포괄적으로 정한 법률은 존재하지 않고, 물론 제13조에 상당하는 규정도 없다. 그러나 독일에서는 위에서 서술한 바와 같이 사법적 효력을 명기한 연소자보호법 제6조가 삭제된 경과에서 분명한 것처럼, 노동기준법 제13조에서 규정되어 있다는 것은 공법적인 노동보호규정에 대하여 자명한 것으로 생각되고 있는 것이다.

일본에서도 독일의 논의를 참고로 하여, 노동기준법 제13조는 자명한 것을 확인한 규정으로 이해하는 자가 있다.[47] 이 견해에 따를 경우에는 이러한 효력을 명기하지 않는 법률조항에도 같은 사법적 효력이 인정되게 된다. 이에 대하여 다수설은 노동기준법 제13조가 정하는 강행적 효력은 확인적 규정이지만, 보충적 효력은 창설적이라고 한다. 그러나 자세히 보면, 강행적 효력 부분을 확인규정이라고 하는 견해도 두 가지로 나눌 수 있는 것 같다. 첫째 일반적으로 노동보호법규가 강행적 효력을 가지는 것은 그 성질상 당연하다고 하는 것이며,[48] 둘째 노동기준법의 성격을 전제로 하면 그것에 강행적 효력이 인정되는 것은 당연하다고 하는 견해이다.[49] 전자의 견해에 의하면, 근로자보호를 목적으로 하는 그 밖의 법규에도 당연히 강행적 효력이 인정되게 된다. 후자의 견해로는, 그 밖의 법률에 대해서는 강행적 효력이 부정되거나 노동기준법과 공통의 성격이 인정되는 법률에 한하여 강행적 효력이 인정되게 되지만, 이 점이 명확하지 않은 경우도 많다.

그렇다면 노동기준법의 특징이란 무엇인가. 예를 들면 스에히로 이즈타로(末弘嚴太郎)는 노동보호법에 대한 위반행위는 이전에는 '행정범'이라고 생각되었고, 그에 대한 제재도 가벼운 벌금에 그쳤지만, 노동기준법은 '근로자의 기본적 인권을 보호하는 것을 목적으로 하고 있기 때문에, 이에 대한 위반행위도 단순한 행정적 단속법규에 대한 위반이라는 것에 그치지 않고, 헌

---

47) 靑木宗也·片岡曻(編)『労働基準法 I』(1994, 靑林書院) 204쪽 이하(片岡曻)는 노동보호법규가 사용자의 배려의무를 통하여 근로계약상의 의무가 된다고 이해하는 독일의 통설을 일본에서도 인정함으로써 이것을 확인규정으로 이해하고, 有泉亨·靑木宗也·金子征史(編)『基本法コンメンタール·労働基準法[第3版]』(1990, 日本評論社) 79쪽(岸井貞男)도 결론적으로 동일한 입장을 취한다.

48) 厚生労働省労働基準局(編)『平成22年版·労働基準法(上)』(2011, 労務行政) 205쪽.

49) 久保敬治·浜田富士郎『労働法』(1993, ミネルヴァ書房) 280쪽; 萩沢清彦『労働基準法(上卷)』(1996, 靑林書院) 9쪽; 東京大学労働法研究会(編)『注釈労働基準法(上卷)』(2003, 有斐閣) 24쪽 이하(大内伸哉), 268쪽 이하(大内伸哉).

법상 존중되고 있는 기본적 인권을 범하는 범죄로서 일반의 소위 자연범과 같이 엄중하게 처벌하게 하여야 하는 것'이라고 서술하고 있다.[50] 노동기준 법의 제규정은 당연히 사법적 강행성을 가진다고 하는 견해는, 이와 같이 노동기준법을 기본적 인권보장과 결부하여 노동기준법 위반의 행위를 자연범과 동일시하는 견해를 기초로 한 것이다.[51]

노동기준법은 확실히 노동보호법의 핵심을 이루는 법률이며 특히 제정 시에는 그것에 특별한 의의가 부여되었다. 그러나 그 후 많은 중요한 노동보 호법이 제정되었고, 그것들도 또한 헌법 제27조제 2 항에 근거하는, 근로자의 기본적 인권의 실현을 목적으로 한 법률이었다. 노동기준법(및 최저임금법)의 핵심적인 의의는 분명하지만, 노동기준법 등과 그 밖의 법률을 위반의 효과 에서 준별하는 근거는 부족하다. 분명하게 행정적인 절차를 정하는 것에 지 나지 않는 규정은 별도로 하더라도, 노동보호법상의 규정은 오히려 원칙적으 로 사법적 강행적 효력을 가진다고 이해하는 것이 통상은 각각의 법목적에도 적합하다고 할 수 있을 것이다.

(2) 법규의 성격

그런데 노동법학에서는 노동법규를 헌법 제27조제 1 항(근로의 권리)에 대 응하는 고용정책에 관련되는 것(노동시장의 법)과 동 제 2 항(근로조건기준의 법 정)에 대응하는 근로조건에 관련되는 것으로 이분하는 발상[52]이 뿌리 깊은 전통을 이루고 있고, 그것이 고용정책의 법에 속한다고 판단되는 고령법이나 근로자파견법의 사법적 효력을 부정하는 유력한 근거로 된다.[53]

그러나 노동보호법을 고용정책에 관련하는 것과 근로조건기준에 관련

---

50) 末弘厳太郎 "労働基準法序説" 法律時報 19권 9호(1947) 4쪽.
51) 松岡三郎『條解労働基準法新版上』(1958, 弘文堂) 15쪽; 西村信雄(ほか)『労働基準法論』(1959, 法律文化社) 8쪽 이하[片岡昇] 참조. 그렇지만 노동기준법위반의 행위는 그 성격이나 국민 일반의 의식과의 관계에서 형사범과 행정범으로 나누는 견해도 있었다(莊子邦雄『労働刑法 [総論][新版]』(1975, 有斐閣) 12쪽 이하).
52) 菅野·労働法 26쪽 이하; 荒木·労働法 22쪽 이하.
53) 櫻庭, 앞의 주25) 48쪽 이하.

하는 것으로 2분하는 견해에는 찬성할 수 없다. 그것은 이중의 문제를 안고 있다.

첫째, 헌법 제27조의 제1항과 제2항은 단순한 병렬의 관계에 있는 것이 아니다.[54] 예를 들면 해고는 전형적인 근로조건이며 그 제한(노동기준법 제19조·제20조, 노동계약법 제16조)은 헌법 제27조제2항의 문제이지만, 동시에 고용정책에 밀접하게 관련된다는 의미에서는 제27조제1항의 문제이기도 하다. 또한 제27조제1항에 근거하는 국가의 고용정책에 의하여 근로자에게 보장되는 고용은 임금, 근로시간 등의 근로조건이 일정수준 이상의 양호한 고용(디센트 워크, decent work)이어야 하고,[55] 그 의미에서는 제27조제2항과 밀접한 관계가 있다.[56]

고연령자 고용안정법(고령법)은 확실히 고령자 고용의 촉진이라는 고용정책을 위하여 제정된 법률이지만, 그것은 동시에 고연령근로자의 보호에도 이바지하는 것으로, 그것을 고용정책에만 관련짓는 것은 일면적이다. 근로자파견법도 분명히 2012년에 목적규정과 명칭이 변경될 때까지는 파견사업의 규제라는 색채가 강하였지만, 무엇을 위하여 사업을 규제할 필요가 있었는가 하면, 파견근로자의 보호라는 목적을 빼고는 생각할 수 없다. 파견법은 2012년에 개정되기 전부터 근로자보호를 중요한 목적으로 하는 법률이었다고 이해하여야 한다. 요컨대 고용정책과 근로조건정책은 후생노동성의 관장에서는 구별되고 있다고 하더라도, 단순하게 2분할 수 있는 관계는 아니다.[57]

둘째, 하나의 법률의 성질을 헌법조항과의 관계에서 어느 것인가로 결정하고, 그 성질을 법률의 각 조항의 효력과 결부하는 것은 하나의 법률에 다양한 성질을 가지는 규정이 포함될 수 있다는 사실을 무시하게 된다. 예를 들면 고령법을 고용정책입법으로 이해한다고 하더라도, 60세 미만의 정년 연령의 설정을 금지하는 동법 제8조에서는 당연히 사법적인 강행법규로서의

---

54) 같은 취지 三井正信 "労働権の再検討と労働法システム" 西谷古稀(上) 106쪽 이하.

55) 西谷·人権 第2章, 本書 第4章 Ⅵ 참조.

56) 西谷·人権 44쪽 이하.

57) 같은 취지 根本到 "労働法規の公法的効力と私法的効力" 松本博之·野田昌吾·守矢健一(編) 『法発展におけるドクマティークの意義―日独シンポジウム』(2011, 信山社) 314쪽 이하.

성질을 인정하여야 할 것이며 통설·판례는 그것을 인정하고 있다.[58] 또한 동일한 법률 속에서 근로조건에 관한 기준을 정하는 조항과 국가와 자치단체 등이 취하여야 할 정책을 정하는 조항이 혼재하는 예는 많다.[59] 노동법규의 사법적 효력의 유무, 내용은 법률이 아니라 각각의 조항마다 구체적으로 판단되어야 한다.

(3) '공서양속'의 이해

법률이 명시하는 경우 외에 법률조항의 사법적 효력을 인정하지 않는다고 하는 견해는 민법 제90조의 '공서양속'의 좁은 이해를 전제로 하고 있다. 어떤 견해는 근로계약내용이 차별금지 때문에 무효가 되는 경우를 강행규정형(노동기준법 제3조·제4조)과 공서양속위반형으로 나누고, 후자를 나아가 기본권보호형법령(균등법 제6조)과 정책실현형법령(파트노동법 제8조<개정전>)으로 분류한다.[60] 그리고 정책실현형법령은 직접적으로는 국가에게 일정한 정책의 실현을 의무지우는 것에 지나지 않고, 그것이 국민 사이에 확산되어 '공서'를 형성한 단계에서 비로소 그것에 반하는 계약내용 등을 무효로 하는 효력이 인정된다고 한다. 따라서 다양한 논의를 거쳐 좁은 범위의 '통상의 근로자와 동일시하여야 할 단시간근로자'로 한정하여 차별금지를 규정한 파트노동법 제8조(개정 전)도 현재로서는 사법적 강행성을 갖지 않게 된다.

이를 고령법의 해석에 대입하면, 60세 미만의 정년제를 금지한 제8조는 이미 '공서'를 형성하고 있으므로 그것에 반하는 제도는 무효가 된다고 하더라도, 65세까지의 고용보장을 의무지운 제9조제1항은 거기에 이르지 않기 때문에 강행성을 갖지 않는다는 결론이 될 것이다.[61]

---

58) 앞의 주24)의 문헌과 판결례 참조.
59) 예를 들면 남녀고용기회균등법은 제3조·제4조에서 국가·자치단체의 계발활동과 대책기본방침의 책정에 관하여 규정하고, 제5조 이하에서 사업주를 수신인으로 하는 차별금지를 규정하고 있다.
60) 安西愈 "労働関係法令改正と実務対応·第33回" 労働新聞 2672호(2008年3月10日).
61) 櫻庭, 앞의 주25) 49쪽은 '60세 정년제가 확실히 정착하고 있는' 상황에서 의무화된 것을 제8조의 강행법규성의 근거의 하나라고 한다.

이 견해의 특징은 민법 제90조의 '공서'를 국민의식에 중점(weight)을 두고 이해하는 점이다. 그것은 단속법규의 사법적 효력의 문제를 민법 제90조의 문제로 파악한 다음에 거기서 말하는 '공서'를 새삼스럽게 좁게 해석하기 위하여 단속법규위반의 행위가 사법적으로 무효라고 인정되는 범위를 지극히 좁게 한정하는 결과가 된다.

강행법규위반의 문제를 민법 제90조의 문제로서 취급하는 것은 확실히 최근의 민법학의 유력한 경향이다.[62] 그러나 최근의 민법학의 견해는 문제가되는 단속법규의 법목적(특히 소비자보호) 외에, 구체적 거래를 둘러싼 개별사정도 고려한 탄력적 판단을 민법 제90조에 관하여 행하려고 하고, 혹은 국가의 기본권보호 · 지원의무가 사법적 효력의 부정에도 미칠 수 있다는 것을 전제로 하여, 그것이 과잉개입금지에 위반하지 않는지 여부를 비례원칙에 비추어 판단하는 작업을 민법 제90조에 입각하여 행하려고 하고 있는 것이고, 외재적으로 고정적인 '공서'라는 것을 상정하는 발상과는 아무런 관계가 없다.

전통적 견해에 속하는 와가츠마 사카에(我妻栄)도 단속법규의 사법적 효력에 관해서는, ① 입법의 취지, ② 위반행위에 대한 사회의 윤리적 비난, ③ 일반거래에 미치는 영향, ④ 당사자 간의 신의 · 공평의 네 가지의 판단요소를 들고, 그것들의 신중한 고려를 요구하였다.[63] 위의 견해는 이 중 ②만을 고려한 일면적인 것이다. 근로자보호입법에서는 소비자보호입법의 경우와 같이 ③과 ④의 관점이 중요하고, 이들 관점에서는 오히려 위반행위의 사법적 무효가 적극적으로 긍정되어야 하는 것이다.

(4) 노동법규의 강행적 · 보충적 효력

이상에서 노동법규 가운데 사용자에게 작위 · 부작위를 명하거나 구체적

---

62) 大村, 앞의 주30) 191쪽 이하; 山本, 앞의 주33) 250쪽 이하.
63) 我妻, 앞의 주30) 264쪽. 판례도 단속법규위반의 법률행위에 대하여 당해 규정의 목적이나 성격, 보호법이익, 위반의 모양 · 정도에 따라서는 공서양속위반으로서 그 효력을 부정하고 있다. 예를 들면, 最一小判 昭39(1964).1.23. 民集 18권 1호 37쪽(식품위생법으로 금지된 유독물질이 혼입한 싸라기눈을 판매한 사안), 山一證券사건 · 最一小判 平9(1997).9.4. 民集 51권 8호 3619쪽(증권거래법 위반의 손실보증계약) 등이다.

인 근로조건기준을 정하는 조항, 즉 독일식으로 말하자면 근로계약의 내용이
될 수 있는 근로조건기준 등을 정하는 규정은 그 기준 등의 실현에 관하여
행정적인 지도·권고·벌칙 등을 예정하고 있는지 아닌지를 불문하고, 원칙적
으로 사법적 강행성을 갖고 그것에 반하는 행위는 위법·무효가 된다고 해석
하여야 한다.[64] 고령법에 관하여 말하자면 60세를 하회하는 정년을 금지한
제8조는 물론, 정년연장, 계속고용, 정년폐지의 어느 것인가에 의한 65세까
지의 고용확보조치를 의무화한 제9조제1항도 사법적 강행규정으로 해석하
여야 한다.[65]

　　노동법규의 강행적 효력이 인정된 경우, 그 보충적 효력은 어떻게 되는
가? 노동기준법 제13조는 보충적 효력을 명기하고 있지만, 그것을 창설규정
으로 이해하는 견해가 유력하다.[66] 그러나 법률이 어떤 근로조건에 관하여
일정한 기준을 강행규정(최저기준)으로서 설정한 경우에 위반하는 계약을 무
효로 하는 것만으로는 근로조건에 공백이 생겨 불합리하다. 따라서 구체적인
근로조건기준을 정하는 법률조항에 대해서는 보충적 효력을 인정하는 것이
오히려 자연스럽다.[67]

---

64) 취업규칙의 작성·변경에 있어서 행정관청에의 신고(제89조), 근로자과반수대표의 의견청
　　취(제90조), 사업장의 근로자에게의 주지(제106조) 가운데 그 어느 절차가 이행되지 않는 경
　　우에 취업규칙의 사법적 효력을 어떻게 해석할 것인가 하는 문제도 오랜 세월에 걸쳐 논하
　　여져 왔고, 그것은 현재에도 큰 문제이다. 그러나 그것은 여기에서 문제 삼고 있는 실질적
　　인 근로조건기준을 정한 법규의 사법적 효력과는 성격을 달리하는 것으로 구별하여 검토하
　　여야 한다.
65) 고령법 제9조제1항이 사용자에게 세 가지의 선택사항을 주고 있는 것도 위반행위(어떤 조
　　치도 취하지 않는 것)를 무효로 해석하는 것에 방해가 되지 않는다. 고령자 고용에서 중심
　　적인 의미를 가지는 것은 정년제이기 때문에 사용자가 65세 미만의 정년제를 유지한 채로
　　어떤 조치도 취하지 않는 경우, 그 정년제는 제9조제1항에 위반하여 무효로 되고, 정년은 65
　　세로 간주되어야 한다. 다만, 법이 계속고용제도의 도입에 의해서도 의무가 완수되는 것을
　　인정하고 있으므로, 사용자가 그때까지 계속고용제도를 실시한 경우에는 근로자가 65세에
　　달할 때까지 계속고용제도가 적용된다고 해석하면 될 것이다. 자세한 것은 西谷, 앞의 주26)
　　참조.
66) 末弘厳太郎 "労働基準法解説(一)" 法律時報 20권 3호(1948) 16쪽; 東大労働法研究会, 앞의
　　주49) 268쪽 이하(大内伸哉); 厚生労働省労働基準局(編), 앞의 주48) 209쪽.
67) 독일에서는 단속법규의 내용이 사용자의 근로계약상의 보호의무를 매개로 하여 위반하는

보충적 효력이 법률에 명기되어 있지 않은 한 그것을 인정하지 않는다[68]고 하는 것은 과도하게 법문에 사로잡힌 형식적인 법해석이다.[69] 보충적 효력이 명기되어 있지 않는 경우에도 당해 조항의 성격상 그것을 인정하는 것에 합리성이 있고, 그것이 입법자의 의도였다고 생각할 수 있는 경우에는 보충적 효력을 인정하여야 한다. 예를 들면 기간제고용 근로자와 무기고용근로자의 근로조건의 격차가 '불합리한 것이어서는 아니된다'라고 하는 노동계약법 제20조 위반이 인정된 경우, 기간제고용 근로자는 그 격차에 관하여 청구권을 획득한다고 해석하여야 한다.[70]

노동보호법규에 사법적 강행성을 인정할 것인가 아닌가의 판단에 있어서 당해 조항의 위반에 관하여 벌칙이 예정되어 있는지 여부는 중요한 문제가 아니다. 확실히 벌칙을 예정하는 규정은 입법자가 그만큼 강한 의사를 가지고 그 기준의 관철을 지향하고 있다고 할 수 있으므로 사법상도 강행성을 인정하여야 한다는 판단으로 연결되기 쉽다. 그러나 일정한 기준의 실현에

행위의 사법적 평가에 결부되므로 법규가 보충적 효과를 갖고, 근로자가 법규내용에 입각한 청구권을 가지는 것은 당연하다고 한다.

68) 荒木尚志 · 菅野和夫 · 山川隆一『詳説 · 劳働契約法[第2版]』(2014, 弘文堂) 244쪽은, 기간의 정함이 있는 근로자의 근로조건과 기간의 정함이 없는 계약근로자의 그것과의 차이가 불합리한 것이어서는 아니된다고 규정하는 노동계약법 제20조에 대하여, 강행적 효력을 인정하면서, '보충적 효력이라고 하는 중대한 법적 효과를 인정한다면, 노동기준법 제13조나 노동계약법 제12조와 같이 법문상 당연하게 그 취지가 명기되어야 하는 것임에도, 그것이 명기되지 않았다'고 하는 이유로 보충적 효력을 부정한다. 그러나 보충적 효력은 명문의 규정이 없으면 인정받지 못할 만큼의 '중대한' 법적 효과인 것일까. 오히려 어떤 기준을 강행적으로 실현하려고 하는 입법자의 의도는 보충적 효력을 인정하는 것에 의해서 가장 잘 실현되는 것이 아니겠는가.

69) 我妻, 앞의 주30) 266쪽도, 공정가격을 넘은 대금으로 하는 매매를 그 가격에 의한 매매로서 유효하다고 해석하는(즉 보충적 효력을 인정하는) 판례를 지지하고 있다.

70) 그렇지만 그 이론구성에 대해서는 검토를 필요로 한다. 예를 들면 정사원취업규칙에 규정되어 있는 수당이 계약사원취업규칙에는 규정되어 있지 않은 경우, 양 취업규칙과 노동계약법 제20조에 의거하는 근로계약의 보충해석이라는 논리를 매개로 할 필요가 있을 것이다. 실은 남녀의 임금차별의 경우에도 차액청구권의 근거부여에 관하여는 단순하게 노동기준법 제13조에 의할 수는 없고, 차별의 법적 기초의 종류에 따라서 검토할 필요가 있는(西谷敏 "賃金 · 昇格差別の救済法理" 季刊労働法 193호(2000) 103쪽 이하 참조) 것이고, 이것은 차별금지법규 일반에 공통되는 문제이다. 본래는 차액청구권에 관하여 입법으로 명기되어야 한다.

관하여 위반자의 처벌에 의할 것인지, 행정기관에 의한 지도·감독에 의할 것인지, 기업명의 공표에 의할 것인지 등은 확실히 공법적인 차원에서의 입법정책의 문제이며, 사법적 효력의 유무에 직결하는 것은 아니다. 예를 들면 2007년에 개정된 최저임금법은 지역별 최저임금과 일정한 사업·직업에 적용되는 특정최저임금을 정하고, 양자에 대하여 사법적 효력(강행적 효력과 보충적 효력)을 규정하면서(제4조제2항), 벌칙의 적용대상을 지역별 최저임금과 선원에 관한 특정최저임금에 관한 위반으로 한정하고 있다(제40조). 사법적 효력과 벌칙의 유무가 언제나 연동한다고 할 수는 없다.

이에 반하여 사용자에게 '노력' 내지 '배려'를 요구하거나 유사한 표현[71]을 사용하는 규정에 대하여는 바로 강행법규로 인정하는 것은 곤란하다. 분명히 사용자가 이러한 규정에도 불구하고 전혀 '노력'하지 않는 경우에는, 그것이 불법행위법상 위법으로 되는 경우가 있을 수 있고,[72] '배려'를 게을리한 경우에 그것이 권리남용의 판단에 중요한 영향을 미치는 경우가 있다.[73] 그러나 어떤 기준 등에 관하여 '노력'의무 등의 표현이 사용되고 있는 것은 그것을 바로 강행적으로 실현하는 것으로는 하지 않는다는 입법자 의사의 표현이라고 해석되기 때문에, 행정지도의 차원에서는 의무부여규정의 경우와

71) 예를 들면 노동기준법 제136조는, 사용자는 연차휴가를 취득한 근로자에 대하여 '임금의 감액 그 밖의 불이익한 취급을 하지 않도록 하여야 한다'라고 규정하지만, 최고재판소는 이것을 난순한 노력의무규정이라고 해석하고 있다(沼津交通사건·最二小判 平5(1993).6.25. 労判 636호 11쪽). 그렇지만 학설은 대체로 이 판결에 비판적이며, 이론구성은 다양하지만 연차휴가취득을 이유로 하는 불이익취급을 무효라고 해석하고 있다(西谷敏·野田進·和田肇(編)『新基本法コンメンタール·労働基準法·労働契約法』(2012, 日本評論社) 176쪽 이하 竹内(奥野)寿) 참조).
72) 1985년에 제정된 남녀고용기회균등법은 직무배치나 승진에 관한 균등한 취급을 사용자의 노력의무에 그치고 있었다. 이 단계에서는 그것에 반하는 사용자의 조치도 위법은 아니었다고 하는 판결례가 많지만(住友電工사건·大阪地判 平12(2000).7.27. 労判 792호 70쪽, 野村證券사건·東京地判 平14(2002).2.20. 労判 822호 13쪽 등), 법률 공포 후 2년 반(시행 후 1년 9개월) 동안, 승진에 관한 차별취급을 유지한 것은 사법질서에 반하고, 적어도 과실에 의한 불법행위가 성립한다고 한 예가 있다(昭和シェル 石油사건·東京高判 平19(2007).6.28. 労判 946호 76쪽).
73) 육아개호휴업법 제26조는 사업주는 전근명령에 있어서 아이의 양육이나 가족개호의 상황에 '배려하여야 한다'라고 규정하지만 이 배려를 게을리 한 것을 하나의 이유로 하여 전근명령을 권리남용으로 인정한 예로서, 네스레자판홀딩스사건·神戸地姫路支判 平17(2005). 5. 9. 労判 895호 5쪽(大阪高判 平18(2006).4.14. 労判 915호 60쪽) 참조.

큰 차이가 없다고 하더라도, 사법상은 구체적인 작위·부작위가 의무화되고 있는 경우와 구별될 수밖에 없을 것이다.[74]

　　그러나 반대로 말하면, 어떤 기준에 관한 노력의무규정이 법개정에 의해서 명확한 금지규정이나 의무부여규정으로 전환된 경우에는, 통상은 거기에 그 기준에 사법적 강행성을 부여한다는 입법자 의사가 표현되어 있다고 해석하여야 한다. 모집·채용, 직무배치, 승진 등을 명확한 차별금지의 대상으로 한 균등법개정(1997년)이 그 예이며, 또한 60세 미만의 정년제를 금지한 1994년의 고령법개정이나 65세까지 고용확보를 사업주의 법적 의무로 높인 2004년의 고령법개정도 이러한 관점에 입각하여 해석하여야 한다.

Ⅳ. 공법적·사법적 규정의 해석

　　벌칙이 부여되는 규정은 죄형법정주의의 요청으로부터 엄격하게 해석하여야 한다. 이에 반하여 순수하게 사법적 효력밖에 갖지 않는 규정은 그러한 제약을 받지 않고 탄력적으로 해석할 수 있다. 그렇다면 노동기준법이나 최저임금법의 각 조항과 같이 하나의 규정이 형벌규정이며 동시에 사법적 규정인 경우에는 어떠한 방법으로 해석되어야 하는가.

　　하나의 조문 의미내용은 통일적으로 해석되어야 한다고 하는 것이 하나의 사고이다. 그러나 이러한 방법을 취하는 경우, 그것이 형벌규정이라는 것을 의식하여 엄격하게 해석하면, 사법의 차원에 있어서의 탄력적 해석의 요청에 응할 수 없고, 반대로 탄력적으로 해석하려고 하면 죄형법정주의의 요청에 반할 우려가 있다.

　　이러한 딜레마는 동일한 조문을 형벌규정의 적용이 문제가 되고 있는 국면과 사법적 강행성의 국면으로 구별하여 이원적으로 해석함으로써 밖에

---

74) 노력의무규정의 입법론과 해석론에 관해서는 荒木尚志 "労働立法における努力義務規定の 機能" 『労働関係法の現代的展開(中嶋士元也先生還暦記念論文集)』(2004, 信山社) 19쪽 이하 참조.

해소되지 않는다고 생각한다. 즉 어떤 사용자의 행위가 사법적으로 무효이고 보충적 효과도 인정되지만, 형벌규정의 측면에서는 아직 위법이라고는 할 수 없다는 것이 있을 수 있는 것이다. 특히 사회적 사정의 변화에 법개정이 따라잡지 못하고 사회적 요청과 법규의 사이에 괴리가 발생하는 경우, 이러한 이원적 해석의 방법이 죄형법정주의의 기본원칙을 범하지 않고 현실에 맞는 타당한 결과를 도출할 수 있는 것이다.[75] 물론 법률이 사회정세의 변화에 대응하여 빈번하게 개정되는 경우에는 이원적 해석의 필요성은 낮아진다.

---

75) 자세한 것은 西谷敏 "勞働基準法の二面性と解釈の方法" 伊藤博義 · 保原喜志夫 · 山口告一郎(編) 『勞働保護法の研究(外尾健一先生古稀記念)』(1994, 有斐閣) 1쪽 이하; 西谷 · 規制 281쪽 이하 참조.

제 6 장
근로계약과 근로자의사

▋들어가는 말

노동법에서 근로자는 두 가지의 얼굴을 가지고 등장한다. 근로자는 근로계약의 주체로서는 사용자와 대등하고 자유로운 '인격'(person)이지만 실태에서는 사용자에 대하여 경제적 및 인적으로 종속하는 동시에 통상은 기업조직에 편입된 인간(Mensch)이다. 근로자의 자립과 종속성의 양면은 이전에 아즈마(吾妻光俊)가 주장한 바와 같이[1] 절대적인 대립의 관계에 있는 것은 아니다. 현행법은 그 양립 가능성을 전제로 하고 있다.

그러나 근로자가 근로계약의 대등한 당사자가 되는 것은 단순히 이론적 · 추상적으로 관념지울 수 있다는 것뿐만 아니라 현실에서도 어느 정도까지는 실현해야 할 목표이다. 그것은 노동기본법 제정 이래 확인되어 온(제2조제1항) 것이고, 또한 2007년 노동계약법이 특히 강조하고 있는 부분이다.

이렇게 노동법이 상정하는 근로자는 사용자에 종속하는 동시에 이념적으로 그리고 어느 정도까지는 현실적으로도 사용자와 대등한 입장에서 근로조건의 결정에 관여하는 계약당사자이다. 그러나 근로자상(像)의 이러한 양측면의 조정이 쉽지 않다는 모순을 포함하고 있는 것은 명확하다. 그 모순은 특히 근로자에게 불리한 내용의 근로계약이나 개별적 합의(동의)에 있어 전형적으로 나타난다. 그것은 형식상으로는 대등한 당사자 간의 합의이지만 실제로는 사용자의 강한 압력 하에 이루어진 근로자의 마지못한 '합의(동의)'에 지나지 않는 경우가 많다. 법은 이러한 '합의(동의)'를 어떻게 다루어야 할까?

---

1) 吾妻光俊『労働法の展開』(1948, 海口書店) 201쪽; 同『労働法の基本問題』(1948, 有斐閣) 223쪽.

전후 노동법학은 근로자상의 양면성에서 발생한 논리적 난점(aporia)을 강하게 의식한 적은 없었다. 거기에는 무엇보다 근로자의 종속성의 측면이 중시되어 근로자의 자유로운 의사는 허위의 것으로 간주된 결과, 강행법규와 집단적 규범(특히 단체협약)에 의하여 개별적 합의에 틀을 맞추는 것에 주로 관심이 집중하고 있었기 때문이다. 종속성의 일면적 강조는 필연적으로 계약 이외 규범의 중시와 근로계약의 경시로 이어진다.

그러나 근로자의 생활과 의식의 변화, 헤이세이(平成)의 불황에 따른 비정규근로자의 급증, 노동조합의 기능저하, 개별적 인사관리의 확산 등의 요인으로 인해 점차 근로계약과 개별합의의 역할이 증대하여 왔다.2) 2007년의 노동계약법은 개별근로관계에서 서면합의를 유행시킴으로서 그러한 경향을 더욱더 장려했다. 지금은 근로자의 종속성을 무시하고 근로자·사용자의 형식적인 합의를 존중하는 것이 부적당하다는 것과 동시에, 근로자의 종속성의 측면만을 고려하여 근로자의 합의·동의를 전부 허위의 것으로 보는 태도는 현실적이지 않다. 그러한 태도는 형식적 합의·동의는 홀로 걷고자 하는 현실을 오히려 묵인하는 결과가 된다. 종속성과 자립이라고 하는 근로자의 양면성을 정면에서 인식한 후에 근로자의 합의·동의를 노동법체계 안에서 적절하게 자리매김하는 것이 이론적이고 실천적인 중요한 과제로 되었다.

물론 현재에도 근로계약이 노동법의 전영역을 지배하는 것은 아니다. 근로자보호법은 근로계약이 존재하지 않는 경우(예를 들어 파견근로자와 사용사업주와의 관계) 혹은 근로계약이 무효인 경우에도 사실상의 지휘명령관계가 존재하는 한 적용될 수 있다.3) 또는 부당노동행위(특히 단체교섭거부)에서 '사용자'는—노동조합법 제7조제2호의 '사용자가 고용하는 근로자의 대표자' 그 문언에도 불구하고—조합원과의 근로계약관계의 존재나 근로계약관계와의 유사·근접한 기준에 얽매이지 않고, '근로관계에 대해 부당노동행위법의 적용을 필요로 하는 정도의 실질적인 지배력 내지는 영향력을 미치는 지위에 있는 자'로서 탄력적으로 파악해야 할 것이다.4) 노동법체계에서 근로계약이 차

---

2) 西谷敏 "≪法律時評≫労働契約論と労働法の再構築" 法律時報 66권 2호(1994) 2쪽 이하.
3) 西谷·労働法 48쪽 이하.

지해야 할 위치는 그것을 경시하여온 전후 노동법학에 대한 반성을 바탕으로 충분히 평가되어야 하지만, 그것을 과대시하는 것은 역으로 편향을 가져올 것이다.[5]

본 장에서는 우선 전후 노동법학에서 근로계약의 위치를 검토하고(Ⅰ), 그 후에 점차 근로계약의 의의가 중시되게 된 경위를 명확히 밝힌 후(Ⅱ), 강행법규와 근로계약의 관계(Ⅲ), 집단적 규범과 근로계약의 관계(Ⅳ), 그리고 강행법규와 집단규범에 따라 설정된 범위 안에서 근로자의 합의 성립과 효력(Ⅴ)에 대해 검토한다.

Ⅰ. 전후 노동법학에 있어서 근로계약

1. 근로조건의 집단적 결정

전후 노동법학에서 근로계약은 결코 주역의 자리를 차지하고 있지 않았다. 노동법학의 관심은 주로 집단적 노사관계와 취업규칙에 있었다. 근로계약은 근로관계 설정의 계기이고, 단체협약과 취업규칙에 따른 집단적 결정을 받아들이는 입구(통로)이었지만, 근로계약에는 그 이상의 의의는 인정되지 않았다. 근로계약에 대해 논하는 경우, 그것은 주로 이론적인 관심에서 이고 특히 민법상의 고용과 근로계약 관계, 근로계약을 특징짓는 종속성의 모습이 주된 관심사였다(제3장 Ⅳ. 2).[6]

전후 노동법학이 기본적인 모델로서 상정한 것은 중규모 이상의 기업이

---

4) 西谷 · 組合法 150쪽; 西谷 · 労働法 563쪽. 학설에 대해서는 竹內(奧野)寿 "労働組合法7条の
   使用" 季刊労働法 236호(2012) 211쪽 이하 참조.
5) 노동법 분야에서 명문규정이 없는 경우, 바로 근로계약 또는 당사자의 주관적인 의사가 판
   단기준이 되는 경우가 많다. 이것은 노동법을 민법의 특별법으로 이해하는 입장(제3장 Ⅳ.
   5(1))과 관계가 있다고 생각한다. 그러나 근로자의 종속성을 고려한다면 근로계약이나 당사
   자의사 자체를 노동법적 관점에서 음미할 필요가 있다.
6) 학설의 전개에 대해서는 石田眞 "労働契約法" 籾井常喜編『戦後労働法学説史』(1996, 労働旬
   報社) 615쪽 이하; 石田信平 "労働契約論" 季刊労働法 246호(2014) 213쪽 이하 참조.

었다고 생각된다. 거기에는 기업별 조합이 존재하고, 사용자와 단체협약을 체결하고 있다. 그 협약에는 유니온숍 협정이 포함되어 있는 경우에는 관리직과 비정규직근로자를 제외한 모든 종업원은 단체협약의 적용을 받고, 기본적인 근로조건은 단체협약에 의해 결정된다(노동조합법 제16조). 유니온숍 협정이 존재하지 않는 경우에도 단체협약의 효력확장(동 제17조)의 요건이 충족되면 역시 비조합원에게도 단체협약의 효력은 미친다.

또한 이러한 기업의 사업장에는 사용자는 상시 10명 이상의 근로자를 사용하기 때문에 사용자는 거의 모든 근로조건을 망라하여 결정하는 취업규칙의 작성을 의무화한다(노동기본법 제89조). 여기서 단체협약의 내용은 취업규칙에 모사되어 관리직과 비정규직근로자를 포함한 비조합원의 근로조건도 단체협약의 강한 영향 아래 작성된 취업규칙에 따라 결정된다. 이렇게 해서 많은 기업에서는 유니온숍의 존부에 관계없이 전종업원의 근로조건을 단체협약과 취업규칙에 따라 집단적·획일적으로 결정하게 된다. 이러한 모델을 전제로 한다면 근로계약이 수행할 역할은 필연적으로 한정적일 수밖에 없다.7)

2. 지위설정계약론

근로계약을 신분계약(지위설정계약)으로 파악하는 스에히로(末弘嚴太郎)의 근로계약론은,8) 이러한 기업과 직장의 실태를 전제로 한 것이었다. 스에히로에 의하면 근로계약의 특징은 민법상의 고용과 다르고, 계약내용을 구체적으로 결정하기보다는 종업원으로서 신분을 설정하는 점에 있다.9) 이러한 근로

---

7) 전형적인 유럽형 노사관계에서도 산업별 단체협약에 의해 산업단계의 근로조건 기준이 설정되고, 각 기업 내지 사업장에서는 종업원대표와 사용자의 협정에 따라 협약기준이 구체화되거나 또는 그 기준이 유리하게 조정된다. 이렇게 두 종류의 집단적 협정이 근로조건의 기본부분을 결정하기 때문에 근로계약의 역할은 한정되어 있다. 일본의 기업내 조합과 노사관계의 실태는 유럽의 그것과는 전혀 다르지만, 근로조건의 주요부분이 집단적으로 결정된다는 점에서 서로 기본적인 차이는 없다.

8) 末弘嚴太郎 "労働契約" 法律学辞典 4권(1936, 岩波書店) 2777쪽 이하; 同 『労働法のはなし』(1947, 一洋社) 48쪽 이하. 다만 근로계약을 채권계약과 신분계약의 복합으로 보는 견해는 스에히로 이전부터 어느 정도 퍼져 있었다고 한다(石田信平, 앞의 주6) 213쪽 이하).

9) 그렇지만, 스에히로末弘는 순수고용계약(채권계약)과 순수근로계약(신분계약) 사이에 무

계약관(觀)의 귀결로서 근로계약은 채권채무에 관한 민법의 적용을 받지 않고 혼인 등의 신분적 계약에 관한 민법규정을 참작하면서 근로계약의 특질에 적합한 특별한 법률규범을 창설해야 한다는 점, 기업의 동일성이 변하지 않는 한 기업주가 바뀌어도 근로자·사용자관계에 변화는 없다는 점, 나아가 근로조건을 결정하는 것은 취업규칙이고 그것을 근로자가 알고 있는지 여부와 관계없이 해당 직장에서 당연히 근로자를 구속한다는 점[10] 등이 주장되었다. 이것은 프랑스의 기업제도론(제3장 Ⅲ. 2)을 상기시키는 기업공동체적 이해가 전제되어 있으며 근로계약에는 사용자가 지배하는 작은 사회로의 '통행증'의 역할밖에 주지 않았다.

제2차 대전 후 근로계약에는 노동기본법이 적용되어 근로계약을 둘러싼 법적 환경은 크게 변화하였지만, 이러한 스에히로의 이론은 전후 노동법학에 다대한 영향을 계속 끼쳤다. 즉 근로조건과 근로자의 권리·의무는 하나의 작은 사회인 기업·사업장에서 이미 단체협약이나 취업규칙에 따라 집단적·획일적으로 결정되어 있어, 근로자에게는 그러한 집단적 규범이 타당한 작은 사회에 가입할지 거기서 탈퇴할지의 자유밖에 없다고 보는 견해가 오랫동안 노동법이론을 지배하였다.[11]

이러한 기업과 근로계약의 견지에서 출발하는 노동법학은 무엇보다도 노동보호법과 집단적 규범(특히 단체협약)의 확립에 의해 근로자의 생존권을 보장하는 것이 주요한 과제였다. 거기에는 근로계약은 고려하지 않든가, 고려하는 경우라도 그것은 제약된 것으로 존중되지 않았다.

전후 노동법학이 이러한 스에히로 이론의 신분계약론을 승계한 것은 그

수한 형태가 존재하는 것을 인정하였기 때문에("勞働契約", 앞의 주8) 2778쪽), 신분계약은 일종의 이념형이었다.
10) 末弘嚴太郎 "就業規則" 法律学辞典 2권(1935, 岩波書店) 1216쪽 이하.
11) 濱口桂一郎 『新しい勞働社会 - 雇用システムの再構築へ - 』(2009, 岩波新書) 1쪽 이하는, 현재에도 그것이 정사원의 근로계약의 실태이기 때문에 그것을 '멤버십 계약'이라고 표현한다. 이에 대비되는 것이 비정규직근로자에게서 많이 볼 수 있는 '직무형(job)' 근로계약이다. 同 『日本の雇用と勞働法』(2011, 日経文庫) 35쪽 이하는 멤버형인 일본식 고용시스템과 기본적으로 직무형인 현행 노동법의 사이에는 괴리가 있고 판례법리가 이를 보충해 왔다는 흥미로운 견해를 보이고 있다.

것이 모델로서 상정된 기업의 실태와 당사자의 법의식에 적합했기 때문이다. 그리고 법해석은 현실의 사회관계의 분석·관찰에서 구성되어야 한다는 것이 바로 스에히로 법학의 특징이고,12) 전후 노동법학은 이러한 방법론까지도 스에히로로부터 계승하였던 것이다.13)

그러나 일본의 근로관계에서도 근로계약에 의한 개별적 결정이 틀림없이 일정한 역할을 해 온 것은, 후술하는 것과 같이, 전후 노동법학이 그것을 중시하지 않았다는 것에 지나지 않는다. 법해석은 직장의 실태를 감안한다는 명제는 오늘날에도 전적으로 옳다. 그러나 직장의 실태는 서로 모순되는 요소를 포함하는 상당히 복잡한 것이며, 그것을 법해석에 접합하기 위해서는 실태의 '평가'라는 작업을 빠뜨려선 안 된다. 게다가 규범론으로서의 법해석은 현실로부터 적정한 거리를 두는 것이 요구되며 때로는 규범적 요청에 반하는 현실을 부정하는 것조차 요구받는다.

이러한 관점에서 스에히로의 근로계약론을 돌이켜보면 '규범적 분석이나 법적 평가를 하지 않은 채 현실 근로관계의 견해를 직접적으로 법적 이해에 투영시킨 것이다'14)는 비판은 정곡을 찌른다고 말할 수 있다. 다만 근로계약론에서 규범과 현실의 긴장관계를 결여라는 비판은15) 스에히로의 이론을 승계한 전후 노동법학에 보다 매우 타당한 것이다. 제2차 대전 후에는 스에히로가 지위설정계약론을 내세웠던 전쟁 전과는 달리, 헌법의 위임을 받아 노동기본법이 제정되었고, 거기에는 근로관계의 근대화도 중요한 과제로 되어 있었기 때문이다. 특히 노사대등결정원칙(제 2 조제 1 항)의 선언은, 바로 근로계약에 따른 근로조건결정을 규범적으로 요청한 것이었지만, 노동법학은 그 규정을 중시하지 않았던 것이다.16)

---

12) 末弘,『労働法のはなし』, 앞의 주8) 37쪽은 노동법에서 '실제의 사회관계는 어떠한 규칙에 의해 규제되는가를 생각하고, 반대로 실제로 사회관계를 가장 잘 규율하는데 어떤 법률을 만들어야 하는가를 고민한다'는 태도가 중요하다는 것을 지적하였다.
13) 石田眞, 앞의 주6) 618쪽. 또한 스에히로의 이른바 사회학적 법률학 의의와 그 승계에 대해서는 片岡昇『現代労働法の理論』(1967, 日本評論社) 68쪽 이하 참조.
14) 石田保雄 "戦後わが国における労働関係の法的把握" 毛塚古稀 223쪽.
15) 石田眞, 앞의 주6) 643쪽 이하.
16) 근로자상(像)의 시민법적 측면을 과소평가 한 전후 노동법학은 노동기준법 제2조제1항을

3. 자유의사의 허위성

전후 노동법학이 근로계약에 중점을 두지 않았던 것에는 또 다른 이유가 있었다. 그것은 근로계약에는 근로자의 진실한 자유의사를 반영하지 않았고, 그러한 의미에서 근로계약상의 합의는 허위적인 것으로 간주되었다. 전후 노동법학은 계약자유에 입각한 시민법과 노동법의 차이를 명확히 하기 위해서 근로자의 자유의사라는 것의 허위성을 특히 강하게 비판했다.17) 게다가 근로자 의사의 허위성은-당시 충분히 자각하고 있었는지 여부는 별론으로 하고-이중구조를 가지고 있다.

첫째, 근로자의 표시하는 의사는 근로자의 '진의'에 근거하지 않는 경우가 많다는 것이다. 예를 들면, 근로계약에서 합의한 임금에 대해서 그 인하를 사용자로부터 제안 받은 근로자가 거기에 '동의'했다고 한 경우, 그것이 근로자의 '진의'에 근거한 것이라는 보장은 없다. 오히려 그것이 사용자의 유형무형의 압력에 의해 강요된 '동의'일 경우가 많다는 것이 경험적 사실이다.18)

시민법은 이러한 근로자의 의사표시에 대해서도 예외적 사정(사기·강박·착오 또는 공서양속위반)이 존재하지 않는 한, 그 효력을 부정하지 않는다. 그러나 근로자가 종속상태에서 사용자로부터 강한 압력을 받아서 한 의사표시를 당연하게 유효라고 인정하고, 그 실현의 힘을 실어 주는 것은 정의에 반하는

단체교섭에 의한 근로조건 결정에 역점을 두고 이해하는 경향이 강했다. 松岡三郎 『条解労働基準法·新版上』(1958, 弘文堂) 41쪽; 西村信雄(ほか) 『労働基準法論』(1959, 法律文化社) 43쪽 이하[窪田隼人].

17) 籾井常喜 "プロレイバー的労働法学に問われているもの" 前田達男·萬井隆令·西谷敏(編) 『労働法学の理論と課題(片岡昇先生還暦記念)』(1988, 有斐閣) 86쪽은 '자유의사주체복권'론의 입장에서 '합의의 허위성'론에 대해 반성한다. 주로 문제가 되는 것은 취업규칙론과 징계처분론에서 합의의 계기를 무시해 온 것이다.

18) 무엇보다 근로자의 진의에 반하는 합의를 강요하는 정도는 노동력의 수급상황, 근로자의 권리의식, 해고제한의 정도 등에 규정된다. 그것은 또한 권리실현제도(재판, 고충처리제도)의 상황과 노동조합의 백업의 여부도 영향을 받는다. 따라서 오늘의 '사법화(司法化)' 단계에서의 개인의 동의는 원생적 관계 또는 그에 근접하는 관계에서의 형식적인 합의와 완전히 동일시 할 수 없다. 그러나 근로자의 종속성이 해소되지 않는 한, 근로자의 진의에 반하는 합의가 이루어질 위험성이 없어지는 것은 아니다.

것은 아닌가? 노동법은 이러한 관점에서 강행법규 및 집단적 규범에 의해 그 합의에 적절한 틀로 제한에 하려고 한다. 이러한 틀의 설정은 형식상은 사용자뿐만 아니라 근로자의 의사도 제약하지만, 그 제약은 합의가 근로자의 진의에 근거하지 않은 경우가 많다고 하는 경험적 사실에 의해 정당화된다.

그러나 '자유의사'는 또 다른 의미에서도 허위적일 수 있다. 그것은 근로자의 의사표시가 '진의'에 근거한 경우에도, 그 '진의' 그 자체가 사회적으로 규정된 것이라는 것이다. 예를 들면, 근로자는 통상의 임금만으로는 생활을 유지가 어렵다는 이유로 시간외근로에 동의하거나 혹은 스스로 시간외근로를 희망하는 경우, 시간외근로의 동의 자체는 근로자의 '진의'에 근거한 것이다. 그러나 그 '진의'는 잔업수당 내지는 생활이 곤란에 빠진다는 사회적 조건에 의해 규정된 것이고, 노동법은 그것을 무비판적으로 전제로 할 수 없다. 법은 근로자의 건강을 훼손할 정도의 장시간 잔업은 근로자가 '진의'에 근거하여 합의한 경우에도 허용할 수 없다고 생각한다. 여기에서 근로자의 자유로운 의사의 실현보다도 근로자 자신의 건강보호, 근로조건 기준의 통일적 결정 그리고 근로자 의사를 규정하고 있는 사회적 제조건의 개혁이 중시된다. 진츠하이머는 노동법에서 근로자의 '의사'가 아니라 '상태'가 결정적이라고 일갈했지만,[19] 이러한 발상은 전후 일본 노동법학에서 현저하였다.

이러한 자유의사의 허위성을 강조하고, 근로자의 '상태'에 결정적인 의의를 인정한 것은 자립과 종속이라는 모순되기 쉬운 두 가지 측면을 자립의 측면을 극소화하고 추상화하는 것에 의해 통일적으로 파악하는 것을 의미한다. 이것이 진츠하이머의 이론을 노동법의 독자성을 더욱 강조하면서 계승한 전후 노동법학의 특징이었다. 이러한 근로자상을 전제로 하는 한, 노동법의 주요한 과제가 근로자의 '자유로운 의사'에 제한을 가하는 강행규범의 정비와 집단적 규범의 구축에서 찾아지는 것은 당연한 것이었다.

그러나 근로자가 자유롭고 독립한 계약주체라는 측면을 '단순히' 픽션으

---

19) Sinzheimer, Das Problem des Menschen im Recht(1933), in : Sinzheimer, Arbeitsrecht und Rechtssoziologie—Gesammelte Aufsätze und Reden, Bd.2, 1976, S.60.

로 일축하는 것은 그 픽션이 갖는 규범적인, 즉 현실개혁적인 의의를 무시하는 것이 된다. 근로자의 자유로운 의사의 억압에 정당하게 대응하기 위해서는 근로자는 종속성의 현실을 명확하게 인식함과 동시에 근로자는 본래 자유롭고 독립한 개인이어야 한다는 시민법적인 인간상에 대응하는 규범적 요청을 견지하지 않으면 안 된다. 그것을 통해 비로소 근로자가 그 종속성 때문에 근로자의 자유로운 의사가 왜곡된다는 것이 노동기본법에서도 선언된 보편적인 노사대등결정원칙에 배치한다고 하는 사실이 명확하게 된다. 대등한 계약당사자라고 하는 근로자상은 종속성의 현실의 앞에서는 픽션이지만, 끊임없는 노력으로 최대한 현실화시켜야 할 목표이기도 하다. 이 시민적 인간상과 근로자의 종속성의 모순을 직시하고, 조금이라도 대등한 계약당사자라고하는 원칙에 현실적으로 다가가기 위한 제조건을 정비하는 것도 노동법의 중요한 과제라고 하지 않을 수 없다. 그러나 그러한 것도 근로계약 기능의 확대 안에서 겨우 자각되어 온 것이다.

II. 근로계약의 의의

1. 기업과 근로계약

경영공동체로서 기업을 중시하고 근로계약을 거기에 매몰시키려는 경향이 있었던 전후 노동법학은 근로계약 고유의 의의를 중시하는 방향으로 대폭 수정되어야 한다. 그러나 그것은 노동법학에서 '기업' 그 자체가 중요한 역할을 하고 있는 것을 부정하는 것은 아니다. 논해야 할 문제는 많지만 여기에서는 문제를 두 가지로 좁혀, 기업과 근로계약의 구체적인 관계의 모습에 대해 기본적인 시점을 제시한다.

(1) 기업변동과 근로계약

경제의 글로벌화를 배경으로 하는 치열한 경쟁 속에서 대규모의 기업재

편이 이루어지고 있다. 회사합병, 사업양도, 회사분할, 순수지주회사의 설립, 회사해산 등이다. 이러한 기업변동은 노동법에도 많은 문제(특히 근로계약의 승계, 부당노동행위에서 '사용자'문제 등)를 야기하고 있기에 이 문제의 해결이 급선무이다.

이러한 기업변동에 대응하기 위해 '기업'이라고 하는 실체를 정면으로부터 다루는 것이 필요하다. 예를 들면 기업을 개별계약의 묶음으로 보는 발상으로는 문제를 적정하게 해결할 수 없다. 그러나 한편 '기업'에만 초점을 맞춰 문제를 해결하려 한다면 근로계약을 무시 내지는 경시하는 것이 된다.[20] 스에히로는 기업의 동일성이 변하지 않는 한 기업주가 바뀌어도 근로자·사용자관계에 변화는 없다고 했지만, 그것은 근로계약을 '지위설정계약'으로 본 귀결이다(본 장 Ⅰ. 2). 또한 사업(영업)양도 시 원칙적으로 근로자의 지위가 승계된다고 하는 원칙승계설[21] 역시 근로자를 기업(영업)의 구성요소로 보는 발상에 기초를 두고 있다. 이러한 견해는 근로계약과 근로자의 의사를 경시하고 있다는 점에서 오늘날에는 더 이상 유지될 수 없다.

기업변동 가운데 합병에 대해서는 근로자·사용자의 권리의무도 당연히 (근로자의 동의 없이) 존속회사 또는 새로운 회사에 승계된다고 생각하지만, 이론적으로 '사용자는 근로자의 승낙을 얻지 않으면, 그 권리를 제3자에 양도할 수 없다'라고 하는 민법 제625조제1항과의 관계가 문제가 된다.[22]

회사분할에 대해서는 2000년에 '회사분할에 따른 근로계약의 승계 등에

---

20) 石田眞 "企業組織と勞働契約－ストーン·コリンズ『論争』をめぐって" 名古屋大学法政論集 169호(1997) 27쪽 이하는 '계약모델'과 '조직모델'을 축으로 한 논쟁을 소개하면서, 노동법적으로 적절한 기업의 파악 방법을 고찰한다.

21) 원칙승계설을 포함하는 학설·판례에 관해서는 有田譲司 "事業譲渡における勞働契約の継承をめぐる法的問題" 毛塚勝利編 『事業再構築における勞働法の役割』(2013, 中央経済社) 66쪽 이하, 池田悠 "事業譲渡と勞働契約関係" 野田忍·土田道夫·水島郁子(編)『企業変動における勞働法の課題』(2016, 有斐閣) 60쪽 이하 참조.

22) 포괄승계인 합병은 권리양도가 아니라는 견해도 있을 수 있지만 根本到 "組織再編をめぐる法的問題" 毛塚編, 앞의 주21) 43쪽은, 승계를 거부해도 남는 법인이 없어 근로자에게 거부의 메리트가 없기 때문에 '민법 제625조제1항의 적용을 배제할 정도의 강행적인 승계효과가 회사법에 규정된 것'이라고 설명한다.

관한 법률'(근로계약승계법)이 제정되어, 근로자의 승계에 대한 입법적 조치가 이루어졌다. 동법은 승계회사에 승계되는 사업에 주로 종사하는 근로자로서 분할계약 등으로 승계가 예정된 근로자(A)에게는 승계를 보장하고, 그 이외 근로자(B)에게는 분할회사(원래회사)에 잔류를 보장하지만, A가 승계를 거부해서 분할회사에 잔류하는 가능성을 인정하지 않는다(제3, 4조). 근로자의 의사에 반해 사용자를 변경(전적에 해당)시키려는 제도는 마땅히 민법 제625조제1항에 반하는 것이며, 분할의 성격에 따라서는 실제로 근로자에게 큰 불이익을 준다.[23] 법형식으로 근로계약승계법이 민법 제625조제1항의 예외를 정한 것이지만, 민법 제625조제1항에서 규정하는 '사용자선택의 자유'가 헌법적 기초를 두는 것이라고 해석한다면, 그것을 부정하는 근로계약승계법의 규정은 헌법위반의 의심을 초래한다.[24]

이에 대하여 사업양도 시 근로계약의 승계에서 또 다른 큰 문제가 남아있다. 유럽제국에서는 1977년 EC지침과 이에 근거한 국내법에 따라, 사업소 혹은 사업소부문이 다른 소유자에게 이전할 때에는 이전 시점에서 존재하는 근로관계로부터 생기는 권리의무가 그대로 이전된다고 명기하고 있다.[25] 하지만 일본에는 이에 상당하는 입법이 없기 때문에 문제해결은 해석에 맡겨져 있고, 판례와 학설의 노력에도 불구하고 충분한 해결을 보이지 않고 있다. 앞서 본 바와 같이 원칙승계설은 당사자의 의사를 무시한다고 하는 문제가 있지만, 한편 근로자의 승계를 양도인과 양수인과의 자유로운 합의에 위임한다고 해서 문제가 해결되지 않는다.

---

23) A에 해당하는 근로자가 승계의 무효를 주장하며 분할회사의 지위 확인을 요구한 일본IBM 사건에서 청구가 기각되었다(東京高判 平20(2008).6.26. 勞判 963호 16쪽; 最二小判 平22(2010) .7.12. 民集 64권 5호 1333쪽).

24) 米津孝司 "勞同契約の承繼と憲法" 季刊勞働法 232호(2011) 119쪽 이하는, 사용자선택의 자유를 정한 민법 제625조의 기초에는 헌법 제22조제1항(직업선택의 자유), 제13조(자기결정권), 제27조제1항(노동권)이 있다는 입장에서 근로계약승계법 제3, 4조가 위헌이 될 가능성이 있다는 점을 지적한다. 같은 취지로 根本, 앞의 주22) 45쪽. 또한 동법의 입법론적 재검토를 주장하는 것으로 本久洋一 "事業の移轉と勞働契約" 西谷敏·根本到編『勞働契約と法』 (2011, 旬報社) 245쪽 이하 참조.

25) 橋下陽子, "EU法", 毛塚編, 앞의 주21) 322쪽 이하 참조.

근로계약의 의의를 무시 내지는 경시함이 없이 사업양도 등의 기업변동에 적절한 대응을 하기 위해서 더욱 법해석상의 노력이 계속되어야 하지만, 그것에 한계가 있다고 한다면 입법적 조치도 서둘러야 할 것이다.[26]

(2) 기업질서와 근로계약

통상의 노동이 근로자의 공동작업의 형태에서 이루어지는 이상, 거기에는 일정한 질서 내지는 규범이 필요하다는 것은 당연하다. 문제는 그 질서 내지는 규율을 어떠한 성질의 것으로 인식하며, 그것과 근로계약의 관계를 어떻게 이해해야 하는가이다.

이 점에 대해서 판례는 '기업질서'의 개념을 정립하고 그 개념에 따라 근로자에 대한 광범위한 의무의 근거로써, 또한 의무위반에 대한 징계권을 설명하고 있다. 최고재판소에 따르면 '기업은 그 존립을 유지하고 목적하는 사업의 원활한 운영을 도모하기 위해, 그것을 구성하는 인적 요소 및 소유·관리하는 물적 시설의 양자를 종합하여 합리적·합목적적으로 배치 조직하여 기업질서를 정립하고 … 구성원에 대해 그것에 복종할 것을 요구한다'[27]는 것이고, 또한 '사용자는 폭넓게 기업질서를 유지하고, 이로써 기업의 원활한 운영을 도모하기 위하여 고용하는 근로자의 기업질서 위반을 이유로 해당근로자에 대하여 일종의 제재벌인 징계를 가할 수 있다'고 한다.[28]

이렇듯 최고재판소가 말하는 '기업질서' 개념은 기업의 물적·인적 요소를 종합하여 질서를 형성하고 업무명령으로 그 유지를 도모하고, 게다가 그 위반자를 징계할 수 있다는 사용자의 일방적이고 포괄적인 권한을 내용으로 하고 있다. 더구나 그 범위는 직장의 작업질서·규율을 크게 넘어, 조직활동을 위한 기업시설의 이용,[29] 기업 내의 정치적 표현활동,[30] 나아가 기업 외

---

26) 毛塚勝利 "事業再編における労働者保護に関する立法論的検討: 欧州モデルを超えて" 毛塚 編, 앞의 주21) 284쪽 이하 참조.
27) 国鉄札幌駅사건·最三小判 昭54(1979).10.30. 民集 33권 6호 647쪽.
28) 関西電力사건·最一小判 昭58(1983).9.8. 労判 415호 29쪽.
29) 国鉄札幌駅사건, 앞의 주27).
30) 目黒電報電話局사건·最三小判 昭52(1977).12.13. 民集 31권 7호 974쪽.

의 공무집행방해행위[31)]와 사택 등의 전단지배포행위[32)]까지 미치고 있다. 최고재판소가 말하는 '기업질서' 개념은 이전에 경영자들에 의해 활발히 주장되었지만 결국은 법적 근거가 없다고 하여 부정된 '경영권' 개념[33)]과 같이, 기업경영에서 사용자의 폭넓은 모든 권한을 포괄적으로 근거지우는 개념으로 사용되고 있는 것이다. 그리고 근로자는 근로계약을 체결하고 고용된 것으로 인해 노무제공의무와 동시에 기업질서를 준수해야 할 의무를[34)] 부담하지만, 근로자는 무슨 까닭으로 근로계약의 체결로 이러한 의무를 부담하는가에 대한 설명은 없다. 여기서 기업을 사용자가 지배하는 하나의 작은 사회로서 파악하고, 근로계약을 그러한 기업사회로의 '통행증'의 의의 밖에 인정하지 않는 스에히로 학설 이래의 발상이 강고하게 잔존하고 있다는 것을 알 수 있다.

통상 기업에서의 노동은 공동작업으로 이루어지기 때문에 근로계약상의 근로의무는 공동작업을 수행하는데 필요한 만큼 직장규율을 준수할 의무가 포함되어 있다고 보는 것이 옳다. 그런데 판례에서 말하는 '기업질서'는 이러한 근로의무와 관련된 공동작업 질서보다도 상당히 넓은 것이다. 최고재판소는 '직장 외에서 행한 직무수행과 관계없는 근로자의 행위가 있더라도 기업의 원활한 운영에 지장을 초래할 우려가 있는 등 기업질서와 관계있는 것도 있다'고 하면서,[35)] '기업질서'를 '기업의 원활한 운영'으로 바꿔 말하고, 예를 들면 기업의 사회적 평가의 저하훼손을 초래할 우려가 있는 행위도 기업질서 위반의 범주에서 파악하고 있다.[36)]

이러한 넓은 의미에서의 기업질서를 준수할 의무라는 것은 더 이상 노무제공의무에서는 설명할 수 없다.[37)] 판례에서도 기업질서준수의무는 노무제

---

31) 国鉄中国支社사건·最一小判 昭49(1974).2.28. 民集 28권 1호 66쪽.
32) 関西電力사건, 앞의 주28).
33) 片岡昇『労働者権と経営権』(1963, 労働法学出版) 97쪽 이하 참조.
34) 関西電力사건, 앞의 주28).
35) 関西電力사건, 앞의 주28); 国鉄中国支社사건, 앞의 주31).
36) 国鉄中国支社사건, 앞의 주31).
37) 菅野·労働法 652쪽은 '근로계약관계는 기업질서를 불가결한 것으로 하는 기업에서 그에 따른 협동노동에 종사하는 것을 내용으로 하기 때문에 기업질서준수의무를 당연한 의무로

공의무와는 별개의 의무로서 병렬하고 있지만, 근로계약에서 기업질서준수의무가 생기는 근거에 대해서는 어떠한 설명도 하고 있지 않다.

'기업질서'의 개념은 이전의 '경영권'과 같이 기업에 대한 사용자의 권한을 절대시하고, 근로자의 의무범위를 무한정 확대하는 것으로 근대적인 근로자·사용자의 관계에서는 적합한 것은 아니다. 근로자는 근로의무의 필연적인 귀결로서 직장규율준수의무를 부담하고, 신의칙에 따라 기업비밀보호의무, 경업금지의무, 신용보유의무 등 제반의무를 부담한다더라도,[38] 기업질서준수의무라는 사용자의 편의적인 판단에 따라 내용이 결정되는 포괄적인 의무를 부담한다고 할 근거는 없다.[39]

그러나 근로계약의 실질적 의의를 경시한 최고재판소의 기업질서론은 아이러니하게도 근로자의 의무를 한정하는 근로계약의 의의를 재인식시키는 계기가 되었다.

2. 근로계약의 현실적 기능

근로계약에 대한 관심이 조금씩 높아지고 있는 가운데, 그 독특한 성격을 명확히 하려는 노력이 나타나게 되었다. 예를 들면 아키타(秋田成就)는 근로계약의 특징으로, ① 계속계약적 성격, ② 신분법적 성격, ③ 제도적 성격, ④ 추상적 성격의 4가지를 들고, 그 독특한 성격을 정형화하였다.[40] 표현의 방법이나 중점을 두는 곳은 달라도 이러한 근로계약의 성격부여는 다른 학자에게도 공통적으로 보여진다.[41] 민법학 분야에서도 이러한 근로계약의 특징

서 내포하고 있다'며 판례의 기업질서론에는 찬성하지만, 여기에서는 판례법리가 기업질서를 협동작업질서보다도 넓게 이해하고 있는 것을 간과하고 있다.

38) 근로자가 부담하는 근로계약상의 의무내용에 대해서는 西谷·労働法 178쪽 이하 참조.

39) 취업규칙 규정이 합리적인 경우, 거기에 규정된 제반의무는 근로계약이 되는 것으로 근로자의 의무로 된다(電電公社帯広局사건·最一小判 昭61(1986).3.13. 労判 470호 6쪽). 다만, 그 의무가 신의칙상 당연히 생기는 의무범위를 넘는 내용인 경우에는 그것이 '합리적'(노동계약법 제7조)이라고 말할 수 있는지 특히 신중하게 검토되어야 한다.

40) 秋田成就 "労働契約法" 『労働法の基本問題(沼田稲次郎先生還暦記念論集)』(1974, 総合労働研究所) 508쪽 이하.

41) 本多淳亮 『労働契約·就業規則』(1981, 一粒社) 7쪽 이하; 土田道夫 『労働契約法』(2008, 有

으로부터 근로계약을 관계적 계약 내지는 제도적 계약으로 성격지우는 견해도 주장되고 있다.[42)]

이러한 견해는 분명 스에히로 이후의 지위설정계약론에 비교한다면 근로관계존속 중의 근로계약의 역할을 고려한 점에서 근로계약의 실상에 한걸음 다가서는 것이라고 할 수 있다. 그러나 이러한 정형화에서 중소·영세기업의 근로계약 실태가 경시되고, 또한 근로계약에 관한 최근의 발전경향을 간과하는 경향이 있다.

근로계약에는 근로관계(지위) 설정기능, 의무범위 결정기능, 형식적 근로조건 결정기능(단체협약·취업규칙의 입구) 이외 구체적으로 근로조건을 결정하는 기능이 있다.[43)] 그리고 이 구체적인 근로조건결정의 중요성이 점점 늘어나고 있는 것이다.

첫째, 단체협약도 취업규칙도 존재하지 않는 기업은 결코 적지 않다.[44)] 그러한 기업에서 근로조건은 근로계약에 의해 결정되고, 근로계약에 의해 변경된다. 근로계약에 의한 근로조건의 결정은 그것이 근로자의 동의 없이는 변경될 수 없다는 의미로 안정성을 보장한다.[45)] 근로계약에 의한 근로조건의 변경(특히 임금 인하)이 제기되는 사안이 적지 않지만,[46)] 학설은 중규모 이상

斐閣) 9쪽 이하; 菅野·勞働法 143쪽 등.
42) 內田貴『契約の時代』(2000, 岩波書店) 122쪽; 同『制度的契約論－民営化と契約－』(2010, 羽鳥書店) 57쪽 이하 참조. 이러한 근로계약의 이해에 대한 비판으로서, 西谷·規制 394쪽 이하; 吉村良一『市民法と不法行為の理論』(2016, 日本評論社) 80쪽 이하 참조. 菅野·勞働法 143쪽 이하도, 근로계약은 '조직적 계약', '관계적 계약', '제도적 계약'의 어느 이론에 의하더라도 하나의 이론으로는 나눌 수 없는 특징을 갖는다고 한다.
43) 西谷·個人 257쪽 이하.
44) 노동기준법은 상시 10인 이상의 근로자를 사용하는 사용자에게 취업규칙 작성을 의무화하고 있다(제89조). 그러나 실제로 이 의무에 위반하여 취업규칙의 작성을 게을리 하는 사용자도 적지 않다.
45) 독일에서는 그와 같은 계약의 구속력을 헌법에서 보장받고 있다(Stöhr, Vertragsbindung und Vertragsanpassung im Arbeitsrecht (Unter besonderer Berücksichtigung des allgemeinen Teilzeitanspruchs), ZfA 2015, S. 168ff.).
46) 묵시적 동의에 의해 근로조건을 낮추는 것을 부정한 사례로서 第一自動車工業사건·大阪地判 平9(1997).3.21. 勞判 730호 84쪽; ヤマゲンパッケージ사건·大阪地決 平9(1997).11.4. 勞判 738호 55쪽; 日本ニューホランド사건·札幌地判 平13(2001).8.23. 勞判 815호 46쪽; ゲート

의 기업에만 관심이 있기 때문에 실제로 근로조건을 결정하고 변경하는 근로계약의 역할을 그다지 중시하고 있지 않았던 것 같다.

둘째, 사업장에서 취업규칙이 정비된 경우라도 취업규칙에서는 정할 수 없는 개인적인 근로조건이 존재한다. 특히 직무의 장소와 내용은 근로자 개인별로 정해야 하는 것이며, 취업규칙에서 일률적으로 결정할 수 없다. 이것은 '취업의 장소 및 종사해야 할 업무에 관한 사항'이 근로계약 체결 시에 명시해야 할 조건으로 들고 있기 때문에(노동기준법 시행규칙 제5조제1호의3), 취업규칙의 필요기재사항(노동기준법 제89조)으로 되어 있지 않은 것에서도 분명하다.47) 그리고 말할 필요도 없지만, 채용 시에 명시된 근로조건은 근로계약의 내용이 된다.

직무의 장소와 내용 변경, 즉 배치전환에 관한 학설은 포괄적합의설, 근로계약설, 특약설, 배치전환명령 부인설 등으로 나뉘어 논쟁해 왔다.48) 어느 학설을 취하더라도 채용 시 직장의 장소·내용에 관한 구체적인 합의가 이루어진 경우에는 그것이 계약내용이 되어 그 변경을 위해서는 근로자의 동의가 필요하다는 것으로 되고, 판례도 인정하고 있다.49) 근로조건에는 직장의 장소·내용처럼 개별적으로 밖에 결정할 수 없는 사항이나, 실제로 개별적으로 결정되는 사항이 포함되어 있다. 근로계약 전체를 '제도'로서 이해하는 것은 이러한 중요한 근로조건의 존재를 간과한 결과로 된다.

세 번째로, 근로자의 다양화의 진전이, 계약내용의 중요성을 높이고 있

ウェイ21사건·東京地判 平20(2008).9.30. 労判 977호 74쪽; 技術翻訳사건·東京地判 平23(2011).5.17. 労判 1033호 42쪽 등. 묵시적 동의를 긍정한 사례로는 光和商事사건·大阪地判 平14(2002).7.1. 労判 833호 22쪽; 医療法人共生会사건·東京地判 平23(2011).4.28. 労判 1037호 86쪽(ダ) 등이다.

47) 근로계약 기간도 취업규칙의 필요기재사항은 아니지만, 근로계약 체결 시 명시해야 할 사항으로 되어 있다(노동기준법 시행규칙 제5조제1호). 계약기간도 이론적으로는 근로자마다 다를 수 있기 때문이지만, 실제로는 근로자의 범위 별로 통일적으로 계약기간이 정해져 있는 경우가 많다고 생각된다.

48) 학설전개에 대해서는 渡辺裕 "配置転換·転勤と出向の法理" 労働法文献研究会(編)『文献研究·労働法学』(1978, 総合労働研究所) 15쪽 이하; 和田肇 "人事異動" 季刊労働法 164호(1992) 189쪽 이하 참조.

49) 東亜ペイント사건·最二小判 昭61(1986).7.14. 労判 477호 6쪽.

다. 1985년 남녀고용기회균등법 제정을 계기로 기업에 침투한 코스별 고용관리는, 정사원을 복선화하는 것이었지만, 한정 정사원(직무형 정사원)제도의 보급에 의해 정사원이 더욱 다양화될 가능성이 있다. 이러한 경우, 근로자가 어느 코스에 속하는가는, 통상은 근로계약에 의해 결정된다. 또한 90년 이후 헤이세이(平成) 불황기에는, 파트, 아르바이트, 계약사원, 촉탁, 기간제근로자, 파견근로자 등과 같은 비정규근로자가 급증했다. 일반적으로 장기고용을 전제로 한 정사원과 비교해서, 비정규근로자의 근로조건결정에 있어서는 근로계약의 비중이 높아진 경향이 있다. 이에 덧붙이면, 특히 중규모 이하의 사업장에서는 이러한 다양화에 따른 취업규칙의 정비가 불충분하기 때문에 각 근로자가 어느 카테고리에 속하고, 어떠한 근로조건에 대해서 합의했나에 대한 분란이 적지 않다. 이러한 경우 개개의 근로계약에 관한 의사해석이 문제해결의 열쇠를 쥐게 된다.

네 번째로, 기업의 근로자 관리에 있어서, 개인별 관리가 중요해졌다. 임금제도에 있어서 연공적 요소가 후퇴하고, 능력·성과주의가 침투하는 것은 근로조건의 집단적·획일적 결정의 비중이 저하되고, 개별적 결정의 비중이 증대하고 있음을 의미한다. 특히 성과주의의 대표적인 형태인 연봉제에 있어서는 목표의 설정단계부터 달성도의 평가와 연봉의 결정의 단계에 이르기까지, 사용자와 근로자의 합의에 중요한 의의가 부여된다. 기업내 복리후생에 있어서도, 근로자 개개인의 필요를 고려하는 경향이 강해지고, 근로자에게 여러 개의 제도 중에 선택하게 하는 기업이 늘어나고 있다. 개별관리의 기본적인 틀(frame) 자체는 취업규칙과 단체협약에 의해서 규정한다고 하더라도, 실제의 운용에서는 근로계약과 개별합의의 중요성이 높아지고 있다.[50]

마지막으로 합의원칙을 중시한 2007년 노동계약법의 제정·시행이 실무에서는 근로계약과 근로자의 동의 의의를 높이는 결과가 되었다. 동법의 시행을 계기로 사용자가 분쟁예방을 목적으로 근로자로부터 서면에 의한 동의

---

50) 西谷, 앞의 주2) 2쪽 이하; 同 "労働条件の個別化と法的規整" 日本藤堂硏究雜誌 470호(1999) 24쪽 이하.

를 받아 놓는 방법이 널리 퍼졌기 때문이다.[51] 개별적으로 결정되는 근로조건에 대한 것뿐만 아니라 취업규칙의 변경에 대한 것조차 근로자의 개별동의가 있으면 법원에 의한 '합리성' 심사를 회피할 수 있다는 노동계약법 제9조의 해석(후술함)을 근거로 해서 개별동의를 얻으려고 하는 기업이 증가하고있다. 이러한 방법은 서면으로 작성된 근로자에게 불리한 동의의 효력을 어떻게 판단할 것인가라고 하는 새로운 난문을 제기했다. 그 전형적인 예가 후술하는 비갱신조항이다(본 장 V. 3).

오늘날 근로계약이 종업원의 지위설정·해소에 대한 근거, 또 사업장에서 타당한 집단적 규범의 '입구(통로)'가 되는 것이 아니라, 실제로도 근로조건이나 당사자의 권리·의무를 개별 구체적으로 결정하는 데에 중요한 역할을 하고 있는 것은 분명하다. 근로계약상의 권리·의무의 내용은 제정법·판례와 신의칙에 따라 객관적으로 결정되는 부분과, 당사자의 합의에 의해 결정되는 부분이 있지만,[52] 당사자의 합의에 의해 결정되는 부분에 대한 중요성이 늘고 있기 때문이다. 근로계약을 지위설정계약으로 본 스에히로 학설과 그 영향을 받은 전후 노동법학은 물론이고, 근로계약을 독특한 계약으로서 정형화한 노동법과 민법의 이론에서도 근로조건을 개별적 구체적으로 결정한다는 근로계약의 기능을 충분히 고려하지 않은 것으로 생각된다.

3. 근로자의 합의·동의와 자유로운 의사

근로계약은 노동계약법 제3조 1항(및 제8조)이 확인하고 있는 바와 같이 근로자와 사용자의 합의에 근거하여 체결되고 변경된다. 또한 근로계약관계에 기초한 근로자·사용자는 다양한 개별적 합의를 한다. 예를 들면, 임금액변경의 개별합의는 근로계약의 변경을 의미하지만, 시간외노동에 관한 합

---

51) 예를 들면 국가전략특별구역법 제37조2항에 근거하여 후생노동성이 작성한 '고용지침'(2014. 4.1)에서는 분쟁예방을 위하여 인사에 관한 취업규칙을 상세하게 규정하고, 나아가 근로계약에도 그것을 확인하도록 장려하고 있다. 萬井隆令 "国家戦略特区と「雇用指針」−ブラック企業を招来するもの−" 龍谷法学 48권 1호(2015) 310쪽 참조.
52) 和田肇『労働契約の法理』(1990, 有斐閣) 189쪽.

의는 근로계약의 기초위에 이루어진다. 근로계약의 변경이란, 개별합의로 해석해야 할 것이다. 어떠한 합의가 근로계약의 변경에 해당하는가는 근로계약의 이해의 방법에 따라 달라진다.[53] 그러나 합의의 법적성격이 어떤 것이든 근로자·사용자관계에 있어서 개별합의가 더욱 중요한 역할을 하고 있다는 것은 앞서 본 바와 같다. 사용자의 제안에 대한 근로자의 의사표시인 '동의'에 대해서도 마찬가지이다.

그런데 개별합의의 중요성이 증가함에 따라, 그 합의가 근로자의 진의에 근거하는지 여부에 대한 문제를 의식하지 않을 수 없다. 만일 합의·동의가 모두 시민법이 상정하고 있는 것과 같이 사용자와 대등한 입장에 서서 근로자가 자유로운 의사에 의한 것이라고 한다면 굳이 문제로 할 필요는 없지만, 그것은 분명히 경험적 사실에 반한다. 역으로, 개별적 합의·동의가 언제든지 근로자의 종속성 하에서 이루어진 허위적인 것에 지나지 않는다고 한다면, 원래 그것에 의의를 인정할 수 없는 것이 된다. 하지만 그것도 또한 극단적인 논의이다. 근로자의 합의·동의는 근로자의 진의에 근거하는 것도 있고, 진의에 반하지만 사실상 거부할 수 없기에 이루어지는 경우도 많다. 어쨌든 근로자의 자기결정의 관점에서는 개별합의가 근로자의 진의에 근거하여 이루어지도록 어떻게 보장해야 하는가가 중요한 과제가 된다.[54]

전후 노동법학도 실은 근로계약과 개별합의를 전부 허위적인 것으로 보

---

53) 예컨대 임금, 근로시간, 취업장소 등의 근로조건은 세부에 걸친 근로계약에 의해 결정되는 것으로 생각하는지, 근로계약은 근로조건의 큰 틀을 결정하고 세부는 개별합의 또는 사용자의 개별결정에 의하는 것으로 생각하는지에 따라 다르다. 배치전환에서 계약설은 전자의 계약관의 입장에 서고, 판례의 명령권설은 후자의 견해를 전제로 한다.

54) 반대로 사용자의 변경제안에 대하여 근로자가 완강히 동의를 거부하는 경우에 어떻게 하면 사태를 타개할 것인가라는 문제도 있다. 이러한 경우의 처리에 대하여 변경해약고지와 계약변경청구권에 대해 논하고 있다. 요네즈(米津)는 근로계약 변경문제 등을 생각하면, 자기결정에 기초한 사적 자치의 관점만으로는 한계가 있다는 문제의식에서 근로관계의 조직적, 시간적 성격을 어떻게 근로계약법리(채권적 계약관계)에 포섭하는가를 추구한다(米津孝司 "ドイツ労働法における集団自治と契約自治" 角田古稀(上) 270쪽 이하; 同 "ドイツ労働契約法理における法的思考" 西谷古稀(下) 486쪽(각주5)). 어떠한 근로계약법리라면 자기결정의 이념을 손상시키지 않고 근로관계의 계속적 조직적인 성격을 계약법리에 포함시킬 수 있는 것인가, 이론 전개를 기대한다.

고 있던 것은 아니다. 그 유력한 흐름은 배치전환, 전적(출향), 시간외·휴일 근로, 취업규칙에 따른 근로조건의 불이익변경 등 근로자의 개별적 동의 여부가 쟁점이 되는 문제에 관하여 개별동의를 필요로 하는 입장을 견지해왔다. 그것은 당연히 개개의 근로자가 사용자의 제안을 거부할 가능성을 가지는 것을 전제로 하고 있던 것이다. 전후 노동법학이 상정하고 있는 근로자는 결코 자유로운 의사가 완전히 봉함된 인간이 아니다. 다만 전후 노동법학이 일반론으로서 근로자의 종속성과 '자유의사'의 허위성을 강조한 것과 개별동의의 필요성을 주장한 것과 어떠한 관계에 서는지는 명확하지 않았다.

사용자의 제안에 대한 근로자의 합의·동의는 종속적인 근로관계에서는 근로자의 진의에 근거하여 이루어졌다고 하는 보장은 없다. 오히려 근로자 본래의 의도＝진의(이른바 제1차적 자기결정)와 의사표시(이른바 제2차적 자기결정)가 괴리되기 쉬운 것이 근로관계의 특징이다. 노동법은 이러한 종속성에 기인하는 자기결정의 독특한 이중성을 정면으로 파악하여, 자기결정의 실현을 중요한 내용으로 하는 인간의 존엄이념의 관점에서 제1차적 자기결정의 최대한의 실현도 스스로 중요한 과제로 삼아야 한다.

예를 들면, 근로조건에 관한 강행법규의 설정은 기본적으로 제2차적 자기결정권으로서의 개별합의(동의)로 제한하지만, 설정된 강행법규의 기준은 통상적으로는 제1차적 자기결정에 다소 가까운 기준으로 상정되어 있고, 결과적으로 제1차적 자기결정에 가까운 근로조건기준의 실현에 공헌한다. 단체협약도 개별적 차원에서는 형해화되기 쉬운 계약자유를 회복하고, 근로조건결정을 제1차적 자기결정에 근접시킬 수 있다는 점에서 중요한 의미가 있다. 게다가 이들의 강행법규와 단체협약의 틀 안에서의 개별적 합의·동의에 대해서도 제1차적 자기결정과 제2차적 자기결정의 괴리라는 문제가 생기므로, 법해석으로 그 괴리를 어떻게 최소화하는가가 중요한 과제로 된다.

이와 같이 근로자의 자기결정권을 이중구조에서 파악하는 것은 노동법상의 여러 제도의 근거가 되고, 근로관계에서 근로자의 자유로운 의사(진의)의 최대한 실현을 도모하기 위한 중요한 시점을 제공한다. 이하에서는 이러한 관점에서 문제를 보다 구체적으로 검토한다.

III. 강행법규와 근로자의 의사

1. 근로자 의사의 부정과 그 정당화 근거

노동법의 기본적 구성요소의 하나인 노동보호법은 사법상의 효력이 인정될 수 있는 경우 원칙으로서 강행법규로서의 성격을 가지며, 근로계약과 개별합의도 제한한다. 그 주요한 목적은 근로자보호를 위한 사용자의 사실상 단독결정을 규제하는 것이지만, 결과적으로는 근로자의 의사도 구속하는 것이 된다. 예를 들면, 법정최장시간을 넘는 근로시간의 합의는 설령 근로자의 진의에 근거한다더라도, 법정최장시간을 초과하는 한도에서 그 효력이 부정되고, 근로시간은 법정시간대로 약정되는 것으로 다루어진다(노동기준법 제13조).

근로자를 그 종속성의 측면에서만 파악한다면, 노동보호법규가 근로자의 의사를 제약하는 것은 당연하고 그 근거를 굳이 물을 필요는 없다. 실제로 전후 노동법학에는 근로자 의사와의 관계에서 노동보호법의 근거를 묻는 발상은 희박하였다. 그러나 근로자가 형식상으로는 물론 현실에서도 어느 정도까지는 자유로운 의사주체이어야 한다는 것이 의식됨에 따라, 근로자보호법규는 왜 근로자의 의사를 부정해야 하는가, 그 정당화 근거는 무엇인가라는 문제가 부상한다. 그 문제는 앞으로의 입법정책을 생각하는데 있어서도 중요하다. 예컨대 개개의 근로자가 동의하면 원칙적 법정시간(1일 8시간 등)을 초과하여 일을 시킬 수 있다고 하는 입법론[55]을 어떻게 생각하는가이다. 그러한 입법론의 당부를 판단하기 위해서는 우선 강행법규에 의한 합의의 규제 근거를 명확히 하여야 한다.

강행법규에 의한 근로자 의사의 구속은 다음의 3개의 관점에서 정당화

[55) 영국에서는 주당 평균 48시간의 근로시간 제한에 관하여 개개의 근로자가 동의하면 적용이 제외되는 제도(opt-out)가 설정되어 있다. 이에 대해서는 小宮文人『現代イギリス雇用法』(2006, 信山社) 136쪽 이하 참조.

될 수 있다고 생각된다.[56]

첫째, 사용자에 대한 근로자의 종속성을 이유로 근로자가 '진의'에 반하여 열악한 근로조건에 동의를 강요당할 위험성이 높다는 것이다. 이것이 경험적 사실인 이상, 구체적인 사례에서 근로자의 '진의'를 개별적으로 탐구하는 것이 아니라, 일정기준의 조건을 획일적으로 적용하는 것이 합리적인 법정책이라 생각할 수 있다. 이 기준은 근로자의 '인간다운 생활'(노동기준법 제1조제1항)의 관점으로부터 설정되지만, 그것은 평균적 근로자의 '진의'(제1차적 자기결정)에 가까운 것이라고 상정할 수 있다. 따라서 여기에서는 근로자의 제1차적 자기결정을 최대한 실현한다고 하는 것을 목표로 하여 제2차적 자기결정에 제한을 가하는 것이다.

둘째, 근로자가 일정 시점에서 '진의'에 근거하여 열악한 조건에 동의한 경우에도 그 '진의' 자체는 근로자가 처한 현실조건에서 규정된 것이다. 그리고 열악한 근로조건이 중장기적으로는 근로자의 건강악화 등의 결과를 초래하는 경우에는 법은 근로자를 그 '진의'에 근거하는 동의로부터 보호하기 위해서 최저한의 개입이 이루어진다. 그것은 국가의 후견적 개입이 아닐 수 없지만, 근로자의 '인간다운 생활'을 보장하기 위해서는 어쩔 수 없는 개입이다. 여기서는 인간의 존엄이론으로 제1차적 자기결정 자체가 제약되는 것이다.

셋째, 근로는 통상적으로 집단적 협동작업으로서 이루어지지만, 근로자 개개인의 근로조건은 다른 근로자에게 영향을 미친다. 또한 근로기준의 감독은 사업장단위로 집단적으로 이루어져야 한다. 여기서 우월한 정신적·육체적 조건보다 최저기준 이하의 조건(1일 8시간을 초과하는 근로시간 등)에서 일하는 일부의 근로자에 대해서도 통일적인 규제를 위해 그것을 금지할 필요가 있게 된다.[57]

---

56) 西谷敏 "労働者保護法における自己決定とその限界" 松本博之·西谷敏(編) 『現代社会と自己決定権』(1997, 信山社) 230쪽 이하; 西谷·規制 400쪽 이하.

57) 일정기준 이하의 근로기준에서 일하는 것은 자기의 노동력을 동료보다도 싸게 파는 것이 되고, 근로자동료의 경제적 연대성을 깨는 의미를 가진다는 지적이 있다(沼田稲次郎 『労働法論上』(1960, 法律文化社) 215쪽).

이상 3가지 점을 고려해 보면 일정한 법정기준에 따라 근로자를 구속할 필요성이 높은 반면 기준 이하의 근로조건에서 일하는 근로자의 의사를 부정하는 것은 해당 근로자에게 주는 불이익은 중대한 것이 아니다. 여기서 노동보호법은 원칙적으로 근로자 의사여하를 불문하고, 강행법규로서 근로자 자신도 구속되어야 한다는 결론이 된다.58)

2. 근로자 의사의 편입

강행법규를 중심으로 하는 노동보호법도 근로자의 의사를 전적으로 무시하는 것은 아니다. 법은 근로자의 의사로 보는 것이 적당하다고 생각하는 문제에 관해서는 근로자의 의사를 보호법체계에 편입한다.

예를 들면, 산전후휴가에 관한 노동기준법 제65조는 산전휴가에 대해서는 근로자의 '청구'에 의한 것으로 하고(제1항), 산후휴가에 대해서도 산후 6주가 경과 후 근로자가 '청구'한 경우에는, 의사가 지장이 없다고 인정하는 업무에 임할 수 있다(제2항). 임신 중인 여성의 경이한 작업으로의 전환(제65조제3항), 임산부의 시간외근로와 심야작업금지(제66조)에 대해서도 근로자 자신의 '청구'가 요건이 된다. 이러한 처우가 이루어지는 사항의 특징은, ① 규제의 해제가 근로자에 미치는 영향이 그다지 중대하지 않은 것, ② 일률적인 법적 규제가 오히려 근로자에게 임금상실 등의 불이익이 미칠 수 있는 것에 있다. 노동기준법은 이러한 성질을 갖는 사항에 대해서는 보호적 조치를 이용할지 여부를 근로자의 판단에 맡기고 있기 때문에 이것은 일응 타당한 법정책이라고 생각된다.59)

또한 연차유급휴가의 취득시기에 대해서 국제적으로는 사용자가 근로자

---

58) 이에 대하여, 노동보호법의 임의규정화를 적극적으로 인정하는 견해(下井隆史 『勞働基準法[第4版]』(2007, 有斐閣) 13쪽), 공서에 관련된 규정을 제외하고 반강행적규제(근로자의 진의에 근거한 동의가 있으면 적용을 제외한다)를 인정해야 한다는 견해(大内伸哉 『勞働者代表法制に関する研究』(2007, 有斐閣) 22쪽) 사용자의 노력의무규정을 적극적으로 인정해야 한다는 견해(荒木尚志 "勞働立法における努力義務規定の機能" 『勞働関係法の現代的展開(中嶋士元也先生還暦記念論集)』(2004, 信山社) 19쪽 이하) 등이 있다.
59) 西谷, 앞의 주6) 235쪽 이하.

(집단)와 협의하여 그 시기를 결정하는 것이 통상적이지만,[60] 일본에서는 연차유급휴가는 근로자가 '청구하는 시기'에 부여해야 한다고 하고 있다(노동기준법 제39조제5항). 판례는 여기에서 말하는 근로자의 '청구'를 시기의 '지정'으로 해석하고 있지만,[61] 어쨌든 근로자의 이니셔티브를 요구하고 있는 것이며, 이것은 근로자의 의사가 노동보호법체계에 편입되어 있다는 하나의 예이다.[62]

그러나 근로자의 의사를 노동보호법의 모든 사항에 관계시키는 것은 법정책상으로 타당하지 않다. 예를 들면, 최장근로시간이라는 근로자의 건강에 중대한 영향을 미치는 근로조건의 기준은 근로자의 의사와는 상관없이 적용되어야 한다. 근로자의 동의가 있으면 근로시간규제의 적용제외를 인정한다는 법정책은 일본의 현상황에서는 8시간근로제를 붕괴시킬 위험성이 높다. 또한 어떤 노무공급자가 노동법상 '근로자'에 해당하는지 여부에 대한 기본적 문제는, 노무공급의 실태 등 객관적 사정과 목적론적 관점을 가미해서 결정해야 하며 거기에 계약 당사자의 합의요소를 가져와서는 아니 된다(제7장 Ⅲ. 2). 노동보호법은 원칙적으로 개개의 근로자와는 관계없이 강행적으로 타당해야하며, 법정책적으로 거기에 근로자의 의사를 편입할지 여부는 각각의 규정의 성질, 근로자의 자유로운 의사가 방해받을 위험성 등을 고려하여 신중하게 판단해야 한다.

또한 법률이 명기하고 있지 않는 경우에는 법해석에 의해 근로자의 동의에 의해 강행법규로부터의 이탈을 인정하는 것은 원칙적으로 허용될 수 없다. 최고재판소는 예를 들면, 근로자의 '자유로운 의사'에 따른 동의가 있으

---

60) ILO 제132호 조약(1970) 제10조제1항에서는 '휴가 시기는 규칙, 단체협약, 중재재정 그 밖의 방법으로 국내관행에 합치에 따라 정해져 있는 경우를 제외하고 사용자가 해당 피용자 또는 그 대표자와 협의를 한 후 결정 한다'고 규정하고 있다.

61) 白石営林署사건・最二小判昭48(1973).3.2. 民集 27권 2호 191쪽; 国鉄郡山工場사건・最二小判 昭48(1973).3.2. 民集 27권 2호 210쪽.

62) 이 방식은 일견 근로자의 이익에 부합 것처럼 보이지만, 실은 근로자가 많은 연차휴가를 남기는 중요한 원인이 되고 있다. 이러한 인식의 바탕에서 2015년에 상정한 노동기준법개정안(계속심의 중)은 연차휴가일수 중 5일은 사용자가 '근로자마다 그 시기를 정하는 것에 따라' 부여해야 한다고 하고 있다.

면, 임금채권의 합의에 의한 상계나 임금채권의 포기는 노동기준법 제24조제1항의 임금전액지급원칙에 반하지 않는다고 한다.[63] 그러나 노동기준법 제24조제1항은 다른 법령에서 정하는 경우와 근로자 과반수대표와의 서면협정이 존재하는 경우에 한하여 전액지급원칙의 예외를 인정하고 있다. 적어도 이러한 서면협정 없이 근로자 개개의 합의에 근거하여 임금을 상계하는 것을 인정하는 것에는 의문이 남는다.[64]

최고재판소가 합의에 의한 상계와 임금포기의 의사표시의 성립을 인정함에 있어, '동의가 근로자의 자유로운 의사에 터잡아 이루어진 것으로 인정할만한 합리적인 이유가 객관적으로 존재할 때'라는 판단기준을 정립해서 신중한 자세를 보이고 있다는 것 자체는 근로자의 종속적 상태를 어느 정도 고려한 의사표시론으로서 평가할 수 있다. 그리고 이러한 판단기준을 근로조건의 불이익변경에 관한 동의 여부를 판단하는 데에도 적용한다는 판례의 태도에는 기본적으로 찬성할 수 있다(본 장 V. 1. 참조). 그러나 강행법규로부터 일탈하는 합의와 근로자에게 불이익을 초래하는데 불과한 합의는 명확하게 구분되어야 하며, 전자의 합의는 그것이 근로자의 진의가 있었더라도 원칙적으로 유효라고 인정할 수 없다.[65] 앞서 예를 든 것 이외에 시간외노동에 대한

---

63) 日新製鋼사건·最二小判 平2(1990).11.26. 民集 44권 8호 1085쪽(합의에 의한 상계는 유효); シンガー·ソーイング·メシーン사건·最二小判 昭48(1973).1.19. 民集 27권 1호 27쪽(퇴직금 채권의 포기는 무효); 北海道国際航空사건·最一小判 平15(2003).12.18. 労判 866호 14쪽(이미 발생한 임금채권의 포기는 무효). 日新製鋼사건 판결에서 근로자의 자유로운 의사의 인정은 '엄격하고 신중하게 이루어져야 한다'고 한다.

64) 菅野·労働法 437쪽 이하. 이에 대하여 노동기준법 제24조제1항은 확정된 임금채권 전액지급을 의무화한 것으로 해석되기 때문에, 임금채권의 포기는 바로 동조항에 위반한다고 말할 수 없다. 그러나 임금채권(퇴직금 청구 포함)의 포기는 합의상계 이상으로 근로자에게 중대한 영향을 미치기 때문에 근로자의 자유로운 의사유무를 보다 신중하게 판단하여야 한다.

65) 三井正信 "労働法における合意原則の限界と実質化(一)" 広島法学 37권 4호(2014) 19쪽은, 합의가 실질적이라면 강행규정으로부터 일탈을 인정하는 경향을 합의의 '과잉'이라고 비판한다. 또한 新屋敷恵美子 "イギリス労働法における労務提供契約の『性質決定』と契約解釈(1)" 山口経済学雑誌 64권 1호(2015) 13쪽 이하에서 객관적 규범과 합의의 긴장관계를 합의의 인정(계약해석) 문제로 일원적으로 처리하려는 최근의 판례 경향을 비판하는 것도 같은 취지라고 생각된다.

할증임금의 포기는 강행법규인 노동기준법 제37조로부터 일탈하는 것이며, 동조가 시간외노동의 억제를 목적으로 하는 것을 고려하면 사전포기뿐만 아니라, 시간외노동에 의해 생기는 할증임금 청구를 포기하는 합의도 무효라고 해석해야 할 것이다.[66] 또한 균등법에서 차별금지규정에 반하는 합의도 설령 근로자의 자유로운 의사가 있었더라도 유효라고 인정할 수 없다.[67]

IV. 집단규범과 근로자의 의사

1. 단체협약의 규범적 효력과 한계

단체협약은 노동조합과 사용자(단체)의 협정이며, 그 주된 목적은 개별 근로계약의 내용의 규제이다. 협약당사자의 이 목적을 법적으로 어떻게 실현하는가에 대해, 20세기 이후 법해석학은 다양한 시도를 해왔다. 하지만 단체협약을 계약의 한 종류로 이해하는 한, 근로계약에 대한 협약의 우위를 근거 짓는 데에는 성공하지 못했다. 근로계약의 규제라고 하는 협약당사자의 목적은 단체협약의 규범적(불가변적) 효력의 입법적 승인에 따라 처음으로 달성되었다.[68] 일본의 노동조합법 제16조가 단체협약의 규범적 효력을 승인하는 것도 독일의 1918년 단체협약령(및 이듬해 프랑스의 단체협약법)의 영향에 의한 것이다.

---

66) ワークフロンティア사건 · 東京地判 平24(2012).9.4. 勞判 1063호 65쪽에서 사전포기는 무효이지만, 발생된 할증임금의 포기를 유효로 인정한다. 또한 '자유로운 의사'에 근거한 포기의 합의가 성립된 것을 부정하는 사례는 テックジャパン사건 · 最二小判 平24(2012).3.8. 勞判 1060호 5쪽이다.

67) 広島中央保健生活協同組合사건 · 最二小判 平26(2014).10.23. 民集 68권 8호 1270쪽은, 임신에 따른 경이한 작업으로의 전환을 계기로 하는 강등을 특별한 사유가 없는 한 균등법 제9조제3항에 위반된다고 하면서, '해당 근로자에 대해 자유로운 의사에 근거하여 강등을 승낙한 것으로 인정할 만한 합리적인 이유가 객관적으로 존재할 때'는 특별한 사정에 해당한다고 한다. 이 판시의 타당성도 문제될 수 있지만, 이 사건은 근로자의 신청에 의한 경이한 작업으로의 전환이 계기가 되었다는 사안으로서, 강행규정으로부터 일탈하는 동의의 일반 문제와는 구별된다는 해석도 가능하다.

68) 이러한 경과에 대해서는 後藤清『勞働協約理論史』(1935, 有斐閣) 1쪽 이하; 西谷敏『ドイツ勞働法思想史論－集団的勞働法における個人 · 団体 · 国家－』(1987, 日本評論社) 231쪽 이하 참조.

현재는 단체협약의 규범적 효력에 따라 근로계약이 구속받는 것은 법문상 명확하며, 규범적 효력은 노동조합법에 따라 창설되었다고 해석해야 할 것이다.[69] 그러나 입법자가 그러한 규정을 둔 실질적인 근거를 어떻게 해석할 것인가라는 문제는 협약의 규범적 효력과 관련된 제문제를 생각하는데 있어 기본적인 의미를 가진다.

입법자는 협약에서 표현된 집단의사가 개별계약에 우위한다는 것을 승인한 것이다. 여기에는 계약자유가 개별계약의 차원에서는 형해화 되는 경향이 있고, 집단적 차원에서 간신히 실질적으로 실현될 수 있다는(근로자의 제1차적 자기결정에 가까운 결정을 하게 될) 고려가 작동했다고 해석된다. 그 의미에서는 협약의 규범적 효력 승인이 계약법리의 부정이 아니라, 오히려 그 실질적 실현을 도모하는 것이라고 이해해야 할 것이다. 또한 협약체결을 지향하는 집단의사는 근로자 개개인의 조합가입 의사를 기초로 하는 것이며, 조합 내의 민주적 절차를 거쳐 형성된다. 그리고 단체협약에서는 노동조합의 집단의사가 근로자의 개별의사를 직접, 외적으로 구속하는 것이 아니라, 개별의사와 집단의사라는 것은 근로자의 개별의사(조합가입의사) → 민주적 절차에 따른 협약체결을 위한 집단적 의사 형성 → 협약에 실현된 집단의사에 의한 개별의사(계약의사)의 구속이라고 하는 관련구조로 파악할 수 있을 것이다.[70]

단체협약상의 중요한 제문제, 즉 단체협약의 유리원칙의 유무(규범적 효력은 협약수준을 넘는 근로계약에도 미치는가), 협약자치의 한계(규범적 효력은 어떠한 사항에 대해 근로계약과 개인의 의사를 구속할 수 있는가), 협약의 불이익변경(어떠한 경우에 단체협약의 개정이 근로조건을 불이익하게 변경하는 효력을 갖는가) 등의 문제는 이러한 단체협약의 개별의사와 집단의사의 입체적 관계를 기축으로 파악하여 검토해야 한다.[71]

---

69) 현재의 통설이라 할 수 있지만 논의가 끝난 것은 아니다. 규범적 효력은 헌법 제28조의 단결권·단체교섭권에 근거를 갖는다는 견해로 浜村彰 "労働協約の規範的効力と一般的拘束力" 西谷古稀(下) 63쪽 이하 참조.
70) 西谷·個人 62쪽 이하; 西谷·組合法 28쪽 이하; 西谷·労働法 626쪽.
71) 西谷·組合法 343쪽 이하, 353쪽 이하; 西谷·労働法 630쪽 이하.

2. 취업규칙과 근로계약

(1) '틀'로서의 취업규칙

취업규칙은 단체협약과는 달리 최종적으로는 사용자의 일방적인 의사에 의해 작성되고 변경된다(노동기본법 제90조 참조). 노동조합이 어느 정도 교섭력을 유지하고 있는 경우에는 노동조합(즉 근로자의 집단의사)은 취업규칙을 둘러싼 단체교섭 등을 통해서 직접적으로 또는 단체협약을 통해 간접적으로 취업규칙의 작성·변경에 영향을 미칠 가능성을 가지고 있다(노동기준법 제92조 참조). 그러나 사용자는 법적으로 사업장의 과반수대표의 의견을 청취하고, 스스로 단독결정에 의해 취업규칙을 작성·변경하는 권한을 부여받고 있으며 실제로도 단독으로 결정하는 경우가 많다. 이것은 노사대등결정원칙(노동기본법 제2조제1항)과 합의원칙(노동계약법 제3조제1항)에서는 설명이 곤란한 제도이다. 본래 근본적인 개혁이 필요하다고 생각한다.[72] 그러나 여기에서는 그 문제는 다루지 않는다.

이처럼 취업규칙은 사용자가 단독으로 작성·변경하는 것임에도 불구하고, 법은 취업규칙에서 정하는 기준에 미달하는 근로조건을 정하는 근로계약의 부분을 무효로 하고(노동기준법 제93조. 현재는 노동계약법 제12조), 노사의 개별합의를 제한하고 있다. 이는 사용자가 작성하고, 의견청취와 신청의 절차를 거친 후 근로자에게 주지하는 취업규칙을 사용자 자신에게 준수시켜, 취업규칙으로부터 자의적인 일탈을 허용하지 않는다는 취지이다. 즉 그 제한(틀)은 강행법규와 근로계약과 달리 사용자가 스스로 설정한 제한이지만, 사용자가 일방적으로 작성·변경하는 취업규칙도 사용자 자신이 그것을 준수하는 한 근로자보호의 역할을 할 수 있다고 노동기준법의 입법자는 생각한 것이다.[73]

---

72) 사업장에서 통일적인 근로조건의 결정은 필수적이라는 측면을 강조하는 입장에서는 취업규칙의 이러한 역할은 필연적인 것으로 평가한다(荒木尚志 "日本における集団的労働条件設定システムの形成と展開" 日本労働研究雑誌 661호(2015) 15쪽 이하).

73) 이것을 '금반언' 법리에 의해 설명하는 것이 가능하다지만(毛塚勝利 "就業規則理論再構成へのひとつの試み" 労働判例 428호(1984) 11쪽 이하), '금반언'을 좁게 해석한 후 '금반언으로

(2) 취업규칙의 불이익변경과 근로계약

노동기준법은 취업규칙과 근로계약의 관계에 대해서 그 이상의 규정은 두지 않았다. 그 때문에 학설은, 특히 취업규칙의 불이익변경은 근로조건에 어떠한 영향을 미치는가라는 문제에 관심을 가지고 계약설과 법규범설을 기축으로 복잡한 논의를 전개하게 되었다.[74] 취업규칙의 제조항은 근로계약의 내용이 됨으로써 비로소 근로자·사용자의 권리의무를 결정하는 것으로 보는 계약설은, 노동법이 대전제로하는 합의원칙(노동기준법 제 2 조제 1 항)에 따른 충실한 해석이며 근로조건의 변경에는 근로자의 개별적 동의가 필요하다는 결론에 이른다.[75]

이에 대하여 취업규칙에 법규범으로서의 성격을 인정하는 경우, 그 불이익변경과 함께 근로조건이 자동적으로 저하된다고 하는 결론도 있을 수 있다. 그러나 일단 결정된 타당한 취업규칙의 내용을 사용자가 일방적으로 변경할 수 있고, 근로자가 그것을 감수해야 한다는 것은 사회적으로 너무 부당하다. 여기서 법규범설의 대다수는 취업규칙 조항이 근로계약의 내용이 되는 (화체하는) 것으로서, 결국 근로자의 동의 없이는 근로조건의 불이익변경은 안 된다는 계약설과 같은 결론에 이른다.[76] 이처럼 학설에 따른 법률구성은 매우 다양한 상황이었지만, 사용자에 의한 근로조건의 일방적인 불이익변경은 인정할 수 없다는 결론에 있어서는 넓게 일치를 보였다.

평가할 수 있는 신의칙 위반이 없는 한 규범적 효력을 인정해서는 안 된다'는 견해(大內伸哉 "就業規則の裁定基準効とは、どのような効力なのか" 毛塚古稀 123쪽 이하)에는 찬성할 수 없다.

74) 학설의 전개에 대해서는 諏訪康雄 "就業規則" 勞働法文献研究会編, 앞의 주48) 82쪽 이하; 野田進 "就業規則" 季刊勞働法 166호(1993) 149쪽 이하 참조.

75) 현실에서는 취업규칙의 내용은 물론 그 존재조차 모르고 근로계약을 체결하는 근로자가 많고, 또 취업규칙의 불이익변경 시에도 불만을 말하지 않는 사람이 많다. 이런 상황에서 순수계약설에 의해 취업규칙의 개정에 의한 근로조건의 불이익변경을 설명하는 것은 취업규칙 내용에 대한 동의와 변경에 동의하는 이중의 픽션에 의한 것이 된다. 법규범설이나 다른 학설이 주장하여 착종한 논의가 전개된 배경에는 순수계약설이 갖는 이러한 문제가 있었다고 생각된다.

76) 西谷敏 "就業規則" 片岡曻『新勞働基準法論』(1982, 法律文化社) 450쪽 이하.

그러나 최고재판소가 1968년의 대법정(전원합의체)판결[77]에서 보인 입장은 그때까지의 학설에 명확하게 선을 긋는 것이었다. 그것은 취업규칙에 따른 근로조건의 집단적·획일적 결정의 필요성을 강조하는 것으로 의해 그 내용변경에 '합리성'이 있는 경우에는 근로자의 의사 여하에 관계없이 근로자를 구속한다는 것이다. 취업규칙의 개정에 의한 근로조건변경에 대해서 근로자의 개별적 동의요소를 배제한 점이 판례의 가장 중요한 특징이었다.

이 판례법리를 불이익변경에 대해 근로자의 개별동의가 불가결하다는 학설과 비교했을 경우, 어느 것이 타당한 결과를 이끌어낼지는 일률적으로 말할 수 없다. 개별동의설은 근로자 개인의 의사를 존중한다고 하는 노동기준법 제2조제1항의 취지에 입각한 상식적인 견해이지만, 판례법리는 개별의견을 존중한 경우에 생길 수 있는 근로조건의 불통일을 회피하려는 이점이 있다. 또한 판례에서 말하는 '합리성'이 적절히 판단되면 근로자에 미치는 불이익을 최소화하는 것도 가능하다. 그러나 그 후의 판례는 '합리성'을 한정적으로는 해석하지 않았다.[78]

보다 근본적인 문제는 그 내용과 변경에 '합리성'이 있으면 그것이 근로

---

77) 秋北バス사건·最大判 昭43(1968).12.25. 民集 22권 13호 3459쪽.
78) 한때, 도쿄고등법원에서는 판례가 말하는 취업규칙변경의 '합리성'을 좁게 해석하여 장기적으로 실질적인 임금의 저하를 초래하는 취업규칙의 불이익 변경은 합리적이지 않다는 입장을 취했다(日本貨物検数協会사건·東京高裁 昭50(1975).10.28. 高民集 28권 4호 320쪽; タケダシステム사건·東京高裁 昭54(1979).12.20. 労民集 30권 6호 1248쪽). 이는 秋北バス사건·대법정(전원합의체) 판결에서 말하는 일방적인 불이익변경은 '원칙적으로 허용되지 않는다'는 문구에 충실한 해석이었다. 그러나 최고재판소는 '합리성'의 이러한 좁은 이해를 부정(タケダシステム사건·最二小判 昭58(1983).11.25. 労判 418호 21쪽)하는 한편, 임금·퇴직금 등과 같은 중요한 권리·근로조건에 대해 실질적인 불이익을 미치는 취업규칙의 변경에 대해서는 '그런 불이익을 근로자에게 법적으로 수인시키는 것을 허용할 수 있을 만큼 고도의 필요성에 근거한 합리적인 내용의 것'인 경우에 한하여 근로조건을 불이익하게 변경하는 효력이 있다고 하였다(大曲市農協사건·最三小判 昭63(1988).2.16. 民集 42권 2호 60쪽). 그 후에 보다 상세하게 정형화 되어(第四銀行사건·最二小判 平9(1997).2.28. 民集 51권 2호 705쪽; みちのく銀行사건·最一小判 平12(2000).9.7. 民集 54권 7호 2075쪽) 판례법리로 되었다. 이는 슈호쿠버스사건(秋北バス사건) 판결에서 '원칙-예외' 이론을 유연한 형태로 이해하고 유지한 공식이라고 말할 수 있다. 이 공식은 노동계약법 제10조의 골격을 이루고 있다.

자의 의사에 반하는 경우에도 근로자를 구속한다고 하는 결론이 어떠한 근거에 의해서 도출되는가에 있다. 판례는 이점에 대해서 설득적인 논거를 제시했다고 할 수 없다. 그것을 약관에 관한 통설적 이론을 취업규칙에 응용한 것,[79] 혹은 일종의 '정형계약설'[80]이라고 해석하여도, 일방적인 불이익변경까지 근거지울 수는 없다. 또한 '계속성원리(고용권 제한)·유연성원리 하에서의 계약 프로세스에서 움직이는 새로운 관계적 계약법리가 판례에 의해 확립된 것'이라는 우치다(内田貴)의 설명도,[81] 판례법리의 논리구조에 대한 설명은 되더라도, 그것의 규범적인 근거는 되지 않는다고 생각한다. 1968년 이래의 최고재판소 판례는, 집단적·획일적 결정의 필요성이라는 합목적적 관점을 강조할 뿐, 명확한 법적 근거를 들지 않고 근로조건의 노사대등결정원칙(노동기준법 제2조제1항)을 정면으로 부정하는 극히 급진적인 생각을 표출하였다고 할 수 있다. 학설은 판례에 추종하는 일부 학설을 제외하고 오랫동안 이 판례에 강한 위화감을 가지고 있었다는 것은 당연하다.

그러나 2007년 노동계약법은 판례법리에 대해 법률의 기초를 부여하게 되었다. 동법 제7~12조는 취업규칙에 관한 판례법리를 과부족 없이 법문화한 것으로 설명하고 있다.[82] 그러한 이해를 전제로 한다면, 판례법리에 대한 비판은 법해석 영역을 넘는 입법론의 문제가 된다고 말할 수 있다.

그렇다 하더라도, 법해석론상의 문제가 해소되는 것은 아니다. 취업규칙의 내용과 변경이 '합리적'이라면, 사용자는 근로자의 의사에 반하여도 근로조건을 결정·변경한다는 규정은 합의원칙을 새삼스럽게 강조하는 노동계약법 안에서는 눈에 띄는 이질적인 존재이고, 그 이론상의 근거와 의미내용은 여전히 문제라고 말하지 않을 수 없다. 특히 노동계약법이 취업규칙의 법적 성격을 어떻게 파악하고 있는가는 노동계약법의 제조항의 해석에도 다양한 영향

---

79) 下井隆史 "就業規則の法的性質: 現代労働法講座10『労働契約·就業規則』(1982, 総合労働研究所) 293쪽 이하. 그러나 시모이(下井) 자신은, 근로자가 취업규칙의 합리적 변경에 미리 포괄적으로 합의하고 있다고 설명하는 입장을 취한다(下井, 앞의 주58) 389쪽).
80) 菅野和夫『労働法[第六版]』(2003, 弘文堂) 118쪽 이하.
81) 内田『契約の時代』, 앞의 주42) 122쪽.
82) 荒木尚志·菅野和夫·山川隆一『詳説労働契約法第2版』(2014, 弘文堂) 27쪽 이하.

을 미치는 기본문제이며 그 점에 관해서는 다양한 견해가 제시되고 있다.[83]

(3) 취업규칙의 불이익변경으로의 개별동의

취업규칙과 근로계약의 관계에서 더욱 큰 혼란을 일으킨 것은 노동계약법 제9조의 규정이다. 노동계약법 제9조는 '사용자는 근로자와 합의하지 아니하고, 취업규칙을 변경하여 근로자에게 불이익하게 근로계약의 내용인 근로조건을 변경할 수 없다'라고 규정하고, '다만 다음 조항의 경우에는 그러하지 아니하다'고 하면서, 합리성의 요건을 정한 제10조로 연결하고 있다. 이 조항을 단순히 반대해석하면 취업규칙의 불이익변경에 대해 근로자는 개별적으로 동의를 한 경우에는 제10조의 합리성 심사를 받지 않고, 근로조건이 유효하게 불이익변경된다고 할 수 있고, 현재는 이러한 견해도 유력하다.[84]

그러나 이러한 해석은 우선 '합리성' 심사를 거치지 않고 근로조건의 일방적 불이익변경을 인정한다고 하는 결론 그 자체부터 부당하다. 취업규칙의 변경에 의한 근로조건의 저하를 의도하는 사용자는 취업규칙 변경절차를 끝낸 후에 각 근로자의 개별적 동의를 얻어내면, 노동계약법 제10조에서 의미하는 '합리성' 유무에 관계없이, 개정취업규칙의 적용에 의하여 각 근로자의 근로조건을 낮추는 것이 된다. 이것은 일본 현실에서는 '합리성'의 의미를 거의 없애는 것과 마찬가지이다.

뿐만 아니라, 이 해석은 취업규칙과 근로계약의 관계에 관한 판례를 이해하는 데 문제가 있다. 상술한 바와 같이 판례는 학설에서 계약설 혹은 계약설과 동일한 결론에 이르는 법규범설을 전부 부정하고, 근로조건의 집단적·획일적 결정의 필요성을 근거로 변경의 합리성이 있으면 불이익변경에 반대

---

83) 奧田香子 "労働条件決定規範の法的構造と「合意原則」" 日本労働法学会誌 126호(2015) 24쪽 이하 참조.
84) 菅野 · 労働法 202쪽; 荒木 · 労働法 356쪽 이하; 荒木(ほか), 앞의 주82) 128쪽 이하. イセキ 開発工機사건 · 東京地判 平15(2003).12.12. 労判 869호 35쪽(노동계약법 제정 전의 판단); 協愛사건 · 大阪高判 平22(2010).3.18. 労判 1015호 83쪽; 熊本信用金庫사건 · 熊本地判 平26(2014) .1.24. 労判 1092호 62쪽; 山梨県民信用組合사건 · 最二小判 平28(2016).2.19. 최고재판소 HP도 같은 취지라고 생각한다.

하는 근로자도 새로운 취업규칙에 구속된다는 입장을 취하고 있다.[85] 노동계약법의 제규정이 이러한 판례법리를 법문화한 것이라고 한다면(그렇지 않다면, 특히 노동계약법 제10조는 설명이 불가능하다), 최고재판소가 집단적으로 처리하려고 한 취업규칙에 의한 근로계약조건의 변경문제에 재차 개별근로자의 동의 유무라고 하는 요소를 끌어들이는 것은 명확한 모순이다.[86] 근로조건의 집단적·획일적 결정을 강조한 최고재판소가 변경취업규칙에 대한 동의·부동의에 의해 근로조건이 다른 근로자가 병존하는 사태를 용인하려는 취지였다고는 도저히 생각할 수 없다. 노동계약법 제9조를 단순히 반대해석해서 근로자의 개별동의만 있으면 제10조에 의한 '합리성' 심사 없이 근로조건의 불이익변경이 인정된다고 해석하는 것은 판례의 취지에 반한다. 따라서 노동계약법의 해석으로서는 타당하지 않다.[87] 취업규칙에 따른 근로조건의 불이익변경은, 어디까지나 '합리성'의 존부에 입각하여 판단하여야 할 것이다.[88]

---

85) 荒木尚志 "就業規則の不利益變更と勞働者の同意" 法曹時報 64권 9호(2012) 1쪽 이하; 荒木·勞働法 356쪽 이하에서는, 최고재판소 판례는 개별합의가 없었던 경우 획일적인 불이익변경에 대해 논하고 있는 것이며, 개별합의가 있는 경우의 변경을 배제하는 취지는 아니라고 하지만 의문이다. 또한 아라키(荒木)는 당시 학설도 개별합의에 의하여 근로조건을 낮추는 것을 부정하지 않았다고 하나, 최고재판소는 당시 학설을 부정한 후 자신의 입장을 밝힌 것이며, 판례의 입장을 설명하기 위해 당시의 학설을 원용하는 것은 부적절하다.

86) 노동계약법의 독자적 행보는 좋은가(唐津博 "勞働契約法の「独り歩き」" 勞働法律旬報 1764호 (2012) 4쪽. 또한 同 "勞働契約法9条の反対解釈·再論" 西谷古稀(上) 369쪽 이하 참조).

87) 제9조의 반대해석에 대한 주도면밀한 비판으로는 道幸哲也 "勞働法における集団的な視角" 西谷古稀(下) 18쪽 이하 참조. 이 문제를 둘러싼 논의의 상황에 대해서는 土田道夫 "勞働条件の集団的変更と勞働者の同意－合意原則と就業規則法制·法理の相剋－" 日本勞働法学会誌 126호(2015) 44쪽 이하 참조.

88) 판례에서 이러한 입장을 취하는 것으로는 協愛사건·大阪地判 平21(2009).3.19. 勞判 989호 80쪽이 있다. 또한 같은 사건·大阪高判, 앞의 주84)는, 제9조의 반대해석을 인정하면서 '(제10조의 의미에서의) 합리성을 결한 취업규칙에 대해서는 근로자의 동의를 가볍게 인정할 수 없다'고 하며, 전종업원의 동의가 있는 경우에도 그것이 '진정한 자유로운 의사표시에 의해 한 것인가' 아닌가를 검토할 필요가 있다고 한다. 山梨県民信用組合사건, 앞의 주84)도, 취업규칙에서 정한 임금·퇴직금의 개별동의에 의한 변경(노동계약법 9조)을 인정하면서 동의 유무에 대해서는 '해당 변경에 의해 근로자가 입을 불이익의 내용 및 정도, 근로자에 의해 해당 행위에 이르게 된 경위 및 그 태양, 해당 행위에 앞서 근로자에게 정보제공 또는 설명의 내용 등에 비추어 해당 행위가 근로자의 자유로운 의사에 따라 이루어진 것으로 인정되는 충

V. '틀' 안에서의 개별합의

1. 근로조건의 변경 등과 합의

노동보호법의 강행규정은 근로계약(집단합의)에도 '틀'에 둔다. 단체협약
(노동조합법 제16조)과 취업규칙(노동계약법 제12조)도 그 실질적인 의미는 서로
다르지만, 역시 근로계약에 '틀'을 씌우는 역할을 한다.[89] 근로자·사용자의
권리의무는 이들의 틀 안에서, 구체적으로는 근로계약에 의해 결정된다. 근로
계약상의 권리의무의 일정부분은, 법률조항과 단체협약·취업규칙조항의 화
체(化体)에 의해, 또한 해석에 의해 구체화되는 신의칙에 근거하여 객관적으
로 결정되지만, 나머지 부분은 근로자·사용자의 개별합의에 의해 결정된다.
그리고 그 개별합의에 대해서는, 그것이 법률과 협약·취업규칙의 틀 안에 있
다는 것이 명확한 경우에도, 나아가 그 성립여하와 효력이 문제될 수 있는
것이다.[90]

개별합의 성립과 효력은 특히 근로조건의 불이익 변경에 관해서 문제가
된다.[91] 예를 들면, 개별계약에서 합의된 임금인하, 근로계약에 특정되어 있

분하고 합리적인 이유가 객관적으로 존재하는지 여부의 관점에서도 판단되어야 할 것'이라
고 한다. 제10조의 합리성판단을 가미하면서 제9조의 개별동의의 당부를 판단하려는 것이지
만, 어디까지나 개별동의의 성립을 문제로 하는 점에서 근로조건의 집단적·획일적인 변경을
전제로 하여서 제10조에 근거한 합리성 심사를 하는 입장과는 기본적으로 다르다. 필자도 이
전에는 유사한 입장을 취하고 있었다(西谷敏『労働法[初版]』(2008, 日本評論社) 174쪽). 그러
나 그 후 본문과 같이 견해를 변경했다(西谷·労働法 169쪽 이하).

89) 강행법규, 단체협약, 취업규칙 중 강행법규 및 취업규칙의 '틀'이 명확히 최저기준을 의미
하는 것에 대해, 단체협약이 설정하는 '틀'이 최저기준인 것일 뿐만 아니라, 최고기준일 수
도 있는지 여부에 대해 논쟁이 있다(유리원칙의 문제).

90) 西谷·規制 415쪽 이하.

91) 이론상 근로조건이 동일한 내용의 근로계약에 의해 집단적으로 결정되는 경우에 어떻게
그것을 변경하는지도 문제가 된다. 독일에서는 이러한 일반적인 근로조건을 사업소협정에
의해 낮추는 것이 가능한가라는 어려운 문제가 생기고 있지만(米律 "ドイツ労働法における
集団自治と契約自治", 앞의 주54) 269쪽 이하), 일본에서는 일반적으로 취업규칙에 의한 근
로조건의 불이익변경의 문제가 된다.

는 근무지·근무내용의 변경(배치전환), 전적·전출(출향)의 합의, 시간외·휴일근로에의 동의 등이다. 근로계약의 합의해지(퇴직)도 같은 성격을 가진다. 최근 문제가 되고 있는 기간제근로계약에서 비갱신조항은 특히 어려운 문제를 포함하고 있기 때문에 독자적인 검토를 필요로 한다(이하 4).

합의원칙은 근로계약에도 당연히 적용되기 때문에(노동기준법 제2조제1항, 노동계약법 제1조, 제3조제1항, 제4조제1·2항, 제8조), 개별적으로 약정된 근로조건을 변경하기 위해서는 근로자의 동의가 필요하다는 것은 말할 필요도 없다. 판례 중에는 '합리성' 또는 '정당한 사유'가 있으면 동의가 필요없다는 것이 눈에 띄지만,[92] 적절하지 않다. 불이익변경을 위해서는 근로자·사용자의 합의가 불가결하다는 것을 전제로 하면서, 현실에서 합의가 성립했는지, 그 합의를 법적으로 유효하게 인정해야 할 것인지를 검토하여야 한다. 그리고 근로자가 일반적으로 사용자에 대한 종속적인 지위에 있고, 근로자가 표시한 의사(제2차적 자기결정)가 그 진의(제1차적 자기결정)와 괴리되는 경우가 많다는 점을 고려한다면, 근로자에 불이익을 초래하는 합의에 대해서는 특히 그 성립 및 효력에 대해서는 신중한 판단이 요구된다.

판례에서는 합의의 존재가 인정된 경우, 그 성립 혹은 효력이 부정되는 것은 예외적인 경우이다. 우선 근로자의 의사표시가 요소의 착오에 근거한 것이라고 인정되면 무효가 된다(민법 제95조). 예를 들면, 사용자가 기간의 정함이 없는 근로계약으로 고용된 근로자에 대해 기간제고용으로 전환 혹은 근로조건을 현저하게 낮추는 제안을 하고 근로자가 그것에 동의한 사안에서, 법원은 근로자의 동의는 사용자의 제안에 응하지 아니하면 퇴직할 수밖에 없다는 착오에 따라 이루어진 것이기 때문에 무효라고 판단하고 있다.[93]

---

92) 예컨대 福岡雙葉学園사건·福岡高判 平17(2005).8.2. 労判 902호 81쪽은, 근로조건을 저하시키는 것은 '원칙적으로' 근로자의 동의가 필요하지만, 기말근면수당의 감액이 필요하고 불가피하다는 등의 합리적인 이유가 상당한 경우에는 동의 없이 저하시키는 것도 가능하다고 하고 (결론적으로는 부정. 같은 취지 九州ルーテル学院사건·熊本地判·平18(2006).10.13. 労判 929호 86쪽(ダ)), 東京海上日動火災사건·東京地判 平19(2007).3.26. 労判 941호 33쪽은, 직종 한정의 경우에도 다른 직종으로의 배치전환을 명하는 정당한 이유가 있는 배치전환은 유효하다고 한다(결론적으로는 정당사유를 부정).

근로자가 사용자로부터 퇴직을 강요당해 거기에 동의한 경우(합의해지 신청 혹은 승낙, 해지의 의사표시)에도 착오무효의 구성이 사용되지만,[94] 그것은 종종 무리한 법률구성이다. 즉 근로자가 사용자에 의한 해고라고 하는 행위를 회피하기 위해서 표시한 퇴직의사를 해고가 유효하다는 판단에 근거하는 의사표시로 해석하고, 해고가 이루어졌다 하더라도 객관적으로 무효가 되는 경우에는 근로자의 착오가 있었다고 판단한다. 하지만, 근로자는 해고의 효력을 적확하게 판단하는 능력이 결여된 경우가 많고, 근로자는 해고가 무효라는 것을 알면서, 그것을 회피하기 위해 퇴직에 응하는 경우도 많다. 착오무효론은 반드시 이러한 근로자의 의사표시의 현실에 입각한 것이라고는 할 수 없다.[95]

근로자에 의한 근로조건 저하에 대한 동의와 퇴직의사를 '강박'(민법 제96조 1항)에 의한 것으로 하고, 근로자의 취소를 인정할 가능성도 있지만,[96] 물론 그 적용범위도 넓지 않다. 근로조건 변경합의가 공서양속위반(민법 제90조)으로 간주될 가능성도 있지만, 지금까지 그것이 인정되었던 것은 변경을 강요하는 사용자의 태도가 부당노동행위로 간주되었던 경우 등에 한한다.[97]

이처럼 개별합의의 존재가 인정된 경우, 그 효력이 부정되거나 혹은 취소가능하게 되는 것은 예외적이고,[98] 법원에 의한 개별적 합의 체크는 주로 합의 성립의 인정 차원에서 이루어지고 있다.

---

93) 駸々堂사건 · 大阪高判 平10(1998).7.22. 労判 748호 98쪽(최고재판소에서 확정); 東武スポーツ(宮の森カントリー倶楽部)사건 · 宇都宮地判 · 平19(2007).2.1. 労判 937호 80쪽.

94) 昭和電線電纜사건 · 横浜地川崎支判 平16(2004).5.28. 労判 878호 41쪽; 横浜高校사건 · 横浜地決 平7(1995).11.8. 労判 701호 70쪽 등.

95) 西谷敏 "日本における雇用終了と労働者の自己決定" 西谷敏 · 和田肇 · 朴洪圭(編著) 『雇用終了と労働基本権[日韓比較労働法]』(2014, 旬報社) 70쪽 이하 참조.

96) 퇴직의 의사표시 취소를 인정한 사례로서, ニシムラ사건 · 大阪地判 昭61(1986).10.17. 労判 486호 83쪽; 損害保険リサーチ사건 · 旭川地決 平6(1994).5.10. 労判 675호 72쪽.

97) オリエンタルモーター사건 · 東京地判 平18(2006).1.20. 労判 911호 44쪽.

98) 山本敬三 "民法における「合意の瑕疵」論の展開とその検討" 棚瀬孝雄編『契約法理と契約慣行』(1999, 弘文堂) 149쪽 이하에서는, 전통적인 '합의의 하자'론의 한계를 지적하고, 그것을 확장하는 다양한 시도를 소개하고 검토하고 있다. 주로 소비자계약에 염두를 둔 논의이지만 근로계약에서도 유익하다.

194

2. 개별합의 성립

(1) 묵시의 합의

의사표시는 묵시에 의해서도 이루어진다는 일반원칙은 당연 근로계약에 있어서도 타당하다.[99] 그러나 법원은 일반적으로 임금인하 등 중요한 근로조건의 불이익변경에 대해서는 근로자의 묵시의 동의를 인정하는데 신중하다. 근로자가 일방적으로 저하시킨 임금을 일정기간 이의를 제기하지 않고 수령하였다고 하는 경우에도 법원은 쉽게 근로자의 묵시의 동의를 인정하지 않는다.[100] 판례는 사장명의로 근로자에게 문서로 급여의 일부동결 등을 통지한 사안에서 '근로자의 생활기반에 관련한 임금의 감액이라고 하는 사실에 비추어 보았을 때에 회사로부터 일방적인 통지를 하고 특별한 반대가 없었기 때문에 합의가 확정적으로 성립되었다고 하는 것은 너무나도 자의적인 이해방식이라 하지 않을 수 없다'고 판단했다.[101]

그러나 근로자가 근로조건변경에 동의한 것이 서명이나 날인으로 명확한 경우에는 법관은 간단하게 합의·동의 성립을 인정하는 경향이 있다.[102] 본래 근로자가 진의에 근거하여 합의했는지 여부는 서면형식의 유무로 기계적으로 판단해야 할 문제는 아니지만, 현실적으로 그러한 태도를 취하고 있는 판결례

---

99) 여기서 문제가 되는 것은 근로자의 묵시적 의사표시이지만, 위법파견과 위장도급을 이유로 근로자가 사용사업주 등과의 근로계약의 성립을 주장하는 경우에는, 반대로 사용자의 묵시적 의사표시가 문제된다. 이 경우에는 정보격차와 근로자보호의 필요성을 사용자의 의사해석에 편입하는 것이 필요하다(野田進 "派遣労働者の派遣先との間の黙示の労働契約の成立ーマツダ事件判決における「理論プロセス」と「エピソード」"毛塚古稀 473쪽).

100) 주46)에서 인용된 판례 참조.

101) 日本構造技術사건・東京地判 平20(2008).1.25. 労判 961호 56쪽, 또는 NEXX사건・東京地判 平24(2012).2.27. 労判 1048호 72쪽에서는 근로자가 20% 감액된 급여를 3년간 수령한 사안에 대해서도 묵시의 동의를 부정하고 있다.

102) ザ・ウィンザー・ホテルズインターナショナル사건・札幌高判 平24(2012).10.19. 労判 1064호 37쪽은, 임금을 인하하는 제안에 대해 '아, 알겠습니다'고 한 대답과 감액된 임금에 대해 항의하지 않고 11개월간 수령한 것은 감액에 대한 동의로 간주할 수 없다고 하는 신중한 태도를 보이면서, 근로자가 서면으로 서명날인한 시점에서 감액에 대한 '자유로운 의사로' 동의한 것으로 인정하고 있다.

가 많다. 어쨌든 묵시의 합의론에 의한 통제에는 큰 한계가 있다.

(2) '자유로운 의사'의 의의

판례는 근로자에게 불이익을 미치는 일정한 경우, 근로자의 '자유로운 의사'를 필요로 하고, 그 인정에는 특별히 신중할 것을 요구하고 있다. 최고 재판소는 전술한 바와 같이 합의에 근거한 상계와 임금포기에 관련한 근로자의 의사표시에 대해서는 근로자의 '자유로운 의사에 근거한 것이라고 인정할 만한 합리적인 이유가 객관적으로 존재하지 않으면 안 된다'고 하고 있다.[103] 판례는 또한 이러한 생각을 근로조건의 불리한 변경에 관한 근로자의 동의에도 적용하고 있다.[104]

이와 같은 근로자의 '자유로운 의사'를 요구하는 판례의 입장을 어떻게 이해해야 할 것인가에 대해서는 견해가 나뉘어 있다. 하나의 입장은 판례가 근로자의 '자유로운 의사'의 존재를 요구하는 것은 '근로조건의 변경 등이라고 하는 법적 효과발생에 대해 확정적으로 동의하는 취지의 효과의사가 근로자에 의해 표시된 경우에 비로소 확정적인 합의가 성립한 것으로 인정한다'는 취지로 이해한다.[105] 다른 하나의 입장은, 판례는 민법상의 의사표시의 결함과 의사표시의 하자에는 해당하지 않더라도, 여전히 의사표시의 효력이 부정되어야하는 중간영역을 마련하게 된다고 하여 효력론의 문제로 삼는다.[106]

---

103) シンガー・ソーイング・メシーン사건, 앞의 주63)(퇴직금채권의 포기); 日新製鋼사건, 앞의 주63)(합의에 의한 상계).

104) アーク証券(本訴)사건・東京地判 平12(2000).1.31. 労判 785호 45쪽; 更正会社三井埠頭사건・東京高判 平12(2000).12.27. 労判 809호 82쪽; 西日本鉄道(B自動車営業所)사건・福岡高判 平27(2015).1.15. 労判 1115호 23쪽. 山梨県民信用組合사건, 앞의 주84)는, 근로자의 지휘명령에 대한 복종과 정보수집 능력의 한계를 이유로 임금・퇴직금에 관한 불이익변경에 대해서 그것을 받아들이는 취지의 근로자의 행위가 있었다고 하더라도 '해당 행위를 가지고 바로 근로자의 동의가 있다고 보는 것은 상당하지 않고, 해당 변경에 대한 근로자의 동의 유무에 대한 판단은 신중해야한다'고 한다. 특히 취업규칙에 규정된 임금・퇴직금의 변경에 대하여 '근로자의 자유로운 의사'를 요구하는 점에 대해서는 주88) 참조.

105) 山川隆一 "労働条件変更における同意の認定−賃金減額をめぐる事例を中心に−" 菅野古稀 275쪽.

106) 野田進 "不利益な労働契約条項に対する『労働者の同意』−フランス労働法に示唆を求めて−"

판례에서 사용하는 문언에서 보면, 판례는 근로자의 '자유로운 의사'가 인정되지 않는 경우에는 합의 성립을 부정하는 취지로 이해해야 할 것이다.

어쨌든 이것은 민법의 틀과 별개로 근로계약에 독자적 의사표시론을 확립한 것으로 해석할 수 있다.[107] 판례는 근로자의 현실적 종속관계를 고려하여 근로자에게 불리한 근로조건변경 등이 근로자의 확정적 동의를 얻지 않은 채 통용하는 것을 방지하려는 것이다.[108]

(3) '자유로운 의사'의 인정요건—이해와 납득

근로조건변경 등에 관한 합의가 근로자의 '자유로운 의사'에 근거하는 것이라고 인정하기 위해서는 우선, 사용자가 변경의 의미내용을 상세하게 설명하고, 근로자가 그것을 이해했다는 것이 전제조건이 된다. 판례에서는 사용자가, 기간의 정함이 없는 고용계약으로 고용한 캐디에게 구두설명 후 계약기간을 1년으로 하는 캐디계약서를 제출하게 하여 임금을 감액한 사안에서, 근로조건 변경신청서 내용의 특정이 불충분하다고 하면서 합의 성립을 부정한 예가 있다.[109]

이와 같이 근로조건의 불이익변경에서 사용자에게 상세한 설명에 근거하는 근로자의 이해를 필요조건으로 하는 데에는 이론이 없다. 그러나 사용자가 설명하고 근로자가 그것을 이해한 후에 합의하면, 바로 그것을 근로자의 '자유로운 의사'에 근거한 것이라고 인정하는 데에는[110] 의문이 남는다.

法政 81권 4호(2015) 330쪽 이하.

107) 土田, 앞의 주1) 228쪽. 츠치다(土田)는 그 근거로 '노동계약법에서 합의원칙은 민법의 고전적, 전통적인 계약의 자유원칙과 달리 근로자·사용자가 실질적인 대등한 입장에 서서 근로계약을 체결·변경(운영)하는 것을 촉진하는 이념으로 풀이된다'는 것을 들고 있다(土田道夫 "労働条件の不利益変更と労働者の同意—労働契約法条·9条の解釈—" 西谷古稀(上) 324쪽).

108) 野田, 앞의 주106) 329쪽 이하에서는 최고재판소가 합의상계와 임금채권 포기에 관하여 원용한 '자유로운 의사'론이 점차 다른 분야로 확대되었으며 특히, 그것은 노동계약법의 시행 이후 현저히 나타났다고 한다.

109) 東武スポーツ(宮の森カントリー倶楽部)사건·東京高判 平20(2008).3.25. 労判 959호 61쪽. 또한 취업규칙 변경에 대한 개별동의와 관련하여 協愛사건·大阪高判, 앞의 주4) 참조.

110) 大内信哉 "労働契約における対等性の条件—私的自治と労働者保護—" 西谷古稀(上) 415쪽 이하(특히 430쪽 이하)는, 계약의 비대등성을 생기게 하는 것은 정보와 교섭력의 격차라고

왜냐하면, '이해'는 '납득'과 다르기 때문이다. '이해'는 합의의 의미내용을 '인식하고 있다'는 것이지만, '납득'은 합의가 근로자의 진의에 근거한다는 것을 의미한다.111) 근로자가 근로조건의 불이익변경에 관한 사용자의 설명을 듣고, 그 내용을 완전하게 '이해'했다는 것이 전혀 '납득'할 수 없다고 하는 경우가 적지 않기 때문이다. 이러한 경우 재판소는 근로자의 '이해'만을 문제로 한다면, 근로자는 전혀 '납득'할 수 없는 경우에도 합의 성립이 인정되는 것이 된다.

'이해'라는 개념은 상대방의 입장에서 공감을 포함하는 의미로 사용되는 경우도 있다. 그러나 의사표시의 성립을 전제로 이루어지는 '이해'의 판단에서, '이해'를 그러한 의미로 받아들이는 것은 논의를 불투명하게 한다.112) 오히려 '이해'와 '납득'은 명확하게 구별하고113) 판례가 요구하는 근로자의 '자유로운 의사'라는 것은 근로자의 '납득'을 의미한다고 해석해야 하지 않을까?

예를 들면, 비갱신조항에 관한 판결114)은, 어떠한 경우에는 이러한 조항에 대하여 근로자가 '반강제적으로 자유로운 의사에 근거하지 않고' 서명하는 경우가 있을 수 있다고 하면서, 본건에서는 '근로자는 다음에 갱신할 수 없는 것을 진정으로 이해하고 계약을 체결했기' 때문에, 근로자가 자유로운 의사에

하면서, 교섭력에 대해서는 근로사측에 교섭력을 강화하는 노력의무(노동조합의 결성 등)가 있기 때문에 결국 사용자에 의한 적절한 정보제공과 설명이 있는 한 근로조건의 불이익 변경에 관한 근로자의 동의에 구속력을 인정해도 좋다고 한다.

111) 근로자의 '납득'의 법사회학적 및 법해석학적인 의의에 대해서는 西谷敏 "不利益変更と労働者の『納得』−ひとつの覚書−" 季刊労働法 210호(2005) 2쪽 이하 참조. 道幸, 앞의 주87) 8쪽은 진의성에는 명확한 의사라는 측면과 납득에 근거한 의사라는 측면이 있다고 한다. 찬성한다.

112) 근로자가 합의내용을 '이해'하고 있었다는 것을 인정하는 데에는 내용의 합리성을 고려하는 예가 있지만(協愛사건・大阪高判, 앞의 주84)), '이해'의 의미 내용을 모호하게 하는 것으로서 지지할 수 없다. 내용의 합리성은 '납득'의 유무를 판단하는 중요한 요소라고 생각해야 할 것이다.

113) 예컨대 ザ・ウィンザー・ホテルズインターナショナル사건, 앞의 주102)은 입사 2개월 후에 시용기간 중의 근로자가 연간 124만엔 정도의 임금감액 제안을 받고 '아, 알겠습니다'라는 대답에 대하여 '회사설명은 알겠다'라는 의미에 지나지 않고 동의로 간주하지 않았다. 그것은 이해와 납득(동의)을 구별한 몇 안 되는 사례 중에 하나이다.

114) 本田技研工業사건・東京高判 平24(2012).9.20. 労経速 2162호 3쪽.

의해 고용계속에 대한 합리적 기대를 포기했다고 인정한다. 이러한 판례 취지가 초래하는 위화감은 '자유로운 의사'와 '이해'가 동일시되고 있는 것에 의한다. 근로자의 '자유로운 의사'에 의한 '이해'는 필요조건이라 하더라도 충분조건은 아니다. 근로자에게 불이익이 되는 합의가 근로자의 '자유로운 의사'에 의한 것이라고 인정하기 위해서는 근로자가 그것을 '이해'하고, 나아가 '납득'했다는 것이 객관적인 사실에 의해 합리적으로 인정되어야 한다고 해석해야 한다.

'이해'든 '납득'이든, 근로자의 내심의 문제이기 때문에 그것을 인정하는 데에는 어려움을 동반하는 것은 당연하다. 판례는 근로자의 '자유로운 의사'를 인정할 때 동의의 태도(특히 서면인지 아닌지), 동의 상황(특히 사용자의 상세한 설명), 근로자가 받을 불이익의 내용 · 정도, 임금의 중요성을 고려하고 있다.[115] 근로자가 받는 불이익의 내용 정도는 본래의 합의 · 동의의 효력에 관계하는 문제처럼 보이지만, 변경의 불이익성이 심한 경우에는 경험칙상 특별한 사정이 없는 한, 근로자는 그것에 '자유로운 의사'로 동의한 것은 아니라고 할 수 있기 때문에 역시 동의의 성립차원의 문제가 된다.[116] 게다가 '자유로운 의사'를 인정하기 위해서는 근로자가 현실에서 어느 정도 강제적인 고용종료(해고 · 퇴직강요 · 계약갱신거부)로부터 보호되고 있는지가 중요시 되어야 한다.

3. 비갱신조항의 법적 효력

근로자의 개별합의 · 동의에 대해서는 그 성립에 맞춰 그 유효성의 심사도 필요하다.[117] 왜냐하면, 노동법에서는 근로자의 자기결정의 존중과 동시

---

115) 野田, 앞의 주106) 331쪽 이하. 또한 道幸, 앞의 주87) 8쪽 이하는, 근로자의 '납득'을 확보하기 위해서는 설명회 개최, 직장에서의 토론과 정보교환, 차별금지, 직장(노사) 관행의 적절한 이해 · 실현이라고 하는 집단적 관점의 의의를 강조한다. 그러나 거기에는 사용자의 제안에 용이하게 동조하는 종업원집단과 권리를 주장하는 개인과의 긴장관계라고 하는 관점이 부족한 것으로 생각된다.

116) 大内, 앞의 주110) 422쪽은, 판례가 이유의 '합리성'까지 인정하는 것은 구속력의 근거를 실질적으로는 (합의내용의) 객관적 합리성을 요구하는 것을 의미한다고 하면서 그 타율적 개입의 태도를 비판한다.

117) 西谷 · 規制 415쪽 이하. 같은 취지 三井, 앞의 주65) 12쪽 이하.

에 근로자보호도 불가결의 요청이기 때문이다. 근로자의 진의에 의한 합의·동의(제1차적 자기결정)도, 필요한 경우에는 노동보호법에 의해 부정하지 않을 수 없지만(본 장 Ⅲ. 1), 합의내용의 합리성이 현저하게 문제가 되는 경우에는 공서위반(민법 제90조)과 같이 무효가 된다고 해석된다. 어느 단계에 의한 심사에 중점을 둘 것인가는 사안의 성질에 의하지만, 그 점에 관해서는 알맞은 소재를 제공하는 것이 비갱신조항의 문제이다.

비갱신조항은 기간제근로계약의 갱신에서 포함된 '이 갱신을 마지막으로 한다는' 취지의 조항이다. 본래 근로자에게 갱신에 대한 합리적 기대가 발생한 경우(노동계약법 제19조)에는, 사용자가 일방적으로 갱신거부를 통고하더라도, 갱신거부는 해고법리의 유추적용에 의해 제한되고, 사용자가 일방적으로 갱신횟수를 한정하는 것도 허용되지 않는다.[118] 그러나 계약을 갱신하지 않는 것에 대해 근로자가 동의한 경우는 별개라고 하는 것이 판례의 입장이다. 판례는 비갱신의 합의가 성립한 것 자체를 부정하는 예도 있지만,[119] 근로자가 비갱신조항이 명시된 기간제근로계약에 서명한 경우에는 근로자가 갖게 될 갱신에 대한 기대를 스스로 포기한 것으로서 그 기간제계약의 기간만료로써 근로관계가 종료한 것으로 판단한 사례가 많다.[120]

그러나 계약갱신에서 비갱신조항이 포함된 계약서안을 제시받은 근로자는 서명을 거부하면 바로 근로관계가 종료하고, 서명하면 해당 계약의 유효기간의 만료로 근로관계가 종료한다는 딜레마에 빠진다. 그러한 상황 하에서 행해진 서명을 당연히 유효하다고 인정하는 것은 아무래도 건전한 법감각에 반하는 것이 아닐까? 여기서 문제가 되는 것은 근로자가 비갱신조항이 의미하

---

118) 学校法人立教女学院사건 · 東京地判 平20(2008).12.25. 労判 981호 63쪽; 報徳学園사건 · 神戸地尼崎支判 平20(2008).10.14. 労判 974호 25쪽.

119) ダイフク사건 · 名古屋地判 平7(1995).3.24. 労判 678호 47쪽; 全国社会保険協会連合会사건 · 京都地判 平13(2001).9.10. 労判 818호 35쪽.

120) 近畿コカ·コーラボトリング사건 · 大阪地判 平17(2005).1.13. 労判 893호 150쪽(大阪高判平17(2005).11.24.(최고재판소에서 확정), 渡辺工業사건 · 横浜地判平19(2007).12.20. 労判 966호 21쪽(東京高判 平20(2008).8.7. 労判966호 13쪽); 日立製作所사건 · 東京地判平20(2008).6.17. 労判969호 46쪽; 本田技研工業사건, 앞의 주114).

는 것을 '이해'했는지 여부가 아니다. 그 의미를 충분히 '이해'한 후에 도저히 '납득'할 수 없는 근로자가, 그러함에 불구하고 바로 고용을 중지되는 것에 대한 공포로부터 서명·날인해 버리는 것에 비갱신조항의 본질이 존재한다.

지금까지 비갱신조항의 문제점을 해소하기 위해, 혹은 조금이라도 완화하기 위해서 다양한 이론적인 시도가 이루어지고 있다. 우선 비갱신 합의의 성립에 관한 인정을 신중하게 해야 한다는 것은 당연할 것이다. 그러나 명확한 비갱신조항이 있는 계약서에 근로자가 서명 혹은 기명·날인한 경우, 종래의 판례·학설을 전제로 하는 한, 합의 성립자체를 부정하는 것은 곤란하다.121) 또한 이러한 비갱신 합의는 갱신에 대한 합리적 기대의 존부에 관한 종합판단의 한 요소로 보고 처리해야 한다는 견해가 있지만,122) 명시적으로 제시한 비갱신의 합의를 그러한 종합판단의 한 요소로 다루는 것의 근거는 명확하지 않다.123) 나아가 비갱신 합의의 존재는 실제적으로 행한 고용해지의 효력을 판단하는데 하나의 고려요소로 보고 그 효력을 판단해야 한다는 견해도124) 주장되고 있다. 그러나 합리적 기대의 성립에 관한 문제를 고용해지의 효력 판단 차원에서 다루는 것은 성격이 다른 문제를 '종합' 판단하는 것이 되고, 법적 구성을 불투명하게 한다고 생각한다.

필자는 비갱신조항이 바로 고용을 종료시키는가, 다음 기간에 종료시키는가의 양자택일을 근로자에게 강요하고, 이를 통해 강행법규인 노동계약법 제19조를 잠탈하는 것이기에, 이러한 조항은 근로자가 진정한 자유로운 의사

---

121) 奧田香子 "有期労働契約" 西谷敏·根本到編『労働契約と法』(2011, 旬報社) 305쪽은, 합의가 성립하는 것은 '매우 제한된 경우'이지만, 비갱신조항이 포함된 계약서에 서명 또는 기명날인이 있는 경우에도 합의 성립을 부정할 수 있는 근거는 반드시 명확하다 할 수 없다.

122) 荒木·労働法 472쪽.

123) 荒木는 그 후 근로관계에서 합의론에 대해 타당한 처리구조를 확립하고, 고용계속의 합리적 기대의 포기의 당부를 음미한다는 논의의 방향을 제시하면서, '현시점에서 확정적인 결론을 내리는 것은 곤란한 상황이다'고 신중한 입장을 취하고 있다(荒木尚志 "有期労働契約法理における基本概念考" 西谷古稀(上) 413쪽).

124) 明石書店사건·東京地決 平22(2010).7.30. 労判 1014호 83쪽(ダ); 毛塚勝利 "改定労働契約法·有期労働契約規制をめぐる解釈論的問題点" 労働法律旬報 1783·1784호(2013) 25쪽 이하; 唐津博 "改定労働契約法第9条の意義と解釈" 季刊労働法 241호(2013) 11쪽.

에 근거하여 거기에 동의했다고 보는 특별한 사유(주장입증책임은 사용자)가 없는 한, 민법 제90조에 의해 무효라고 생각한다.[125]

다만, 전술한 바와 같이 근로자에게 불이익한 합의의 성립을 인정하기 위해서는 근로자의 '자유로운 의사', 즉 근로자가 '납득'했다는 것이 객관적으로 인정되지 않으면 안 된다는 일반론이 인정된다고 한다면, 근로자가 '납득'하지 못했음에도 불구하고 '합의'가 이루어진 경우에는 비갱신 합의 그 자체가 성립하지 않는다고 생각하는 것도 가능하다.

어쨌든 근로자의 의사표시론의 어려움은 자립한 계약주체이어야 하는 근로자가 현실적으로 사용자에 종속되어 있다고 하는 근본적인 모순에 기초를 두고 있는데 있으며, 이 문제의 검토는 앞으로 더욱 깊이 연구하여야 할 필요가 있다.

---

125) 西谷·労働法 447쪽 이하. 같은 취지 根本到 "労働契約による労働条件の決定と変更" 西谷(ほか編), 앞의 주121) 132쪽.

제 7 장
'근로자'의 통일과 분열

들어가는 말

노동법의 주체이자 대상인 '근로자'는 그 속성과 직종이 다양하다. 예전부터 다종다양한 근로자는 처우에 있어서 다양하게 구별내지 차별될 뿐만 아니라,[1] 다른 법규의 적용을 받는 경우도 많았다.[2] 또한 공무원도 민간근로자와 구별되어 다양한 직종으로 구분되어 있었다.[3]

그 후, 많은 나라의 노동입법에서 다양한 근로자에게 동일한 기준을 적용하고, 통일적인 '근로자' 개념을 정립하는 경향이 강하게 나타났다. 역사적, 우연적 사정에 의해 분산적으로 규정되고 있었던 근로관계가 통일적으로 정비된 것이지만,[4] 그 배경에는 합리화·기술혁신에 의해 직종 간 근무실태의

---

1) 예를 들면 현업근로자의 급여는 시간급 혹은 일급, 사무직원의 급여는 월급인 경우가 많았다. 오늘날 이러한 임금형태의 구분은 정사원·본공(本工)과 시간제·아르바이트 등에 남아 있다.

2) 1914년에 진츠하이머가 노동법 구상을 발표했을 때, 직원에 적용되는 법규는 상법전(상업사용인), 제국영업법(사무직원, 직공장, 기술자), 민법전(기타의 직원)으로 구분하고 있었다. 이들을 통일적 법규정하에 둔다는 제안에는 반대도 많았다고 한다. (Sinzheimer, Über den Grundgedanken und die Möglichkeit eines einheitlichen Arbeitsrechts für Deutschland(1914), in: Sinzheimer, arbeits-rechts und Rechtssoziologie, Gesammelte Aufsätze und Reden, Bd.1, 1976, S.52ff.).

3) 제2차 대전 이전 일본의 공무원은 국가의 특별권력관계 하에 있는 관리·공리(국가공무원·지방공무원)와, 사법상 계약에 근거한 사무직원, 단순노무에 종사하는 직원으로 구별하고 있었다. 이 구별은 공적인 근무자를 관리(Beamte), 직원(Angestellte), 현업근로자(Arbeiter)로 구분하는 독일 제도에 따른 것이다. 독일에서는 현재에도 이 구별이 유지되고 있지만, 직원과 현업근로자의 차이는 점차 축소되고 관리와의 구별도 상대화되는 경향에 있다는 점이 지적되고 있다(根本到 "ドイツ公務労働関係法制の現状と日本との比較" ジュリスト 1435호(2011) 56쪽 이하 참조). 일본에서는 제2차 대전 후 비현업, 현업, 임시·비상근직원을 포함해 기본적으로 모든 공무원을 동종의 법적 규제 하에 두었지만, 근로계약관계의 부정 및 노동기본권의 박탈과 결부된 통일적 규정은 오히려 많은 폐해를 가져오고 있다.

차이가 축소되었다는 점,5) 생활실태의 공통성이 확대되었다는 점, 그리고 근로자를 직종과 속성에 따라 차별하는 것을 부정하는 사상이 침투하여 왔다는 점 등의 사정이 있었다. 생산직근로자와 사무직근로자를 동일한 조직에 규합하는 노동조합의 발전도 이러한 경향을 촉진하였다.

　　노동기준법과 노동조합법으로 대표되는 전후 일본의 노동법도 각각 통일적인 '근로자' 개념에서 출발하였지만, 거기에도 현업근로자, 직원, 공무원 간에 직무와 생활조건의 공통성이 강하게 나타났다는 점 이외에, 모든 근로자를 동일한 계급으로 보는 발상, 또한 그들에게 공통의 기준을 적용하는 것이 민주적이라고 보는 정신이 중요한 역할을 담당하였다.6) 그리고 법이 '근로자'를 통일적으로 파악했던 것 자체가 근로자를 통일적으로 보는 사상을 넓혀, 현실사회와 기업에서 근로자의 통일적인 취급을 촉진하였다. 또한 입법과 판례에 의한 차별금지의 진전도 다양한 근로자의 균등대우를 사용자의 의무로 하는 것에 의해 통일적인 근로자 개념의 확립에 기여했다고 할 수 있다.

　　그러나 법적인 '근로자'의 통일이 진행되는 한편, 그것과 역행하는 경향도 현저해졌다.

　　첫째, '근로자' 가운데 임금 등 기타의 처우에서 정사원·본공(本工)과 명확히 구별되는 비정규직근로자(비전형근로자)가 증가하고, 법적으로는 통일적으로 파악되는 '근로자'가 실태에 따라 새로운 분열을 보이기 시작하였다. 말하자면 '근로자'의 '비정규화'가 진행되어 왔던 것이다. 이것은 비정규직근로자의 실태에 따른 법적 규제라는 새로운 과제를 제기한다.

　　둘째, 사용자가 노동법규와 사회보험법의 적용을 면탈하기 위하여 노무공급자를 '근로자'로서 고용하는 것을 피하고, 도급 내지 (준)위임 등 비근로자의 형식으로 사용하는 ('개인도급'으로 부른다)경향이 강해졌다. 말하자면 근로

---

4) Sinzheimer, a.a.O. (2), S. 36ff. 1914년 단계의 이 구상은 노동법 총칙 하에 통일적인 직원법과 통일적인 현업 근로자법을 만드는 것(S. 49ff)이었기 때문에 직원과 현업 근로자의 통일은 제안되지 않았다. 이들을 구별하는 발상이 얼마나 뿌리 깊었는가를 보여주는 것일 것이다.
5) Wright Mills著·杉政孝(訳) 『ホワイトカラー』(1957, 創元新社) 52쪽 이하 참조.
6) 沼田稲次郎 『労働基本権論-戦後労働法史のイデオロギー的評価-』(1969, 勁草書房) 40쪽; 沼田稲次郎 『労働法入門』(1980, 青林書院新社) 49쪽.

자의 '비근로자화' 정책이다. 그것은 노동법상의 '근로자'의 범위를 좁게 하면서 모호하게 하여, 법적인 '근로자' 범위의 결정이라는 예전부터 존재하는 문제에 새로운 중요성을 부여하고 있다.

셋째, 근로자 파견과 사내하청의 보급에 따라, 하나의 사업장에 소속이 다른 근로자가 혼재하여 근로하는 경우가 증가하였다. 사업장은 이미 동일한 사용자에게 고용된 동질적인 근로자가 협동작업을 하는 곳이 아니게 된 것이다. 근로자의 다양화는 경우에 따라서는 긍정적이라고 할 수도 있지만, 이러한 의미에서의 다양화는 안전·보건관리상 새로운 과제를 제기함과 아울러, 근로자간의 불화를 증대시켜, 직장내 성희롱과 집단 따돌림을 발생시키는 중요한 원인으로 되고 있다.

사용자가 '비정규화'와 '비근로자화'의 정책을 추진하는 동기는 기본적으로 인건비 절약에 있다. 그것은 근로자의 생활보장을 위한 비용을 외부화하려는 것이다. 이렇게 창출된 저임금 비정규직근로자와 '개인도급'은 고용정책의 관점에서 보면 '반실업자'[7]라고 할 수도 있다. 그것은 통계상의 실업자를 표면상 감소키지만, 전체적으로 근로자를 빈곤화시켜, 다양한 사회문제의 온상으로 된다. 유럽에서는 1990년 이후, 이들 '새로운 고용형태'가 증가하여, 전체 근로자의 3분의 1을 정하고 있다고 하며,[8] 일본에서도 이 시기에 비정규직근로자가 근로자 전체의 40% 정도까지 급증하였다.[9] 또한 일본에서는 '비근로자화'도 진전하면서 전체적으로 '근로자' 개념의 분열 및 모호화가 심

---

7) 失野昌造 "半失業と勞働法-『雇用と失業の二分法』をめぐる試論-" 西谷古稀 (上) 157쪽은 '실업'개념을 넓게 이해해야 한다고 주장하며, 반실업을 '취업하고 있고, 실제로 근로하고 있지만, 생활 가능한 소득을 얻지 못하는 등의 이유에 의해 현재의 취업상태의 변경을 희망하고 있는 상태'로 정의하고 있다. 또한 伍賢一道『'非正規大国' 日本の雇用と勞働』(2014, 新日本出版社) 28쪽 참조.

8) Waltermann, Abschied vom Normalarbeitsverhältnis? Gutachten B zum 68. Deutschen Juristentag, 2010, B9.

9) 총무성 노동력조사(2015년 4~6월 평균)에 의하면, 비정규직근로자는 전체 근로자의 37.1%, 후생노동성이 2015년 11월에 발표한 '2014년 취업형태의 다양화에 관한 종합실태조사'에 의하면, 비정규직근로자의 비율은 40.0%로 되고 있다. 다만 양자에서 비정규직근로자의 범위는 약간 다르다.

각한 문제로 되고 있다.

Ⅰ. 정규·비정규노동과 표준적 근로관계

1. 정사원과 표준적 근로관계의 의의

독일에서 비정규고용과 규제완화의 문제를 논하는데 表準的 근로관계(Normalarbeitsverhältnis)의 개념이 사용되는 경우가 많다. 그 의미내용과 개념설정의 목적은 논자에 따라 다소 차이가 있지만,[10] 대체로 일본 정규근로자(정사원, 본공 등)의 근로관계에 해당한다고 할 수 있을 것이다. 이곳에서는 비정규노동의 특징을 명확히 하기 위하여 정사원의 근로관계의 특징을 나타내는 개념으로 표준적 근로관계라는 용어를 사용한다. 그렇다면 적어도 ① 기간의 정함이 없는 근로계약, ② 직접고용, ③ 풀타임노동이 그 기본적 요소로 된다.

표준적 근로관계는 기본적으로는 근로자의 생활상 필요성과 기업경영상 필요성이 일치하는 곳에 형성되어 왔던 근로관계의 기본적 패턴이다. 근로자 입장에서 그것은 안정된 고용·임금과 양호한 근로조건을 내용으로 하는 양질의 일자리의 중요한 전제조건이다. 또한 기업 입장에서도 이러한 표준적 근로관계에 있는 근로자를 핵심으로 사용하여 유지하는 것은 경영상 불가결할 것이다. 그 의미에서 표준적 근로관계는 거기에서 벗어나는 비정규노동의 존재를 전면적으로 부정하는 것이 아니라 법정책의 기본적 방향을 결정하는 합리적 모델이라고 해야 할 것이다.[11]

---

10) 예를 들면 도이블러는 표준적 근로관계의 요소로써, ① 풀타임노동(주 35~40시간), ② 1일 근로시간이 7시간 반~8시간, ③ 월급제, ④ 일정한 최저인수(5~6명)가 근무하는 사업장 등에서의 근무 ⑤ 근로관계의 존속보장(무기계약, 해고제한), ⑥ 자격과 근속연수를 기준으로 하는 임금, ⑦ 집단적 이익대표(단체협약, 종업원대표위원회)를 든다(Wolfgang Däubler·西谷敏 (訳) "ドイツ労働法における規制緩和と弾力化(上)" 法律時報 68권 8호(1996), 47쪽). 또한 발터만은 ① 풀타임노동, ② 기간의 정함이 없는 고용, ③ 직접고용, ④ 사회보장제도의 적용을 표준적 근로관계의 특징으로 한다(Waltermann, a.a.O. (8), B11).

11) 和田肇 "標準的労働関係との決別か" 菅野古稀 22쪽은 표준적 근로관계를 '노동법이나 사회

2. 일본의 비정규고용

(1) 두 가지 의미의 비정규직근로자

비정규직근로자(비전형근로자)란, 객관적 의미에서 표준적 근로관계를 구성하는 상기 요소의 어느 하나(단수 혹은 복수)가 결여된 고용 · 근로형태에서 일하는 근로자를 지칭한다. 즉 ①의 요소가 결여된 기간제근로자, ②의 요소가 결여된 간접고용근로자(혹은 파견근로자), ③의 요소가 결여된 단시간근로자이다.

이것에 대하여, 총무성 노동력조사에서 사용하는 '비정규직근로자'는 직장에서의 호칭을 기준으로 하는 개념이고, '파트타임 · 아르바이트', '근로자파견사업장의 파견사원', '계약사원', '촉탁', '기타'로 분류되고 있다. 이들은 객관적 의미에서 비정규직근로자와 일치하지 않는 경우가 있다. 예를 들면 근로시간이 정사원과 전혀(혹은 거의) 다르지 않지만, 직장에서 파트타임으로 불리며 근로조건에서 정사원과 큰 격차를 보이고 있는 근로자가 존재한다(유사 파트타임). 이들 근로자는 총무성 통계에서 '파트타임 · 아르바이트'로 분류되지만, 객관적 의미에서 단시간근로자는 아니고, 파트타임노동법의 적용을 받지 않는다.

또한, '파트타임 · 아르바이트'의 상당수는 기간제 근로계약으로 고용되고 있는데, 이 경우에는 객관적인 의미에서 기간제근로자와 단시간근로자가 중복되지만, 총무성 통계에서는 그러한 실태를 정확히 파악할 수 없다.

보장법의 모델이 되는 근로관계 · 고용'이라고 하면서, '정규고용을 중심으로 평등취급 · 차별 등과 일 · 생활양립의 요소가 첨가된 근로관계'라고 한다. 여기서는 표준적 근로관계의 개념에 규범적인 의미가 포함되어 있다(이와 함께 보다 상세한 것은 和田肇 "標準的勞働関係モデルと勞働法の未来", 法律時報 86권 4호(2014) 33쪽 이하 참조). 물론 양질의 일자리 실현을 목적으로 하는 방향에는 전면적으로 찬성하지만, 본문에서는 비정규직근로의 특징을 부각시켜 그것에 관한 법 정책을 명확히 하기 위하여 표준적 근로관계의 의미내용을 한정적으로 이해하고 있다.

(2) 속성과 신분

일본에서는 이렇게 두 종류의 비정규직근로자 개념이 존재하고 있어서 그 것이 경우에 따라 혼란을 일으키고 있다. 이러한 사태가 발생하는 근본적인 원 인은 일본의 비정규직근로자가 직장에서 고용기간과 근로시간 등의 객관적인 지표로 파악할 수 없는 독특한 '신분'으로 이해되고 있다는 점에 있다.

객관적 의미에서의 비정규직근로자는 계약기간, 직접·간접고용, 근로시 간 가운데 어느 하나가 표준적 근로관계와는 다른 고용·근로관계에 있는 근 로자이고, 이들 3가지 요소는 본래 상호 독립된 것이다. 근로시간이 풀타임으 로 기간제 근로계약에 따라 일하는 근로자(일반적으로 계약사원으로 부른다)가 있는가 하면, 하루 가운데 4시간밖에 근무하지 않는 근로자가 기간의 정함이 없이 고용되고 있는 경우(단시간 정사원 등)도 있다.

그러나 일본의 직장에서 '파트타임·아르바이트'로 부르는 근로자는 일종 의 '신분'으로 이해되고 있다. 그 특징은 기간제고용이 많다는 점과 임금제도 상 정사원과 구별된다는 점, 즉 통상은 시간급 혹은 시간급월급제이고, 상여, 승급, 퇴직금이 없던가, 얼마 안 되던가 라는 점에 있다. 근로시간은 풀타임 정사원보다 짧은 경우가 많지만, 그것이 결정적인 특징은 아니다. 거기에 근 로시간이 풀타임과 동일하더라도 '파트타임'로 부르는 '유사 파트타임'이 발생 하는 원인이 있다.

요약하면, 직장에서 '파트타임·아르바이트'로 부르는 자는 저임금에, 고 용이 불안정한, 그러므로 정사원보다도 낮은 '신분'인 것이다. 마찬가지로 '신 분' 의식은 많든 적든 간에 파견근로자와 계약사원 등에도 나타난다. 이러한 비정규직근로자에 대한 '신분'의식은 그 저임금을 정당화하고 고정화하지만, 역으로 또한 비정규직근로자의 저임금 자체가 '신분'의식을 재생산한다.

이같이 비정규고용이 '신분'의식과 연결되어 있다는 점에 일본 비정규고 용의 중요한 특징이 있지만, 기업 내 '신분'격차가 사회적인 계급격차에까지 확대되어, 재생산되고 있다는 점에 사태의 심각성이 있다.[12] 모든 국민의 '법

앞의 평등'(헌법 제14조제 1 항)이 선언되어 있는 나라에서 40% 정도의 근로자가 통상의 근로자보다 낮은 '신분'의 자로 간주되어 차별적인 취급을 받는 사태는 결코 있어서는 안 되는 것이다. 그것은 인간 존엄 이념에 반하고, 또한 말할 것도 없이 차별을 인정하지 않는 양질의 일자리 이념13)에도 반한다.14)

비정규직근로자에 관한 적절한 법정책을 정립하기 위해서는 이러한 '신분'적인 비정규직근로자관을 배척하고, 비정규고용을 계약기간, 간접고용, 근로시간이라는 객관적 요소로 분해하여 파악하는 것이 필요하다.

3. 비정규고용의 법정책

(1) 기본적 관점

법적인 '근로자' 개념의 통일화는 근로자가 그 직종, 속성, 고용·근로형태 등에서 아무리 다양하더라도 근로자를 법적으로 동일하게 취급하는 것을 의미한다. 그것에 의해 사무직근로자와 현장근로자의 구별을 해소하고, 임시근로자, 파트타임, 아르바이트, 파견 등의 비정규직근로자를 노동보호법 적용하에 포섭한 것은 노동법의 커다란 진보였다. 그러나 경영정책을 이유로 증가해 왔던 비정규직근로자가 안고 있는 문제는 이러한 형식적인 동일취급만으로는 해결되지 않는다. 정사원과 비정규직근로자의 근로조건 격차를 해소하고, 비정규직근로자의 생활과 고용을 안정시키기 위해서는 보다 적극적인 조치가 필요하다.

비정규직근로자에 관한 법정책의 정립에 즈음하여 중요한 것은 기간제고용, 간접고용, 단시간근로를 각각 명확히 구별하여, 각각의 요소에 대한 근로자와 사용자의 수요를 객관적으로 분석하는 것이다. 비정규직근로는 종종 탄력적인 고용·근로에 대한 근로자의 필요에 따른 것이라고 주장되지만, 실제로 근로

---

12) 森岡孝二『雇用身分社会』(2015, 岩波書店) 16쪽 이하.
13) 양질의 일자리가 차별금지의 요청을 포함한다는 것에 대해서는 西谷·人権 202쪽 이하 참조.
14) 비정규직근로자의 '신분'적 차별은 '사회적 배제'의 개념으로도 파악될 수 있다. '사회적 배제'와 그 반대개념으로써의 '사회적 포섭'에 대해서는 福原宏幸(編著)『社会的排除·包摂と社会政策』(2007, 法律文化社) 11쪽 이하 [福原宏幸] 참조.

자 자신이 진정으로 희망하는 경우라고 할 수 있는 것은 단시간근로뿐이고, 기간제고용과 파견근로는 그 자체로써 근로자의 희망에 합치하는 고용형태라고 할 수 없다. 근로자가 이들 고용형태를 희망하는 것 같이 보이는 것은 그것이 단시간근로와 연결되어 있는 경우나 이들 고용형태에 대한 이해가 불충분한 경우가 많다. 그 이외의 경우, 근로자는 정사원으로서의 직을 얻을 수 없기 때문에 어쩔 수 없이 기간제고용과 파견근로를 '선택'하고 있는 것이다.

비정규직근로자에 관하여 필요한 법정책은 ① 근로자에게 유해한 고용·근로형태를 제한·금지하는 것, ② 각각의 고용·근로형태에 따른 근로자보호를 도모하는 것, ③ 고용형태의 차이를 이유로 하는 차별을 금지하고, 적극적으로 균등대우의 실현을 도모하는 것이다. 이하에서는 ①과 ②에 대해서 각각의 고용·근로형태마다 검토하고, ③에 대해서는 이러한 구분 없이 논한다.

(2) 기간제고용

기간제 근로계약에 의해 근로자를 사용하고 있는 사용자의 주요한 동기는 ① 노동력에 대한 수요의 변화에 대응하여 근로자를 필요한 기간만큼 고용하는 것, ② 해고제한을 피해가는 것, ③ 임금이 낮은 기간제근로자의 이용에 의해 인건비를 절약하는 것에 있다. 이들 동기 가운데 ① 노동력수요의 변화에의 대응에는 일응 합리성이 인정될 수 있지만, ② 해고제한을 피하는 것은 논외이고, ③ 인건비 절약도 동일(가치) 노동에 대하여 동일한 처우를 하지 않는 것을 의미하기 때문에 법적으로 존중하여야 할 합리성이 있다고 할 수 없다.

반면에 근로자에게 고용에 기간의 정함이 있는 것 자체에서 생기는 이익은 존재하지 않는다. 근로자가 일정 기간을 한정하여 고용되는 것을 희망하는 경우에도 무기계약을 체결한 다음에 적당한 시기에 해약(퇴직)할 수 있기 때문에(민법 제627조제 1 항) 계약기간의 한정은 필요하지 않는다. 통상의 근로자보다도 높은 급여가 보장되는 기간제 근로계약도 드물게 존재하지만, 그것은 높은 임금과 계약기간의 한정이 이따금 세트로 되고 있을 뿐으로, 계약

기간의 한정 그 자체가 근로자에게 유리하다고 할 것은 아니다. 그러므로 기간제고용이 근로자에게도 유리 또는 유연한 근로방법이라고 하는 선전은 객관적 근거가 없는 것이다.

생활을 임금수입에 의존하는 근로자는 통상은 기간을 한정하지 않는 고용을 희망하고, 장기에 걸쳐 지속적으로 노동력을 필요로 하는 사용자도 계약기간을 한정할 필요는 없다. 그러므로 기간을 한정하지 않는 고용은 기본적으로는 근로자와 사용자의 요구가 일치하는 표준적인 형태이다. 프랑스와 독일에서는 그러한 사고를 전제로 계절적 사업장에서의 고용과 근로자가 일정 기간을 한정한 고용을 희망하고 있는 경우 등 계약기간을 한정하는 것이 합리적인 경우에 한하여 기간제고용을 인정하고 있다(이른바 입구제한, 독일에서는 다소 예외가 있다).[15]

그러나 2012년에 기간제고용의 규율을 목적으로 개정된 일본의 노동계약법은 입구제한의 사고를 채용하지 않고, 계약갱신에 의해 고용기간이 5년을 넘는 경우에 기간제 근로계약으로의 전환(제18조)과 갱신거절의 남용에 관한 판례 법리의 확인(제19조)을 규정하는데 그쳤다.[16] 기간제근로자의 근로조건에 대해서, 기간의 정함이 없는 근로계약을 체결한 근로자와의 불합리한 격차를 배제하는 취지의 규정(제20조)은 운용 여하에 따라서는[17] 기간제근로자의 지위개선에 기여할 뿐 아니라, 인건비절약의 동기에 의한 기간제고용을 감소시

---

15) 1999년 EC 지침은 기간제 근로계약 근로자와 무기계약 근로자의 균등대우를 의무로 함과 더불어, 다음 3가지 방법 가운데 어느 하나에 의해 기간제 근로계약 혹은 그것의 반복갱신에 대응해야 하는 것으로 하고 있다. ① 갱신을 정당화할 객관적 이유의 존재(소위 입구제한), ② 갱신에 의하여 계속되는 근로관계의 최고한도기간의 설정, ③ 계약 혹은 근로관계의 갱신 횟수의 제한이다. 이 지침과 각국의 대응에 대해서는 濱口桂一郎 "EU有期労働指令の各国における施行状況と欧州司法裁判所の判例" 労働法律旬報 1677호(2008) 19쪽 이하 참조.

16) 이 개정법의 의의에 대해서는 西谷敏 "労働契約法改正後の有期雇用—法政策と労働組合の課題" 労働法律旬報 1783·84호(2013) 12쪽 이하 참조.

17) 노동계약법 제20조 해석에 대해서는 치열한 견해의 대립이 있다. 荒木尚志·菅野和夫·山川隆一 『詳説·労働契約法(제2판)』(2014, 弘文堂) 227쪽 이하; 緒方桂子 "改正労働契約法20条の意義と解釈上の課題" 季刊労働法 241호(2013) 17쪽 이하; 労働法律旬報 1839호(2015)의 제논문 참조.

켜, 근로자의 무기고용화를 촉진할 가능성이 있지만, 그 효과는 확실하다고 할 수 없다. 일본 법제에서는 기간제 근로계약 그 자체가 제약되지 않기 때문에 근로자의 고용생활의 불안정성은 해소되지 않는 것이다.[18]

그래서 일본에서도 프랑스와 독일의 법제에 따라서 합리적인 이유가 없는 경우에는 기간제 근로계약의 체결 그 자체를 인정하지 않고, 무기근로계약이 체결되었다고 간주하는 방법(이른바 입구제한)이 도입되어야 할 것이다.[19] 기간제 근로계약의 제한은 근로자 전체에 안정적인 고용을 보장한다는 양질의 일자리 이념으로부터도 요청된다.[20] 적어도 노동계약법 개정에서 신설된 제18조~제20조의 적절한 해석·운영에 의해 기간제고용의 폐해를 최소한으로 하는 것이 당면한 과제이다.

(3) 파견노동

근로자파견의 특징은 간접고용이라는 점에 있다. 즉 노동력을 필요로 하는 자(사용사업주)가 자신이 근로자를 고용하지 않고, 근로자를 고용한 자(파견사업주)로부터 파견을 받아 그 근로자를 자신의 지휘 감독 하에서 사용하는 것이다.

이 경우, 사용사업주는 노동력의 보유자인 근로자에게는 관심을 두지 않고, 파견사업주는 역으로 노동력의 이용방식에 관심을 두지 않는다. 근로계약은 예전에는 노동력(물건)의 매매 혹은 임대차로 구성하였지만, 현실에서는 그 물건을 사람으로부터 분리할 수 없기 때문에 노동법은 사용자에 의한 물건의 이용을 제한하고, 그것을 통하여 사람의 보호를 추구하여 왔다. 그런데

---

18) 기간제 근로계약의 특징은 ① 기간의 한정에 의한 고용생활 그 자체의 불안정성, ② 갱신의 불확실성에 의한 일자리의 불안정성, ③ 해고제한의 회피, ④ 기간 중 해약(퇴직)의 제한, ⑤ 근로조건 격차와 불이익변경 등에 있다. 2012년 노동계약법 개정은 제18조에 의해 ②에, 제19조에 의해 ③에, 그리고 제20조에 의해 ⑤에 일단은 대응하려고 하고 있지만, 입구제한을 하지 않았기 때문에 ①에 대해서는 전혀 대응할 수 없는 것이다.

19) 西谷, 앞의 주 16) 7쪽 이하 참조. 마찬가지로 입구제한을 주장하는 것으로써 川田知子 "有期 労働契約法制の新動向" 季刊労働法 237호(2012) 14쪽 青野覚 "雇用保障の理念と有期労働契約 規制−労働契約法・有期労働契約規制の立法論的検討" 毛塚古稀 416쪽 이하 참조.

20) 西谷·人権 108쪽 이하.

근로자파견은 고용과 사용을 분리하여 사람과 물건을 억지로 분리하는 제도로, 사용사업주는 오로지 물건의 유효한 이용에 관심을 두고, 파견사업주는 사람을 파견하여 수수료를 얻는 것만 관심을 둔다. 그래서 물건을 소유하는 사람으로서의 파견근로자는 물건으로써도 사람으로써도 소중하게 다뤄지지 않는 것이다.

이렇게 간접고용은 필연적으로 사용자의 책임을 모호하게 한다. 간접고용은 게다가 근로자의 파견사업주 혹은 근로자공급업자에 의한 중간착취를 가능하게 하고, 근로자 권리침해의 온상이 된다. 1947년 제정된 직업안정법(직안법)이 근로자 공급사업을 하는 것과 근로자 공급사업을 하는 자로부터 공급받은 근로자를 자신의 지휘명령하에 사용하는 것을 벌칙을 두어 금지하고 있는(직안법 제44조, 제64조제 9 호) 것은 이러한 폐해 때문이다21). 근로자파견도 본래는 근로자공급에 해당하지만, 1985년에 제정된 노동자파견법은 임시적·일시적 필요가 있는 전문적 업무에 대해서는 그것을 필요로 하는 자에게 직접고용을 기대하는 것은 곤란하다는 인식에 근거하여, 얼마간의 규제를 가하면서 근로자파견을 제도화하였던 것이다.22)

근로자파견 제도는 사용사업주(이용기업)로서는 노동법상 혹은 사회보험법상 사용자로서의 책임을 면하면서 노동력을 이용할 수 있고, 또한 해고제한에 복종하는 것 없이 필요 없게 된 노동력을 포기할 수 있다는 점에서 유

---

21) 업으로써 타인의 취업에 개입하여 이익을 얻는 것(중간착취)을 금지하는 규정(노동기준법 제6조)도 직접고용의 원칙에 입각한 것으로 이해된다. 무엇보다 그곳에서는 직접고용을 전제로 한 사적 직업소개도 금지의 대상에 포함된다.

22) 그러므로 위법파견, 특히 위장도급은 파견법위반이 될 뿐만 아니라, 직업안정법 제44조 위반의 근로자공급에 해당한다고 해야 한다. 이 점에 대해서는 萬井降令 "労務供給にかかわるいわゆる三者間関係の概念について" 日本労働法学会誌 114호(2009) 70쪽 이하; 毛塚勝利 "偽装請負·違法派遣と受入企業の雇用責任" 労働判例 966호(2008) 9쪽; 西谷·労働法 468쪽 이하; 根本到 "職安法44条, 労基法6条と労働者派遣法の関係" 和田肇·脇田滋·矢野昌浩(編著) 『労働者派遣と法』(2013, 日本評論社) 65쪽 이하 등 참조. 이점에 대해서 행정해석(1986.6.6.基発333호)은 파견법이 정의하는 근로자파견은 파견법 위반(위장도급을 포함한다)이 있더라도 근로자공급에는 해당하지 않는다고 하고, 최고재판소(パナソニックプラズマディスプレイ(パスコ)사건·最二小判 平21(2009).12.18. 民集 63권 10호 2754쪽)와 다수설(菅野·労働法 70, 375, 381쪽; 荒木·労働法 489쪽 이하 등)은 이것을 지지한다.

용한 고용형태이다. 그것은 파견사업주(인재 파견업)에게는 유력한 비즈니스기회로 된다. 그러한 쌍방의 요청에 의해 파견업무는 점차로 확대되어, 1999년에는 일정한 파견금지업무를 제외하고 모든 업무에 대한 파견이 자유화되었다. 2004년부터는 제조업에 대한 파견도 해금되었다. 그러나 이 시점에서는 전문적 26개 업무에는 기간제한이 없는 데 반하여, 그 이외의 업무에 대해서는 1년 내지 3년이라는 파견이용 가능기간이 설정되어 근로자파견은 전문적 업무 혹은 노동력의 임시적·일시적 필요에 대응하는 제도라는 생각이 간신히 유지되고 있었다.

그런데 2015년 파견법 개정에 의해, 드디어 전문적 26개 업무와 일반 업무의 구별은 폐지되어, 노동력의 임시적·일시적 필요라는 요건도 사실상 없는 것과 마찬가지로 되었다. 이용기업은 파견근로자를 교체만 하면 영속적으로 파견근로자를 이용할 수 있게 된 것이다.[23] 이점에서 파견근로에 대한 기본인식이 근본적으로 전환되었다고 할 수 있다.

그러나 전문성과 임시적·일시적 필요성이라는 요건이 폐지되었지만, 도대체 근로자파견제도는 왜 필요한 것인가 라는 근본적인 의문이 생긴다. 근로자를 필요로 하는 자는 직업소개기관의 소개를 받아 근로자를 직접고용하면 되기 때문이다.

근로자파견이라는 간접고용의 형태 자체가 근로자에게 유의미할 수 없다. 파견사업주가 근로자에게 교육훈련을 잘하는 경우에는 그것이 근로자의 재산으로 되는 경우가 있을 수 있지만,[24] 충분한 시간과 비용을 들여 교육훈련을 하는 파견사업주가 어느 정도 존재할 것인가 의문이다. 파견사업주에게 이러한 교육훈련과 고용안정조치라는 실현이 극히 불확실한 조치의무를 부담시키는 것을 전제로 사용사업주에 의한 파견근로자의 영속적 이용을 가능하게 한 2015년 파견법 개정에는 중대한 문제가 있다.

---

23) 이 개정에 대해서는 沼田雅之 "2015年労働者派遣法改正案の問題点" 労働法律旬報 1845호 (2015) 7쪽 이하; 特集 "派遣労働社会" 法学セミナー 2015년 12월호 수록 논문 참조.
24) 浜村彰 "労働者派遣の今後の法的規制のあり方" 日本労働法学会誌 112호(2008) 47쪽 이하 참조.

파견노동이 간접고용이라는 특질을 가지고 있기 때문에 앞에서 언급한 바와 같은 다양한 문제를 내포하고 있다는 점, 노동력을 필요로 하는 자는 공적·사적 직업소개기관을 통해 근로자를 직접고용할 수 있다는 점 등을 고려하면 근로자파견제도는 본래 불필요한 것이라고도 할 수 있다.

설령 그것을 전면 금지하지 않는다 하더라도, 이 제도는 기업이 그것을 이용할 업무상 필요성이 높고, 또한 그것에 의하여 근로자 보호에 문제가 발생하지 않는 경우에 한하여 허용되어야 할 것이다.[25] 후자의 관점에서 보면, 폐해가 특별히 큰 일용파견의 금지(파견법 제35조의3), 파견사업주에 의한 '중간착취'의 실태를 파악하기 위한 수익률의 공개(파견법 제23조제5항) 등은 유지되어야 할 것이고, 게다가 파견사업주와 사용사업주의 사용자책임을 명확하게 하기 위한 법해석[26]이 필요로 된다.

(4) 단시간근로

단시간근로자란 일주간의 소정근로시간이 동일한 사업장에서 고용되는 통상의 근로자보다 짧은 근로자를 말한다(파트타임노동법 제2조). 1일의 근로시간이 짧은 경우와 주 근로일수가 적은 경우가 있다. 호칭은 파트타임, 아르바이트, 정시근무사원, 촉탁 등 어느 하나라 하더라도 여기서는 근로시간의 길이만이 문제가 된다. 그러므로 근로시간이 정사원과 거의 다르지 않음에도 다른 신분으로 취급되어, 임금 등의 처우에서 차별받는 근로자(유사 파트타임)에게는 이 법률은 적용되지 않는다.[27] 계약기간에 대해서는 기간제고용이 많지만 무기고용도 있다.

일본에서 사용자가 단시간근로자를 고용하는 것은 주로 두 가지 이유 때문이다. 하나는 단시간근로자의 시간당 임금이 풀타임의 임금보다 낮기 때문에, 인건비가 절약된다는 점이다. 그러나 일본에서도 동일가치노동·동일임

---

25) 西谷敏 "派遣法改正の基本的視点" 労働法律旬報 1694호(2009) 6쪽 이하.
26) 西谷敏 "労働者派遣の法構造" 和田(ほか編), 앞의 주22) 73쪽 이하 참조.
27) 유사 파트타임을 파트타임법의 적용에서 제외하고 있는 것은 입법상 불비라고 할 수 있다. 법해석을 통하여 유사 파트타임도 파트타임법이 유추적용되는 것을 인정해야 할 것이다.

금을 지향하는 풍조가 날로 강해지고 있어서, 이미 그러한 동기에 합리성이 있다고는 할 수 없다. 또 하나는 조업(영업)시간의 일부에만 근로자를 사용한다는 점에 있다. 예를 들면 하루에 특히 바쁜 시간대에 한하여, 혹은 주 가운데 특히 바쁜 날에 한하여 근로자를 사용하는 경우이다. 이것도 풀타임 근로자의 고용에 의해 인건비에 손실이 발생하는 것을 방지한다는 의미에서는 인건비의 절약으로 되지만, 그렇게 근로자에게 일을 시키는 입장에서는 일단 합리성이 있다고 할 수 있다.[28] 유럽에서는 파트타임노동이 일자리 나눔을 위해 이용되는 경우도 많다.

반면에 근로자 자신도 육아·가족돌봄 등의 가정적 책임을 위하여 혹은 자신의 체력 기타의 사정에 의해, 1일 가운데 일정 시간, 혹은 주 가운데 일정 일수에 한하여 취업하고 싶다고 희망하는 경우가 있다. 그 배경에는 풀타임정사원의 장시간근로도 있지만, 근로시간이 적정하더라도 이러한 단시간근로의 희망이 없지는 않을 것이다. 근로자 가운데에는 풀타임근로를 희망하더라도 그 직을 얻지 못하기 때문에 어쩔 수 없이 단시간 근로자로서 근로하는 자도 적지 않지만, 근로자 자신이 단시간근로를 희망하는 경우가 있을 수 있는 이상, 법정책을 정립할 때 그것을 도외시해서는 안 될 것이다.

이와 같이 단시간근로에 대해서는 사용자측의 요구에 합리적인 근거가 있는 경우가 있고, 근로자가 그것을 희망하는 경우도 있다. 이 점에 다른 비정규근로와 다른 단시간근로의 특징이 있다. 그러나 상당한 수준의 최저임금제도가 확립되어 있다 하더라도 단시간근로에서는 근로자의 수입이 낮은 수준으로 억제되어 있어서 근로자와 그 가족의 현재 및 장래의 생활보장과 사회보험제도에 장애를 초래할 가능성이 있다. 파트타임 근로가 종전과 같은 가계보조적 근로가 아니라, 주된 생계유지자의 근로형태로 되는 경우, 그것은

---

28) 무엇보다도 호출근로와 같이 근로시간을 극단적으로 세분화하여, 단시간 동안 근로자를 근로시키는 것은 근로자에게 과도한 부담으로 되기 때문에 법적 규제가 필요하다. 독일에서는 이러한 호출근로에 대해서는 1주 및 1일의 최저근로시간을 정할 것, 그리고 주근로시간이 약정되어 있지 않는 경우는 10시간으로 보는 규제가 이루어지고 있다(파트타임·기간제노동법 제12조제1항).

특히 심각하다. 또한 동일가치노동·동일임금의 원칙이 확립되어 있더라도 파트타임근로는 풀타임근로에 비하여 이류의 노동으로 보기 십상이다. 게다가 가족적 책임을 이유로 하는 파트타임근로는 성별역할분담을 고정화할 염려가 있다.

이러한 점에서 독일의 대표적 노동법 학자인 도이블러(Däubler)는 표준적 근로관계의 중요성을 강조하여 파트타임근로는 금지할 수 없더라도 개개의 근로자의 객관적인 생활사정에서 생기는 희망에 합치하고 있는 경우에만 허용되어야 할 것이고, 또한 일주간의 최저근로시간을 설정하여 호출에 의한 근로를 법적으로 금지해야 한다고 주장한다.[29] 이러한 주장은 생활 형태를 선택할 개인의 자유를 중시하는 논자와의 사이에서 논쟁을 불러 일으켰던 적이 있다. 확실히 도이플러(Däubler)가 주장하는 것과 같이 근로시간 전체의 단축(도이블러는 1일 6시간이라 한다)이 진행된다면 부부가 풀타임으로 일하면서 평등하게 가족적 책임을 분담할 수 있다. 장기적 관점에서 볼 경우, 그러한 표준적 근로관계를 확립하기 위해 단시간근로를 규제하는 것은 반드시 비합리적인 법정책이라고는 생각되지 않는다.

그러나 근로자의 가치관과 생활조건·형태의 다양화를 고려하면 전체적으로 근로시간이 단축되었다고 하더라도 역시 근로시간을 통일하는 것에는 무리가 있다고 생각된다. 또한 단시간근로에 대한 근로자의 동기를 개별적으로 규제하는 것도 현실적인 것은 아니다.[30] 게다가 일본에서는 근로시간 단축이 간단히 진행되리라고 보기 어렵다. 이러한 상황 하에서는 근로시간이나 근무일수에 관한 근로자의 요구는 파트타임근로라는 형태로 밖에 실현될 수 없는 것이다. 일본에서는 오히려 후술하는 균등대우의 촉진 그리고 단시간근로자의 무기(無期)고용화에 의해 고용의 안정을 도모하고, 노동·사회보험 가입을 촉진하는 것이 단시간근로자의 다수를 점하는 여성의 현실적 요구에 적

---

29) Däubler, 앞의 주10) 50쪽 이하.
30) 독일과 유럽의 비정규고용에 대해서 비판적인 입장을 취하여 표준 근로관계의 유지를 주장하는 발터만도 파트타임근로에 대해서는-수입이 특히 적은 형태를 제외하고-현행법을 변경할 필요는 없다고 하고 있다(Waltermann, a. a. O. (8), B27, 104,116).

합할 것이다.31) 다만 그것이 성별역할분담을 고정화시킬 염려가 있다는 점은 유의하여야 할 것이다.

또한 단시간근로가 근로자의 희망에 의한 경우에도 그 희망이란 통상은 일정한 생애주기에 따른 필요성으로부터 생기는 것이다. 그러한 필요성이 해소되면, 근로자가 풀타임근로에의 복귀를 희망하는 경우가 많다. 그래서 파트타임에서 풀타임으로 또는 풀타임에서 파트타임으로의 전환이 필요하지만, 그것을 위해서는 사용자의 협력이 필요하다.

이러한 제도를 정비하는 것도 국제적으로 공통의 과제로 되고 있다.32)

(5) 균등대우(차별금지)

고용·근로형태의 차이를 이유로 하는 합리성 없는 근로조건차별의 금지, 혹은 비교대상자로서의 정사원과의 균등대우의 보장이 이 분야의 중요한 과제이다. 우선 해명해야 할 문제는 인종·국적, 신조, 성별, 사회적 신분, 노동조합 소속 등 근로관계에서도 중요한 의미를 가져온 전통적인 차별이유(헌법 제14조제 1 항 후단열거 사유 기타)와 고용형태라는 차별이유의 차이를 어떻게 이해하는가이다.

전통적인 차별사유의 특징은 두 가지이다. 첫째는 그것이 근로자 자신이 태어나면서 갖게 되는 혹은 그것과 동일시할 수 있는 속성이라는 점이다. 둘째는 그것이 기본적으로는 근로자의 직무수행 능력과 관련이 없다는 점이다. 금지되는 차별사유는 인종, 신조, 사회적 신분(노동기준법 제 3 조), 성별(노동기준법 제 4 조, 균등법 제5~9조), 조합소속(노조법 제 7 조제 1 항)에서 시작되어, 연령(고

---

31) 緒方桂子 "女性の労働と非正規労働法制" 西谷古稀(上) 469쪽 이하.

32) 예를 들면 1997년의 EC 파트타임 지침(1997/81/EC)은 파트타임과 풀타임의 균등대우와 아울러 근로자가 파트타임과 풀타임의 전환을 희망하는 경우 사용자는 가능한 그것에 응하도록 노력하여야 한다고 규정하고 있다. 독일의 파트타임·기간제 근로계약법은 풀타임근로자의 파트타임 전환청구권을 인정하고(제8조), 또한 파트타임 근로자의 근로시간연장의 요망을 우선적으로 고려해야 할 것(제9조)을 규정하고 있다. 이것에 대하여 일본의 파트타임노동법은 통상의 근로자를 모집할 때 단시간근로자에게 주지시키는 등, 간접적으로 전환을 촉진하는 조치의무를 사용자에게 부과하는데(제13조) 그치고 있다.

용대책법 제10조), 장애(장애인고용촉진법 제34조, 제35조) 등으로 확대되었다.

이들 전통적 차별과 고용형태에 의한 차별(평등취급)을 구별하여 이해하려 견해가 유력하다.[33] 확실히 고용형태는 형식적으로 근로자 자신이 선택했던 것으로, 생래적인 속성이라고 할 수 없고, 직무내용에 보다 밀접한 관계에 있다. 그러나 고용형태의 차이는 형식적으로는 근로자의 '선택'에 의해 생긴다 하더라도, 그 '선택'은 사회적으로 규정된 것이다. 즉 근로자가 정사원의 일자리를 얻을 수 없다거나, 가족책임 등을 위하여 풀타임근로에 종사할 수 없다는 등의 이유로 비정규직근로자로 되는 경우가 압도적으로 많다. 이러한 인식이 확산되는 가운데 동일 혹은 동일가치의 일에 종사하는 이상, 임금과 처우도 동일해야 한다는 성차별에 대해서 확립된 원칙이 파트타임근로자 등의 비정규직근로자에의 차별금지에까지 확대되어 왔던 것이다.

어떠한 속성과 고용형태에 따른 차별이 부정되어야 하는가는 국민적 또는 국제적인 규범의식의 발전과정과 관련이 있다. 전통적인 차별금지와 고용형태에 따른 차별금지는 모두 '같은 것은 같게 취급해야 하는 것'이라는 정의감정＝인권의식에 기초를 두고 있는 것이고, 전자로부터 후자에의 평등원칙＝차별금지의 확대는 사람들의 규범의식의 발전에 따른 것이다. 어느 나라든지 파트타임 등의 비정규직근로자의 대다수가 여성이라는 사실에서 성차별과 고용차별이 실태적 연속성이 존재했다는 것도 이러한 의식이 확대되는 사회적 기반이 되었다고 할 수 있다. 이같이 본다면 고용형태는 형식상 근로자가

---

33) 예를 들면 荒木·勞働法 81쪽 이하는 전통적인 사유에 따른 차별의 금지＝'차별금지 접근'과 고용형태에 관련된 균등대우원칙＝'고용정책적 접근'를 구별한다. 그것은 EU 국가에서는 양자가 이렇게 명확히 구별되고 있다는 인식(勞働政策研究·硏修機構「雇用形態による均等待遇についての研究会報告書」(2011년 7월)에 기반하고 있다. 또한 毛塚勝利 "勞働法における差別禁止と平等取扱－雇用差別法理の基礎理論的考察" 角田古稀 (하) 3쪽 이하는 '개별적 특성을 보지 않는 유형적 속성에 따른 평가에 의해 불이익한 다른 취급을 한다'는 '차별'과, '지배관계 내지 조직관계의 성격을 갖는 생활공간에서 동일한 생활공간에 놓인 인간이 다른 인간과 마찬가지로 그 인격을 존중받기를 희망하는 의식에 기반하고 있는, 동일생활공간에서는 동일한 규범·기준이 적용되어야 한다는 당해 생활관계의 지배자를 수범자로 하는 규범'을 평등(협의의 평등)으로 각각 규정한 후에, 고용형태에 의한 평등취급을 후자의 문제라고 함으로써 차별금지와의 차이를 강조한다.

'선택'했던 것이라 하더라도 전통적인 사유에 따른 차별금지와 고용형태와 관련된 평등취급의 의무가 질적으로 다른 것이라고 이해해서는 안 된다.[34]

고용형태간의 균등대우는 확실히 국가의 고용정책의 관점에서 촉진되는 경우도 있다. 예를 들면 일자리 나누기 등의 관점에서 파트타임고용을 촉진하는 정책이다. 일본에서는 큰 임금격차를 배경으로 인건비를 절약하기 위하여 비정규 근로자가 고용되는 경우가 많기 때문에, 역으로 균등대우의 촉진이 비정규고용의 장점을 감소시켜, 정사원화의 촉진에 기여한다고 생각된다. 그러나 어쨌든 이들은 '균등대우'의 보장이라는 정의＝인권의 관점에 근거한 조치를 국가가 일정한 고용정책상의 의도를 담아 추진하는 것에 불과하고, 그것은 전통적인 차별사유에 대해서도 문제로 될 수 있는 것으로서(예를 들면 여성의 활약촉진을 위해 이루어지는 승진차별금지의 계몽활동), 고용차별금지에만 특이하게 존재하는 것은 아니다.

이상과 같이 전통적 차별금지와 고용차별금지(평등취급)간에 성격상 차이가 있다는 것은 부정할 수 없다고 하더라도, 양자의 발전에는 연속성이 있고, 또한 정책적 동기의 유무도 양자를 엄격하게 구별해야 하는 이유로는 되지 않는다. 그러므로 차별의 위법·무효 혹은 차별을 정당화하는 합리성의 판단기준에 대해서도 양자를 구별하여 고용형태간의 평등취급에 관해서 전통적 차별금지와는 다른 상대적 기준이 적용된다고 이해하는 주장에는 찬성할 수 없다.

어쨌든 동일가치 노동에 종사하는 근로자들 사이에서 합리적인 이유 없는 차별적 처우가 이루어져서는 안 된다는 원칙이 타당하여야 할 것이다. 동일가치노동·동일임금원칙이야 말로 '같은 것은 같게 취급해야 하는 것'이라

---

34) 水町勇一郎 "「差別禁止」と「平等取扱い」は峻別されるべきか" 労働法律旬報 1787호(2013) 51쪽 이하는 EU 국가에서의 논의는 확실히 전통적 이유에 의한 차별금지와 고용형태간의 평등취급을 구별하는 경향이 강하지만, '실제의 EU의 지침, 각국의 법령·판례 등에서는 양자의 개념이 엄밀히 구별되거나 용어법이 통일되어 있는 것은 아니다'고 지적한다. 또한 水町勇一郎 "新たな労働法のグランド·デザイン" 水町勇一郎·連合総研(編) 『労働法改革』(2010, 日本経済新聞社) 65쪽 이하는 전통적 차별금지와 고용형태간 평등취급의 구별을 거부하고 포괄적인 고용차별금지법 제정을 제안하고 있다.

는 균등대우의 핵심에 위치하는 원칙이다. 그러므로 균등대우원칙을 적용할 때는 비교대상 근로자가 동일가치의 노동에 종사하고 있는지 여부의 판단이 중핵적 의의를 갖는 것이고, 그것을 위해서는 비교대상자가 종사하고 있는 직무의 분석이 불가결하다.[35] 전통적인 차별사유와 비교하여 직무와의 관련성이 밀접한 고용형태차별에서는 차별의 위법성을 판단할 때에 비교대상 근로자의 설정과 격차의 합리성 판단에 다소 곤란한 점이 생긴다는 문제는 있지만, 격차의 위법·무효를 판단하는 기준 그 자체에는 차이가 없다.

이와 같이, 동일가치노동·동일임금원칙은 균등대우원칙의 핵심에 위치하는 것이지만, 모든 문제에 그 원칙을 적용시킬 수는 없다. 우선, 균등대우원칙은 기업 내 복리후생(사원식당의 이용 등)과 같은 임금 이외의 근로조건에도 미친다. 게다가 임금결정에서 근로의 가치 이외의 기준(연령, 근속년수, 부양가족 등)이 중요한 역할을 하여 온 일본에서 엄밀한 의미로 '동일가치노동'을 기준으로 하는 것은 비현실적이다. 그래서 특히 일본에서는 동일가치노동·동일임금원칙을 핵으로 하면서, 그 이외의 합리성 없는 차별도 금지된다고 이해해야 할 것이고, 또한 합리적 이유가 있다면 동일가치노동·동일임금에서의 면탈도 허용한다는 수정이 필요하게 된다.[36]

일본에서는 고용형태를 이유로 하는 차별금지 내지 균등취급원칙에 관하여 이전에는 노동기준법 제3조, 제4조를 근거로 논해져 왔지만,[37] 현재

---

35) 森ます美·浅倉むつ子(編)『同一価値労働同一賃金原則の実施システム-公平な賃金の実施にむかて-』(2010, 有斐閣) 참조.

36) 西谷敏 "パート労働の均等待遇をめぐる法政策" 日本労働研究雑誌 518호(2003) 56쪽; 西谷·人権 186쪽 이하 참조.

37) 우선 문제로 되었던 것은 노동기준법 제3조에서 말하는 '사회적 신분'에 비정규고용이 포함되는지 여부이다. 비정규고용이 전술한 바와 같이 자신의 의사로 선택한 고용형태라고 할 수 없는 경우가 압도적으로 많고, 또한 그것이 사회적으로 일종의 '신분'으로서 파악되고 있다는 점을 고려하면, 적어도 사법적 측면에 관한 한 제3조의 '사회적 신분'에 비정규고용이 포함된다는 해석은 가능하다고 생각된다. 그러나 판례는 '사회적 신분'을 '생래적 신분'으로 이해하는 행정해석(1947.9.13. 発基 17호)에 따라 이것을 부정하여 왔다(富士重工사건·宇都宮地判 昭40 (1965).4.15. 労民集 16권 2호 256쪽; 京都市女性協会사건·大阪高判 平21(2009).7.16. 労判 1001 호 77쪽). 반면에 노동기준법 제3조, 제4조의 기초가 되는 일반적인 균등대우이념을 근거로 하여 파트타임 근로자에 대한 일정 범위를 넘는 차별을 위법으로 판단한 판결(丸子警報器사

는 몇 가지의 입법에서 규정하고 있다. 2007년에 개정(2014년에 재개정)된 파트타임노동법은 파트타임 근로자와 풀타임 근로자 간의 대우의 차이가 불합리해서는 안 된다는 점을 일반적으로 선언(제8조)하고, '통상의 근로자와 동일시하여야 할 단시간근로자'(직무내용이 동일하고, 직무의 내용 및 배치 변경의 범위도 동일하다)에 대해서 통상근로자와의 균등취급을 규정하고 있다(제9조). 2012년에 노동기준법에 포함된 제20조는 기간제근로자와 무기계약근로자 간의 근로조건의 차이가 불합리해서는 안 된다고 규정하고 있다. 그러나 이들 규정이 균등한 취급의 전제로써 직무내용의 동일성뿐만 아니라, 직무의 내용·배치 변경의 범위(이른바 인재활용의 구조)도 동일하다는 점을 요구하고 있는 것은 일본식 고용관리를 전제로 비정규직근로자에게 '억지'를 쓰는 것과 마찬가지로,[38] 균등취급의 실효성을 현저히 방해할 위험이 있다. 또한 2015년 근로자파견법 개정에 즈음하여 제정된 '노동자의 직무에 따른 대우의 확보 등을 위한 시책에 관한 법률'은 파견근로자 등의 비정규직근로자의 균등대우의 촉진이라는 피상적인 정책이념의 선언에 그치고 있다.

정사원과 비정규직근로자의 균등취급에 대해서도 유럽국가와 일본과의 큰 격차를 통감할 수밖에 없다.[39] 그러나 이러한 불충분한 법률이라 하더라도 적어도 법률의 해석·운영에서 전통적 사유에 따른 차별과 고용형태에 따른 차별의 차이를 쓸데없이 강조하여 불합리한 고용형태차별을 배제하려고 하는 움직임에 제동을 걸지 말고, '신분'의식과 연결된 고용형태차별의 문제성을 명확히 하여 그 극복을 위한 적극적인 법 이론을 확립하는 것이 중요하다.

건·長野地上田支判1995(平7).3.15. 労判 690호 32쪽)이 이론상으로도 실무상으로도 큰 역할을 하였다. 어쨌든 고용형태차별에 관한 초점은 노동기준법 제3조, 제4조의 해석보다도 입법론으로 옮겨가고 있다.

38) 緒方, 앞의 주31) 477쪽.

39) 일본에서도 2016년 1월 후 아베(安倍) 수상이 '동일노동·동일임금'의 실현을 정책과제로 들고 있지만, 어느 정도 실효성 있는 조치가 취해질 것인지는 불명확하고, '동일가치노동'이 아니라, '동일노동'으로 하고 있기 때문에, 직무배치에서 정규직근로자와 비정규직근로자를 다르게 취급하는 것을 오히려 촉진할 위험이 있다.

Ⅱ. 정사원의 다양화

1. 일반근로자와 관리직

(1) 관리직의 법적성격

정사원은 통상 일반근로자와 관리직으로 구분된다. 사업주 혹은 사업의 경영담당자와 협력하여 사업의 경영관리의 일부를 담당하는 것이 관리직으로, 관리직은 노동법상 '근로자'(노동기준법 제9조, 노조법 제3조)로서 일반근로자와 마찬가지로 권리를 갖고, 의무를 부담한다.[40]

특히 노동기준법은 '감독 혹은 관리의 지위에 있는 자 또는 기밀사항을 취급하는 자' 즉 소위 '관리감독자'에게는 노동기준법상의 근로시간, 휴게, 휴일에 관한 규정의 적용을 배제하고 있기 때문에(노동기준법 제41조제2호), 실제로는 어떤 범위의 관리직이 이 '관리감독자'에 해당하는지 라는 곤란한 문제가 생긴다. 소위 '이름뿐인 관리직'은 논외로 하더라도 과장 이상을 '관리감독자'로서 대우하는 것이 많은 기업에서 통용되고 있지만 이러한 방법에도 법적인 근거는 없다. 한편, 관리직은 노동법상 몇 가지 점에서 '사용자' 혹은 사용자측의 자로서 취급되고 있다.

우선 노동기준법은 동법에서 말하는 '사용자'를 '사업주 또는 사업의 경영담당자 기타 그 사업의 근로자에 관한 사항에 대해서 사업주를 위하여 행위하는 모든 자'로 정의하고 있기 때문에 사업주를 위하여 행위하는 관리직도 그 관리사항에 관해서는 노동기준법상 책임을 부담해야 하는 '사용자'이다. 그리고 관리직이 '사용자'로서 책임을 부담하는 경우에는 사업주(사업주가 법인인 경우에는 그 대표자)에게도 그 책임을 묻는 구조로 되어 있다(노동기준법 제121조, 소위 양벌규정).[41] 또한 근로자의 과반수를 대표하는 노동조합이 존재

---

40) 이 점에 대해서, 회사 임원은 통상 '근로자'가 아니다. 그러나 명목상 '임원'이라도 그 실태로부터 '근로자'로 판단되는 예도 있다(黑川建設사건·東京地判 平13(2001).7.25. 勞判 813호 15쪽; 府中おともだち幼稚園사건·東京地判 平21(2009).11.24. 勞判 1001호 30쪽 등). 특히 중소기업에서는 회사 임원과 관리직의 구별이 명확하지 않는 경우가 많다.

하지 않는 경우 근로자과반수대표를 선출할 때, 관리직이 대표로 되는 것을 방지하기 위하여 노동기준법 제41조제 2 호의 '관리감독자'는 대표의 자격이 없다는 점이 규정되어 있다(노동기준법 시행규칙 제 6 조의2제 1 항제 1 호). 이곳에서 '관리감독자' 규정은 사용자측에 서있는 자를 확정하기 위하여 편의적으로 사용되고 있는데 불과하다.

다음으로 노조법에서는 '사용자의 이익을 대표하는 자'(노조법 제 2 조 단서 제 1 호)는 노동조합에의 가입이 배제되어 있다. 관리직 가운데 어떤 범위에 있는 자가 이것에 해당하는가도 이론이 있다. 기업실무에서는 역시 과장 이상의 관리직을 이곳에서 말하는 사용자의 이익대표자로서 취급하는 예가 많지만, 이 또한 명확한 법적 근거가 있는 것은 아니다.

초합임원 선거에 개입하는 행위 등 관리직의 행위가 사용자의 부당노동행위로 간주되는 경우가 있다. 판례에 따르면, 부당노동행위 책임주체는 법인혹은 사업주에 한하기 때문에[42] 노동기준법의 경우와 달리 관리직이 '사용자'로 되는 것은 아니고, 관리직의 행위가 일정한 경우에 '사용자' 책임에 귀속된다는 것이 문제로 된다. 관리직의 어떠한 행위를, 어떠한 경우에 사용자로 귀속시켜야 하는가의 판단은 특히 관리직이 당해 조합 혹은 다른 조합의 조합원(조합임원을 포함한다)인 경우에 쉬운 일이 아니다.[43]

(2) 관리직의 양면성의 모순

이상과 같이 관리직은 '사용자'이고, 동시에 '사용자'측에 서서 일반근로

---

41) 이 점에 대해서, 노동안전위생법은 안전 및 위생에 관한 조치의무의 책임주체로 '사업주'를 들고 있다. 그러나 동법 위반이 있었던 경우에는 행위자도 당연히 처벌되기 때문에(제122조), 노동기준법의 경우와 실질적인 차이는 없다고 설명하고 있다. 厚生労働省労働基準局『平成22年版·労働基準法 (上)』(2011년, 労務行政) 142쪽.

42) 済生会中央病院사건·最三小判 昭60(1985).7.19. 民集 39권 5호 1266쪽.

43) 판례는 부과장 등에 근접한 직제상의 지위에 있는 자가 사용자의 의사에 따라 행동하여 (구체적 의사 연락은 불요), 탈퇴공작과 만류 등의 행위를 했을 때에는 당해 관리직이 당해 조합 혹은 다른 조합의 조합원이라 하더라도 그것을 조합원으로서의 활동으로 보아야 할 특단의 사정이 없는 한, 사용자의 부당노동행위로 판단하고 있다(JR東海사건·最二小判 平18(2006).12.8. 労判 929호 5쪽).

자의 관리 책임을 부담한다는 양면성을 가지고 있다. 이러한 양면성은 이론적으로는 모순되지 않지만, 현실에서는 양립이 어렵다. 관리직 그 자체가 계층구조를 이루고 있으며, 하급관리직은 상급관리직의 지휘명령과 압력을 받으면서 일반근로자를 관리한다. 이러한 구조 안에서 관리직은 근로자로서의 권리행사(예를 들면 연차유급휴가의 취득)를 스스로 억제하고, 잔업수당 없는 장시간근로(적법하든, 위법하든)를 강요받는다. 불황일 경우, 특히 비조합원인 관리직은 구조조정의 대상으로 되기 쉽다. 이와 같이 관리직 근로자로서의 권리는 일반근로자보다도 보장되기 어렵다. 게다가 그것이 관리직 수당에 의해 보충된다고는 단정할 수 없다.

그 점에서 생기는 관리직의 불만이 관리직 조합의 조직과 조합가입으로 표출되는 경우가 있지만, 오히려 관리대상으로서의 일반근로자에게 표출되는 경우가 많다. 근로자로서의 권리를 보장받지 못하는 관리직은 부하의 권리행사를 이해하기 어렵다. 부하에 대하여 평가할 때 휴가취득은 마이너스로, 수당 지급 없는 잔업은 플러스로 평가하기 십상이다. 직장에서 권리의 정착을 위해서 관리직 근로자로서의 권리를 보장하는 것이 극히 중요하다는 점을 알 수 있다.

물론 관리직의 존재방식은 그 속성과 경영상황에 따라 다양하다. 관리직이 부하에 보이는 온정은 엄격한 기업질서와 냉엄한 인사관리의 윤활유로 된다. 반면에 경영자의 '대리인'으로서 일반근로자에게 지휘명령하고 사정권한을 쥐고 있는 관리직이 그 권력을 남용하여 성희롱과 집단 따돌림의 가해자로 되는 경우도 적지 않다. 그러나 어떠한 속성을 갖는 관리직도 경영위기에서는 온정을 가지고 부하를 대할 여지는 없게 된다. 관리직은 구조조정의 최전선에 서 있던가, 그렇지 않으면 스스로가 구조조정의 대상이 된다. 경영위기에서 관리직의 두 가지 성질의 날카로운 모순이 현저해진다.

사용자와 근로자의 관계는 주식회사의 경우에도 관리직을 매개로 하여 사람과 사람의 관계로써 나타나지만, 경영위기에서 나타나는 그 본질은 냉철한 자본·경영자와 살아있는 인간＝근로자와의 첨예한 긴장을 내포하는 관계

인 것이다.[44]

2. 다양한 정사원(한정 정사원)

관리직 이외의 정사원에 대해서도 최근 다양화 경향이 보인다. 우선
1985년 남녀고용기회균등법 제정에 따라 직무와 대우에서 남녀를 별도로 취
급하는 것이 곤란하게 되었다는 점을 계기로 근로자를 종합직과 일반직으로
나누는 코스별 고용관리가 확대되었다. 이것은 전통적인 남녀별 코스제를 직
무의 종류와 전근의 유무 등을 기준으로 하는 복선적 고용관리로 재편성하려
는 것이었다.

게다가 최근 '다양한 정사원', '한정 정사원', '직무(job)형 정사원' 등의 호
칭에 따른 새로운 복선적 고용관리가 국가에 의해서 적극적으로 장려되고 있
다.[45] 이것은 사전에 직무와 근무지가 한정된 정사원을 만들고, 이러한 한정
이 없는 '무한정 정사원'과 명확히 구별하여 인사관리를 하려는 것이다. 이 제
도를 추진하는 자가 의도하는 바는 다양하고, 결과도 또한 다양할 수 있다.

우선, '한정 정사원'은 종래의 정사원과 비교해서 해고가 용이할 것인지
가 문제로 된다. 인원정리의 필요성이 발생한 경우 직종·근무지가 한정된 근
로자는 해고 이외의 방법으로 잉여인원을 흡수할 여지가 협소(해고회피조치가
한정된다)하다는 의미에서 해고가 용이하게 된다는 점은 분명하다. 그러나 그
경우에도 사용자는 근로자의 동의를 얻어 직종·근무지를 변경할 수 있는 것
이고, 정리해고를 최후의 수단으로 보는 관점에서 보면, 사용자는 정리해고
전에 직종·근무지 변경을 통해 해고 회피 노력을 면하는 것은 아니다. 그러
므로 이론적으로 단순히 '한정 정사원'의 해고가 쉽다고는 할 수 없다.[46] 그

---

44) '주식회사의 익명성이 근로자에게 주는 영향은 개인적 기업이 집중화하여 익명의 기업으로 될
   수록 기업주의 절대적이면서 자의적 권력에 의해 생기는 위험이 증대하는 것이다. 근로자는 고
   용주로서 개인적인 유대감을 가지고 구체적인 인간을 상대로 하는 것이 아니라, 피상적 존재인
   회사를 상대로 하는데 불과한 것이다'(中村睦男『社会権法理の形成』(1973, 有斐閣) 73쪽).
45) 2014年6月24日閣議決定『日本再興戦略』改訂2014, 『多様な正社員』の普及·拡大のための有
   識者懇談会報告書」(2014.7.30) 참조.
46) 「『多様な正社員』の普及·拡大のための有識者懇談会報告書」, 앞의 주45)도 이것을 지적한다.

러나 '한정 정사원'은 직종·근무지가 한정되는 대가로서 해고되기 쉽다는 이미지가 침투하여, 실제로는 종래 정사원보다도 해고가 용이하게 될 가능성을 부정할 수 없다.

'한정 정사원' 제도의 또 하나의 문제는 종래 정사원의 자리매김에 있다. 이 제도를 도입하기 위해서는 취업규칙이나 근로계약에서 해당하는 근로자가 '한정 정사원'이라는 점, 즉 직종과 근무 장소가 한정된다는 점을 명확히 해야 하지만, 그것은 동시에 종래 정사원이 '한정 정사원'이 아니라는 점, 결국 '무한정 정사원'이라는 점을 확인하는 의미를 갖는다. 그렇게 된다면 종래 정사원은 전국 근무와 직종 전근뿐만 아니라, '무한정의' 시간외·휴일근로까지 강요받을 염려가 있다. 그것은 정사원의 비인간적인 근로형태를 고정화하고, 더욱 악화시키게 될 것이다. 뿐만 아니라, 종래 정사원의 근로형태가 이러한 형태로 고정된다면, 가족책임을 부담하는 여성근로자가 정사원이 되는 것은 점점 더 곤란하게 되고, 비정규직근로자로 고정되든가, 겨우 한정 정사원이 되는 길밖에 없게 될 것이다. 그것은 새로운 성차별을 발생시키게 된다.

여기서는 근로자의 본래적인 근무형태는 어떠한 것인가라는 질문이 던져진다. '인간다운 생활의 보장'(노동기준법 제1조제1항), 양질의 일자리, 일·생활의 양립 등 어느 이념에 따라서도 시간외·휴일노동이 적당한 범위로 한정된다는 것은 물론, 근무 장소와 직무내용이 미리 근로계약에 정해져 있어야 한다는 것은 필수요건이다. 다시 말하면 '한정 정사원'의 근무형태야 말로, 본래는 근로자의 전형적인 근무형태이어야 한다.[47] 그것을 출발점으로, 예를 들면 원격지로의 전근을 피할 수 없는 경우에는 그것을 근로자의 특별 부담으로 생각해 상응하는 수당을 지불하는 등의 대응을 하는 것이 본래의 방식인 것이다.

그런데 일본에서는 정사원의 근무형태가 오랫동안 이러한 이념에서 크게 벗어나 왔기 때문에 '무한정'한 근무형태야 말로 전형적이라는 비정상적인 사고가 생기고 말았다. 그러한 발상을 전제로 한다면 근무지와 직종의 한정

---

47) 脇田滋 "雇用保障をめぐる法的課題—「身分差別的」労働者概念批判" 西谷古稀(上) 44쪽 이하는 직무(job)형의 한정 정사원은 세계표준의 고용모델이라 하여, 현재의 무한정 정사원뿐만 아니라, 비정규직근로자도 그것에 포함되어야 한다고 주장한다.

은 근로자에게 부여된 특별한 혜택으로 이해되어 그 대가로서 임금이 낮은 것은 당연하다고 여겨졌다. '한정 정사원' 구상의 배경에는 이러한 사고가 숨어있다고 생각된다. 그러나 이러한 발상에 기반하는 제도 도입이라면 종래 정사원을 포함하여 정사원전체의 근로조건과 근로형태를 더욱 악화시키게 될 것은 필연적이다. 무엇보다도 종래 정사원의 근로형태를 근본적으로 개선하는 것이 중요한 과제이다.

'한정 정사원'은 종래의 정사원과 비정규직근로자의 중간에 있는 고용 · 근로형태로서 비정규직으로부터 정규직으로의 전환을 용이하게 하여 양자의 격차의 해소에 기여할 것이라는 주장이 있다. 물론 노동조합과 사용자가 정규직 · 비정규직의 격차해소에 합의하여 그것을 적극적으로 추진하는 경우에는 '한정 정사원' 제도는 그 실현을 용이하게 하는 과도적인 형태로써 기능할 가능성이 없지 않다. 그러나 그러한 합의가 없는 채로 이러한 제도를 도입하면 지금까지의 격차구조를 보다 복잡한 형태로 고정화할 위험성이 높다고 생각된다.

3. 고도전문근무제(사무직 · 면제)

정사원의 다양화는 근로시간제도의 측면에서도 진행할 가능성이 있다. 일정 범위의 사무직 근로자에 대해서 근로시간규제의 적용을 배제하여, 시간외 근로에 대한 수당을 지불하지 않는 제도(고도전문근무제)의 도입이 시도되고 있기 때문이다.[48] 이러한 제도는 대상으로 된 근로자에게 장시간 근로를 강요하는 결과로 되어, 정신건강상의 문제와 과로사 · 과로자살의 문제를 더욱 심화시킬 수 있다. 그것은 동시에, 이미 기본적으로 극복된 사무직근로자와 생산직 근로자의 구별을 근로시간규제의 측면에서 부활시키는 것이기도 하다.[49]

---

48) 이러한 제도의 도입을 포함한 노동기준법 등 개정법안은 2015년 제189회 국회(상임위)에 제출되어 심의 중이다.
49) 이러한 제도 도입의 근거를 만들기 위해서 사무직 근로자의 근무방식은 시간에 의하지 않고 성과에 의해 평가하는 것이 적당하다는 등과 같은 주장이 제기되고 있다. 그러나 성과에 의해

근로시간 규제는 근로시간을 제한하여 근로자의 건강유지를 도모함과 아울러, 그 사적 생활시간을 보장하는 의미를 갖는다. 노동운동이 19세기 후반부터 주장했던 8시간노동제의 요구는 '8시간의 휴식시간과 8시간의 자유시간을'이라는 구호에서 알 수 있듯이 건강보호와 자유시간의 확보라는 양면을 모두 포함하고 있었다.[50] 근로시간규제의 대상이 공장근로자로부터 시작하여 사무직근로자를 포함한 전 근로자에게 확대되어 왔던 것은 이러한 양측면과 관계가 있다.

우선, 근로시간의 규제를 통한 건강보호라는 점에서 보면, 노동이 야기하는 피로로서 육체적 피로와 함께 정신적 피로가 중요성을 갖는다는 점이 인식되어, 공장노동과 사무노동의 차이가 상대화되어 왔다는 점이 있다. 또한 생활시간의 보장에 대해서 보면, 공장근로자와 사무직근로자간에 차이가 없는 것은 명백하다. 아무리 노동밀도가 낮고, 육체적·정신적 피로가 적은 노동이라도, 사적 생활시간의 확보라는 관점에서 보면 근로시간의 규제는 필요하기 때문이다.[51]

공장노동에서 비롯된 근로시간규제가 사무직근로자를 포함한 전 근로자에게 확대되었던 것은 이와 같이 근로자에게 있어서 노동과 생활의 공통성이 확대되어 왔던 것에 대응하는 것이었다. 일정한 사무직근로자에 대해서 근로시간규제의 적용을 배제하려는 제도는 이러한 역사를 100년 전으로 되돌려, 나쁜 의미에서의 근로자의 다양화를 부활시키는 것이다.

임금을 결정하는 제도는 오래전부터 공장노동에서의 실적급이나 택시운전기사 등의 완전실적급제가 있어 왔고, 최근에는 성과주의임금 등이 확산되고 있기 때문에 결코 새로운 것은 아니다. 종래는 그러한 임금제도하에서도 혹은 그러한 제도하에서야 말로 근로시간의 규제는 필요하다고 생각되어 왔다. 근로시간의 규제는 근로자의 건강보호, 사적·사회적 생활의 보장 등과 같은 독자적 의의를 갖기 때문이다.

50) 西谷敏 "労働時間の思想と時間法制改革" 労働法律旬報 1831·32호(2015) 8쪽 이하.
51) 이 점에서 현행 노동기준법 제41조제3호가 감시·단속적 근로에 대해서 근로시간규제의 적용을 제외하고 있는 것은 입법론상 중요한 문제를 내포하고 있다. 西谷敏 "適用除外" 片岡昇·萬井隆令(編) 『労働時間法論』(1990, 法律文化社) 395쪽 이하 참조.

III. '근로자'의 범위

1. 현대 근로자개념론의 의의

어떠한 노무공급자를 법적으로 '근로자'로 볼 것인지는 노동법 적용의 유무를 결정짓는 것으로서 노무공급자와 그 수령자 쌍방에게 매우 중요한 영향을 미친다. 이전부터 다양한 유형의 노무공급자에 대해서 법적인 '근로자'성이 문제로 되어 왔지만, 최근 다시 '근로자'의 범위에 대해서 논의가 활발해지고 있다.

그 배경은 두 가지 사정이 있다. 첫째 상술한 바와 같이 사용자가 노동법과 사회보험법에 따른 책임을 면하기 위하여 객관적으로 '근로자'인 노무공급자를 일부러 '비근로자'로 가장하는 사례('비근로자화')가 증가하고 있다는 점이다. 둘째 지금까지 근로자로서 자각이 부족했던 노무공급자가 '근로자'로서 권리를 주장하거나, 노동조합에 조직화된 사례('근로자화')가 나타나게 되었다는 점이다. 결국 '비근로자화'와 '근로자화' 현상이 동시에 발생하고 있고, 어느 면에서도 '근로자'의 범위의 적절한 설정이 요구되고 있는 것이다.

'비근로자화'와 '근로자화' 모두 근로자의 다양화와 밀접한 관계가 있다. '비근로자화'는 많은 경우 비전형 고용·근로형태에 대해서 취해지는 정책이다. 또한 '근로자화'도 종래 근로자로서의 자각을 갖기 어려웠던 근로자(그 다수는 비전형근로자)가 '근로자'라는 점을 주장하는 과정에서 생겨났다. 그 의미에서 '비근로자화'도 '근로자화'도 비전형 근로관계의 증가(비정규화)와 밀접한 관계가 있다고 할 수 있을 것이다.

2. 근로자개념론의 성격

근로자개념론이란 어느 노무공급자를 '근로자'로서 취급하여, 노동법을 적용해야 할 것인지 여부의 문제이다. 이 문제는 몇 가지 특징을 가지고 있다.

첫째, 노동법 분야의 각각의 법률은 노동법에 속하는 것에 따른 공통성과 동시에 각각 고유의 목적을 갖고 있다. 또한 동일한 법률안에서 목적을 달리하는 조항이 포함되어 있는 경우도 있다. 근로자 개념의 문제는 법률 혹은 법률조항의 적용 유무를 결정하는 것이기 때문에 각각의 법률 또는 법조항의 목적과의 관계를 빼고 판단할 수 없다.[52] 보다 구체적으로 말하면 본래 근로자로서 당해 법률 또는 법조항의 적용에 따라 보호되어야 할 자를 부당하게 그 적용에서 배제해서는 안 되지만, 동시에 본래 그 법률 또는 법조항이 예정하고 있지 않은 자를 그 적용 하에 두는 것도 피해야 할 것이다. 사회적으로는 전자가 보다 중요하지만, 후자의 시점도 무시할 수 없다. 그러므로 '근로자'의 개념은 넓으면 넓을수록 좋다고 할 수는 없다. 어쨌든 근로자 개념론은 목적론적인 시점이 일차적 중요성을 갖는다.

둘째, 근로자개념론에서 결정적인 의미를 갖는 것은 법적인 형식이 아니라, 노무공급의 실태이다. 계약형식 등을 과도하게 중시하는 것은 의도적인 '비근로자화'를 법적으로 추인하는 결과로 될 수밖에 없다.[53] 그러나 노무공급의 실태는 극히 복잡하고 다양하여 실태에 따른 판단은 결코 쉽지 않다.

법적 세계에서 실태에 따른 판단을 가능하게 하기 위해서 가끔 취해지는 방법은 실태를 몇 가지의 판단지표에 따라 분석적으로 검토하고, 그것들을 종합하여 결론을 짓는 것이다. '근로자'성 판단에 대해서도 그러한 방법이 취해지는 경우가 많다. 그러한 수법은 실태에 따르면서 판단 과정을 일단 객관화할 수 있다는 장점이 있다. 그러나 제요소의 종합이라는 판단과정은 명확하게 하는 데에 한계가 있고, 또한 결론의 예측가능성이 낮다는 문제가 있다. 그러한 방법을 전제로 하면서 판단지표의 수를 한정하고 지표를 가능한 명확하게 한다면 판단 과정의 투명화는 진척되겠지만, 그것이 지나치면 판단이 실태로부터 벗어날 위험이 높아진다. '근로자'의 범위결정의 어려움은 실

---

52) 스에히로 이즈타로(末弘厳太郎)는 오래전부터 법률상 정의규정은 '단순히 법률적 효과를 규정하기 위한 편의적 수단에 불과하다'고 기술하고 있었다(末弘厳太郎『労働法研究』(1926, 改造社) 149쪽).

53) 그 의미로 계약 당사자의 합의를 기초로 근로자성을 판단해야 한다는 제안(柳屋孝安『現代労働法と労働者概念』(2005, 信山社) 347쪽 이하)에는 찬성할 수 없다.

태에 따른 타당한 판단과 기준의 명확화(예측가능성) 모두 중요한 요청이지만, 양자는 쉽게 양립할 수 없다는 점에 있다.

3. 근로자개념의 상대성

(1) 통일적 근로자개념의 한계

지금까지 일본에서 근로자개념은 통일적이어야 한다는 것이 통설의 입장이었다. 현재에는 노동기준법상의 근로자와 노조법상의 근로자를 별개의 개념으로 보는 입장은 거의 정착되었다고 할 수 있지만, 노동기준법상의 근로자개념은 법률에서 명기되어 있는 경우(최저임금법, 노안법 등)를 넘어서, 근로자보호법분야의 다른 법률(예를 들면 노재보험법)에서도 적용되어야 한다고 생각되고 있다.[54] 노동계약법은 순수한 사법(私法)이라는 점에서 이곳에서 열거한 법률과는 성격을 달리하지만, 유력설은 노동계약법의 근로자개념도 노동기준법의 그것과 동일하다고 이해하고 있다.[55]

그러나 도대체 근로자개념은 무엇 때문에 통일적이어야 하는가?[56] 확실히 전술한바와 같이 다양한 근로자를 하나의 '근로자'개념으로 묶어 동일한 법률의 적용 하에 두었던 것은 노동법의 진보였다. 그러나 그것은 모든 법률

---

54) 노재보험법에 '근로자' 정의는 없지만, 판례는 노동기준법상의 근로자와 동일하다고 해석하고 있다(横浜南労基署長사건 · 最一小判 平8(1996).11.28. 労判 714호 14쪽). 이에 대하여 고용보험법상의 피보험자인 '적용사업에 고용된 근로자'(제4조제1항)는 실업자의 생활보장을 주된 목적으로 하는 동법의 취지에서 노동기준법상의 '근로자' 보다도 넓은 개념이라고 이해된다(大阪西公共職業安定所長 <日本インシュアランスサービス>사건 · 福岡高判 平25(2013).2.28. 判時 2214호 111쪽).

55) 菅野 · 労働法 142, 170쪽; 荒木 · 労働法 51쪽; 土田道夫 『労働契約法』(2008, 有斐閣) 47쪽. 이점에 대하여 노동계약법상의 근로자는 보다 넓은 개념으로 보는 견해로서 西谷敏 · 野田進 · 和田肇(編) 『新基本法コンメンタール労働基準法 · 労働契約法』(2012, 日本評論社) 312쪽 이하 [野田進], 323쪽 이하 [毛塚勝利]가 있다. 필자도 노동기준법의 사법적 측면과 공법적 측면을 구별하지 않는 입장을 전제로 하는 한(그러므로 노동기준법상의 '근로자'를 사법적으로도 좁게 이해하는 한), 노동기준법상의 '근로자'를 노동계약법상의 그것과 동일하다고 이해하는 견해에는 찬성할 수 없다(西谷 · 労働法 47쪽).

56) 橋本陽子 "『労働者』の概念形成―法解釈方法論における類似概念論を手がかりにして" 菅野古稀 29쪽 이하는 '기본적 근로자 개념'으로서 통일적인 개념형성을 목표로 해야 한다고 주장한다.

의 적용기준의 동일성까지 요구하는 것은 아니다. '근로자'개념은 상술한 바와 같이 법기술적인 목적개념으로, 적어도 각각의 법률 목적을 빼고 결정할 수 있는 것은 아니다. 그렇다면 법률자체가 명기하고 있지 않는 경우에 법률을 넘어서 근로자개념을 통일적인 것으로 해석할 필요성은 어디에 있는 것일까? 예를 들면 노재보험법상의 '근로자'는 왜 노동기준법상의 그것과 동일하지 않으면 안 되는 것일까?

게다가 하나의 법률에서도 모든 조항의 '근로자' 범위가 동일해야 하는지도 검토의 여지가 있다. 특히 노동기준법에서는 인간다운 근로조건의 보장(제1조제1항)이라는 일반적인 목적에서는 공통되어 있지만, 그 구체적 성격과 목적을 달리하는 다양한 조항이 포함되어 있고, 그러한 조항의 성격에 따른 '근로자'의 범위를 결정하여야 한다는 생각이 있을 수 있다.

예를 들면 노동기준법의 중심적인 내용을 이루는 근로시간규제(제32조 이하)의 적용이 문제로 되는 경우에는 사용자가 근로자를 지휘명령하는 것이 전제로 되기 때문에,57) 근로자성 판단에서도 당연히 노무공급자가 상대방으로부터 지휘명령을 받는다는 점, 혹은 시간적으로 구속된다는 점(인적 종속성)이 중요한 판단요소로 되어야 할 것이다. 이점에 대하여 해고제한(제19조, 제20조)의 적용에서는 근로자의 근무 실태는 직접적인 관련이 없고, 오히려 근로자의 일반적인 생활실태(경제적 종속성 등)가 보다 중요한 판단요소로 된다.58) 임금지불방법에 관한 규제(제24조)에 대해서도 마찬가지이다.

이렇게 생각하면, 예를 들면 노동기준법의 해고제한규정과 임금지불방법에 관한 규정의 적용 유무가 문제로 되는 국면에서, 사용자의 지휘명령과 시간적 구속성의 실태를 상세히 검토하는 것은 규정의 목적과 맞지 않는다는 느낌을 피하기 어렵다. '근로자'가 법기술적인 목적개념이라고 한다면 노동기준법과 같은 다양한 내용을 포함한 법률에 대해서는 그 내용마다 '근로자'의

---

57) 노동기준법상의 '근로시간'이란 기본적으로는 '근로자가 사용자의 지휘명령하에 놓인 시간'이다(三菱重工長崎造船所사건 · 最一小判 平12(2000).3.9. 民集 54권 3호 801쪽).

58) 노동기준법과 노동계약법의 '근로자' 개념이 동일하다고 이해하는 경우에는 노동계약법 제16조, 제17조 등에 대해서도 동일한 고려가 문제가 된다.

범위를 결정하는 것이 오히려 합리적이지 않을까?

(2) 상대적 근로자 개념의 의의

이상의 고찰에서 근로자 개념은 각각의 법률과 조항의 목적에 따라 상대적으로 결정되어야 한다는 결론에 이른다.[59]

우선, 노동기준법(혹은 노동보호법 전반)상의 근로자와 노조법상의 근로자는 다른 개념이라는 점에 대해서는 이미 공통적인 이해가 성립하고 있다. 그 '차이'의 설명 방식에는 뉘앙스의 차가 있지만, 다음과 같이 생각해야 할 것이다.

노동기준법과 노조법은 각각 목적을 달리하기 때문에, 그들 법의 '근로자' 개념에는 차이가 있다는 것은 당연하다. 그러나 이 '차이'는 두 개념이 전적으로 이질적이라는 의미는 아니다. 두 개념은 공통의 전형적인 근로자상을 중핵으로 하고 있고, 그것이 두 개념의 공통성을 의식시키는 이유이다. 그러나 이 두 개념 모두 중핵에 있는 전형적 근로자로부터 벗어나는 부분을 포함하고 있다. 그 부분의 노무공급자를 '근로자'로 인정해야 하는지 여부는 생존권 내지 인간의 존엄이념에 근거하여 노무공급자를 보호하려고 하는 노동보호법과, 노사의 종속적 관계를 시야에 넣고, 근로자에 대한 단결권 등의 보장을 통하여 노사대등을 도모하려고 하는 노동조합법의 각각의 입법목적을 감안하여 판단하여야 한다. 그렇다고 하더라도, 노동보호법상의 보호를 필요로 하는 노무공급자(노동기준법상의 근로자)는 스스로 결집하여 단체교섭 등에 따라 문제해결을 시도할 가능성을 보호해야 하기 때문에, 당연히 노조법상의 근로자성도 가진다고 인정해야 할 것이다. 그러나 그 반대는 성립될 수 없다.

근로자개념의 상대성은 게다가 법체계의 내부에서도 인정되어야 한다. 상대성론의 진정한 의의는 이 점에 있다.

우선 상술한 바와 같이 노재보험법상의 근로자는 노동기준법상의 그것

---

59) 예전부터 '근로자' 개념의 상대성을 주장하였던 문헌으로 有泉亨 "勞働者槪念の相對性" 中央勞働時報 186호(1969) 2쪽; 下井隆史 "雇用·請負·委任と勞働契約―「勞働法適用對象画定」問題を中心に"(1971년) 『勞働契約法の法理』(1985, 神戸大學硏究双書刊行会) 55쪽 이하 참조.

과 동일하다고 해석해야 하는 것은 아니다. 노재보험법은 노동기준법상의 사용자책임을 보험화할 목적을 가지고 출발하였지만, 점차 적용범위의 확대(특별가입제도 등), 급부내용의 개선(상병보상연금의 신설, 유족보상 및 장해보상의 연금화, 슬라이드제도의 실시, 급부기초일액의 최저액보장, 개호보상급부의 신설 등) 등에 의하여 독자적인 발전을 이루어 왔다. 노재보험법은 비용의 대부분이 사용자 부담의 보험료로 조달된다는 특징이 있지만, 동시에 사회보험제도의 구성부분으로서의 성격을 가지게 되었다. 이러한 관점에서 본다면, 노재보험법의 '근로자' 개념은 노동기준법의 그것보다도 넓다고 이해하는 것에는 충분한 근거가 있다고 할 수 있을 것이다.

게다가 노동기준법이 종류가 다른 조항을 포함하고 있기 때문에, 노동기준법상의 근로자는 완전한 통일적 개념이 아니라고 생각해야 한다. 노동기준법상 '근로자'의 상대성을 인정하려고 하는 경우 각 조항마다 '근로자'의 범위를 결정하여 상대주의를 철저히 관철시켜야 한다는 입장과 이것을 조금 더 크게 묶어서 근로자를 분류하는(예를 들면 2종류의 근로자) 입장을 생각해 볼 수 있다. 후자의 방법은 노동기준법의 내용이 지휘명령관계에 관련되는 조항과 근로자의 경제적 지위에 착안한 조항으로 나눌 수 있다는 것을 전제로 하여, 근로자의 다양화를 감안하면서도 '근로자' 개념의 과도한 세분화를 피하려고 하는 것으로서, 장래의 방향성으로 지지할 수 있는 것이다. 그것은 노동기준법상의 '근로자' 개념을 일차적으로 결정한 후에 '근로자와 유사한 자' 내지 '준근로자' 등의 개념을 그 외부에 설정하여 노동기준법 가운데 일정한 조항에 한하여 적용하는 방법과 비슷하다. 무엇보다도 이 방법은 엄밀하게 말하면 '근로자' 개념의 문제라고 하기보다도 '근로자'가 아닌 자에 대한 노동법규의 부분적 적용 내지 준용의 문제이다.

4. 비근로자의 보호

근로자의 범위에 대해서 어떠한 입장을 취하더라도 어떤 형태로든 보호·보장을 필요로 하지만 '근로자'에 속한다고는 할 수 없기 때문에 노동법 적용에서 제외되는 노무공급자가 생기는 것은 피할 수 없다. 게다가 근로자 개념의 통일성을 중시하면 할수록 거기서 누락되는 노무공급자가 많게 된다. 이 문제는 근로자 범위를 설정할 때 충분히 고려되어야 하지만, 근로자 개념론에 의한 해결에는 한계가 있다. 근로자와 동일한 보호·보장을 필요로 하더라도 근로자 개념에 포섭될 수 없는 노무공급자에 대해서는 그러한 존재를 정면으로 포착하여 다루어 보호·보장을 해주는 것을 생각해야 할 것이다.[60]

예를 들면 독일의 근로자와 유사한 자(arbeitnehmerähnliche Personen) 개념은 그러한 시도의 하나로 인정될 수 있을 것이다. 이것은 노무공급자이면서, 상대방에 대하여 경제적으로 종속되어 있지만 – '근로자'와는 달리 – 인적 종속성은 없는 자로서, 이들에 대해서는 노동기준법상의 일정한 규정[61]만 적용하는 것이다.

일본에서도 위의 독일의 예와 같이 문제를 처리할 수 있는 가능성이 있다. 필자는 일찍이 노동기준법의 모든 규정이 적용되는 '근로자' 외에 경제적 종속성이 인정될 수 있는 자를 '준근로자'로 포착하여, 노동기준법상의 해고제한과 같은 규정에 한하여 적용해야 한다고 주장하였지만,[62] 그 견해는 현재에도 변경할 필요는 없다고 생각하고 있다. 그러나 세부적으로는 철저한 검토가 필요하다. 예를 들면 입법론이라면 '준근로자'를 근로자와 비근로자의 중간에 위치시켜, 그 자에게 노동기준법 기타의 노동보호법의 일부의 규정을 '적용'한다는 내용을 규정한다면 좋겠지만, 법해석에 따라 비슷한 결론을 얻기 위해서는 노동자보호규정의 '적용'이 아니라, '준용' 혹은 '유추적용'의 형태를 취할

---

60) 프랑스의 쉬피오(Alain Supiot)의 견해가 유명하다. 이것에 대해서는 島田陽一 "雇用類似の 労務供給契約と労働法に関する覚書" 西村健一郎(他編) 『新時代の労働契約法理論』(2003, 信 山社) 27쪽 이하; 矢野昌造 "構造改革と労働法" 法の科学 34호(2004) 52쪽 이하 참조.

61) 이들에게는 노동재판소제도(노동재판소법 제5조), 균등대우원칙(일반균등대우법 제6조제1 항제3호), 연차유급휴가청구권(연방연차휴가법 제2조의2 본문), 개호시간(개호시간법 제7조 제1항제3호), 근로계약에 관한 규정(근로계약법 제12a조)이 적용된다.

62) 西谷敏 "労基法上の労働者と使用者" 沼田稲次郎(ほか編) 『ンポジューム労働者保護法』(1984, 青林書院) 10쪽 이하. 유사한 견해로서 鎌田耕一(編著) 『契約労働の研究』(2001, 多賀出版) 79 쪽 이하. 또한 大内伸哉 "従属労働者と自営労働者の均衡を求めて" 『労働契約法の現代的展 開(中嶋士元也先生還暦記念)』(2004, 信山社) 47쪽 이하 참조.

236

수밖에 없을 것이다. 또한 '준근로자'로 인정되기 위한 요건, '근로자'와 '준근로자'의 관계 등에 대해서도 심도 있는 검토가 이루어져야 한다.

　게다가 노동보호법규의 '준용' 내지 '유추적용'이라면 '준근로자'라는 개념을 설정하지 않더라도 각각의 법규의 성격과 비근로자의 실태를 함께 고찰하여 탄력적으로 판단하면 좋을 것으로 생각된다. 노동법상의 판례 법리에 대해서도 마찬가지이다. 그것은 민법과 노동법의 상호교류(제3장 Ⅳ. 4)의 하나의 예로 보아도 좋을 것이다. 특히 민법의 일반조항의 해석으로서 확립된 노동법상의 법리(해고권남용법리, 안전배려의무 등)는 비교적 무리 없이 비슷한 실태에 있는 노무공급자의 관계에 유추적용될 수 있을 것이다.63) 또한 근로자가 아닌 노무공급자가 단체를 결성하여 대항적 지위에 있는 상대방에게 단체교섭을 요구하여 거부당한 경우, 헌법 제28조의 적용은 어렵다고 하더라도,64) 동조의 유추적용은 가능하고, 단체교섭중의 행위에 대한 형사 · 민사면책은 인정되어야 할 것이다.65)

---

63) 안전배려의무에 대해서 판례는 그 적용범위가 근로관계에 한정되지 않는 것을 분명히 밝히고 있다(陸上自衛隊八戶사건 · 最三小判 昭50(1975).2.25. 民集 29권 2호 143쪽). 해고권남용규정(법리)도 근로자와 동일한 보호를 요하는 노무공급자에게 유추적용되어야 할 것이다.

64) 물론 노조법상의 '근로자' (헌법 제28조의 '근로자'도 마찬가지이다)는 넓게 이해되어야 할 것이고, 편의점 점장이 근무 태도와 본부로부터의 감독의 실태 등에서 노조법상의 근로자로 인정된다면, 점장회는 노동조합이고, 단체교섭거부에 대해서 부당노동행위법상의 구제가 인정된다(セブン · イレブン사건 · 岡山県労委 平26(2014).3.13; ファミリーマート사건 · 東京道労委 平27(2015).3.17(모두 노동위원회 명령 데이터베이스).

65) 예를 들면 生健会 · 米子労音사건 · 鳥取地米子支判 昭47(1967).8.29. 労旬 820호 64쪽은 생활보호 실시기관이 생활보호수급자 등을 중심으로 하는 '생활과 건강을 지키는 모임'을 단순한 진정단체가 아니라, 정당한 교섭단체로 인정하여야 하는 것은 '헌법 제25조, 제28조 및 생활보호법의 각 정신에 비추어 조리상 상당하다'고 판단하고 있다.

제 **8** 장
노동조합과 법

▌ 들어가는 말

노동조합은 어느 자본주의 국가에서나 일정한 역사 단계에서 탄생하여 자본주의의 발전에 대응하여 발전해 왔다. 오늘날 선진 여러 나라에서 노동조합에 관한 법은 노동법을 구성하는 하나의 기둥을 이루고 있어, 노동조합을 빼놓고는 노동법을 말할 수 없다고 하여도 과언이 아니다. 하지만, 경제의 글로벌화, 기업간 경쟁 격화 등을 배경으로 많은 나라에서 노동조합 조직률과 활동력 저하가 관찰된다.[1] 노동조합은 과연 21세기를 거치면서 미래에도 같은 역할을 부여받을 수 있을 것인가. 그렇지 않으면, 자본주의적 경제 체제 아래에서 노동조합이 쇠퇴하여 그 사명을 마칠 것인가. 그 경우, 어떠한 조직이 노동조합을 대체할 것일까. 만일 그와 같은 사태가 발생하는 경우 노동법은 어떻게 성격을 바꿀 것인가.

현시점에서의 정확한 예측은 곤란하다. 왜냐하면 글로벌화 등의 제 요인으로 규정되는 경제 발전의 미래가 불투명하기 때문이고, 또한 노동조합의 성쇠는 조합간부, 조합원, 근로자 등 근로자 측의 주체적인 노력으로도 규정되기 때문이다. 하지만 적어도 노동조합이 아무런 노력도 하지 않는다면, 장래에는 종전만큼의 존재와 기능을 유지할 수 있을 것이라는 보장이 없다는 것만은 확실하다.

이러한 상황 아래에서, 대체 노동조합이란 무엇인가, 노동조합은 다른

---

1) ILO의 발표에 따르면, 세계금융위기 후인 2008년부터 2013년에 걸쳐, 세계 48개국의 노동조합 평균조직률은 2.3% 저하하였고, 단체협약이 적용되는 근로자의 비율은 평균 4.6% 저하하였다고 한다(http://www.ilo.org/tokyo/information/pr/WCMS_417397/lang—ja/index.htm).

제 조직과 비교하여 어떠한 특징을 가지는 것인가, 그리고 법이 그 노동조합의 결성과 활동에 대한 권리를 보장하는 것은 어떠한 의미가 있는 것인가라는 원리적 문제가 부상하게 된다. 그러한 문제에 대한 고찰은, 노동조합의 장래를 예측하기 위해서도, 또한 개인이 노동조합에서의 주체적 관련방식을 결정하기 위해서도 불가결할 것이다.

I. 노동조합의 생성

'노동조합'에 대한 엄밀한 정의는 곤란하다. 그 목적이나 주체가 역사적으로 변화해 왔기 때문이다. 우선은, 노동조합이라 함은, "근로자가 주로 그 경제적 이익 추구를 위해 자주적으로 조직한 단체"라고 하는 일반적 이해를[2] 전제로 하고자 한다.

노동조합이 가장 빨리 성립한 것은 영국이다. 영국의 초기 노동조합에 대해서는 그것을 중세 수공업자 길드의 '계승자'로 파악한 브렌타노(Lujo Brentano)[3]와, 길드와의 관계를 부정하고, 노동조합을 산업혁명에 의해 비참한 상황에 처한 근로자가 결성한 조직으로 본 웹 부부(夫妻)[4] 간의 '논쟁'이 유명하다. 하지만 브렌타노가 반드시, 수공업 길드와 노동조합 간의 조직적 연속성을 주장하였던 것은 아니고, 그 생성의 사회적 배경이나 이념의 공통성을 가리키는 것으로 '계승자'라는 단어를 사용하였던 것이어서, 웹 부부와의 사이에 근본적인 견해 대립이 있었던 것은 아니다. 노동조합이 산업혁명에

---

2) 일본의 노동조합법 제2조도 노동조합을 대체로 그와 같이 정의하고 있다.

3) ルヨ・ブレンターノ(著)・島崎晴哉・西岡幸泰(訳) 『現代労働組合論－(上)イギリス労働組合史』 (1985, 日本労働研究機構) 『現代労働組合論－(下)イギリス労働組合批判』(2001, 日本労働研究機構). 이 저작의 원제는, Die Arbeitergilden der Gegenwart 인데 이를 직역하면, '현대 근로자 길드'였다. 노동조합의 기본적 성질을 길드와 동일시한다는 브렌타노의 기본적 입장이 이 표제에서 단적으로 표현되어 있다.

4) シドニー・ウェブ・ビアトリス・ウェブ(著)・荒畑寒村(監訳)・飯田鼎・高橋洸(訳) 『労働組合運動の歴史 (上) (下)』(1973, 日本労働協会).

의한 근로자의 빈곤화를 배경으로 탄생하였다는 점에는 양자 모두 공통의 이해가 있었고, 다만 브렌타노는, 그것의 사회적 성격과 이념이 수공업자 길드와 공통성을 가진다는 점을 특히 강조하였던 것이다.5)

독일에서는 노동조합이 본격적으로 발전한 것은 1860년대이지만, 이미 1848년의 "3월 혁명" 이전 시기부터, 부조금고(扶助金庫), 파업집단, 근로자교육협회 등의 형태를 가진 근로자 집단이 일정한 활동을 전개하고 있었고, 그것들이 후에 노동조합으로 발전해 갔다.6)

프랑스의 경우에는, 파업을 위한 근로자의 일시적 결합인 코알리시옹(coalition)이 큰 역할을 하고 있었으나, 공제조합으로 위장한 근로자단체나 비밀결사도 후에 노동조합으로 발전해 갔다.7) 프랑스에서, 근로자의 파업집단인 코알리시옹이 먼저 금지에서 풀리고(1864), 그 20년 후(1884)에 점차 노동조합의 결성이 인정받게 되는 역사가 노동운동의 성격이나 노동운동에서의 파업의 중요한 의의를 말해주고 있다.8)

II. 노동조합의 특질

1. 노동조합의 경제적 기능

근로자가 결성하는 각종의 임의단체 중, 노동조합의 특징은 근로조건의 유지개선 등 근로자의 경제적 지위 향상을 주된 목적으로 한다는 점에 있다. 그런데 노동조합의 이러한 성격 때문에 어느 시기까지 노동조합의 존재의의에 대해 심각한 의문이 야기되었던 것이다.

예를 들어 노동조합이 결성되기 시작하였던 1860년대 독일에서는 임금액은 결국 노동(력)의 수요·공급 관계로 결정된다는 '임금철칙' 이론이 우세

---

5) 島崎晴哉 "訳者解題" ブレンターノ", 앞의 주3) (下) 460쪽 이하; 松村高夫 "L. ブレンターノ
『ギルドの歴史, 発展と労働組合の起源』" 日本労働研究雑誌 432호(1996) 4쪽.
6) 島崎晴哉 『ドイツ労働運動史』(1963, 青木書店) 159쪽 이하.
7) 大和田敢太 『フランス労働法の研究』(1995, 文理閣) 65쪽 이하 참조.
8) 大和田, 앞의 주7) 82쪽 이하; 中村睦男 『社会権法理の形成』(1973, 有斐閣) 84쪽 이하 참조.

하였고, 그 결과 많은 학자들은 노동조합의 임금투쟁은 무의미하다는 결론에 이르렀다(특히, 페르디난드 러셀). 때문에 근로자의 경제적 지위 개선이 불가결하다고 생각하였던 자(들)도, 그 수단을 노동조합의 활동보다는 근로자 생산협동조합이나 국가적 보호에서 구하였던 것이다.9)

    이에 반하여 노동조합의 경제적 기능을 적극적으로 옹호하고, 노동조합의 의의를 이론적으로 정립하였던 학자 중 한 사람이 브렌타노였다. 그는 노동조합의 주된 목적을 노동 상품의 공급 제한에 의한 그 가치의 인상에서 구하였다. 노동공급의 제한수단은, 실업수당 지급에 의한(노동력) 저가매매 방지, 조합통계에 의한 시장상황 파악, 노임이 비싼 지역으로의 근로를 촉진하기 위한 여비수당 지급, 노동수요가 감소하는 시기의 노동력증대, 독자적인 직업소개기관의 설치, 숙련노동에서 도제의 제한 등이었다.10)

    그러나 노동조합이 노동 상품의 공급을 제한할 수 있는 전제조건은, 그것을 독점적으로 장악하는 것에 있고, 그것은 숙련근로자를 중심으로 한 직능조합(craft union)에서만 가능하였다. 기술혁신에 의한 숙련(노동)의 해체와 함께 직능 조합은 힘을 잃었고, 그에 대신하여 산업별 조합이 주류가 되면서, 임금에 대한 노동조합의 영향에 대해서는 별도의 설명이 필요하게 된다. 노동력을 독점적으로 장악할 수 없는 노동조합이 그럼에도 불구하고 임금인상이나 근로시간 단축을 실현할 수 있기 위해서는, 사용자(단체)와의 단체교섭이나 파업 등의 투쟁이 불가결하였다. 그리고 실제로 산업별 조합이 교섭과 투쟁을 통해, 임금 인상 등의 근로조건 개선을 실현시켜 가는 와중에, 노동조

---

9) 西谷敏 『ドイツ労働法思想史論－集団的労働法における個人・団体・国家』(1987, 日本評論社), 58쪽 이하. 또한 마르크스・엥겔스는, 임금이나 근로시간에 관한 노동조합 활동의 의의는 부정하지 않았으나, 노동조합의 주된 역할을 자본주의 체제 타파를 위해 근로자 계급 조직화의 중심이 될 것으로 보았다(마르크스 '개별 문제에 대한 잠정중앙평의회 대의원에게의 지시' 중 '노동조합, 그 과거, 현재, 미래' 마르크스・エンゲルス全集16巻(1978, 大月書店) 195쪽 이하 참조). 무엇보다도 마르크스의 임금론에 대해서는, 임금(노동력의 가격)은 필연적으로 혹은 경향적으로 노동력의 가치 이하로 저하한다고 보는 가치이하설과 노동력에 대해서도 가치법칙이 관철된다고 보는 견해가 대립해 왔다(下山房雄 『日本賃金学説史』(1966, 日本評論社) 93쪽 이하 참조).
10) 西谷, 앞의 주9) 181쪽 이하.

합의 존재 의의에 대한 의문은 불식되었고, 그 경제적 기능 또한 당연한 것으로 승인되어 갔다.

오늘날 임금액이 노동력의 수급관계로부터 커다란 영향을 받는 것은 분명하지만, 동시에 단기적으로는 산업이나 기업 등 일정 제한된 범위에서는, 노동조합의 교섭력·투쟁력에 의해 임금액이 좌우된다는 것도 경험적인 사실이 되고 있다. 그것이 가능한 것은 인건비 결정에 대해 경영자가 일정한 재량의 여지를 가지고 있기 때문이다. 하지만 기업이 글로벌한 차원으로 극심한 경쟁에 내몰리는 국면에서는 인건비 결정에 대한 재량도 사실상 강하게 제약받는다. 임금인상을 위해서는 이러한 경쟁에 의한 제약을 넘어서는 힘(특히, 산업별 통일적 투쟁)이 필요하게 되는 것이다.

또한 임금수준은 국가의 경제정책에도 커다란 영향을 끼친다. 높은 임금이 물가상승과의 악순환을 야기하고 있다고 인식되게 되면, 국가의 개입에 의해 임금상승이 억제(소득정책)되고, 거꾸로 디플레이션 순환이 생기고 있는 경우에는 국가가 임금인상을 추진·장려하는 경우도 있다.11) 임금에 관한 노동조합의 행동은 이러한 국가정책과의 복잡한 관계에도 영향을 받아 결정된다.

2. 요구실현의 수단

(1) 근로자간 협정에서 단체교섭으로

노동조합의 주된 요구는 근로조건의 유지·개선 등의 경제적 지위 향상이지만, 그러한 요구를 실현하기 위한 수단은 위에서 설명한대로 역사적으로 큰 변천을 겪어 왔고, 현재에도 나라에 따라 커다란 차이가 있다.

숙련노동력의 독점을 특징으로 한 초기 직능조합에서는 요구 실현의 주된 수단이, 일정 수준 이하의 근로조건에서는 취업하지 않는다는 근로자 상호간 협정이었고, 노동조합은 카르텔에 유사한, 혹은 브렌타노가 말한 바와

---

11) 일본에서는 2015년, 2016년 춘투(春鬪)에서 수상(首相)이 경제단체에 임금인상을 요청하는 사태가 발생하고 있다. 그 배경에는 본문에서 서술한 경제정책적인 고려도 있었으나, 동시에 노동조합의 역량도 부족한 것이 분명한 사실이었다.

같이 길드에 유사한 성격을 가지고 있었다. 이 경우 노동조합은 제1차적으로는 동종 근로자에게 협정을 준수하도록 하는 데 주력하였다. 이 협정에 반하여 낮은 근로조건으로 취업하는 근로자에게는 종종 폭력을 포함한 강한 압력이 가해졌다. 노동조합의 결성이나 활동이 범죄로 간주되어 엄하게 단속되던 배경에는 이와 같은 사정도 존재하고 있었던 것이다.

이에 반하여, 숙련(노동)이 해체하고 노동력의 독점이 곤란하게 된 단계에 성립하여 직종이 무엇이든 숙련의 유무를 묻지 않고 근로자를 동일 조직에 규합시키는 산업별 조합 등에서는, 더 이상 근로자 상호 협정을 가지고 사용자(단체)에 압력을 행사하여 근로조건을 개선하는 것은 불가능하다. (이들의) 요구 실현의 중요한 수단은, 사용자(단체)와의 직접적인 단체교섭이 된다. 그리고 단체교섭을 유리하게 진행시키기 위해서는 파업을 필두로 한 쟁의행위가 불가결하였다. 독일 연방재판소의 한 판결이 판시한 바와 같이 '파업 없는 협약 교섭은, 집단적 구걸 행위에 다름 아니'기 때문이다.[12] 노동조합과 파업은 불가분한 것이다.

(2) 노동조합과 파업

하지만 노동조합과 파업의 구체적 관계는, 각 나라에 따라 상당히 큰 차이가 있다. 예를 들어, 프랑스에서는 파업은 노동조합이 아닌, 각 근로자의 고유의 권리로 여겨져, 비조합원을 포함한 다수 근로자가 요구에 호응하여 파업에 참가하는 것이 전형적인 형태이다. 파업을 행하기 위한 근로자의 이 일시적 결합이 코알리시옹(coalition)이다. 조합원 수를 훨씬 상회하는 근로자가 파업에 참가하는 것은 그 때문이다.[13]

이러한 파업과 노동조합의 관계는 우선 코알리시옹의 결성이 자유화되고, 그 20년 뒤에 간신히 지속적 결사체인 노동조합이 합법화되었다고 앞서

---

12) BAG vom 10.6.1980, AP Nr.64 zu Art.9 GG Arbeitskampf.
13) 大和田, 앞의 주7) 15쪽 이하; 山崎文夫 『フランス労働法論』(1997, 総合労働研究所) 3쪽 이하; 田端博邦 『グローバリゼーションと労働世界の変容－労使関係の国際比較』(2007, 旬報社) 24쪽 이하 등.

언급한 역사적 경위에서도 나타나고 있다. 또한 1946년 프랑스 헌법 전문이 모든 인간이 노동조합 활동에 따라 그 권리와 이익을 방어할 권리를 가짐을 규정한 다음, 노동조합에 가입할 권리에 대해 규정하고 있다는 것은 노동조합과 코알리시옹의 관계를 상징적으로 표현하고 있다. 또한 파업권에 대해서도 '그것을 규율할 법률의 범위 내에서'라는 유보가 붙어있기는 하지만 명문으로 규정되어 있다.

독일에서도 역사적으로는 파업을 실행하기 위한 일시적 동맹(독일에서도 코알리치온 Koalition이라고 불린다)이 노동조합의 선행형태로서 중요한 역할을 담당하였다. 하지만 노동조합과 Koalition은 프랑스와는 달리, 1869년 북독일연방 영업법(1871년 제국 영업법<1872년 시행>)으로 동시에 금지에서 해방되었다. 그리고 독일에서는 정치적 단체로부터의 강한 작용도 있어 일찍부터 지속적 결사로서의 노동조합이 확립하였고, 노동운동 내에서도 중요한 역할을 담당하게 되었다. 이러한 상황에서 Koalition이란 단어는 지속적인 단체로서의 노동조합(과 사용자단체)을 의미하는 개념으로 변화해 갔던 것이다.

이러한 Koalition 개념의 전개는 파업의 실태와 밀접하게 연관되어 있다. 독일에서는 파업은 통상 노동조합의 지시 아래에서 조합원의 참가에 의해 실시된다. 파업기간 중 지급되지 않게 되는 임금은 노동조합이 일상적으로 적립해 왔던 파업기금에서 보전 받는다. 파업의 전형적인 형태는 요구가 달성될 때까지 계속하는 '관철파업'이고, '정규군'에 의한 전투에 비유될 만하다. 그것은 성공하면 매우 커다란 성과를 받게 되지만, 노동조합으로서도 커다란 재정적 부담이 된다. 이러한 사정 때문에 최근에는 파업의 건수 그 자체가 감소하였고, 또 관철파업에는 이르지 않는 단기간의 '경고파업'이 그 비중을 늘리고 있다.14)

---

14) 게다가 소매업 등에서는 사용자에 의한 파업방해공작에 대항하기 위해서 게릴라 전술이나 일반 대중에 협력을 구하여 점포를 혼란시키는 '플래시 몹' 등의 전술이 취하여졌고(岩佐卓也『現代ドイツの労働協約』(2015, 法律文化社) 114쪽 이하), 이에 대해 연방노동법원이 그 적법성을 인정한 것이 큰 파문을 불러일으키고 있다(名古道功 "ドイツ集団的労働法理論の変容" 西谷古稀 (下) 441쪽).

독일에서 파업은 조직으로 확립되어 있는 노동조합이 취하는 전술 중 하나이고, 파업과 노동조합은 개념상으로는 분리되어 있다. 바이마르 헌법은, 단결의 자유만을 보장하고(제159조), 파업에 대해 규정한 것은 아니었는데,[15] 독일기본법 제 9 조제 3 항도 그러한 태도를 답습하였다. 다만 바이마르 시대의 판례·학설이 파업을 단순한 '자연적 행위자유'로 취급하였던 데 반하여, 전후 서독의 판례·학설은, 파업은 협약투쟁에 필연적으로 부수하는 것으로 보아, 파업권을 인정하기에 이르고 있다. 하지만 헌법상 명문의 규정이 흠결되어 있기 때문에 파업권 보장의 논리구조는, 헌법에 의한 단결 자유의 보장 → 단결에 본질적인 활동(특히 단체협약의 체결)의 보장 → 협약투쟁을 위해 불가결한 파업권의 보장, 이라는 형태로 굴절된 것으로 파업권의 보장은 필연적으로 각종 제약이 수반되게 된다.[16]

일본은 프랑스나 독일 등 다른 나라와 다르게 단결권, 단체교섭권, 단체행동권(쟁의권)이 모두 기본적 인권으로서 더구나 '법률유보' 없이 보장되고 있다(헌법 제28조). 파업의 형태는 노동조합이 조직한다는 의미에서는 독일식이고, 단기간 파업이 많다는 의미에서는 프랑스식이다. 다만, 최근에는 파업 건수가 극히 적어지게 된 것이 최대의 특징이다.[17] 이러한 사실은 법이나 권리만으로 노동조합을 활성화시키는 것이 불가능함을 보여주고 있다.

3. 노동조합의 대표성

(1) 조합원의 대표와 근로자의 대표

노동조합은 개별근로자의 자유로운 가입의사를 기초로 형성되는 사적 임의단체이다. 노동조합은 조합비를 주요한 재원으로 하여 운영되고, 무엇보

---

15) 中村, 앞의 주8) 297쪽은 이것을 프랑스와 비교하여 다음과 같이 설명하고 있다. 프랑스에서는 근로자에게 이의신청권(전형은 파업권)과 참가권(전형은 기업의 관리와 근로조건 결정에 대한 참가)이 불가분한 것으로 간주되어 있지만, 바이마르 헌법 제159조가 파업권의 명기를 거부하고 경영협의회 제도를 인정하였던 것은 이의신청권을 부정하고 참가권만을 보장한 것이다, 고.

16) 西谷, 앞의 주9) 664쪽 이하.

17) 2014년에 발생한 쟁의행위는 80건(그 가운데 반 일 이상 파업한 경우는 27건)이었다(厚生労働省「平成26年労働争議統計調査の概況」).

다도 조합원의 이익을 옹호하고 조합원을 대표한다. 하지만 노동조합은 동시에 많든 적든 비조합원을 포함하는 근로자 전체의 이익을 널리 대표할 것을 표방하며, 혹은 그렇게 할 것으로 사회적으로 기대되기도 한다. 그것은 노동조합이 노동이나 근로조건이라는 사회적으로 중요한 영향을 가진 사항과 관계되어 있고, 그 활동이 사실상 넓게 근로자에게 영향을 미치기 때문이다.[18]

법도 일정한 경우에 노동조합이 비조합원을 포함하는 근로자 전체를 대표하여야 함을 규정한다.

첫째, 노동조합이 체결한 단체협약이, 조합원을 넘어 일정 범위의 근로자 전체에 적용되는 경우가 있다. 예를 들어 프랑스의 단체협약은, 협약의 효력이 원칙적으로 조합원에게만 미치는 독일과는 달리, 사용자가 협약체결 당사자인 사용자단체에 가입하고 있는 경우 해당 사용자에게 고용된 근로자 전체에게 적용된다.[19] 또한 배타적 교섭대표 제도를 취하는 미국에서는 교섭대표가 된 노동조합이 사용자와 체결한 단체협약은 교섭단위의 비조합원에게도 적용된다. 단체교섭에 임할 때, 노동조합이 비조합원의 이익을 고려할 것을 의무로 규정하고 있는 것(공정대표의무)은 그 때문이다.[20]

또한 독일, 프랑스 그리고 일본에서는 일정 요건을 충족하는 단체협약에 대하여 그 효력이 일정 범위의 근로자 전체로 확장 적용되는 경우가 규정되어 있다(독일의 일반적 구속력 선언제도, 일본의 효력확장제도<노조법 제17조, 제18조> 등).

---

18) 이러한 점에서 노동조합의 성격을 '공적 단체'적 성격으로 보는 견해가 있다(石川吉右衛門 『労働組合法』(1978, 有斐閣) 100쪽 이하; 浜田冨士郎 "労働組合内部問題法の基礎理論" 久保敬治教授還暦記念『労働組合法の理論課題』(1980, 世界思想社) 32쪽 이하). 그러나 '공적'이란 것은 다의적인 개념이고, 노동조합의 성격을 그와 같이 규정하는 것은 사적 임의단체인 점을 간과하게 할 우려가 있다.

19) 노동법전 L. 2254-1조.

20) 미국의 배타적 교섭대표제도에 대해서는, 中窪裕也 『アメリカ労働法 [第2版]』(2010, 弘文堂) 104쪽 이하 참조. 또 한국에서도 단체교섭의 당사자를 한정하는 교섭창구 단일화 제도가 도입되어 그것에 부수하여 공정대표의무에 대해 이야기되고 있으나, 그 의미는 미국의 그것과는 상당히 다르다. 송강직, "한국에서의 단체교섭창구 단일화와 교섭대표 노동조합 등의 공정대표의무의 제도화"; 조상균, "한국의 개정노동관계법에 있어서의 「교섭창구 단일화」를 둘러싼 제문제", 문무기, "한국에서의 교섭대표 노동조합의 공정대표의무", 西谷敏·和田肇·朴洪圭(編) 『日韓比較労働法 2·雇用終了と労働基本権』(2014, 旬報社) 참조.

더욱이 단체협약이 제도상 비조합원에게 (확장)적용을 예정하고 있지 않은 경우에도, 비조합원과 사용자의 근로계약에서 단체협약의 원용(근로조건은 단체협약에 따른다는 취지를 정하는 것)이 있으면, 그것에 의해 사실상 단체협약의 효력이 비조합원에게 미치게 된다. 또한 일본에서는 단체협약의 내용을 취업규칙에 반영하는 것을 통해, 비조합원의 근로조건이 간접적으로 단체협약의 영향을 받는 경우가 많다.

둘째, 국가나 지방자치단체에 설치된 심의회, 위원회 등의 기관에서는 노동조합의 중앙조직 등의 대표나 그 추천을 받은 자가 근로자대표로 참가한다. 이 경우에도 노동조합에는, 조합원의 대표로서가 아니라 다른 조합의 조합원이나 비조합원을 포함하는 근로자 전체의 이익을 대표하여 발언할 것을 기대하는 것이다.

(2) 이중대표성의 상극

프랑스 노동조합은 전통적으로 산업분야 근로자 전체의 대표라는 점을 표방해 왔고, 파업 등의 실제 행동에 있어서도 조합원이 비조합원을 포함하는 코알리시옹의 중핵으로 행동하는 등 근로자 전체의 대표로서의 성격을 강하게 가지고 있다. 그러나 그러한 프랑스에서도 노동조합의 조직률 저하와 함께 근로자 전체의 대표라는 노동조합의 성격규정이 허구라는 것이 너무나도 명확해짐에 따라 그에 대한 법적 대응을 불러일으키고 있다.[21]

한편, 독일 노동조합은 앞서 언급한 파업방법으로부터도 명확히 알 수 있는 것처럼, 조합원의 대표라는 성격이 농후하다. 하지만 이러한 노동조합도 개인가입제에 따라 여러 조직범위(많게는 산업별)의 근로자 전체에 문호를 개방하고 있는 이상, 실제 행동에서는 그 조직범위의 근로자 전체의 대표로서 행동하는 것은 마땅하다. 또한 독일에서는 제2차 세계대전 후 최대 상급단체로서의 독일 노동총동맹(DGB)에 가입한 산업별 조합이 해당 분야 근로자를

---

21) 細川良 『現代先進諸国の労働協約システム─ドイツ・フランスの産業別労働協約(第2巻・フランス編)』労働政策研究報告書 No.157−2(2013) 참조.

사실상 대표한다고 생각되어 왔으나, 직종별 조합이나 전문직 조합 등의 소수파 노동조합이 조직되어 독자적인 단체협약을 체결하게 되면서, 산업별 협약과의 경합이 문제가 되고 있다. 그것 또한 조합원의 범위를 넘어서는 노동조합의 사실상의 대표성이 경합조합의 출현에 의해 위협받고 있는 사태라고 볼 수 있을 것이다. 연방노동법원이 복수협약주의를 인정한 데 대하여,[22] 2015년 5월에 성립한 단체협약 단일화법(Gesetz zur Tarifeinheit)은 사업소에서 보다 많은 근로자를 조직한 노동조합의 독점적 협약체결권을 인정하였다. 그러나 소수조합의 협약체결권을 부정하는 이 법률은 단결권을 보장한 기본법 제9조제3항에 위반한다는 비판이 강하다.[23]

이들 나라의 노동조합과 비교하여 일본의 기업별 조합은 그 대표성이라는 점에서 보더라도 특수한 성격을 가지고 있다. 그것은 특정 기업의 종업원만으로 구성되어 있고, 더구나 그 다수는 유니온숍 협정에 따라 당해 기업의 전 종업원(관리직, 많은 경우 비정규직근로자를 제외한다)에게 사실상 가입을 강제하고 있다.[24]

이 경우 노동조합은 조합원의 대표이자 또한 통상 전 종업원의 대표로 취급받는다. 그러나 이러한 노동조합의 존재방식이 명백하게 벽에 부딪치고 있다. 왜냐하면 비정규직노동자가 급증하는 가운데 그 종업원 대표로서의 정통성이 의심받게 되었고, 또한 조합이 조합원의 가입·탈퇴에 관심을 두지 않는 점이 조합원의 이익대표로서의 기능을 저하시키는 원인으로 되고 있기 때문이다. 그리고 이러한 노동조합의 폐쇄적 성격과 기능 저하가 근로자를 포함한 국민들에게 노동조합에 대한 평가를 더욱더 저하시키는 중요한 원인이

---

22) 2010년 1월 27일 판결. 이에 대해서는 名古, 앞의 주14) 438쪽 이하 참조.

23) Löwisch, Referentenentwurf eines Tarifeinheitsgesetzes – hofft Nahles auf das Bundesverfassungs-gericht?, BB 2014, S. 1.; derselbe, Tarifeinheit und die Auswirkungen auf das Streikrecht, DB 2015, S. 1102ff.; Konzen/Schliemann, Der Regierungsentwurf des Tarifeinheitsgesetzes, RdA 2015, S. 1ff.; Greiner, Das Tarifeinheitsgesetz – ein "Brandbeschleuniger" für Tarifeinandersetzungen?, RdA 2015, S. 36ff.; Gemillscheg, Flüchtige Gedanken zum Tarifeinheitsgesetz, AuR 2015, S. 223ff.

24) 厚生労働省「平成25年労働組合活動等に関する実態調査の概況」에 따르면 노동조합 전체의 66.1%가 유니온숍 협정을 체결하고 있고, 기업 규모가 클수록 그 체결률이 높다.

라고 볼 수 있다.[25]

한편, 유니온숍 협정이 존재하지 않는 기업별 조합이 사업장의 근로자 중 일부밖에 조직하고 있지 않는 경우에는 노동조합은 조합원의 대표인가 아니면 근로자의 대표인가 하는 문제가 발생한다. 노동조합법은 노동조합이 조합원의 이익을 대표하여 단체교섭을 행하는 것이라는 전제에 서 있지만(제6조), 노동조합의 활동은 여러 가지 형태로 조합원 이외의 근로자의 이익과도 관계되지 않을 수 없다. 예를 들어 의무적 단체교섭 사항에 비조합원의 근로조건이 포함될 것인가,[26] 단체협약의 적용을 조합원에 한정하는 협약 조항은 유효한가,[27] 라는 문제가 발생한다. 또한 사업장의 근로자 과반수를 조직한 노동조합은 사업장의 모든 근로자를 대표하여 사용자와 협정을 맺거나(예를 들어, 노동기준법 제36조), 취업규칙의 작성·변경 시에 의견을 제시(노동기준법 제90조)하지만, 그 노동조합이 비조합원을 포함한 사업장 내 근로자 전체의 이익을 적절하게 대표하고 있는가, 그렇지 않은지가 문제가 될 수 있다.

노동조합의 근로자 대표성은, 노동조합총연합단체가 노동정책심의회 등의 공적 기관에 참가하는 경우에도 문제가 된다. 현재 노동조합 대표로서 공적 기관에 참가하는 것은 '연합'(일본노동조합총연합회)이지만, '연합'은 기업별 노동조합을 기초로 한 연합체(단위산업별노동조합연맹, 이른바 '單産')의 연합체이다. 만일 '연합'의 견해가 커다란 발언력을 가진 대기업의 기업별 조합으로부터 강한 영향을 받는다고 한다면, '연합'이 비정규직근로자를 포함하는 근로자 전체의 이익을 실로 적정하게 대표하고 있는지가 문제될 수 있을 것이다.[28]

노동조합은 조합원의 이익옹호에 철저하게 되면 그 사회성을 의심받아

---

25) 예를 들어, 『連合評価委員会最終報告書』(2003.9.12.) 2쪽 이하 참조.
26) 水町勇一郎 "団体交渉は組合員の労働契約のためにあるのか－団体交渉の基盤と射程に関する理論的考察" 西谷古稀 (下) 96쪽 이하는 이를 적극적으로 긍정하고자 한다.
27) 和田肇 "労働組合の未来と法的枠組み" 西谷古稀 (下) 53쪽 이하는 이를 긍정한다.
28) 보다 심각한 문제는 3자 구성인 노동정책심의회(労働政策審議会)의 상위에 위치하여 노동정책에 대해 실질적 결정권을 장악한 산업경쟁력회의(産業競争力会議)나 규제개혁회의(規制改革会議) 등의 기관에서 경제계 대표가 중요한 역할을 맡는 반면, 노동조합 대표는 완전히 배제되고 있다는 점이다. 이와 같은 왜곡된 대표제도는 ILO협약·권고가 정한 3자구성 원칙에 명백하게 위반하고 있다.

근로자·국민의 지지를 얻지 못하고, 근로자 전체의 이익 대표로서 행동하고자 하면 그 정통성을 의심받게 되는 딜레마에 봉착하고 있다. 이것은, 원래 사적 임의단체에 지나지 않는 노동조합이 '공적 역할'을 할 것으로 기대됨에 따라서 발생한 모순이며, 조직률 저하와 함께 그 모순이 나타나고 있으며 확대되고 있는 것이다.

4. 노동조합과 종업원대표제

(1) 기업별 조합과 종업원대표제

유럽 각국에서 보급되고 있는 종업원대표제는 개인가입제에 따라 초기 업적으로 조직되는 노동조합에서는 커버할 수 없는 기업 내 혹은 사업소 내의 제 문제를 다루기 위해, 법률에 근거하여 설치된 종업원 대표기관이고, 본래 노동조합과는 이질적인 제도이다. 현실에서는, 기업·사업장 레벨에서 다루어야 할 문제의 확대나 노동조합의 약체화 등을 배경으로 종업원대표제의 역할이 증대되는 경향에 있고, 노동조합과의 연대나 역할 분담이 커다란 문제가 되고 있다.[29]

종종 일본의 기업별 조합은 유럽과 비교해서 노동조합보다는 종업원대 표제도에 유사하다거나 혹은 적어도 종업원 대표조직으로서 기능하고 있다고 지적된다.[29a] 확실히 그 지적은 실태의 인식으로서는 적절한 면이 있다. 무엇보다도 유럽 여러 나라에서 기업별 혹은 사업장별 근로자 조직은 통상 노동조합이라고는 인정되지 않는다. 그것은 노동운동의 생성·발전 과정에서 사용자가 초기업적인 노동조합에 대항하기 위해 회사조합(황색조합)을 조직하여 노동조합이 오랜 시간 그것과의 투쟁을 지난하게 하지 않을 수 없었던 역

---

29) 竹内(奥野)寿 "企業内労働者代表制度の現況と課題−解題を兼ねて" 日本労働研究雑誌 630호(2013) 및 同誌 게재 제논문; 浜村彰 "従業員代表制をめぐる三つの論点" 毛塚古稀 697쪽 이하 참조.

29a) 예를 들어 菅野·労働法 801쪽 이하는, 기업별 조합은 노사대항의 교섭단체로서의 기능과 노사협력(경영참가)의 종업원 대표조직으로서의 기능을 가지고 있고, 최근에는 후자의 성격을 강화시키고 있다고 한다.

사를 반영한 원칙이다.

그렇지만 노동조합과 종업원대표제 간에는 원리적인 차이가 있고, 이 점에서는 헌법 제28조를 기초로 한 일본의 기업별 노동조합도 예외가 아니다.

(2) 사적 임의단체로서의 노동조합

먼저, 노동조합은 근로자의 자유로운 가입의사를 기초로 하는 사적 임의단체이지만, 종업원대표제는 종업원 집단이라는 개개 근로자의 의사와는 무관하게 형성되는 집단을 기초로 선출된 대표기관이고, 가입의사는 문제가 되지 않는다.

확실히, 일본의 기업별 조합의 60% 이상은 유니온숍 제도에 따라 종업원에 사실상 조합 가입을 강제하고 있다. 이것은 노동조합에의 가입·탈퇴는 근로자의 자유로운 의사에 의해야만 하는 것으로 보아, 유니온숍이나 클로즈드숍 등의 조직강제가 기본적으로 위헌인 유럽 여러 나라와 크게 다른 점이다. 이 점에서 보자면, 일본의 기업별 조합의 다수는 종업원 전체(비정규직근로자가 제외되는 경우가 많지만)의 대표라는 외관에서 종업원대표제에 유사하다는 것은 틀림이 없다.

그러나 유니온숍 제도도 종업원에 대해서 노동조합 가입의무를 직접적으로 부과하고 있는 것은 아니고, 조합 가입·탈퇴가 근로자의 자유로운 의사에 근거한다고 전제한 다음, 조합에 가입하지 않는 근로자, 탈퇴한 근로자, 혹은 조합에서 제명된 근로자를 해고한다는 협약상의 의무를 사용자에게 부과하는 방식으로 노동조합으로의 소속을 간접적으로 '강제'하고자 하는 것이다. 판례와 다수설은[30] 유니온 숍 제도를 적법하다고 인정하고 있지만, 학설에 따라서는 이러한 제도를 위법·무효로 보는 입장이 점차 힘을 얻고 있다.[31] 어느 입

---

30) 日本食塩사건·最二小判 昭50(1975).4.25. 民集 29권 4호, 456쪽(다만, 三井倉庫港運사건·最一小判 平元(1989).12.14. 民集 43권 12호, 2051쪽은, 유니온숍 협정 가운데 체결 조합 이외의 다른 조합에 가입하고 있는 자 및 체결 조합에서 탈퇴 또는 제명되었으나 다른 조합에 가입하거나 또는 새로운 조합을 결성한 자에 대한 사용자의 해고 의무를 규정한 부분은 공서양속(민법 제90조) 위반으로 무효로 하고 있다). 菅野·労働法 800쪽 이하; 盛誠吾『労働法総論·労使関係法』(2000, 新世社) 163쪽 이하; 和田, 앞의 주27) 37쪽 이하 등.

장에 있다 하더라도 유니온숍 제도로 뒷받침되는 노동조합은 근로자 개개의 의사와 관계없이 종업원 집단을 하나의 단위로 묶어, 대표를 선출하는 종업원대표제와는 원리적 기초를 달리하는 것으로 보아야만 한다.

양자에 대한 법의 태도도 크게 다르다. 노동조합은 근로자의 사적 임의단체인 이상, 그것을 결성할 것인지의 여부는 근로자의 자유에 맡겨져 있다. 법은 결성된 노동조합에 대해 각종 지원을 하는 경우가 있지만, 결성 그 자체를 강제하는 것은 불가능하다. 이에 반하여 선거로 선출된 대표에게 각종의 권한을 부여하고, 사용자에게 여러 부담을 지우는 종업원대표제는 법률에 의하여 제도화되지 않고는 실현이 곤란하다. 이 점에서도 노동조합과 종업원대표제 간에는 기본적인 차이가 있다.

(3) 재정적 기초의 차이

노동조합은 자유가입에 근거한 임의단체라는 성질상 그 주된 재원을 조합비에서 구할 수밖에 없으나, 종업원대표제는 근로자 개개인의 의사와 관계없이 법률상 근거에 기초하여 형성되는 제도이므로, 종업원에 의한 비용부담은 어울리지 않는다. 종업원대표제를 운영하기 위한 비용은 통상 사용자가 부담한다.

일본의 기업별 조합은 사용자로부터 조합사무소의 대여, 근무시간 중의 조합활동, 전임자 등의 여러 편의를 제공받고 있고, 이 점에서도 유럽의 종업원대표제에 유사하다고도 말할 수 있다. 그러나 일본도 사용자가 노동조합에 경비를 원조하는 것은 부당노동행위로 금지되며(노조법 제7조제3호), 또 사용자로부터 경비 원조를 받는 단체는 노동조합으로는 인정되지 않는다(노조법 제2조제2호 단서). 즉 법은 노동조합의 자주성 확보를 중시하고 있는 것이며, 노동조합이 법적으로는 사용자와 대항적인 관계에 있는 조직으로서 위치되어

---

31) 西谷·個人 124쪽 이하, 西谷·組合法 54쪽, 101쪽 이하; 大內伸哉『労働者代表制に関する研究』(2007, 有斐閣) 103쪽 이하; 水町勇一郎『労働法[第6版]』(2016, 有斐閣) 364쪽; 奥田香子 "ユニオン·ショップ協定の有効性と適用範囲" 唐津博·和田肇·矢野昌浩(編)『新版重要判例を読むⅠ』(2012, 日本評論社) 171쪽 이하.

있다는 것의 증거이다.

(4) 파업권의 유무

전술한 바와 같이 노동조합에게 파업은 매우 중요한 무기이고, 일본에서는 헌법이 명문으로 파업권(단체행동권)을 기본적 인권으로 보장하고 있다. 이에 반하여 종업원대표는 사용자와의 협조적 관계를 기초로 근로자 이익을 옹호하여야만 하는 것이어서 기본적으로 파업은 금지된다. 물론 후자에서도 근로자와 경영자의 이익 차이는 전제(그렇지 않으면 종업원대표제도의 존재 의의는 의문스럽다)되어 있어, 종업원대표 기관과 사용자 간의 교섭은 노동조합이 행하는 단체교섭과 닮아가는 양상을 보인다. 그러나 종업원대표에게 파업을 조직할 권리가 인정되지 않는 이상 이익대립은 최종적으로는 제3자인 중재재정 등으로 해결되는 수밖에 없게 된다.

일본의 기업별 조합은 실제로는 파업권을 거의 행사하지 않기 때문에 외견상 유럽의 노동조합보다도 종업원대표 기관에 유사하다고 말할 수 있으나, 기업별 조합도 잠재적으로는 파업 가능성을 가지고 있는 것이라, 이러한 점이 갖는 의의를 경시하여서는 아니 된다.

(5) 종업원대표제의 입법론

노동조합과 종업원대표제 간에는 이러한 원리적 차이가 있으나, 이것이 장래 노동조합이 더욱더 쇠퇴해 가는 경우에 종업원대표제가 노동조합을 대신하는 근로자대표 기관으로서 중요한 역할을 담당할 가능성까지 부정하는 것은 아니다.[32] 일본에서 종업원대표제를 입법화하는 하나의 목표는 노동조합이 쇠퇴하는 가운데 근로자의 집단적 이익의 대표를 종업원대표제로 대체

---

32) 종업원대표제를 둘러싼 논의 상황에 대해서는 労働政策研究・研修機構『労働条件決定システムの現状と方向性—集団的発言機構の整備・強化に向けて』(2007, 労働政策研究・研修機構) 第4章; 労働政策研究・研修機構『様々な雇用形態にある者を含む労働者全体の意見集約のための集団的労使関係法制に関する研究会報告書』(2013); 浜村, 앞의 주29) 695쪽 이하 참조. 사견으로는 西谷敏 "過半数代表と労働者代表委員会" 日本労働協会雑誌 356호(1989) 2쪽 이하 참조.

시키고자 하려는 바에 있었고, 그것 자체는－그것이 더욱더 노동조합의 약체
화를 촉진할 우려가 있음을 별론으로 하면－반드시 목적을 벗어난 것이었다
고는 말할 수 없다.

그러나 사용자와의 협조적 관계를 기초로 하여, 그 틀 내에서 근로자의
이익 실현을 꾀하고자 하는 종업원대표가 기업내 노동조합보다도 실효성 있
는 근로자대표 기능을 수행하기를 기대하는 것은 어렵다. 유럽 여러 나라의
종업원대표 기관은 산업별 등 초기업적 노동조합과 긴밀하게 연대함으로서
사업장 단계에서의 근로자 이익을 대표하는 역할을 담당할 수 있지만, 일본
과 같이 종업원 대표를 지원할 만한 초기업적 조직이 존재하지 않는 실정에
서는 종업원대표제가 기업내 노동조합보다 더욱더 큰 한계를 가질 것이라는
점은 충분히 예상된다.

다만, 법률이 종업원 대표 기관의 설치를 의무로 하고, 대표 선출을 공
적 기관이 감시하면서 종업원대표 기관의 여러 활동이 법적으로 보장되게 된
다면, 종업원대표제는 현재 기업내 조합에서는 없는 메리트가 생기는 것도
사실이어서 종업원 대표제를 둘러싼 입법론에 대해서는 이 장점도 고려하면
서 판단되어야만 한다.

또한 노동조합의 기능 저하에 대한 대응책이 아니라, 사업장에 과반수
조합이 존재하지 않는 경우에 과반수대표를 두는 하나의 방법으로서 종업원
대표를 제도화하여야 한다는 제안이 있다. 현행 과반수대표제가 선출 과정의
비민주성이나 대표자 개인의 과중한 부담 등과 같은 심각한 문제를 안고 있
다는 점에서 보자면, 이러한 제도화는 급하다고 할 수 있다.[33] 과반수대표의
선출 등에 대해 유효한 대책이 강구되지 않는다면, 과반수대표의 참가에 따
라 법정 기준으로부터의 이탈을 인정하는 현행법의 기본구조 그 자체에 대한
의문이 강해지지 않을 수 없다 할 것이다.[34]

---

33) 西谷敏 "提言·労働者代表制度の早急な法制化" 日本労働研究雑誌 630호(2013) 1쪽.
34) 奥田香子 "労働法の立法学" 法律時報 86권 4호(2014) 20쪽 참조. 또한 和田, 앞의 주27) 59쪽
　　이하는 조합중심주의의 입장에서 현행 과반수대표 제도에도, 법에 따른 과반수대표 제도의
　　설치 의무화에도 반대한다.

III. 노동조합에 대한 법의 대응

1. 적극적 승인의 의미

노동조합과 파업에 대하여 어느 나라의 법에서든 금지, 방임, 적극적 승인이라는 단계를 거쳐 대응해 왔다.[35] '금지'라 함은, 문자 그대로 노동조합의 결성이나 파업 등의 행동을 직접 금지하는 것이고, '방임'이란 그러했던 금지를 해제하는 것이다. 그러나 '방임' 단계에서도 형법·민법 등의 일반법의 적용은 부정되지 않았기 때문에 노동조합 활동에 대해서는 일반법에 근거한 여러 제약이 부과되었고, 강한 탄압적 효과를 발휘하였다(파업에 대한 협박죄의 적용, 다액의 손해배상 청구 등). '적극적 승인'이라 함은, 노동조합과 그 활동에 대한 일반법의 적용도 부분적으로 배제(형사책임·민사책임의 원칙적 부정 등)하여, 이러한 간접적 제약을 부정함과 동시에 사용자에 의한 노동조합 탄압을 금지하여, 노동조합의 안정된 지위를 보장하고자 하는 태도를 의미한다. 여러 선진국의 노동법은 기본적으로 이 적극적 승인 단계에 있으나, 그 구체적인 양태는 나라마다 상이하다.

2. 적극적 승인과 국가 정책

자본주의 국가는 무엇 때문에 노동조합이나 파업에 대한 일반법의 적용 배제(면책)나 사용자의 억압행위의 금지 등으로 노동조합을 '적극적으로' 승인하였던 것일까?

하나의 이유는, 상당수의 근로자를 조직하는 것에 성공하여, 스스로의 존재와 활동에 대한 법적 승인을 요구하는 노동조합운동을 국가가 이미 무시할 수 없게 되었다는 점에 있다. 예를 들면, 쟁의행위의 민사면책을 승인한 1906년 영국법은 그 뚜렷한 예이다.[36]

---

35) 西谷·組合法 20쪽 이하. 독일과 프랑스를 포함한 30여 개국의 노사관계 법제의 발전을 단결과 참가라는 관점에서 분석한 것으로서 濱口桂一郎 『団結と参加-労使関係法政策の近現代史』(2013, 労働政策研究·研修機構)가 있다.

그러나 노동조합이나 그 활동은 본래 나라의 경제·사회에 심각한 영향을 미칠 수 있는 것이고, 자본주의 국가는 그것을 쉽게 승인할 수 있는 것은 아니다. 많은 나라에서 노동조합의 적극적 승인 정책이 취해지게 된 데에는, 국가 측에게도 다수 근로자에게 영향력을 가진 노동조합을 국가 정책을 위해 이용하고자 하는 의도가 있었기 때문이다.

국가 정책을 위한 노동조합의 이용이라 함은, 특히 전쟁에서의 협력을 구하는 것이었다. 제1차 세계대전은 세계 최초의 총력전이었지만, 다수의 근로자를 전쟁에 동원하고 대량의 군수 생산을 계속하기 위해서는, 근로자의 협력이 필수적이었다. 참전한 각 국은 근로자·국민의 반전행동이나 파업을 억압함과 동시에 노동조합과의 협조관계를 구축하여, 이를 통해 근로자의 전쟁에 대한 협력을 이끌어내고자 노력하였다. 노동조합이나 그 중심이 되는 사회주의(사회민주주의) 세력도, 세계 대전이 개시되자마자 내셔널리즘의 소용돌이에 휘말려 제2인터내셔널에서의 전쟁 반대 합의에 반하여, 소수의 예외를 제외하고는 전쟁 정책에 적극적으로 협력하는 자세로 전환해 갔다.[37] 이렇게 전시체제 아래에서 국가와 자본에 의한 노동조합의 승인과 노동조합의 국가적 통합이 진행되어 갔던 것이다.

예를 들어 독일에서는 1915년에 결사법 개정이 이루어져, 결사의 법적 규제가 노동조합과 사용자단체에 미치지 않음이 명기되었다. 또 1916년 '조국근로봉사법'은 노동조합의 적극적 승인을 크게 전진시켰다. 동 법은 노동능력이 있는 모든 독일인 남성(만 17~60세)의 군수산업·관청·농업 등에의 동원을 규정하는 한편, 각종 공적 기관이나 기업 내 위원회(종업원 50인 이상의 군수산업에서 설치 의무)에서 노동조합이 공식적으로 또는 사실상 근로자대표로서 참가할 것을 법적으로 승인한 것이었다.[38]

국가는 세계대전이라는 비상사태 속에서 필요에 쫓겨 노동조합의 국가 통합을 꾀한 것이었으나, 노동조합의 적극적 승인은 전쟁의 종결 후에도 계

36) 片岡昇 『英国労働法理論史』(1956, 有斐閣) 247쪽 이하.
37) 木村靖二 『第一次世界大戦』(2014, ちくま新書) 58쪽 이하.
38) 西谷, 앞의 주9) 271쪽 이하.

속되었다. 세계대전은 근로자·국민에게 평등한 의무를 부과한 이상, 권리도 평등하지 않으면 아니 된다는 사상을 확산시켜, 국가의 통치구조를 근로자·국민의 정치 참가를 보장하는 방향으로 크게 변화시켰다(총력전의 민주적 효과).[39] 또한 세계대전 종료 후에는 극도의 경제 불안 속에서 혁명의 위기감도 고조되어 자본주의 체제의 유지를 위해 국가와 자본가단체가 노동조합과의 협력관계를 구축하는 것이 절실한 과제가 되었다. 사회주의 혁명에 반대하는 사회민주당이나 노동조합 측에서도 그에 적극적으로 협력하였다. 그리하여 자본주의 체제로의 노동조합의 통합과 전환에 대한 반대급부로서 노동조합·근로자의 권리를 보장하는 노동법이 확립된 것이다. 그 전형적인 예가 바이마르공화국에서의 노동법 발전이다. 바이마르 노동법은 혁명운동의 고양과 그 패배라고 하는 쌍방을 조건으로 하여 처음으로 성립할 수 있었다고 말할 만하다.

그러나 전시체제가 노동조합을 부정하게 된 예도 있다. 예를 들어 양차대전 사이의 이탈리아, 독일, 일본에서 확립된 파시즘 체제는 노동조합을 전면적으로 부인하고 조합과는 전혀 다른 조직 원리에 기초한 단체에 의해 근로자·국민을 통합시키고자 하였다.[40] 그러나 이들 나라의 패전은 파시즘 체제의 부정으로 귀결되었고, 제2차 세계대전은 자유나 인간존엄 사상이라는 세계적 사조를 배경으로 다시 한 번 노동조합의 적극적 승인이 세계 공통의 경향이 된다.

ILO도 결사의 자유 및 단결권 보장에 관한 제87호 협약(1948), 단결권 및 단체교섭권에 관한 제98호 협약(1949), 기업에서의 근로자대표에 관한 제135호 협약(1971), 단체교섭의 촉진에 관한 제154호 협약(1981) 등의 제 협약이나 권고를 통하여 노동조합의 적극적 승인 정책의 정착에 기여하였다. 이와 같이 노동조합과 그 활동의 적극적 승인은 이제는 각각의 국가정책에 머물지 않고 각 나라가 그것으로부터 쉽게 일탈할 수 없는 국제적 규범으로까지 위상이 높아지게 된 것이다.

---

39) 木村, 앞의 주37) 212쪽.
40) 예컨대 독일 노동전선(Deutsche Arbeitsfront)에 대해서는 西谷, 앞의 주9) 429쪽 이하 참조.

무엇보다도, 1980년대 이후 각 국을 지배하였던 신자유주의 이데올로기는 본질적으로 시장원리의 교란 요소인 노동조합을 적대하는 경향을 가지고 있다(전형적으로는 대처정권의 영국, 레이건정권의 미국 등). 이후 글로벌화의 진행과 더불어 신자유주의 경향이 더 한층 강해진다면, 각 국의 노동조합의 적극적 승인 정책에 커다란 변화가 생길 가능성도 없지 않을 것이다.

3. 기본적 인권과 노사관계

제2차 세계대전 후 독일, 프랑스, 이탈리아 등의 나라에서는 노동조합의 결성이나 활동이 근로자의 기본적 인권으로 보장되게 되었다. 그것은 노동조합의 존립과 그 활동이 개개인의 인권(혹은 그 집적)으로 설명되었다는 것과 헌법상의 권리로서 확고한 지위를 획득하였다는 것을 의미한다. 한편 미국과 같이 노사관계정책을 전면에 내세워 노동조합을 파악하는 국가도 있다.

일본이 기본적 인권형(型)을 취하는 국가에 속한다는 것은 말할 필요도 없다. 하지만 헌법은 단결권만이 아니라, 단체교섭권과 단체행동권을 '법률유보'를 붙이지 않고 보장하고 있다. 이러한 점에서 일본의 단결권 보장법제는 국제적으로 보더라도 가장 앞선 것이라 말할 수 있다.

그러나 판례 · 학설에서는 미국법으로부터의 영향도 있고, 개개인의 인권보다도 노사관계(단체교섭질서)에 중점을 두고 노동조합과 그 활동을 파악하는 경향이 강하다. 예를 들면, 부당노동행위 제도를 단결권의 가장 효과적인 보장을 위한 제도로 보는 전통적 사고방식에 반하여, 그것을 건전한 노사관계질서를 형성하기 위한 제도 혹은 단체교섭질서 형성을 위한 제도로 파악하는 견해가 대립되고 있다.41) 또한 기본권 관점에서 보자면, 복수조합의 승인과 사용자의 중립유지의무는42) 그 당연한 귀결이라고 생각되지만, 노사관계를

---

41) 道幸哲也『労使関係のルール』(1995, 労働旬報社) 18쪽 이하; 菅野 · 労働法 949쪽 이하. 부당노동행위 제도의 목적에 관한 논의에 대해서는 西谷 · 組合法 142쪽 이하 참조; 緒方桂子 "労働組合の変容と不当労働行為制度 - 労働契約的把握及び裁判所化からの脱却" 法律時報 88권 3호(2016) 42쪽 이하는 단체교섭 중심주의는 노사관계의 근로계약설로 이해되어져, 비정규근로자 · 비고용근로자의 비율이 증대되는 오늘날의 요청에 대응할 수 없다고 한다.

42) 日産自動車(残業差別)사건 · 最三小判 昭60(1985).4.23. 民集 39권 3호 730쪽.

중시하는 입장으로부터는 복수조합의 승인에 부정적인 결론이 도출된다.[43] 더욱이 노동조합이 사실상 종업원대표와 같은 역할을 맡고 있는 점을 들어 유니온숍 제도를 정당화하고자 하는 학설도[44] 근로자의 기본권보다도 노사관계를 중시하는 발상에 근거하고 있다.

확실히 일본의 노동조합 가운데 파업은 고사하고 진지한 단체교섭도 행하지 않고, 기업 내에서의 안정된 지위만을 지향하는 다수의 기업별 조합에서는 기본적 인권의 주체라는 인식이 희박할 것이다. 기본적 인권은 무엇보다도 그것이 타인으로부터 침해받을 위험이 존재하는 경우에 자각되기 때문이다. 정태적 노사관계의 당사자라는 노동조합상(像)은 많은 기업별 조합의 현실에 적합하다. 하지만 그러한 노동조합도 객관적으로는 기본권의 주체이고 그와 같은 일은 실제로 그 존재에 공격이 가해진다거나 활동이 방해받을 때 현재화한다.

더욱이 노동조합에는 사용자와의 사이에서 항상적인 관계를 구축하기 어려운 관계에서 한시적인(ad hoc) 성과만 획득하려 함으로써 사용자와 알력싸움이 일어나기 쉬운 지역유니온도 포함되어 있다. 노동조합의 의의를 근로조건을 집단적으로 결정하는 노사관계의 당사자라는 측면으로만 이해하려고 한다면, 이와 같은 노동조합의 단체교섭권이 부정되는 것으로 귀결되나,[45] 그것은 결국 지역유니온 그 자체의 부인으로 귀착될 것이다.

현행법의 기본구조를 근거로 현재의 노동조합 전체를 시야에 두고서 생각해 보자면, 노동조합을 기본적 인권의 주체로 파악하는 것은 불가결하다. 사용자와의 사이에서 형성되는 노사관계도 어디까지나 기본적 인권의 보장을

---

43) 道辛哲也 "解体か見直しか−労働組合法の行方(1)~(3)" 季刊労働法 221~223호(2008). 또한 竹内(奥野)寿 "労働組合法のこれまでとこれからの課題−『労働者』の集団的な利益代表の観点から" 法律時報 88권 3호(2016) 10쪽 이하는, 복수조합주의를 전제로 한 다음, 근로조건의 집합적 결정을 위해 복수의 단체교섭·단체협약을 '조정'하는 구조가 필요하다고 주장한다.
44) 盛, 앞의 주30) 163쪽 이하; 菅野·労働法 800쪽 이하.
45) 일본에서는 지역유니온의 단체교섭권을 사실상 부정하는 배타적 교섭대표제는 헌법 위반으로 생각된다. 西谷敏 "日本における団体交渉権の性格と交渉代表制" 西谷ほか(編), 앞의 주20) 129쪽 이하. 그러나 반드시 헌법위반은 아니라고 하는 견해도 많이 보인다(菅野·労働法 36쪽 이하; 荒木·労働法 562쪽 이하).

기초로 하지 않으면 안 된다.

IV. 노동조합에서의 개인과 집단

1. 단체로서 노동조합의 성격

(1) 게마인샤프트(Gemeinschaft)와 게젤샤프트(Gesellschaft)

노동조합은 어떠한 성격의 단체인가. 유명한 퇴니에스(Tönnies)의 공식을 실마리로 하여 이를 고찰해보고자 한다.

퇴니에스는 인간의 모든 결합체(Verbindung)를 실재적·유기체적 생명체 즉, 게마인샤프트(Gemeinschaft)와, 관념적·기계적 형성물 즉 게젤샤프트(Gesellschaft)로 분류하고, 그 차이를 강조하였다.[46] 그에 따르면 어떠한 결합체도 사람들의 의지를 전제로 하고 있지만, 게마인샤프트를 형성하는 의지는 본질의지(Wesenswille)라 명명되고, 게젤샤프트를 형성하는 의사는 선택의지(Kürwille)라고 불리었다.[47] 바꾸어 말하면, 게마인샤프트는 본능 혹은 본능에 가까운 의지에 의해 자연스럽게 형성되는 결합체이고, 게젤샤프트는 사유에 따라 만들어지거나 의제된 존재이며, 어떠한 관계(특히 계약)를 맺는 창설자들의 공동의 선택의지에 기초한 것이다.[48]

그에 의하면, 결합체와 개인의 관계도 양자에서 대조적이다. '사람들은 게마인샤프트에서는 모든 분리에도 불구하고 결합이 계속되지만, 게젤샤프트에서는 모든 결합에도 불구하고 여전히 분리가 계속된다.'[49]

게마인샤프트의 본질적 성격은 전형적으로는 가족으로 나타나고, 또 촌락, 자치공동체(중세 도시 등), 민족, 친구관계 등도 게마인샤프트의 성격을 가

---

46) テンニエス(著)·杉之原寿一(訳) 『ゲマインシャフトとゲゼルシャフト-純粹社会学の基本概念(上)(下)』(1957, 岩波文庫). 원저는 Tönnies, Gemeinschaft und Gesellschaft, Leipzig 1887. 번역은 1935년 제8판으로 하고 있다.
47) テンニエス, 앞의 주46) (上) 164쪽 이하.
48) テンニエス, 앞의 주46) (下) 173쪽.
49) テンニエス, 앞의 주46) (上) 91쪽.

진다. 이에 반하여 게젤샤프트의 전형적 형태는 주식회사이고, 각종 결사, 국가도 게젤샤프트로 보았다. 국가가 게젤샤프트라고 하는 것은 사회계약설을 전제로 한 때문일 것이다.

그렇다면 퇴니에스는 노동조합을 어떠한 단체로 이해하고 있었던 것일까? 그는 도시에서의 동업조합이나 공제단체를 게마인샤프트로 열거하였으나,50) 자본주의 구조를 이해하여 각성한 프롤레타리아트가 스스로를 해방하기 위하여 결성하는 노동조합이나 정당은 자본가단체나 자본주의 사회 그 자체와 마찬가지로 게젤샤프트이고 그것은 대도시, 나라 전체, 국제적 결합으로 확대해 간다고 전망하였다.51) 52)

(2) 일본의 노동조합

노동조합을 개개 근로자의 자발적 의사에 기초한 자유로운 결합으로 보는 한, 그것이 퇴니에스가 말하는 게젤샤프트의 성격을 가진다는 것은 명확하다. 그렇지만 일본에서는 노동조합의 단결의 가치가 높게 평가되는 경우, 노동조합이 가진 게마인샤프트적 요소가 강조되고, 노동조합을 게젤샤프트로 보는 관점은 희박하였던 것으로 생각된다. 그것은 아마 다음의 두 가지의 요인 때문일 것이다.

첫째는, 근로자를 '계급'으로 인식하고 노동조합을 근로자계급의 필연적

---

50) テンニエス, 앞의 주46) (上) 64쪽은 동업조합과 함께 도시에서의 '노동조합'도 게마인샤프트의 일종이라고 하고 있으나, 원문은 Arbeits-Genossenschaft이며, 직인공제조합이라고 번역해야 한다고 생각된다.

51) テンニエス, 앞의 주46) (下) 80쪽.

52) 퇴니에스는 이와 같이 게마인샤프트와 게젤샤프트라는 키워드를 사용하여 인간의 결합을 사회학적으로 분석하였으나, 물론 모든 결합체가 어느 하나로 확연히 구분되어 분류된다고 생각하였던 것은 아니다. 게마인샤프트와 게젤샤프트 혹은 그것들의 기초를 이루는 본질의지와 선택의지는, 모두 기준개념(Normalbegriffe)이고, '경험적으로는 어떠한 본질의지도, 그 속에 표현된 선택의지가 없이는 나타날 수 없고, 또 어떠한 선택의지도, 그것의 기초를 이루고 있는 본질의지가 없이는 나타날 수 없다.'(앞의 주46) (下) 26쪽). 그는 또 인간의 결합체를 결합도가 높은 단결체(Verbindung)와 결합도가 느슨한 연결체(Bündnis)로 나누고, 결합체의 발전 경향으로 게마인샤프트적 단결체→게마인샤프트적 연결체→게젤샤프트적 연결체→게젤샤프트적 단결체라고 하는 도식을 보이고 있다(앞의 주46) (下) 124쪽 이하).

조직형태로 보는 관점이다. 그러한 관점에서는, 근로자계급에 속하는 각 근로자는 노동조합에 가입하여 계급투쟁에 참가하는 것이 당연하고, 노조에 가입하지 않거나 탈퇴하는 것은 '계급적 배신'으로 간주되었다. 노동조합은 마치, 근로자계급 의식에 의해 자생적으로 유지되고 운영되는 단체, 즉 게마인샤프트인 것처럼 이해되었다.

둘째는, 전후 일본에서 기업별 노동조합이 지배적인 조직형태였다는 점이다.53) 기업이라는 조직은 게젤샤프트 그 자체이지만, 장기고용 관행 아래에서는 거기에 공동체로서의 공동소속감정도 생겨간다. 장기간에 걸쳐 공동작업에 종사하는 근로자 간에 게마인샤프트적인 연대감정이 생겨나는 것이다. 그리고 기업내 조합의 단결 내지 연대는 그러한 기업공동체의식에 기초하여 형성되고, 강화된다.

특히 전후 초기에 종종 볼 수 있었던 것처럼, 기업내 조합이 사용자와 격렬하게 대립하였을 때, 계급의식과 기업귀속의식이 서로 분리되지 않은 채 조합원의 강고한 단결을 떠받치고 있었다고 생각한다. 사용자가 기업내 조합을 계급의 적(敵)으로 취급하였던 것에 대한 반영으로 근로자의 계급의식이 높아졌지만, 거기에서 기업의 틀을 넘어선 본래의 계급의식으로는 발전하지 않았다. 이윽고 노동조합의 분열에 의해 격렬한 노사분쟁이 종결되고, 사용자와 다수파 조합 간에 협조적 관계가 구축되게 되면서 다수파 조합과 조합원의 계급의식은 후퇴하고 기업의식만이 남는다. 노동조합은 점점 더 게마인샤프트적인 성격을 강화시켰다. 특히 유니온숍 제도가 존재하는 조합에서는 근로계약의 체결(입사)은 사실상 자동적인 노동조합 '가입'으로 연결되고, 선택의 의사는 극히 희박하게 되어 조합의 게젤샤프트적 성격이 상실된다. 기업내에 남은 소수파 조합은 계급의식을 계속 유지하지만, 그 존재 자체가 약체화되어 간다.

기업내 조합에 비하자면 지역유니온은 게젤샤프트적 성격이 강하다. 여

---

53) 일본 노동조합이 이러한 조직형태를 띠게 된 경위에 대해서는 熊沢誠 『労働組合運動とはなにか』(2013, 岩波書店) 82쪽 이하 참조.

기서는 노동조합으로의 가입은 조합원의 '선택의사'의 결과이다. 물론 여기서도 조합원간 게마인샤프트적 동료의식이 생기고, 단결강화에 기여하는 점이 있을 수 있으나, 동일 기업에서의 장기에 걸친 공동작업이라는 기반을 가지지 않는 것만으로도 조합원 간의 관계는 게젤샤프트적으로 되기 쉽다. 그 상징적인 현상이 해고 등의 문제에 직면하여 근로자가 어떠한 형태로든 문제해결을 본 뒤에 노동조합을 탈퇴하는 경우가 많다는 사실이다. 조합원의 다수가 이와 같이 자기 이익만을 추구하는 듯한 행동을 취한다면 노동조합의 결합은 취약할 수밖에 없다.

노동조합의 지속적인 존립과 활동을 위해서는 단결 내지 연대의 에토스가 불가결하고, 그것은 어느 정도는 게마인샤프트적인 요소를 포함하는 것일 것이다. 하지만 근로자의 자유로운 결합으로서의 노동조합은 게젤샤프트적인 '선택의사'를 출발점으로 하여야 한다. 노동조합은 아마도 게젤샤프트적 요소와 게마인샤프트적 요소를 적절하게 겸비한 경우에야 비로소 자기를 강고하고 계속적인 조직으로 확립시키는 것이 가능하게 될 것이다.

2. 개인주의와 집단주의의 일반적 배경

노동조합을 둘러싼 개인과 집단 간의 모순은, 모든 노동조합이 공유하는 문제이지만, 동시에, 각 국의 문화적·사회적 전통에 의해서도 규정되는 뿌리 깊은 문제이기도 하다. 일본에서도, '개인과 집단'의 문제는 이미 제2차 세계대전 전부터 근대화의 평가와 관련지어 논해 온 심각한 테마였고, 특히 제2차 세계대전 후에는 일본문화론, 일본인론, 일본사회론의 중심적인 이슈였다.

전후 논의를 추적하였던 아오키 타모츠(靑木保)는 일본문화론의 전개를 다음과 같이 시기 구분하여 정리하고 있다.54) 제 1 기: '부정적 특수성의 인식'(1945~54년), 제 2 기: '역사적 상대성의 인식'(1955~63년), 제 3 기: '긍정적 특수성의 인식' 전기(1964~76년)·후기(1977~83년), 제 4 기: '특수성에서 보편성으로'(1984년~) 등이다. 그리고 이러한 전개과정을 다음과 같이 총괄한

---

54) 靑木保『'日本文化論'の変容－戦後日本の文化とアイデンティティ』(1990, 中央公論者) 28쪽.

다.55) '그 궤적은 사회발전, 즉 경제의 고도성장에 대응하여, 『부정』에서 『긍정』으로의, 『자신(감) 상실』에서 『회복』으로의, 『전근대적』에서 『초근대』로의, 『후진(성)』에서 『탈산업화』로 혹은, 『모던』에서 『포스트모던』으로의 분명한 변용을 보이는 것이다'고.

사회학, 문화인류학 등의 논의를 경제부흥·발전과의 대응관계에서 이와 같이 정리한 것은, 확실히 정곡을 찌른 것이라고 생각된다. 일본인에게 집단주의는56) 사회의 발전과 밀접한 관련을 맺고, '부정' 혹은 '긍정'되고, 또 그 보편성 혹은 특수성이 강조되어 왔던 것이다.

그러나 일본문화나 일본사회가 법과 무관하게 존재할 수 없는 이상, 일본문화·사회에 대한 평가, 적어도 하나의 중요한 척도는 국가의 최고법규인 헌법의 가치판단이어야 한다. 제1기에서 주류이고 그 후에도 통주저음(通奏低音)처럼 울려 퍼졌던 일본식 '집단주의' 비판에는 제2차 세계대전 전·와중의 '멸사봉공' 이데올로기에 대한 통절한 반성이 담겨져 있었지만, 그것은 헌법 제13조의 '개인의 존중' 이념을 바탕으로 한 것이기도 할 것이다. 일본에 개인적 자유주의가 정착되지 않는 것은 일본사회의 전근대성의 발로인지 아닌지는 모르겠으나 여하튼 적어도 헌법규정의 관점에서는 부정적으로 평가될 만한 상태였다.

그러므로 아오키의 시기구분은 헌법적 가치에 대한 공감이라는 관점에서 재정리할 수 있을 것이다. 즉 제1기는 일본문화(일본인의 의식)와 헌법규범의 차이가 강하게 인식되고 국민의식 속으로 헌법이 침투되는 것이 중요한 과제로 인식되던 시대, 제2기는 그러한 문제의식이 상대화되어 온 시대, 그리고 일본식 집단주의를 긍정하는 경향이 강해지는 제3기 이후는 일본문화론이 헌법적 가치에서 유리(遊離), 헌법적 가치를 부정하는 경향이 강해지는

---

55) 青木保, 앞의 주54) 150쪽.
56) 집단주의에 대한 인식방법은 서구 개인주의와의 차이라는 점에서는 공통되나 그 구체적인 내용은 학자에 따라 달리 보고 있다. 예를 들어, 中根千枝의 'タテ社会'論(『タテ社会の人間関係−単一社会の理論』(1967, 講談社現代新書)); 和辻哲郎의 '間柄'論(『倫理学』(1937)(2007, 岩波文庫版1)), 濱口惠俊의 '間人主義'論(『間人主義の社会日本』(1982, 東洋経済新報))는 각각 문제의식을 달리하고 있다.

시대로 이해할 수 있을 것이다. 집단주의를 긍정하는 일본문화론은 이미 헌법 개정의 이데올로기가 되고 있는 것이다.[57]

3. 노동조합에서의 집단주의와 그 내용

(1) 노동조합과 노동법학의 경향

전후 노동법학은 사회변혁에 대한 관심을 전후 계몽주의와 당연히 공유하고 있었지만, 개인의 자율에 대한 관심은 그다지 높았다고 할 수 없다. 양자가 생각하는 장래의 사회상은 공통적이었다 하더라도 각자 상정하는 변혁의 주체에 커다란 차이가 있었다. 전후 계몽주의로서는 그 주체는 어디까지나 개개인이고, 그 개개인의 주체적 연대였다. 이에 반하여, 전후 노동법학이 전제로 한 변혁의 주체는 근로자계급이었고, 우선은 그 구체적인 현상 형태로서의 노동조합이었다. 그리고 노동조합이 주체인 한, 근로자 개개인은 노동조합에 '단결'하여 그 통제를 받아야만 하는 존재이고, 오히려 자율적인 개인의 반대편에 있는 인간상이 이상적이라고 생각하였다.[58]

그것은 경우에 따라서는 노동조합이라고 하는 집단의 이익을 근로자 개인의 이익 위에 둔다고 하는 즉자적 집단주의(혹은 가치적 집단주의)라 할 만한 발상에 근거하고 있었다. 그러나 근로자의 행복에 최대의 가치를 두는 경우라도 근로자가 계급적 소속에 있어서 동질적인 인간으로 파악되는 이상, 노동조합의 발전이야말로 근로자의 행복이라는 논리는 결국 집단주의에 의한 개인적 자유=자기결정의 부정에 이르게 된다(기능적 집단주의). 즉 당시 집단주의 사상은 즉자적 집단주의와 기능적 집단주의가 결합하는 가운데 성립된 것으로 보아야 한다.[59] 노동조합에서 근로자(조합원)의 자유로운 의사에 대한 관심이 싹튼 것은 노사협조 체제 속에서 노동조합이 변혁의 자세를 후퇴시킴

---

57) 그 전형적인 예는 헌법 제13조의 '個人'에서 '個'를 삭제한다는 2012년 4월에 발표된 자민당 개헌안이다.

58) 樋口陽一도 '개인의 주체성을 묻기 보다는 집단 민주주의라는 형태로 전후 민주화가 시작'되었음을 비판적으로 총괄한다(樋口陽一『国法学・人権原論 [補訂]』(2007, 有斐閣) 19쪽).

59) 西谷・個人 9쪽 이하.

으로써 그 정통성이 의심받는 한편, 조합원의 다양화가 두드러진 1970년경부터이다.

전후 일본의 기업별 노동조합은 강한 집단주의에서 출발하였다. 그것은 앞에서 언급한 바와 같이 계급의식과 기업의식으로 양면으로 나타나기도 하였으나, 동시에 당시 일본사회 전체의 풍조를 반영한 것이기도 하였다. 노동법 분야의 판례·학설도 근로자에게 '단결'을 설파하고 집단주의를 적극적으로 옹호하였다. 그 전형적인 표현이 집단주의의 극치라고도 일컬어질 만한 조직강제=유니온숍 제도를 단결권을 근거로 긍정한 것이다.[60] 구체적으로는 근로자의 자유는 단결을 통해 비로소 실현되기 때문에 조직 강제는 정당화된다.[61] 노동조합은 다수의 단결권을 침해하지 않고는 소수의 단결하지 않을 자유는 성립할 수 없다,[62] 라는 점이 그 논거로 주장되었다.

이를 일본문화론의 시기구분으로 말하자면 제 1 기, 즉 '부정적 특수성의 인식' 시기이고, 계몽주의가 전통적인 일본적 집단주의를 엄하게 비판한 시대였으나, 그러한 자세는 노동법학에서는 희박하였다. 전후 계몽주의가 '개인의 자립'을 역설하고 있었던 바로 그 시기에 노동법학은 '개인 자유의 부정에 의한 단결'을 설파하고 있었던 것이다.

물론 이러한 단결 우위 사상에는 객관적인 기초가 있었다. 근로자는 종업원으로서 기업에 통합되고, 조합원으로서 노동조합에 통합되어 있었으나, 노동조합이 사용자와 격렬하게 대립하는 상황에서 근로자는 그 둘의 통합원리 사이에서 갈라진다. 그리고 많은 경우, 기업에 의한 통제력이 보다 강력하기 때문에 조합원의 다수는 투쟁 중에 조합을 탈퇴하고 사용자의 적극적인

60) 大浜炭鉱사건·最二小判 昭24(1949).4.23. 刑集 3권 5호 592쪽은, 일반론으로서 유니온숍(판결에서는 '클로즈드숍'이라고 표현) 협정에 기초하여 사용자가 조합으로부터 제명을 당한 자의 해고의무를 진다는 것을 인정하고 있다(그러나 사정에 따라서는 해고가 <당시> 労調法(노동쟁의조정법) 제40조에 위반한 부당노동행위가 될 수 있다고 한다). 그 후의 판례, 학설에 대해서는 주30) 참조.
61) 松岡三郎 『労働法の理論と斗争』(1952, 労働経済社) 108쪽; 野村平爾 『日本労働法の形成過程と理論』(1957, 岩波書店) 221쪽.
62) 沼田稲次郎 『日本労働法論(上)』(1948, 日本科学社) 218쪽; 同 『運動のなかの労働法』(1962, 労働旬報社) 120쪽.

지원으로 결성된 제 2 조합에 가입하였다. 이러한 엄중한 노사관계 상황에서 노동조합은 조합원의 자유를 보장할 여지가 없었다. 노동조합에서 개인적 자유의 존중은 사용자에 의한 조합 공격을 허락하여 조합을 해체시키는 원인이 되기 십상이었기 때문이다. 노동조합의 과제는 기업에 의한 통제를 넘는 강한 통제를 통해 조합원을 노동조합에 결속시켜서 노동조합의 투쟁력을 유지하는 것이었다. 이처럼 노동조합은 점점 집단주의적으로 되고, 노동조합의 강화를 지상명제로 생각한 노동법학 또한 필연적으로 집단주의적으로 되었다.

그러나 고도성장을 배경으로 한 기업내 노사협조체제의 정착은 기업에 의한 통합과 노동조합에 의한 통합의 일체화를 의미하였다. 근로자는 두 개의 대립하는 조직에 각각 통합되는 것이 아니라, 연대하는 두 조직에 의해 통일적인 통제를 받게 된 것이다. 그것에 불만을 갖지 않는 근로자에게는 '이중의 귀속 의식', 즉 기업으로의 귀속감과 노동조합으로의 귀속감이 명확하게 구별되지 않고 침투해 간다.63) 이에 반하여, 엄격한 통제는 그 중에서도 소수파에게 향한다. 조합내 소수파는 기업내 소수파와 동의어가 되고, 노동조합으로부터도 사용자로부터도 공격을 받는다. 그 전형적인 형태가 조합으로부터의 제명을 이유로 한 유니온숍 협정에 근거한 해고였다. 이러한 소수파에 대한 탄압은 다수파 근로자의 자기 보신의식을 강화하여 표면상으로는 기업=조합으로의 통합을 촉진하지만, 소수파에 대한 탄압이 주효하게 이루어져 다수파 근로자의 의식은 점점 기업으로부터도 조합으로부터도 거리를 두게 된다. 이리하여 1970년대부터 근로자에 대한 '이중의 이탈의식'64)의 확산이 거론되기 시작하였다.

동시에 고도성장기를 거쳐 조합원의 다양화가 현저하게 되고, 그것이 조합원의 동질성을 전제로 성립하는 '반석과 같은 공고한 단결'을 이완시켜 갔다.65) 또한 정당지지 문제를 둘러싼 노동조합의 과도한 통제는, 통제라는 것,

---

63) 尾高邦雄 『産業社会学講義』(1973, 岩波書店) 354쪽 이하.
64) 石川晃弘 『社会変動と労働者意識』(1975, 日本労働協会)은 젊은 근로자를 중심으로 기업이탈과 조합이탈이 진행되고 있음을 지적하고(92쪽 이하, 103쪽 이하), '일본의 기업과 조합은 … 저성장 시대에 진입하였다'(115쪽)고 한다.

나아가 단결이라는 것의 궁극적인 기초는 무엇인가라는 물음을 야기하였다.[66] 종합하면, 노동조합의 집단주의＝단결지상주의에 대한 의문이 강해지고, 노동조합에서 개인의 자유로운 의사를 재평가하고자 하는 기운이 높아져 갔다.[67]

이 당시 일반적 사상 상황은 이미 전통적인 집단주의를 긍정하는 방향으로 전환해 나가고 있었으나, 노동조합에서의 개인 재평가론은 카토오 슈우이치(加藤周一) 등의 전후 계몽주의의 흐름을 이어받은 사상을 그 유력한 지주로 하는 것이었다.[68] 물론, 와타나베 요죠(渡辺洋三)의 노동법학 비판이나 누마타 이네지로(沼田稲次郎)의 인간존엄론이 매개로 되었다(제2장 Ⅱ. 4, 제4장 Ⅲ. 1. 참조). 노동조합론과 일본문화론은 이러한 이유로 20~30년의 시간적 차이를 두고 결합한 것이다.

(2) 자율에 근거한 연대로서의 노동조합

노동조합은 근로자의 '연대'에 의해 성립하는 단체이지만, '연대'는 개념상으로도 실체상으로도 근로자의 '자율'을 기초로 하지 않으면 아니 된다. 노동조합에 대하여는 '개인인가 집단인가'라는 물음 그 자체가 부적절하며, 개인과 집단이 '자율에 기초한 연대'라는 형태로 결합하여야 한다. 그것은 노동조합이라는 존재의. 역사적 그리고 보편적 원리이며, 물론 일본의 노동조합도 그 예외일 수 없다.

기업별 조합은－특히 유니온숍을 기초로 하고 있는 경우에는－가입단계부터 '자율'이라는 계기를 결하고 있고, 그 결과 조합의 운영은 동원이나 통

---

65) 이를 지적하는 것으로 萩沢清彦 "協約自治と組合をめぐる諸問題" 日本労働法学会誌 38호 (1971) 25쪽 이하 참조.

66) 西谷敏 "労働組合の政治活動と内部問題－主として政党支持問題を中心として" 労働法律旬報 873호(1975) 10쪽 이하.

67) 西谷·個人 3~6장 참조.

68) 예를 들면, 西谷敏 "日本における人権の過去, 現在, 未来－国民の人権意識を中心として" 労働法律旬報 1399·1400호(1997) 15쪽 이하는 전후 일본에서 자유라는 의식이 정착하지 않았다는 加藤周一의 입장("自由と·または·平等" 世界 1985年 1月호 31쪽 이하)에 근거하면서 일본인의 인권의식을 분석하고 과제를 제시하고 있다.

제에 의지하기 십상이 된다. 여기에서는 형식적인 '단결'은 있어도, 진정한 의미 그대로의 '연대'의 정신은 희박하다. 그런 노동조합은 근로자를 끌어당기는 매력이 부족하다. 동원이나 통제는 조합 내부에 조합 기피를 만들어낸다. 그리고 조합을 기피하는 조합원으로 조합을 운영하려고 한다면, 운영은 더욱더 강권적 혹은 형식적으로 되지 않을 수 없고, 이는 더욱더 조합원의 조합기피 경향을 강화시킨다. 이런 악순환을 어떻게 단절시킬 것인가가, 기업별조합이 직면한 최대의 과제라고 말하지 않을 수 없을 것이다.

조직강제를 정당화하기 위해서 동서고금에는 '무임승차' 비판이 널리 알려져 있다. 즉 조합비도 활동력도 제공하지 않고 노동조합의 활동 성과만을 향유하는 비조합원은 용서할 수 없으며, 조합의 성과를 향유하는 자는 조합에 가입(유니온숍 혹은 클로즈드숍)하였거나 적어도 조합비에 상당하는 비용을 부담하여야만 한다(에이전시숍 제도)는 논리이다.[69]

이러한 비판에는 일리가 있다. '무임승차'하는 자는 자기의 부담 없이 타인이 노력한 성과만을 향유하는 것에 떳떳하지 못하다는 마음을 마땅히 가져야만 할 것이다. 그러나 무릇 사회적 운동에서 '무임승차'는 늘 따라다니는 존재이다. 노동조합도 그 밖의 사회운동도 스스로를 운동에 던지는 헌신적인 활동가에 의해 뒷받침되어 왔던 것이고, 그 주위에는 활동가에게 동조하여 행동하는 층이 있으며, 그 바깥 편에는 방관하는 '무임승차'하는 자가 있다. 조합가입 강제로 '무임승차' 문제를 일거에 '해결'하고자 한다면, 조합원 수는 증가하더라도 자발성을 기초로 해야만 살아갈 수 있는 노동조합의 활력을 스스로 죽이는 것이 될 뿐이다.

노동조합 가입을 강제하더라도 조합활동에 대한 참가 그 자체가 교육이되고, 가입한 조합원을 잘 교육시킨다면 강고한 노동조합을 형성하는 것이 가능하다는 주장이 있을 수 있다.[70] 조합활동 경험이나 조합내부에서의 연수

---

69) 和田, 앞의 주27) 40쪽.
70) 和田, 앞의 주27) 39쪽은, 노동조합은 민주주의의 학교이고 사람은 의무교육을 받지 않으면 아니 되는 것처럼 노동조합이라는 조직을 경험하는 것도 필요하다, 하면서 유니온숍 제도를 긍정한다.

나 교육은 확실히 중요하다. 그러나 조직강제를 전제로 한 활동이나 조합원 교육은 그 출발점에서 자유·자율을 부정하고 있는 까닭에 조합원을 자유로 이 생각하고 적극적으로 활동하는 운동담당자로 충분히 단련시키는 것은 곤 란하다고 생각된다. 교육에는 필연적으로 강제의 요소가 포함되어 있기 때문 에 일반적으로 사람을 자율적으로 생각하는 인간으로 교육하는 것과는 모순 되는 어려운 과제인데,[71] 가입을 강제받은 조합원에게 강제적으로 행하여지 는 교육에서 더욱더 그러할 것이다.

이렇게 '자율'이라는 계기를 결하고 유니온숍에 기초한 기업별 조합에는 발전 전망을 찾아내기가 용이하지 않다. 그렇다면 개인이 가입하는 지역유니 온은 어떠할까? 거기에는 확실히 가입에서의 '자율'은 있으나 그 '자율'의 내 용은 다른 근로자와의 연대에 의한 공통문제의 해결보다는 자기이익의 추구 에 있는 경우가 많다. 지역유니온에는 기업별 조합이나 직종별 조합과 같은 공통의 경제적 기반이 결여되어 있고, '연대'의 정신이 육성되기 어려운 것이 다. 하지만 '연대 없는 자율'로는 노동조합은 지속되지 않는다.

각각의 노동조합이 처한 구체적 조건 속에서 어떻게 '자율에 기초한 연 대'의 정신을 함양하고 정착시킬 것인가. 어려운 과제이긴 하나 그 과제의 해 결 없이는 노동조합의 발전도 기대할 수 없을 것이다.

---

71) 小田中直樹 『日本の個人主義』(2006, とくま新書) 88쪽 이하는, 이를 '타자 계몽의 난제 (aporia)'라고 칭하였다.

제9장
노동법에서의 법률, 판례, 학설

들어가는 말

대륙법계에 속하는 일본에서는 노동법 분야에서도 중심적인 역할을 하는 것은 제정법이지만, 무엇보다 법원(裁判所)의 중요한 역할도 간과할 수는 없다. 우선 위헌법률심사권에 따라 법률을 점검해야 할 입장에 있다. 법원의 이러한 기능은 입헌주의를 유지하고, 헌법을 정점으로 하는 종합적인 법체계를 구축함에 있어 불가결하다. 그러나 최고재판소가 위헌판단에 지나치게 소극적인 경우에는 법원의 위헌법률(違憲立法) 심사기능은 법률에 합헌성의 보증을 부여하는 것에 그치게 된다.

법원은 또한 법률을 해석·적용하고, 법률에 구체적 규정이 결여되어 있다(법의 흠결)고 판단하는 경우에는 일반조항에 의거하여 새로운 법적 룰(rule)(판례법리)을 형성한다. 이리하여 법률과 판례법리가 협력하여 법체계를 구축하게 된다. 일반적으로 말하면 법률의 정비가 지체되고 있는 상황에서는 판례의 역할이 크고, 법률적 정비가 진행됨에 따라 법창조라고 하는 형태의 판례역할은 후퇴한다. 판례에서 확립된 법리가 나중에 법률의 명문규정에서 확인되는 일도 있다. 또 한편으로 보면 어느 분야에서 입법이 정비되지 있지 않고, 판례도 또한 새로운 룰의 창조에 소극적인 경우에는 법률에 공백이 생기는 일도 있다.

일본에서는 법률과 판례는 어떠한 관계로 노동법을 형성한 것인가, 그것에 어떠한 문제가 있던 것인가, 앞으로는 법률과 판례는 어떻게 역할을 분담해야 하는 것인가? 그러한 것들의 검토가 본 장의 과제이다.

법률·판례의 발전과정에서 학설도 중요한 역할을 다해야 한다. 학설은 비교법연구나 역사연구를 포함한 기초적 연구나 판례해석을 포함하는 실정법 연구를 통해 재판이나 입법 작업에 영향을 줄 수가 있지만, 일본에서는 실제로 학설은 어떠한 역할을 한 것일까? 본 장에서는 특히 학설과 판례의 관계를 검토한다.

Ⅰ. 판례의 구속력

법에 있어서 재판이나 판례의 역할을 생각할 때 그 전제로서 판례가 이후의 재판에 대해서 선례로서 법적으로 혹은 사실상 어떠한 구속력을 갖는가를 검토해 둘 필요가 있다.

제정법주의의 국가에서는 일반적으로 판례(선례)가 이후의 법원판단을 법적으로 구속하는 힘은 인정되지 않고, 그 의미에서 판례는 법원(法源)은 아니라고 한다.[1] 또한 일본에서는 헌법(憲法)에서 법관 전체는 '그 양심에 따라 독립하여 그 직무를 수행하며, 이 헌법 및 법률에만 구속된다'고 규정되어 있다(제76조제3항). 때문에 판례는 헌법이나 법률과 같은 의미에서 법관을 법적

---

1) 일반적으로 '법원(法源)'은 다의적이지만, 특히 ① 법을 인식하는 원천과 ② 법관이 재판을 할 때 근거를 두어야 할 기준 혹은 그것을 골라내야 할 원천이라고 하는 것이 대표적인 의미이다. 현재에서는 판례에 대해서 일반적으로 ①의 의미에서 법원성이 인정되고, ②의 의미에서의 그것은 부정되고 있다. 我妻栄『新訂民法總則』(1965, 岩波書店) 20쪽, 『新版注釈民法』総説 Ⅰ (1988〈개정판 2002〉), 有斐閣) 5쪽(谷口知平·石田喜久夫); 平井宣雄 "『判例』お学ぶ意義とその限界"『法律学 基礎論の研究-平井宣雄著作 Ⅰ』(2010, 有斐閣) 336쪽 이하; 広中俊雄『民法総要第一巻』[新版](2006, 創元寺) 45쪽, 同『民法解釈方法に関する十二講』(1997, 有斐閣) 159쪽 이하; 樋口陽一『憲法 [第三版](2007, 創文社) 432쪽 이하; 芦部信喜(高橋和之補訂)『憲法 [第六版]』(2015, 岩波書店) 391쪽 등 참조. 일찍이 스에히로(末弘厳太郎)는 공평의 요청이나 법적 안정성의 유지라고 하는 국가의 사법정책을 중시하여, ②의 의미에서 법원성을 긍정하였다(杉本好央 "末弘厳太郎の判例論" 池田恒男·高橋眞(編著)『現代市民法学と民法典』(2012, 日本評論社) 207쪽 이하 참조). 현재도 소수이기는 하지만 판례의 선례구속성을 인정하는 견해도 존재한다(佐藤幸治『日本国憲法論』(2011, 成文堂) 31쪽).

으로 구속하는 것은 아니다.

다만 일본에서도 고등법원이 최고재판소의 판례와 상반되는 판단을 한 것이 상고(형사소송법(刑事訴訟法) 제405조제 2 호) 혹은 상고수리신청(上告受理申立)(민사소송법 제318조제 1 항)의 이유가 되기 때문에 상고와의 관계에서는 최고재판소의 판례에 특별한 의의가 부여되어 있다.

보다 중요한 것은 최고재판소가 하급심에 대해서 갖는 사실상의 구속력이다. 하급심이 판례와 다른 재판을 하면 그것이 상급심에서 번복될 가능성이 높고, 그러한 고려가 하급심 법관을 심리적으로 제약하는 것은 분명하다. 그러나 하급심 법관이 그럼에도 불구하고 굳이 판례와 다른 판단이 옳다고 생각하면 그러한 판단을 하는 것은 헌법상 보장된 법관의 자유이고, 현대의 어느 시기까지는 최고재판소의 판례에 따르지 않은 하급심판결이 많이 보였다.[2]

그러나 1970년 무렵부터의 소위 '사법반동(司法反動)'을 경계로 하여 최고재판소 사무총국에 의한 법관과 재판의 통제가 진행되어 왔다. 그 수단은 최고재판소 사무총국이 주최하는 법관협의회·법관공회, 연구회 등이거나 혹은 최고재판소의 의향에 따르지 않는 하급심 법관의 인사처우(배치, 승격상의 차별)이다.[3] 이러한 수단을 통해 하급심 재판의 내용은 직접·간접으로 통제되어, 최고재판소 판례의 사실상 구속력은 지극히 강해지고 있다. 일본에서 판례의 강력한 통일성은 헌법 제76조제 3 항에 반하는 통제에 의해 유지되고 있는 것이다. 한편으로는 그것은 확립된 판례의 안정성을 가져오지만 다른

---

2) 예를 들면 공무원노동조합의 쟁의행위에 관해서 지공법(地公法) 제37조제1항을 위헌으로 한 和歌山県教地組사건·和歌山地判 昭50(1975).6.9. 判示 780호 3쪽. 공노법(公労法) 제17조제1항을 위헌으로 한 勤労盛岡地本사건·盛岡地判 昭49(1974).6.6. 判示 743호 3쪽. 위헌의 의심이 있다고 한 全電通長岡三条局사건·新潟地長岡支判 昭42(1967).8.7. 下刑集 9권 8호 1065쪽 등이 있다. 또한 취업규칙의 불이익변경의 효력에 대해서 최고재판소와는 다르게 계약설을 취한 판결로서 合同タクシ―사건·福岡地小倉支判 昭45(1970).12.8. 判タ 257호 198쪽, 日本貨物検数協会사건·東京地判 昭46(1971).9.3. 労判 136호 29쪽 등이 있다.
3) 野田昌吾 "裁判所の政治学と日本の判例" 松本博之·野田昌吾·守矢健一(編) 『法発展における法ドクマティークの意義―日独シンポジワム―』(2011, 信山社) 133쪽 이하; 新藤宗幸 『司法官僚―裁判所の権力者たち―』(2009, 岩波新書) 제3장; 瀬木比呂志 『絶望の裁判所』(2014, 講談社現代新書) 127쪽 이하 참조.

한편으로는 하급심 주도의 판례개혁의 맹아를 꺾게 된다. 또한 그것은 후술하는 것처럼 학설이 판례를 법률과 동등한 것처럼 이해하는 경향의 원인이 되고 있다.

II. 노동법에서의 입법과 사법

1. 위헌법률의 심사

(1) 삼권분립과 사법

법원은 삼권분립에도 불구하고 통치구조의 일익을 담당한다. 법원 특히 최고재판소의 위헌법률심사권(헌법 제81조)은 입헌주의를 유지·확립하여 헌법을 정점으로 하는 정합적인 법체계를 구축하기 위해서는 불가결하다. 다만 일본에서는 독일과는 달라서 추상적 위헌소송의 가능성은 인정되고 있지 않아서 법원이 법령의 합헌성 판단의 기회를 얻는 것은 다분히 우연성에 의해 좌우된다.

최고재판소가 법령을 위헌(혹은 위헌상태)이라고 판단한 경우 입법기관이 그에 따라 신속하고 적확하게 대응해야 하는 것은 당연하다. 국민에 의한 직접적 신임을 받은 것은 아닌 최고재판소의 법관이 의회를 구속하는 정치적 결정을 행하는 것은 민주적 정통성의 관점에서 문제가 될 수 있지만, 법원의 위헌판단은 어디까지나 법령의 헌법적합성에 관한 법적 판단이고, 그것이 결과로서 정치적 의미를 갖는다고 하는 것에 지나지 않는다. 법원이 위헌판단이 갖는 정치적 의미를 과도하게 의식하여 위헌판단에 소극적으로 되는 것은 위헌법률심사를 형해화시키는 것이라고 말할 수 있을 것이다.

(2) 공무원의 노동기본권

노동법 분야에서 법령의 위헌성이 문제가 된 대표적 사례는 공무원의 쟁의행위 전면금지를 둘러싼 사건이었다. 1946년의 헌법은 제28조에서 공무원을 포함하여 전체 근로자의 단결권, 단체교섭권, 단체행동권(쟁의권)을 보장하고 있지만, 1948년의 맥아더 서한과 이에 따라서 발해진 정령(政令) 제201 호는 전체 공무원의 쟁의행위를 전면적으로 금지하고, 그 금지는 공무원에 관한 각 법률에 승계되어 구체화되었다. 이리하여 공무원의 쟁의권에 관한 법정책의 급전환으로 헌법에서의 쟁의권의 전면보장과 법률에서의 쟁의행위 의 전면금지라고 하는 명백한 모순이 발생하게 되었다. 법논리적으로는 헌법 에 저촉하는 법률조항이 위헌·무효인 것은 자명하지만, 권력기구의 일익을 담당하는 법원이 그것을 정면에서 인정하는 것은 쉽지 않았다. 법원은 있는 그대로 읽으면 분명히 모순되는 헌법조항과 법률조항을 정합적으로 해석한다 고 하는 곡예를 강요당하게 되었다.

이 문제에 관한 최고재판소 판례는 주지한 바대로 전면적 합헌론과 합 리적 한정해석론의 사이에서 동요하였다. 즉 ① 기본적 인권도 공공의 복지 를 위해 제약될 수 있는 점과 공무원 전체의 봉사자성(헌법 제15조제2항)으로 부터 쟁의행위의 전면금지는 합헌이라고 한 제1기,[4] ② 공무원에게도 헌법 제28조가 적용되기 때문에 쟁의행위 금지규정은 합리적으로 한정해석된 경우 에 한하여 합헌으로 되고, 법률에서 금지된 쟁의행위도 처벌대상이 되는 '선 동' 등의 행위도 한정해석하는 것이 당연하다고 보는 견해가 다수의견으로 된 제2기,[5] ③ 노동기본권은 근로자를 포함한 국민전체의 공동이익의 견지 에서 이루어지는 제약을 면하지 않는 점, 공무원 지위의 특수성과 직무의 공 공성, 근로조건법정주의 등으로부터 쟁의행위의 전면금지는 합헌으로 하는 것이 다수 의견이 된 제3기[6]라고 하는 형태로 엎치락뒤치락 했던 것이다.[7] 그래서 이 제3기의 판례가 때때로 ②의 입장에 근거를 두는 소수의견을 수

---

4) 国鉄弘前機関区사건·最大判 昭28(1953).4.8. 刑集 7권 4호 775쪽; 松江郵便局사건·最二小 判 昭38(1963).3.15. 刑集 17권 2호 23쪽.
5) 全遞東京中郵사건·最大判 昭41(1966).10.26. 刑集 20권 8호 901쪽; 東京都教組사건·最大判 昭44(1969).4.2. 刑集 23권 5호 305쪽; 全司法仙台安保사건·最大判 昭44(1969).4.2. 刑集 23권 5호 685쪽.
6) 全農林警職法사건·最大判 昭48(1974).4.25. 刑集 27권 4호 547쪽; 岩手県教組사건·最大判 昭51(1976).5.21. 刑集 30권 5호 1178쪽; 全遞名古屋中郵사건·最大判 昭52(1977).5.4. 刑集 31 권 3호 182쪽; 北九州市交通局사건·最一小判 昭63(1988).12.8. 民集 42권 10호 739쪽.
7) 西谷·組合法 66쪽 이하 참조.

반하면서도 판례법리를 거의 완전하게 지배하여 오늘에 이르고 있다.

판결이 수행한 정치적 역할은 명백하다. 제 1 기와 제 3 기의 판례는 전체 공무원의 모든 쟁의행위의 금지와 쟁의행위에 대해서 법률이 예정하는 전체의 제재를 긍정하는 것에 의해 공무원 노동운동에 대해서 지극히 강한 억압적 작용을 미쳤다. 게다가 전후의 노동운동에 있어서 공무원 노동운동의 중요한 위치로 인해 이러한 판결은 노동운동 전체에 헤아릴 수 없는 영향을 준 것이다.

이에 대해서 제 2 기의 판례는 일정범위에서 공무원의 쟁의행위를 용인하고, 형사제재의 발동도 예외적인 경우에 한정하는 것에 의해 공무원 노동운동을 상당정도 해방시키는 역할을 하였다. 그것은 당시 법원의 다수의견에 있어서 인권존중의 자세를 상징하는 것이었다. 그러나 최고재판소 법관의 편파적인 임명 때문에 겨우 6년 반 밖에 다수의견의 지위를 유지할 수 없었다.8) 이것으로 인해 최고재판소가 당시 정치권력에 거스르는 입장을 취한다면 헌법에 명기된 기본적 인권존중의 입장을 관철하는 것조차도 어렵다는 인상이 강하게 남게 되었다.9)

법적인 논리에 대해서 말하면 제 1 기와 제 3 기의 판례가 법률의 규정에 맞추어서 헌법을 해석하는 것인데 반해 제 2 기의 판례는 헌법의 규정에 맞추어 법률을 한정적으로 해석하는 것이어서, 말할 필요도 없이 그 방향이 적절하였다. 그러나 금지되는 쟁의행위의 범위나 쟁의행위를 '교사, 선동' 등 하는 자의 범위를 법문과는 동떨어지게 한정적으로 해석하는 것은 법해석으로서는 약간 무리가 있어 법적 안정성을 해친다는 우려가 있었다. 공무원인 경우에도 자신들이 실시하려고 하고 있는 쟁의행위가 적법한 것인지, 그리고 위법인 경우에 형사처벌을 받을 위험이 있는 것인가를 사전에 예측하는 것이 곤

---

8) 靑木宗也·山本博編『司法反動と労働基本権』(1980, 日本評論社) 141쪽 이하, 山本祐司『最高裁物語[下卷]』(1994, 日本評論社) 91쪽 이하; 笹倉秀夫『法解析講義』(2009, 東京大学出版会) 254쪽 이하 참조.

9) 일본의 법원에서 법관 통제가 정치의 사법에 대한 개입인가, 사법의 예방적 조직 방어인가에 대한 논의가 있지만(野田, 앞의 주3) 134쪽 이하 참조), 어느 쪽이든 판례의 이례적인 전환을 가져왔던 '사법반동'이 정치에 의한 사법에의 개입의 움직임으로부터 시작된 점은 명확하다.

란하다고 하는 문제를 안게 된다. 따라서 제 2 기의 다수의견은 법적 안정성을 해한다고 하는 제 3 기의 다수의견에 따른 비판에는 일정의 근거가 있었다고 말하지 않을 수 없다.[10] 제 2 기의 다수의견이 법해석의 방법으로서는 문제가 있는 합리적 한정해석의 입장에 그쳐버리고, 위헌의 결론까지 들어가지 않은 것이 제 3 기의 다수의견에 비판의 구실을 주었다고 평가하는 것도 가능하다.[11]

그러나 공무원의 쟁의행위금지를 위헌이라고 선언하는 것은 1948년 맥아더 서한 이후의 공무원 노동법제의 전면개정을 의회에 요구하는 것이어서 합리적 한정해석론보다도 더 강한 반발을 정치권력으로부터 받을 것을 각오하지 않으면 안 되었다. 상대적으로는 인권감성이 앞서 있던 제 2 기의 '온건파' 법관들도 위헌판단에 소극적인 최고재판소의 전통을 전환시켜 전면적 쟁의행위금지를 위헌이라고 선언하는 것까지의 결단은 할 수 없었다는 것이다.

그 일은 다른 각도에서 보면 제 2 기의 다수의견을 낳은 노동운동의 힘이나 외부의 압력(1965년 ILO 드라이어<Dreyer> 보고서 등)이 최고재판소에 위헌판결을 강제할 정도의 단계에 도달하지 않고 있었다는 것을 의미할 것이다. 제 2 기 다수의견의 한계는 근로자·국민운동의 한계이기도 하였다. 그리고 그것은 최고재판소 법관의 의도적인 임명으로 다수의견과 소수의견이 역전된 것에 의해 증명되었다.

(3) 공무원의 정치활동 등

근로자의 인권을 제약하는 입법에 대해서 사법이 본래의 점검기능을 다할 수 없었던 예는 이외에도 몇 가지가 있다. 예를 들면 국가공무원의 정치활동 금지규정의 합헌성이 다투어졌던 1974년 사루후츠우체국(猿払郵便局)사건[12]에서 국가공무원법의 정치활동 금지규정(제102조제 1 항, 인사원규칙(人事院規

---

10) 佐藤, 앞의 주1) 652쪽 이하는 '합리적 한정해석의 인권보장기능'과 동시에 '합리적 한정해석의 무익한 법령정당화에의 경계'도 필요하다고 지적하고 있다.
11) 西谷敏 "労働事件訴訟における違憲基準－争議禁止の合憲限定解釈をめぐって－" ジュリスト 1037호(1994) 84쪽 이하.

則) 14−7 제5항제3호, 제6항제13호)이 합헌으로 인정되었다. 그 후 이 전원합의체 판결은 관리직원의 지위에 있지 않은 국가공무원이 직무와 관계없이 행한 정당기관지 배포행위는 국가공무원법 위반이 아니라고 한, 2012년의 호리코시(堀越)사건 판결13)에 따라 사실상 수정되었지만, 전원합의체 판결이 명확히 변경된 것은 아니다. 같은 날 내려진 후생노동성사무관(厚生労働省事務官) 판결14)은 정당기관지 배포가 관리직원에 의해 행해진 것을 주된 이유로 하여 배포행위를 유죄로 하고 있다.

전체 국가공무원의 광범위한 정치활동을 일률적으로 금지하는 규정을 '공무원의 정치적 중립성'을 근거로 합헌이라고 인정한 사루후츠(猿払)사건 판결에는 애초부터 근본적인 문제가 있었다. 게다가 공무원에게도 사적 영역에서의 자유가 있는 것을 인정하는 한, 직장 밖에서 근무시간외에 행해진 정당기관지 배포라고 하는 정치활동의 평가가 직원의 직위에 의해 좌우되는 것이라고 생각할 수 없다.15) 여기에서는 이러한 내용에 깊이 파고드는 것은 피하지만 다만 특별히 지적해 두고 싶은 것은 왜 사루후츠(猿払)사건 판결이 명확하게 변경되지 않았던 것인가라고 하는 문제이다. 사루후츠(猿払)사건은 공무원의 정치활동금지는 '설령 그 금지가 공무원의 직종·직무권한, 근로시간의 안팎, 국가의 시설이용의 유무 등을 구별하지 않고' 이루어져도 금지목적(행정의 중립적 운영과 이것에 대한 국민의 신뢰확보)과의 합리적 관련성은 소멸하지 않아 합헌이라고 하였다. 따라서 공무원의 직무상의 지위에 대응해서 동종의 행위의 평가를 구별한 2012년 최고재판소의 판결은 명확히 그것을 내용적으로 변경한 것이라고 볼 수밖에 없다.16) 그것은 표현의 자유의 일정한 회복이라고 하는 실질적 관점에서는 긍정적이라고 평가될 것이지만, 절차적

---

12) 猿払郵便局사건·最高裁判所·大法廷判決 昭49(1974).11.6. 刑集 28권, 393쪽.

13) 最二小判 平24(2012).12.7. 刑集 66권 12호 1337쪽.

14) 最二小判 平24(2012).12.7. 刑集 66권 12호 1722쪽.

15) 이 문제에 관한 사건에 대해서는 西谷敏 "勤務時間外の政治活動禁止の根拠と限界" 法律時報増刊 『新しい監視社会と市民的自由の現在』(2006) 231쪽 이하 참조.

16) 大久保史郎 "憲法裁判としての国公立法二件上告審判決"; 中林暁生 "憲法裁判としての国公立法二件上告審判決"; 市川正人 "国公立法二件上告審判決合憲性判断の手法" 모두 法律時報 85권 5호(2013)에 수록된 것 참조.

으로는 중대한 문제를 내포하고 있다. 본래 전원합의체 판결은 전원합의체가 아니면 변경할 수 없기 때문이다(재판소법 제10조 단서 제3호). 판례를 사실상 변경하는 것은 최고재판소가 자주 사용하는 방법이지만 판례의 변경이 특히 필요한데도(법적 안정성의 요청에서 변경에 신중함이 요구되어지는 것은 당연하지만), '사실상'의 변경이 허용되는가는 재판소법(裁判所法) 제10조 단서 제3호와의 적합성과 판례법리의 명확성의 요청이라고 하는 관점에서 근본적으로 질문할 필요가 있을 것이다.

　　다른 하나의 예는 국철의 분할민영화에 관한 최고재판소 판결이다. 사안은 1987년 국철의 분할민영화에 즈음하여 JR설립위원과 국철이 굳이 복잡한 절차를 정한 국철개혁법(国鉄改革法)을 이용하여 국철직원의 JR에의 승계에서 국철노동조합 조합원 등을 배제했다고 하는 것이다. 이 사안에서는 법령의 위헌성이 아니고, 그것을 헌법 제28조에 적합하게 해석할 것인지가 문제이었지만, 최고재판소는 국철개혁법의 기계적인 해석에 따라 JR의 책임을 부정하였다.[17] 그것은 최고재판소가 국가법에 근거하여 헌법위반의 단결권 침해행위(조합소속에 따른 차별)를 사실상 용인했다는 의미를 갖는다.

　　이상의 여러 사건에 관한 최고재판소의 판결로부터 분명한 것은 최고재판소가 국가정책에 중요한 영향을 미치는 노동사건에 관해서는 헌법에 비추어 입법기관의 활동을 견제한다고 하는 삼권분립에 근거를 두는 역할을 사실상 방기하여 문자 그대로 사법 '권력'으로서 기능할 수 없었다고 하는 사실이다. 이것과 비교하여 노동보호법 분야에서 최고재판소의 역할은 뒤에서 보는 바와 같이 양상이 상당히 달랐다.

2. 입법과 사법의 역할분담

(1) 역할분담의 의의

모든 나라가 법률과 판례법이 역할을 분담하면서 법체계를 형성하고 있

---

17) JR北海道사건·最一小判 平15(2003).12.22. 民集 57권 11호 2335쪽. 이 판결에 대해서는 10장 II. 2(4) 참조.

다. 지금까지 법이 명확한 해결기준을 제시하지 않아 새로운 기준의 창조가 요구되는 경우 입법과 판례법 중 어느 쪽이 그 역할을 맡을 것인지가 문제가 된다. 입법은 정책적 관점을 받아들여 규범의 창조가 가능한 점, 개별 사건의 특성에 구애되지 않는 일반성을 가질 수 있는 점, 공시성에서 우수한 점 등의 이점을 갖지만, 입법기관에서 다수결에 따른 결정을 필요로 하고 합의 형성에 시간이 걸리는 일도 많다. 한편 법원에 의한 법형성에는 법해석인 점 때문에 오는 한계가 있고, 공시성에서도 불충분함이 있다. 그러나 입법기관이 필요한 대응을 하지 않아 법의 공백이 생긴 경우에는 법원이 법창조에 의해 그 공백을 메울 수밖에 없다.

예를 들면 독일에서는 이러한 이유로 '민주적 법치국가는 법관국가가 되었다'고[18] 하고, 또한 법관법(판례)은 독일의 숙명이라고 한다.[19] 그 이유에 대해 뤼터스(Rüthers)는 첫째로 통일적인 콘셉트가 부재한 상태로 제정되어 상호관계를 알기 힘든 조각보(Flickenteppich)와 개별 법규, 둘째로 규범대상의 급격한 변화, 셋째로 법원(法源)의 다의성(협약, 경영협정 등)과 규범정립자의 경합(EU와 독일법 등)을 들고 있다.[20] 또한 노사대립이 격심한 분야에서는 의회의 결정이 어렵고, 그것을 법관에 맡기지 않을 수 없는 경우도 있다. 특히 쟁의행위의 적법성의 판단기준이 그 두드러진 예이다.

그러나 독일에서도 삼권분립의 원칙으로부터 보아 법관에 의한 법창조에 한계가 있는 것은 당연하다. 프라이스(Preis)는 법원이 법창조의 권리와 의무를 갖는 경우를 다음의 다섯 가지로 정리하고, 이외의 경우에는 법창조를 인정하지 않아야 한다고 한다.[21]

---

18) Rüthers, Wozu auch noch Methodenlehre? JuS 2011, S. 869. 뤼터스는 삼권분립원칙에 반하는 재판의 일탈을 통제하기 위해 법해석 방법론이 갖는 중요성을 강조한다.

19) Gamillscheg, 50 Jahre deutsches Arbeitsrecht im Spiegel einer Festschrift, RdA 2005, S. 80ff.

20) Rüthers, Methoden im Arbeitsrecht 2010—Rückblick auf ein halbes Jahrhundert, NZA—Beil. 2011.S. 100ff.

21) Preis, Unvolkommenes Gesetz und methodengerechte Rechtsfindung im Arbeitsrecht, in: Festschrift für Wank, 2014, S. 416f.

① 일정의 생활영역에 대한 법적 규제가 존재하지 않거나 중요한 규제가 결여되어 있는 경우(단결권·쟁의행위성, 근로계약법)

② 일반조항에 따라 법관에게 열려진 입법의 영역(근로계약법과 해고제한법)

③ 입법이 시대에 뒤쳐져 있는 경우(종종 불완전한 입법인 것과 일치한다. 특히 종속적인 노무제공과 자영적 노무제공의 구별 <근로자개념의 문제>)

④ 입법이 상호 모순되는 경우

⑤ 유럽재판소가 제시하는 기준에 따라 이루어지는 것으로서 EC 지침(따라서 EU법)과 합치된 해석을 위해 법형성적인 노력이 필요한 경우(해고제한법 제17조 이하의 대량해고의 규정 등)

어쨌든 입법과 법원이 삼권분립의 원칙을 어기지 않는 범위에서 가능한 한 협력하여 적절한 법체계를 구축해야 할 임무를 부담하고 있는 것은 사정상 보편적으로 타당하다.[21a] 판례가 형성한 법리를 나중에 입법화(명문화)하는 것은 그 연계의 하나의 사례이고, 그것이 판례법리를 왜곡하는 것이 아닌한 장려하여야 할 것이다(이하 3). 다른 한편 법적 해결을 필요로 하는 새로운 문제가 발생하고 있는 경우에 입법기관이 문제의 해결을 재판에 위임하고, 법원이 기존의 법문의 형식적 해석을 고집하여 문제해결에 적극적 자세를 보여주지 않는 경우에는 법적인 공백이 생기게 된다.[22] 이러한 입법과 사법의

21a) 민주적 정통성이라고 하는 관점에서 판례법을 정당화하려는 여러 가지의 시도에 대해서는 小粥太郞 "制定法と判例法" 岩波講座 『現代法の動態 5·法の変動の担い手』(2015, 岩波書店) 190쪽 이하 참조.

22) 예를 들면 1997년 독금법(独禁法) 개정에 의한 순수지주회사(純粹持株会社) 해금에 즈음하여 모회사(親会社)의 단체교섭응락의무를 어떻게 규정하는가가 문제가 되었지만 그 문제는 이미 실무에서 해결되고 있다고 하는 근거 없는 이유가 제시되어 입법조치는 보류되었다(労働省 "持株会社解禁に伴う労働関係の専門家会議報告書" 労働法律旬報 1404호(1997) 49쪽 이하에 게재). 이 점에 대한 비판으로 土田道夫 "純粹持株会社労働法上の諸問題" 日本労働研究機構雜誌 451호(1997) 2쪽 이하 참조. 또한 2000년의 회사분할에 수반하는 노동계약승계법(労働契約承継法) 제정에 즈음하여 사업양도와 근로계약의 관계를 일반적으로 규정할 것인가가 문제가 되었지만 판례에 의해 사안에 대응한 해결이 꾀해지고 있다고 하는 이유에서 종국에는 어떤 입법적 조치도 취해지는 것 없이 현재에 이르기까지 문제는 기본적으로 해결되고 있지 않다(이 점에 대해서는 荒木尙志 "合併·営業譲渡·会社分割と労働関係－労働契約承継法の成立

'상호양보'는 결코 미덕이 아니다. 그것은 새로운 문제의 해결을 요구하는 당사자(근로자 측이 많다)에게 큰 불이익을 가져오게 된다.

의회와 법원의 역할분담은 물론 누가 통일적 관점에서 결정할 수 있다고 말할 수 있는 것은 아니다. 특히 법원은 기본적으로는 구체적 사안과 관계하는 것 외에 법적 판단을 내릴 수가 없기 때문에 판례법의 형성은 다분히 우연성에 의해 좌우된다. 그러나 의회의 입법작업에서 판례의 현재 상황이나 장래의 재판에 따른 해결의 가능성이 고려되거나, 법원에서 법적 판단을 할 때 의회의 입법적 해결의 가능성이 고려되는 것은 충분히 있을 수 있다. 입법과 사법은 문제의 법적 해결을 위해 객관적으로 역할을 분담하고 있는 이상 각각의 당사자가 그것을 의식하는 것은 당연하다.

또한 연구자의 논의에서 어떤 문제의 해결을 어느 쪽에 맡겨야 하는가가 하나의 중요한 테마가 될 것이다. 그것은 판례법리의 형성가능성에 관한 경우 법해석의 문제이지만, 입법과 판례의 장단을 고려한 판단을 필요로 한다고 하는 의미에서는 법정책의 문제이다.

(2) 노동법에서의 입법의 소극성과 판례법리의 형성

노동법분야에서는 일반적으로 노사의 이해대립이 격심하기 때문에 입법의 바람직한 상태에 대해서 노사의 합의가 성립하기 어렵다. 특히 일본에서는 노동자정당이 오랫동안 정권에서 배제되어 온데다 노동조합운동이 입법을 실현시킬 정도의 역량을 갖지 못하였기 때문에 객관적으로 필요한 법률의 제정·개정도 사용자가 반대하는 경우 용이하게 실현되지 않았다. 이러한 상황에서 노동운동은 입법운동에 한층 소극적이 되고 노동운동이 입법에 관여하는 것은 정부여당이 근로자에 불리한 법률의 제정·개정을 제안한 때의 '악법반대' 운동에 한정되어 있었다.

일본의 노동법제는 1947년의 노동기준법(勞働基準法), 노재보험법(勞災保険法), 직업안정법(職業安定法)과 1949년의 개정노동조합법(勞働組合法)·노동

經緯と内容" ジュリスト 1182호(2000) 16쪽 이하 참조).

관계조정법(勞働関係調整法)에 의해 일응 그 골격을 갖추었지만 그 후 1980년대 중반에 이를 때까지 약 40년 간 노동기준법을 보완하는 몇 개의 법률이 제정되기는 하였지만 노동법의 중핵을 이루는 법률은 대부분 개정되지 않았다. 이 기간 동안 노동관계를 둘러싼 경제적·사회적 여러 조건이 격변한 점을 생각하면 그것은 입법의 태만이라고 할 수밖에 없는 사태이었다. 그 원인은 기본적으로는 노동자정당의 정권으로부터의 거리와 노사의 역관계에서 찾을 수 있을 것이다.

입법의 이러한 부작위를 보완해온 판례가 있다. 특히 노동보호법의 분야에서는 판례법리가 노동법체계의 중요한 구성부분이 되어 왔다.[23]

그 두드러진 예는 판례에 의한 해고권남용법리의 확립이다. 노동기준법 등의 법률에서는 해고사유의 일반적 제한에 대해서는 규정이 결여되어 있고, 학설에서는 해고자유설, 정당사유설, 해고권남용설이 대립되어 있었다.[24] 판례는 일반적으로 해고권남용설을 취하고 있었고, 최고재판소도 '사용자의 해고권남용의 행사도 그것이 객관적으로 합리적인 이유를 결여하여 사회통념상 당한 것으로 인정할 수 없는 경우에는 권리의 남용으로서 무효가 된다'고 하여 명확히 해고권남용설의 입장에 섰다.[25] 이 법리는 단지 일반적인 권리남용법리(民法 제1조제3항)를 해고에 적용한 것이 아니라, 실질적으로는 정당사유설과 별로 다르지 않다는 조사관해설[26]과 상응하여 노동법상의 독특한 법리로 이해되어 정착되어 왔다. 그리고 이 법리는 2003년에 거의 그대로의 형태로 노동기준법 제18조의2에 규정되어 2007년에 노동계약법(勞働契約法)이 제정된 때에 동법에 옮겨졌다(제16조).

최고재판소는 또한 취업규칙에 의한 근로조건의 변경에 대해서도 학설의 격심한 대립[27]에 개의치 않고 1968년의 판결에서 독특한 법리를 강구해

---

23) 노동분야의 최고재판소 판결의 역사적 개관으로서, 吉田美喜夫 "労働事件と最高裁" 市川正人·大久保史郎·斉藤浩·渡辺千原(編) 『日本の最高裁判所』(2015 日本評論社) 87쪽 이하 참조.
24) 이 기간의 학설의 개관에 대해서는 米津孝司 "解雇権論" 籾井常喜(編) [前後労働法学] (1996, 労働旬報社) 657쪽 이하 참조.
25) 日本食塩사건·最二小判 昭50(1975).4.25. 民集 29권 4호 456쪽.
26) 『最高裁判例解説·民事篇·昭和50年史』(1979, 法曹会) 175쪽.

냈다. 즉 취업규칙의 내용은 합리적인 한 근로자가 알거나 모르거나에 관계 없이 노동계약의 내용이 되고 또한 그 변경은 합리성이 있는 한 그것에 동의 하지 않는 근로자도 구속한다고 하였다.28) 이 최고재판소 판결 후 잠시 그것 에 따르지 않는 하급심 판결도 보였지만 재판소의 견해는 통일된다. 학설은 판례법리의 정착 후에도 취업규칙의 법적 성격이나 불이익변경의 효력을 둘 러싸고 활발한 논쟁이 계속되어 왔는데, 그것은 무엇보다도 판례법리에 이론 적인 설득력이 결여되어 있었기 때문이다. 취업규칙에 관한 이 판례법리의 골격부분은 노동계약법에 받아들여진다(제7~10조). 이에 따라 실정법상 근거 가 부여되었지만 논쟁은 노동계약법의 해석으로 무대를 옮겨 계속되고 있다 (이 문제에 대해서는 제 6 장 Ⅳ. 2. 참조).

그밖에 채용내정,29) 시용,30) 배치명령,31) 전적(출향)명령,32) 징계처분의 남용,33) 시간외근로의무,34) 연차유급휴가 '청구'의 법적 성격,35) 기간제 근로 계약의 갱신거부,36) 사용자의 안전배려의무,37) 과로자살과 사용자의 책임38) 등의 문제에 대해서 최고재판소의 판례가 중요한 역할을 수행해 왔다. 최고 재판소는 일본식 고용관행의 현실을 강하게 의식하여 경우에 따라서는 계약 법리로부터의 일탈도 마다 않고 현실적이라고 생각할 수 있는 법리를 형성해

---

27) 諏訪康雄 "就業規則" 勞働法文献研究会 『文献研究勞働法学』(1978, 総合勞働研究所) 82쪽 이하.
28) 秋北バス사건 · 最大判 昭43(1968).12.25. 民集 22권 13호 3459쪽.
29) 大日本印刷사건 · 最二小判 昭54(1979).7.20. 民集 33권 5호 582쪽; 電電公社近最幾電通局사 건 · 最二小判 昭55(1980).5.30. 勞判 342호 16쪽.
30) 三菱樹脂사건 · 最大判 昭48(1973).12.12. 民集 27권 11호 1536쪽; 神戸弘陵学園사건 · 最三小 判 平2(1990).6.5. 民集 44권 4호 668쪽.
31) 東亞ペイント사건 · 最二小判 昭61(1986).7.14. 勞判 477호 6쪽; 日産自動車村山工場사건 · 最 一小判 平元(1989).12.7. 勞判 554호 6쪽.
32) 新日本製鐵(日鐵運輸第事二)사건 · 最二小判 平15(2003).4.18. 勞判 847호 14쪽.
33) ダイハツエ工業사건 · 最二小判 昭58(1983).9.16. 勞判 415호 16쪽.
34) 日立製作所武蔵工場사건 · 最一小判 平3(1991).11.28. 民集 45권 8호 1270쪽.
35) 白石營林署사건 · 最二小判 昭48(1973).3.2. 民集 27권 2호 191쪽; 国鉄群山工場사건 · 最二小 判 昭48(1973).3.2. 民集 27권 2호 210쪽.
36) 東芝柳町工場사건 · 最一小判 昭61(19860).12.4. 勞判 486호 6쪽.
37) 陸上自衛隊八戸사건 · 最三小判 昭50(1975).2.25. 民集 29권 2호 143쪽.
38) 電通사건 · 最二小判 平12(2000).3.24. 民集 54권 3호 1155쪽.

왔다.39) 이러한 '현실적' 고려라는 것은 기본적으로는 일본식 기업사회를 옹호하려고 하는 것이었지만 그 중에는 기업사회가 가져오는 폐해에 대응하기 위한 근로자보호 판단도 포함되어 있었다.40)

이리하여 일본의 노동법은 특히 1980년대 중반까지 몇 개의 골격이 되는 법률과 많은 판례법리에 의해 형성되어 있었다.

(3) 1980년 중반 이후의 입법의 전개

그러나 노동보호법분야에서도 1980년대 중반 이후 법률의 제정과 개정이 쇄도하기 시작한다.41) 그 요인으로서 다음과 같은 사정을 들 수 있을 것이다.

첫째로 국제화의 시대를 맞아 노동법제도 어느 정도 국제적 기준에 맞출 것을 요구받게 되었다. 예를 들어 1985년의 남녀고용평등기회균등법(男女雇用平等機会均等法)의 제정은 고용의 입구에서 출구까지 성차별금지를 요구하는 유엔의 여성차별철폐협약(1979년)을 비준하기 위해 필요했던 것이다. 또한 근로시간의 한도를 원칙적으로 주 40시간·1일 8시간으로 선언하고, 그 단계적 실시를 규정한 1987년의 노동기준법 개정도 내수확대의 추진을 통해 대폭적인 무역흑자에 대한 미국 등으로부터의 비판을 해결하려고 하는 것과 선진제국과의 현저한 근로시간 격차를 줄이려는 것을 목적으로 하였다.42) 소정근로시간의 단축은 근로시간제도의 탄력화를 대상(代價)으로 한 것이어서 그 후 수차의 노동기준법 개정에 의해 근로시간규제는 차츰 복잡하게 되었다.

둘째로 노동분야의 규제완화정책의 촉진을 위해 새로운 입법이 필요하

---

39) 西谷敏 "最高裁労働判例の理念的基礎 - 日本的企業社会と判例法理" 法律時報 73권 9호(2001) 4쪽 이하. 濱口桂一郎 『日本の雇用と労働法』(2011, 日経文庫) 41쪽 이하는 일본에서는 멤버십형 계약이라고 하는 실태와 직무(job)형 계약이라고 하는 노동법제의 사이에 괴리가 있고, 그 간격을 판례가 메워 왔다고 표현하고 있다.

40) 吉田, 앞의 주23) 98쪽은 개별적 노동관계법분야의 최고재판소 판례의 경향에 대해서 '일본식 고용시스템을 지지하는 판단을 기초로 하면서 거기에서 발생하는 모순에 대해서 일정 고려하는 판단을 해오고 있다'고 총괄한다.

41) 전후 노동법제의 전개과정에 대해서는 管野·労働法 7쪽 이하 참조.

42) 片岡昇·萬井隆令(編) 『労働時間法論』(1990, 法律文化社) 3쪽 이하 [片岡昇] 참조.

다고 생각되었다. 그 효시는 1985년의 근로자파견법(勞働者派遣法)의 제정이
었다. 동법은 그때까지 직업안정법(職業安定法) 제44조에 의해 노동조합이 실
시하는 것을 제외하고 전면적으로 금지되고 있던 근로자공급사업의 일부를
조건을 붙여 합법화하기 위해 제정된 법률이지만 그 후 수차례에 걸쳐서 개
정되어 차츰 적용범위가 확대되었다.[43] 노동분야의 규제완화의 파도는 1990
년대 후반부터 일거에 강해져 노동기준법 개정으로 기간제 근로계약 제한완
화(1998년), 근로자파견법(勞働者派遣法)의 대폭 개정(1999년), 직업안정법 개정
에 따른, 유료직업소개사업의 자유화(1999년), 기획업무형 재량노동제의 도입
(1998년) 등이 추진되어 있었다.[44]

　　셋째로 헤이세이(平成)시대인 1990년대 이후의 장기불황시기에 근로자의
해고·퇴직강요, 근로조건 저하, 성희롱·괴롭힘 등을 둘러싼 개별노동관계상
의 분쟁이 급격히 증대되는 한편, 기업 내 노동조합은 문제해결능력이 한층
저하되어 왔다. 이러한 상황에서 개별노동관계분쟁의 해결을 위해 재판 이외
의 공적 기관을 정비하는 것이 급선무라고 생각되었다. 2001년의 '개별노동
관계분쟁의 해결촉진에 관한 법률'(個別勞働関係紛争の解決の促進に関する法律)
은 도도부현(都道府県) 노동국이 행하는 개별노동분쟁의 알선을 제도화하고
도도부현(都道府県) 노동위원회도 독자적으로 알선제도를 설치할 수 있도록
하였다. 또한 2004년에는 조정과 재판을 연결시키는 심판이라고 하는 독특한
방법을 통해 개별노동분쟁을 신속히 해결시키려고 하는 노동심판법(勞働審判
法)이 제정되어 2006년 4월부터 시행되었다.

(4) 노동법의 공백과 그 책임

　　이와 같이 1980년대 후반 이후 노동법분야에서는 입법이 적극적인 활동

---

43) 脇田滋『勞働法の雇用保障と公正雇用保障－勞働者派遣法運営の総括と課題』(1995, 法律文化
　　社) 139쪽 이하; 大橋範雄『派遣勞働と人間の尊厳』(2007, 法律文化社) 1~3장; 名古道功·中村
　　和雄 "勞働者派遣法改正の過程" 和田肇·脇田滋·矢野昌浩(編著)『勞働者派遣と法』(2013, 日本
　　評論社) 11쪽 이하 등 참조.
44) 이 경과에 대해서는 西谷·規制 68쪽 이하 참조.

을 전개해 왔지만 그것이 충분하다고 할 수 없다는 점은 명확하였다. 또한 법원은 이 시기에도 많은 판례를 축적하였지만 그것도 입법의 공백을 충분히 메운 것은 아니다. 그 결과 현재도 여전히 노동법 체계의 공백이라고 해야 할 것이 도처에 생기고 있다.

몇 가지의 예를 들면 우선 사업양도에 즈음한 근로계약승계에 대해서 EC지침을 본받은 입법화가 강하게 요구되고 있지만 실현되어 있지 않고, 판례도 현실에 맞는 법리를 형성하고 있지 않다. 또한 기간제 근로계약의 갱신거부를 제약하는 판례법리나 그것을 명문화한 노동계약법 제19조를 잠탈하기 위해 실무에서 보급되어 온 비갱신조항의 문제(제6장 V. 3)도 미해결이다. 더구나 법률이 차별금지 혹은 불합리한 격차를 금지하는 규정을 두면서도 실제로 차별이 되어 혹은 불합리한 격차가 생긴 경우의 사법적 효과에 대해서 규정하지 않고 판례도 이 점에 대해서 명확하고 적절한 해결방법을 제시하고 있지 않기 때문에 사법적 구제가 지극히 불충분한 것에 머물고 있다.[45] 집단적 노동법분야에서는 모기업(親會社)이나 사용사업주의 단체교섭응낙의무의 유무 및 범위가 법률상 명확하지 않고 합리적인 판단기준이 형성되어 있지 않다.

이러한 노동법상의 공백이 생긴 원인이 입법의 태만인 점은 명확하지만 법원의 책임도 경시할 수 없다. 이 사이 공백을 메우는 판례가 형성되지 않았던 것은 단순히 그것에 관한 구체적 사건이 우연히 법원에서 심리하지 않았기 때문만은 아니다. 판례의 형성에 관한 법원의 자세에도 문제가 있다.

법원은 법적 판단을 할 때 사건의 내용과 문제의 성격에 대응하여 그것

---

45) 노동기준법 제4조가 금지하는 임금의 남녀차별이 된 경우 사법상 어떠한 해결이 되어야 할 것인가 하는 기본적인 문제에 대해서 노동기준법에서 명확히 규정되어 있지 않기 때문에 판례에는 견해가 나뉘어져 있다. 차별을 받은 여성의 차액청구권을 인정하는 예(秋田相互銀行 사건 · 秋田地判 昭50(1975).4.10. 勞民集 26권 2호 388쪽 등)와 부정하는 예(社会保険診療報酬 支払基金사건 · 東京地判 平2(1990).7.4. 勞判 565호 7쪽 등)가 대립하고 있다. 그 문제는 임금 이외의 남녀차별(균등법 제5조 이하), 단시간근로자의 차별(파트법 제9조), 또한 기간제근로자의 근로조건차별(노동기준법 제20조)의 문제에 이어져 특히 노동계약법 20조를 둘러싸고 많은 재판에서 다투어지고 있다. 기본적으로는 입법자의 태만이라고 말해야 한다.

을 한번은 사례판단으로서 한번은 일반적인 법리의 형태에서 제시하지만 전체적으로 보면 최고재판소는 일반적 법리의 형성에 그다지 적극적이었다고는 말할 수 없다. '민주적 법치국가는 법관국가 되었다'고 말하는 독일의 상황[46]과 대조적이다.

특히 하급심에서 견해가 대립하고 있는 문제나 앞으로 대립이 예상되는 문제에 대해서는 최고재판소는 적극적으로 일반적인 판례법리를 명확히 제시하려고 노력해야 한다. 이 점에서 예를 들면 노조법상의 '근로자'개념에 관한 최고재판소의 세 판결[47]이 아무래도 사례판단의 형식을 취한 것은 불만이 강하게 남는다. 실무나 하급심에서는 최고재판소의 사례판단을 일반적 법리로서 받아들였거나,[48] 판결이 특정의 문제 상황을 전제로서 이용한 표현을 금과옥조와 같이 다른 사안에 적용하는 예[49]가 보인다. 그것이 판례의 이해로서 정확하지 않는 점은 명확하지만 그러한 오해가 생기는 것은 실무가 개별적 사안을 보다 명쾌하게 처리할 수 있는 일반법리를 고대하고 있다는 것에 대한 증거라고도 말할 수 있을 것이다.

또한 최고재판소가 제시하는 일반적 판단기준은 추상적 개념('합리적', '사회통념상당성' 등)을 이용하거나 여러 가지의 고려요소를 들어서 그 종합판단을 구하는 등 탄력적인 성격이 강하다. 그것은 법원이 사안마다의 결과적 타당성을 중시한다고 하는 이익형량론 내지 그것에 가까운 입장을 취하고 있는 점(제10장 Ⅱ. 3)의 표현이라고 생각되지만 법원에 의한 판단의 예측가능성을 저하시키는 것이다.

---

46) 앞의 주18) 참조.
47) 新国立劇場運営財団사건·最三小判 平23(2011).4.12. 民集 65권 3호 943쪽; INAXメンテナンス사건·最三小判 平23(2011).4.12. 勞判 1026호 27쪽; ビクターサービスエンニアリング사건·最三小判 平23(2011).2.21. 勞判 1043호 5쪽.
48) 채용내정에 관한 日本印刷사건, 앞의 주29)가 그 두드러진 예이다.
49) 朝日放送사건·最三小判 平7(1995).2.28. 民集 49권 2호 559쪽의 사안은 파견된 근로자를 사용하는 사용사업주의 단체교섭응락의무에 관한 것이었지만, 거기에서 사용된 명제가 마치 경전의 문구와 같이 모회사와의 단체교섭 등 다른 유형의 문제에 적용되고 있다(西谷·組合法 151쪽 이하 참조).

3. 판례법리의 명문화

(1) 명문화의 의의

2007년의 노동계약법(労働契約法)에 대한 연구자의 평가는 크게 나뉘고 있다. 한편에서는 그것은 '새로운 시대의 노동관계의 새로운 기본법'으로서 높이 평가되고,[50] 다른 한편에서는 그것은 '계약법리에 사망을 선고하는 계약법',[51] '법분야·법영역으로서의 노동계약법의 이론구축에는 오히려 장해밖에 되지 않는'[52] 등의 비판을 받고 있다. 그러나 어느 쪽이라 해도 이 법률내용이 당초의 초안[53]에 비교하여 지극히 빈약한 점은 명확하다.

예를 들면 법률은 기업재편 시에 근로계약의 승계, 해고의 효력의 판단기준, 변경해약고지, 퇴직 후의 경업금지규정의 효력, 근로자의 손해배상의무의 범위 등 많은 중요한 문제에 대해서 침묵하고 있다. 게다가 전적(出向) 명령권 남용에 대해서 규정되어 있지만 배치전환 명령권에 관한 규정은 없는 것과 같이 명확하게 체계적인 정합성이 결여되어 있다.[54] 이러한 내용상의 불비가 생긴 것은 판례에서 확립된 법리를 조문화한다고 하는 기본자세로부터 출발하면서도 노동정책심의회에서 노사위원의 어느 쪽인가가 명문화에 반대하는 규정을 삭제하였다고 하는, 지극히 '정치적인' 법안작성과정에 원인이 있었다고 말할 수 있을 것이다.[55]

노동계약법의 평가에서는 우선 판례법리를 그대로 조문화하는 것이라고 하는 자세의 당부가 문제된다. 판례법리를 법률의 조문으로 하는 것은 장점

---

50) 荒木尙志·管野和夫·山川隆一 『詳說·労働契約法[初版]』(2008, 弘文堂) 서문.
51) 노동법학자 35명의 공동성명(労働法律旬報 1639·40호(2007) 5쪽에 수록).
52) 盛誠吾 "<卷頭言> 労働契約法の「解釈」"労働法律旬報 1739호(2011) 4쪽.
53) 労働契約法研究会最終報告 "今後の労働契約法制の在り方に関する研究会報告書"(2005.9.15) [荒木尙志·管野和夫·山川隆一 『詳說·労働契約法[第二版]』(2014, 弘文堂) 301쪽 이하에 수록].
54) 西谷敏 "労働契約法の性格と課題" 西谷敏·根本到(編) 『労働契約と法』(2011, 旬報社) 1쪽 이하.
55) 즉 노동계약법은 2012년에 개정되었지만 그 때 추가된 규정 가운데, 제18조와 제20조는 창설적인 의의를 갖는다. 제19조는 기본적으로 판례법리를 확인한 것이라고 하지만(荒木外, 앞의 주53) 203쪽), 이 판례와 일치하지 않는다는 지적도 있다(西谷·労働法 441쪽 이하).

이 명확하다. 그것은 미국의 성문화(Restatement)[56]와 같이 법적 원칙의 명확화, 투명화에 공헌한다. 판례는 법률과 같이 공시되지 않아 그 의미내용이나 정도, 범위의 이해도 용이하지 않다. 그래서 판례의 내용이 법률에 명기되는 것은 특히 법률전문가 이외의 자에게는 중요한 의의가 있다. 또한 입법을 하면서 기존의 판례법리를 명문화한다고 하는 방법이 정치역학상의 장점을 갖는 점도 명확하다. 노동보호법의 제정 혹은 개정에 강한 저항을 보이는 사용자측도 확립한 판례법리의 명문화에 반대하기 어렵기 때문이다.

(2) 명문화의 한계와 문제점

그러나 이 방법의 한계도 명확하다. 근로계약상의 중요문제에서 아직 판례법리가 확립되어 있지 않은 문제는 당연히 법률에 도입할 수가 없다. 판례법리는 구체적 사안의 판단의 기회를 얻은 법원(특히 최고재판소)이 그 기회에 일반적으로 통용되는 법적 원칙을 정립하려고 하여 창조하는 것이고 어떤 문제에 대해서 판례법리가 형성된 것인가 아직 형성되지 않은 것인가는 다분히 우연성에 의해 좌우된다. 판례법리의 법제화로 스스로 한정하는 입법은 처음부터 포괄성과 체계적 정합성의 결여를 각오하지 않으면 안 된다.

판례의 법제화에 의한 입법은 또한 다음과 같은 문제가 따른다.

첫째로 명문화를 할 때 판례가 정확히 표현되는가의 문제가 있다. 판례의 내용에 대해서 이해가 다를 수 있고, 이해가 기본적으로 일치하고 있어도 그것을 어떤 조문의 형태로 표현하는가라고 하는 문제가 남아 있다. 판례법리가 간결한 명제로 정식화되어 있는 경우에는 그것을 그대로 조문으로 재현하면 좋다(예를 들면 해고권남용에 관한 노동기준법 제16조). 그러나 판례법리가 다소 복잡한 논리구조를 갖고 있는 경우에는 그것을 간결한 법문으로 표현하는 것은 용이하지 않고 판례법리와 조문 간에 내용이 어긋날 우려가 있다. 취업규칙의 변경의 합리성에 관한 규정(노동기준법 제9조·제10조)이나 기간제 근로

---

56) 주(州)의 법률과 판례법을 대체적인 공통사항마다 법전의 형태로 정리하여 주석을 단 것. 미국법률협회가 편집하고 있다. 계약법, 불법행위법, 재산법, 담보법 등으로 구성된다.

계약의 갱신거절에 관한 규정(노동기준법 제19조)은 그 실례이다.

　노동계약법이 그랬던 것과 같이 어느 법률의 입법과정에서 각각의 조문이 판례법리를 과부족없이 표현한 것이라고 설명된 경우 그것은 입법자의 의사로서 법문의 해석을 강하게 구속하기 때문에 법문을 해석할 때 판례법리는 당연히 중요한 역할을 수행한다. 그러나 입법자 의사는 결코 법해석의 유일한 기준이 아니고 법해석은 법문의 구조에도 구속된다. 그래서 판례법리와 조문이 일치하지 않는 경우 법해석자는 일종의 딜레마에 빠지게 된다. 즉 법해석자가 조문의 기초가 된 판례법리에 충실하면 법문과 괴리되거나 아니면 적어도 판례에 따라 법문을 보완하지 않으면 안 된다. 그러나 법문의 의미내용을 이해하기 위해 그때마다 판례법리로 다시 되돌아가지 않으면 안 된다고 하면 판례법리의 명확화, 투명화라고 하는 제정법화의 의의가 반감된다. 반대로 법해석자가 법문에 충실한 해석을 지향하게 되면 그 기초로 된 판례법리로부터 일탈할 위험이 생긴다. 시간의 경과와 함께 조문의 독자행보가 시작되어 판례법리의 제정법화라고 하는 속박이 없었으면 생기지 않았을 쓸데없는 혼란이 생기게 된다.

　두 번째의 문제는 적절함을 결여한 판례가 법률로서 고정화된다고 하는 점이다. 어떤 법영역에서도 학설로부터 계속 비판받는 판례는 존재한다. 학설에 따른 그러한 비판은 중장기적으로 보는 한 판례를 바른 궤도에 되돌리든가 아니면 적어도 바른 궤도에 접근하는 방향으로 수정하기 위해 필요하다. 이러한 판례와 학설의 상호토론은 법해석이라고 하는 공통의 장소에서 전개되는 것이고 그곳에서 판례도 학설도 법해석으로서 동격이다. 그런데 판례가 일단 제정법이 되면 학설에 의한 판례의 비판은 법해석론으로부터 입법론으로 그 성격이 크게 전환된다. 그것은 사실상 판례법리에 대한 법해석적 비판을 봉쇄하는 역할을 수행하게 된다. 예를 들면 노동계약법에 명시되었던, 취업규칙에 관한 판례법리는 그러한 의미를 가져서 그 점에 대해서 많은 노동법연구자로부터 비판받았다.57)

---

57) 노동법학자 35명의 공동성명, 앞의 주51).

어떤 판례법리의 법률조항으로의 전환(승격!)은 판례를 마치 법률과 동등한 법원인 것처럼 이해하는 법률가(실무가는 물론 연구자 중에도 존재한다)들에게는 그다지 중요한 의미는 갖지 않을 것이다. 판례는 '승격' 이전부터 법률과 같은 것이었기 때문이다. 그러나 어떤 판례에 따른 법해석에 문제를 느끼고 그 전환에 심혈을 쏟아온 연구자에게는 판례법리의 명문화는 돌연 비판의 대상이 소실되거나 아니면 비판이 허용되지 않는 신성불가침의 영역으로 이동되는 것을 의미한다. 그것은 학설에 의한 활발한 비판에 의해 수정될지도 모르는 판례법리를 고정화시키고 법적 발전의 가능성을 박탈하게 된다. 법률개정은 물론 가능하지만, 판례법리를 격상시킨 법문을 학설의 비판을 이유로 개정하는 것은 현실적으로 지극히 곤란하다.

판례법리의 명문화는 많은 장점과 함께 이상과 같은 한계와 위험성도 갖고 있다. 노동법분야에서 입법을 할 때 판례법리의 명문화를 비판없이 평가할 수 없을 것이다.

Ⅲ. 판례와 학설

1. 법학과 재판실무

법원의 법실무와 법학연구자가 수행하는 실정법학 연구가 본래 어떤 관계에 있어야 하는가는 검토를 필요로 하는 문제이다. 예를 들어 독일에서는 법실무적 도그마와 법학적 도그마를 구분하여 다음과 같이 설명된다. '법실무적 도그마는 주석서나 교과서나 안내서에서 제정법이나 법관법의 상황에 초점을 맞춘 것이고 그렇기 때문에 실정법의 타당성에 구속되는 것'이지만 법학적 도그마는 '이것을 넘어서 법실무적 도그마에 따라 전개되었던 것의 올바름과 정의를 묻는다. 법학적 도그마는 새로운 체계화와 새로운 해석론적 해결을 찾는다'라고.[58] 여기에서는 법학 도그마가 법실무 도그마를 통해서

---

58) トーマス・ヴュルテンベルガー・杉本好央(訳) "ドイツから見た基礎法研究とドグマティーク"

재판실무에 근본적인 영향을 미친다고 하는 관계가 본래 있어야 할 관계로서 그려지고 있다.59)

그러나 그러한 독일에서도 이러한 법학주도의 법학과 재판실무의 관계가 붕괴일로에 있는 점이 문제가 되고 있다. 즉 과거 위대한 연구 업적에 의해서 도그마틱의 발전의 기초를 구축해 왔던 대가가 거의 없어지고 연구논문이나 잡지논문의 홍수 속에서 법학적 도그마가 분산화되고 있는 점, 법 도그마가 판례의 체계화에 스스로를 한정하고, 기초연구가 결여되어 있는 경향에 있는 점(특히 헌법 도그마에서의 헌법재판소 실증주의), 법실무의 기초인 코멘탈이 최고 재판소 판례에 근거를 두고 있는 점, 다른 한편 법관법은 법 도그마의 작업으로부터 점점 해방되어 다시 기초연구와의 관련성도 잃고 있는 점, 판례는 자신의 선례에는 따르지만 법 도그마에는 따르지 않고, 나아가 법학의 기초연구에 뿌리를 내린 법 도그마에는 정말로 따르지 않는 점이 지적되고 있다.60)

이러한 일반적 경향이 노동법학과 노동법원의 관계에도 타당한 것인가를 정확히 판단할 수 있는 자료를 지금으로서는 가지고 있지 않다. 1950년대부터 60년대에 걸친 장기간, 노동법학계의 최고권위인 쾰른대학 교수인 니퍼다이가 동시에 독일연방노동법원 원장으로 근무하여 노동판례의 형성에 결정적이라고 할 정도의 영향을 주었지만,61) 그러한 형태로의 노동법학과 노동법원의 긴밀한 관계는 특수한 사례이고, 현재에는 양상이 일변하고 있다. 아마 노동법 분야에서도 먼저 소개한 일반론이 타당할 것이다.

여기에서는 독일에서 본래 있어야 한다고 생각되고 있는 이러한 법학

松本(外編), 앞의 주3) 31쪽. 즉 여기에서 말하는 '도그마틱(Dogmatik)'는 번역이 어려운 단어 이지만, 시론적으로 '해석구성(解釈構成)'으로 번역되고 있다(守矢健一 "日本における解釈の 構成探求の一例" 松本(外編), 앞의 주3) 3쪽 이하).

59) ライナー・ヴァール・野田昌吾(訳) "公法における法ドグマティーク法政策" 松本(外編), 앞의 주 3) 166쪽 이하는 '도그마틱의 첫 번째 생산자는 법률학이다. 법원은 이러한 (전제) 작업에 따르는 것과 동시에 경우에 따라서는 이 건조물[법률학이 구축한 도그마틱]의 여러 가지 장소를 개량도 한다. 그러나 법원에는 당연한 것이지만 이 건물 전체에 대한 「관할」은 없다'고 서술하고 있다.

60) ヴュルテンベルガー, 앞의 주58) 35쪽 이하.

61) 상세한 것은 Rehder, Rechtsprechung als Politik, 2011, S.195ff. 참조.

도그마와 실무 도그마의 관계, 그리고 그러한 원칙과는 괴리되어 진행되고 있는 상황을 참고로 하여 일본의 학설과 판례의 관계를 고찰하고자 한다.

2. 재판에 대한 학설의 영향

일본에서도 특히 민법학의 영역에서 앞에서의 독일 현상분석과 유사한 인식이 보인다. 즉 일본에서는 법정실무라고 하는 협소한 의미에서의 실무가 중시되어 법이론에 대한 몰이해가 만연하고 있다.[62] '학자가 법을 말했던' 시대는 가고, '법관이 법을 말하는' 시대가 되었다, 법조계로부터 학설에 대해서 '도움이 되지 않는다'라고 하는 비판이 던져지게 된다. '일본은 판례법국에 가까운 양상을 보여왔다'[63] 등으로 지적된다. 또한 일본에서 판례의 비중이 큰 것은 '비교법적으로 보면 좀 특수한 현상이다'라고도 언급된다.[64] 판례와 학설의 전개는 법분야에 따라 다르지만 헌법이나 형사소송법 등의 분야에서는 법이론과 판례의 괴리가 한층 심하다.[65]

그러면 왜 이와 같은 실무중시, 법이론 경시의 상황이 발생한 것일까? 미즈바야시(水林)는 대륙법과 커먼로의 원리적 대립을 기초로 하여 그것의 역사적 분석을 시도해 본다.[66] 즉 미즈바야시(水林)는 대륙법을 계수한 일본에서 이렇게 법학의 지위가 저하된 상황이 발생한 특수한 사정으로서 첫째로 일본의 근대적 여러 법전들은 처음부터 분열되어 있어 통일성을 의식한 법체계가 형성되지 않았다는 점, 둘째로 일본에서는 실정법을 궁극에서 정당화하

---

62) 内田貴 "日本法学の閉塞感の制度的, 思想的, 歴史的要因の分析－法学研究者像の探求と研究者養成－日本法の視座から" 曽根威彦・楜澤能生(編) 『法実務, 法理論, 基礎法学の再確立－法学研究者養成への示唆－』(2009, 日本評論社) 153쪽 이하.
63) 星野英一 "日本における民法の発展と法学研究者の養成" 曽根(外編), 앞의 주62) 179쪽 이하.
64) 平井, 앞의 주1) 336쪽 이하.
65) 大村敦志 "法の変動とその担い手－大学の役割を中心に" 松波講座 『現代法の動態と変動の担い手』(2015, 松波書店) 14쪽 이하는 실정법학(학설)과 실무관계는 영역에 따라 다른 것으로 하여, ① [학설] 주도형(일체형) <지적재산법, 경제법, 조세법, 헌법소송론, 노동법, 소비자법>, ② 비판형(외재형) <형법총론, 형사소송법, 행정법총론, 어음수표법, 헌법(인권법이나 통치구조론), 국제법>, ③ 혼합형(교류형) <민법, 상법, 민사소송법, 국제거래법>으로 나눈다. 흥미 있는 분류이지만 노동법을 ①유형에 속한 것으로 보는 점은 후술하는 바대로 사견과는 다르다.
66) 水林彪 "法学と法実務－比較法史学的考察－" 西谷古稀 (下) 138쪽 이하.

294

는 초월적 성격의 근본적 규범이 드물었던 점, 셋째로 일본이 유럽의 여러 법전이나 법학을 계수한 19세기말은 자연법이나 민족법의 도그마를 비판하는 사회과학이 많은 시기이어서 일본은 이러한 사회과학도 동시에 받아들인 점을 든다.

이러한 실무우위·법학경시의 일반적 경향은 노동법분야에서도 현저해 보인다.

우선 검토되어야 할 것은 법원이 판례를 형성할 때 어느 정도 학설로부터 영향을 받고 있는가라고 하는 문제이다. 최고재판소가 판결을 내릴 때에는 최고재판소 조사관[67]이 기본적인 문헌은 모두 살펴볼 터이지만 일본에서는 판결·결정이 거의 학설을 인용하지 않고 있어, 법원이 각각의 학설을 어떻게 평가하고 결론에 이른 것인가는 판결·결정으로부터는 반드시 명확하지 않다.

그러나 공표되는 조사관 해설에서는 학설의 상황도 일응 소개되어 판결과 학설의 관계에 대해 상세한 해설이 이루어지는 경우가 있기 때문에 조사관 해설로부터 어느 정도는 판단할 수 있다. 본래는 각각의 사건마다 조사관 해설을 참고로 하면서 당시의 학설도 참조하여 판결과 학설의 관계를 검토해야 할 것이지만 여기에서는 상세한 것을 검토할 여유가 없다. 그러나 중요판결과 그것에 관한 조사관 해설을 개관해 보면 대체로 다음과 같이 정리할 수 있다고 생각된다.

우선 최고재판소가 판결을 내릴 때에 학설의 상황은 일응 고려되고 있고, 통설 혹은 유력설은 당연히 판결에 영향을 미치고 있다고 생각된다. 그러나 이 영향은 어디까지나 '일정'의 것에 그치고 있고, 최고재판소가 필요하다고 생각하면 통설 혹은 유력설에 명확하게 반대하여 소수설에 가담하거나 혹은 독자의 견해를 창조하고 있다. 더구나 그러한 경향은 판례법리의 골격이 형성된 비교적 초기의 판례에서 현저하게 나타난다.

---

67) 최고재판소의 재판에서 최고재판소 조사관이 큰 역할을 수행하고 있어 조사관의 의견이 그대로 판결이 되어버리는 경우도 많다(조사관 재판). 이 점에 대해서는 조사관 시스템이 위계적으로 되어 있기 때문에 조사관의 의견 자체가 통제된 것이라고 하는 문제점이 지적되고 있다(瀬木『ニッポンの裁判』, 앞의 주3) 236쪽 이하).

취업규칙의 법적 성질과 불이익변경의 효력 문제는 그 전형적인 사례이다. 노동법의 중핵적인 이 문제에 대해서 학설은 사실인 관습설, 계약설, 수권설(법규범설), 집단적 합의설 등 여러 갈래로 나뉘어 열띤 논의를 전개하고 있었지만,[68] 사용자는 근로자의 개별적 혹은 집단적 동의 없이 취업규칙의 변경에 의해 근로조건을 일방적으로 근로자에게 불이익하게 변경할 수 없다고 하는 결론에서는 일치하고 있었다. 노동기준법 제 2 조제 1 항(근로조건의 노사대등결정원칙)에 의존할 필요도 없이 사용자가 근로조건을 일방적으로 결정하고, 변경할 수 있다고 한 결론을 학설은 용인하지 않았기 때문이다. 그런데 슈호쿠버스(秋北バス)사건[69]에서는 계약설이라고 하는 상식적인 견해를 지지한 것은 소수의견에 그치고 다수의견은 집단적·획일적으로 근로조건 등을 결정하는 취업규칙의 성격을 근거로 하여 취업규칙의 내용과 변경에 '합리성'이 인정되면 취업규칙의 변경에 따른 근로조건의 일방적인 불이익변경을 인정할 수 있다고 하는, 완전히 독자적인 입장을 내세웠다.

또한 채용에서 사상조사에 대한 비협조를 이유로 하는 본채용의 거절에 관한 미츠비시수지(三菱樹脂)사건 판결[70]은 채용의 자유를 강조하는 점에서는 학설의 일정한 경향을 근거로 한 것이었다. 그렇지만 노동법학계에서 채용에서의 사상조사를 적법하다고 한 최고재판소의 판단과 일치하는 입장을 찾기란 매우 어려웠다. 게다가 공무원의 쟁의행위에 대해서 학설은 대체로 전면금지 합헌론에는 비판적이었기 때문에 합리적 한정해석론을 부정하여 전면금지 합헌론으로 회귀한 전농림경직법(全農林警職法)사건[71]의 다수의견은 학설과는 거의 아무런 관계없이 형성되었다고 보는 것이 타당하다. 그것은 상술한 바와 같이 물론 최고재판소의 정치적 판단—그것에는 정부의 유형·무형의 압력이 관여되어 있었다—에 근거한 판결이었다. 근로자가 부당노동행위로 인하여 해고된 기간 중의 소급임금에 관한 제 2 구택시(第二鳩タクシー)

---

68) 諏訪康雄 "就業規則" 労働法文献研究会(編)『文献研究労働法学』(1978, 総合労働研究所) 82쪽 이하; 西谷敏 "就業規則" 片岡昇(他著)『新労働基準論』(1982, 法律文化社) 499쪽 이하.
69) 앞의 주28). 이 판결에 대해서는 제6장 IV. 2(2), 본 장 II. 2(2) 참조.
70) 最大判 昭48(1973).12.12. 民集 27권 11호 1536쪽. 제5장 II 2 참조.
71) 앞의 주6).

사건72)은 다수설에 반하여 소급임금에서의 중간수입의 공제필요설(노동위원회의 재량은 인정할 수 있지만)을 취했다. 조합활동으로서의 기업시설에의 선전물 부착에 관한 국철삿포로역(国鉄札幌駅)사건 판결73)은 당시 다수설이었던 수인의무설과 소수설이었던 위법성조각설의 어느 쪽도 부정하고 원칙으로서 사용자의 승인이 필요하다고 하는 독자적인 승인설을 취했다.

이와 같이 최고재판소는 판례법리의 틀이 형성되는 시기에 많은 중요한 사건에서 학설로부터 독립하여 판단을 내리고 있다. 참조하지만 존중하지 않는다고 하는 것이 당시의 학설에 대한 최고재판소의 기본적인 입장이었다.

3. 판례에 대한 학설의 접근

(1) 판례실증주의의 경향

그러나 판례와 학설의 이러한 긴장관계는 비교적 누그러지고 있다고 하는 인상을 받는다. 다수설에 명확히 반대하여 독자의 입장을 제시하는 최고재판소 판결이 없는 것은 아니지만74) 그 수는 감소해 온 것 같다.

그 요인으로서 학설과의 큰 대립을 가져온 사건이 감소한 점도 생각할 수 있지만 오히려 큰 틀로서 판례와 학설이 접근해왔다고 보는 것이 적절할 것이다. 문제는 판례가 학설에 접근해 온 것인가 아니면 학설이 판례에 접근해 온 것인가이다. 물론 양자는 상관관계가 있지만 필자에게는 후자의 측면이 강한 것으로 생각한다.

학설의 상황에 반하는 앞의 최고재판소 판례에 대해서 처음에는 학설로부터 강한 반발이 보이지만 학설에서는 판례의 기본적 골격을 비판적 검토의 대상으로서 학설의 자립성을 지키기보다는 점점 판례를 주어진 전제로서 그것에 분석을 가해서 노동법 체계 안에 위치를 부여하려고 하는 경향이 강해

---

72) 最大判 昭52(1977).2.23. 民集 31권 1호 93쪽.
73) 最三小判 昭54(1979).10.30. 民集 33권 6호 647쪽.
74) 그 예로서 노동기준법 제136조를 단순한 노력의무로 해석한 沼交通사건·最二小判 平5 (1993).6.25. 民集 47권 6호 4585쪽. 국철개혁법(国鉄改革法)의 기계적인 해석에 따라 JR의 책임을 부정한 JR北海道사건, 앞의 주17) 등을 들 수 있다.

져 왔다.[75] 그것은 법 이외의 사회적·도덕적·정치적인 고찰을 배제하고 소여의 실정법규범 그 자체의 논리적 분석·종합에 의해 법을 이해하려고 하는 법실증주의(Rechtspositivismus)와 비교해서 판례실증주의(Rechtsprechungspositivismus)라고 부를 수가 있다. 여기에서는 법률과 판례가 협력하여 완결된 법체계를 구성하는 것이 중시되어 법률의 논리적 분석·종합과 병행하여 판례의 논리적 분석·종합에 중요한 의의가 부여되고 있다. 새로운 판례가 검토될 때 그것의 논리적 비판과 함께 그것이 최고재판소 판례를 정점으로 하는 판례체계에서 어떤 위치를 차지하는가의 검토가 중시된다. 그러한 검토를 통해서 법률과 판례로 이루어지는 법체계의 완성이 목표로 된다.

　　본래 판례도 법원에 의한 법의 해석이고 그 한도에서는 학설에 따른 법해석과 동등하다. 독일법에서 기본적으로 취해지고 있는 입장처럼 법학 도그마가 중심이어서 재판실무는 그것에 따라야 한다고까지는 말하지 않는다고 해도 적어도 양자는 동등한 자격을 갖고 논의할 수 있는 입장에 있다. 양자는 때때로 일치하고 때때로 심하게 대립한다. 학설도 완결된 법체계를 상정하지 않으면 안 되지만 그것을 구성하는 요소는 학설이 해석한 법이고 거기에는 학설이 인정한 판례(그것에 따른 법해석)는 포함되지만 올바름이 인정되지 않는 판례는 제외된다. 이것에 대하여 판례실증주의에서는 판례는 소여의 전제이기 때문에 판례는 법체계로부터 제외되는 것이 아니라 법체계 속에 정합적으로 위치가 부여된다. 결국 여기에서 연구자가 판례와의 관계에서 수행하

75) 예를 들면 노동법분야에서 대표적인 체계서로서 판수를 거듭하고 있는 菅野和夫 ‘労働法’(弘文堂)은 현재 타당한 노동의 법을 객관적이고 체계적으로 그리고 상세하게 서술하고 있다는 점에서 여타의 저작들보다도 매우 우수한 저작이다. 이 책에서는 판례도 또한 타당한 법의 불가결한 일환으로서 체계적으로 위치를 부여하고 있고 판례는 통상은 평가를 생략하여 객관적으로 서술된다(예외는 있지만). 그것은 판례의 입장에 대한 동의라고도 해석될 수 있지만, 오히려 판례를 평가의 대상보다도 주어진 전제로 하는 자세의 표현인 것처럼 생각된다. 다만 판례의 법원성이 인정되고 있는 것인가는 명확하지 않다. 덧붙여서 石井照久 『新版労働法』(1971, 弘文堂) 36쪽은 노동법에서도 판례·학설 및 조리를 법원으로 인정하지 않는다고 서술하고 있고, 荒木尚志 “労働判例の意義·機能と立法の時代の労働法’ 高井伸夫·宮里邦雄·千種秀夫(共著)『労使の時点で読む最高裁重要労働判例』(2010, 経営書院) 7쪽 이하는 헌법 제76조 제3항을 들어 판례는 법관을 직접적으로 구속하는 규범이 아니라고 한다.

는 작업은 '법의 해석'보다도 '법을 해석하는 판례의 해석'이 중심이 된다.[76]

법률과 판례를 체계적으로 정리하고 새로이 내려진 판결·결정에 대해서 기존의 체계 안에 위치를 부여한다고 하는 작업이 중요한 점은 필자도 부정하지 않는다. 그러나 그것은 어디까지나 학설의 임무의 일부에 지나지 않는다. 오히려 판례에 대해서는 그것이 전제로 하는 이론의 틀까지 들어가서 끊임없이 비판적으로 검토하는 것이 학설의 보다 중요한 과제이다. 그 작업은 당연한 일이지만 여러 가지의 기초법학적 작업에 의해 뒷받침된다.

학설로부터의 직설적인 공격을 받지 않는 판례법리는 점점 고정화된다. 그것이 객관적으로 부적절한 경우에도 그 전환을 촉구하는 근원적인 문제제기가 학설 쪽에서 이루어지지 않는다고 하면 그것은 학설의 태만이라고 해야 할 것은 아닐까?

(2) 실무중시의 풍조

이와 같이 현재 일본의 노동법에서 판례와 통설(다수설)이 일치하는 경우가 많은 것은 반드시 판례와 학설의 대화로 합의가 형성된 결과라고 말할 것은 아니다. 최고재판소를 시작으로 하여 법원에서 학설로부터 독립하여 판단하는 경향이 강해지고, 학설에서 판례를 전제로 하여 노동법 체계를 생각하는 것과 같은 경향이 강해져 온 것의 결과가 판례와 학설의 일치의 기본적 요인이다. 요약하면 학설주도의 '통설＝판례'라고 말하기보다도 법원주도의 '판례＝통설'이 이론과 실무를 지배하고 있는 것이 현상이라고 말할 수 있지 않을까?

일본에서 이와 같은 경향이 강해진 요인의 첫째는 앞에서 논술한 바와 같이 판례를 마치 법률과 동등한 수준의 법원인 듯이 파악하는 경향에 있다.

---

76) 일반적으로 말하면 법률과 동등하게 판례도 해석의 대상이 된다(笹倉秀夫 『法学講義』 (2014, 東京大学出版会), 153쪽 이하). 그러나 판례는 법률과 같은 의미에서 법관을 구속하는 것은 아니라고 말하는 통설적인 이해를 전제로 하는 한 법률해석과 판례해석의 사이에는 질적인 차이가 있다. 법률해석에 있어서는 대상(법률) 그것은 대전제로 되지만(그것에의 비판은 입법론이 된다), 판례의 해석은 해당 판례에 따른 법해석을 가정적으로 인정하고 행하는 작업이어서 그 의미에서는 부분성을 피할 수 없다.

판례의 법원성을 부정하는 견해가 다수설인 것에 개의치 않고 여전히 판례에 사실상의 법원성을 인정하는 발상이 이론과 실무에서 적잖은 영향을 미치고 있는 것이다.

동시에 특히 노동법분야에서는 학설이 실무에서의 유용성을 중시하는 경향을 강화해 온 점도 판례중시의 하나의 원인이라고 생각된다.[77] 여기에서 말하는 '실무'에는 여러 가지의 의미가 있다.

첫째로는 그것은 재판실무를 가리킨다. 이 경우 실무중시라고 하는 것은 법관을 강하게 의식하여 재판을 리드하려고 하는 법리의 구축을 지향하는 것이다. 실정법학에 관계있는 연구자이면서 자신의 이론이 재판을 리드하는 것을 희망하지 않는 사람이 있다고는 생각되지 않는다. 그러나 법원이 스스로 확립한 판례를 쉽게 변경하려고 하지 않고 게다가 하급심 법관의 발상이 점점 강하게 판례의 틀에 얽매이고 있는 현재에 법관을 설득하려고 하는 이론이라는 것은 최고재판소 판례를 전제로 하여, 혹은 최고재판소 판례의 발상에 충실한 법해석밖에 없을 것이다.

결국 연구자가 재판실무의 의미에서의 '실무'를 의식하면 할수록 최고재판소 판례의 전제는 움직이지 않는 것이 되어 간다. 재판을 리드할 작정인 학설이 반대로 차츰 판례에 의해 결박되어 자유로운 발상을 잃게 된다. 최고재판소 판례의 이론적인 틀 그 자체에의 비판적 관점을 결여한 실무중시의 태도는 결국은 법원에 대한 학설의 종속성을 강화하는 결과가 되는 것은 아닐까?

둘째로 실무에는 기업법무의 의미도 있다. 노동관계의 현실이라고 말해도 좋지만 일본에서는 노사의 힘 관계를 반영하여 기업법무가 보다 중요한 의미를 갖는다. 사용자는 노동관계의 사법화(제11장 Ⅱ. 2. 참조)의 진행과 함께 어떤 조치, 태도가 어떠한 법적 결과를 초래하는가를 의식하지 않을 수 없게 된다. 이러한 관심 때문에 법률과 함께 판례에 관한 지식은 불가결하다. 그래

---

77) 西谷敏 "労働法における実務と理論の意義－労働法旬報60面に思う－" 労働法律旬報 1711·12호 (2010) 4쪽 이하.

서 연구자에게는 현행 노동법의 중요부분을 구성하는 판례에 관한 정확한 정보를 제공하는 것을 요구받는다. 거기에서 기대되는 것은 결코 판례에 대한 이론적 비판 등은 아니다. 거기에서는 판례는 법률과 같이 주어진 전제로 되는 것이고, 판례실증주의적인 정보의 처리야 말로 실무의 요청에 가장 적합한 것이다.

이러한 실무중시의 풍조 안에서 연구자에게도 재판실무와 기업실무에서의 이론의 유용성을 중시하는 경향이 강하게 되고, 실무를 이론적 비판의 도마 위에 올리는 노동법'학'의 순수성이 후퇴해 간다. 그래서 판례나 판례해설적인 학설을 주요한 교재로 하는 법학전문대학원의 교육이 그러한 경향에 박차를 가한다. 판례중시의 법학전문대학원 교육에서는 판례를 비판적으로 음미하고 사회의 요청에 부응한 새로운 법리의 창조를 목표로 하는 의욕적인 법조를 양성할 수 없다는 것은 명확하다.

그러나 문제는 그것만이 아니다. 그러한 법학전문대학원(법과대학원) 교육에 종사하는 교원＝연구자 자신도 차츰 판례중시의 발상에 얽매인다. 첫째로 판례를 주어진 전제로 한 교육에 종사하는 것 자체가 교원의 발상에 영향을 미치지 않을 수 없기 때문이다. 둘째로 교원이 법학전문대학원 교육에 시간을 빼앗겨 판례비판에 필요불가결한 넓은 시야에 입각한 기초적 연구에 종사하는 시간이 불충분하게 되기 때문이다. 이리하여 연구자에 의한, 판례에 대한 이론적 비판이 점점 후퇴하고 판례의 '권위'가 강해진다. 판례는 마치 법률인 듯 실무는 물론 법학마저 지배하고 군림한다. 법학전문대학원 제도의 중대한 문제점의 하나가 여기에 있다.

맺는 말

이 장에서는 본래는 학설과 입법의 관계도 검토의 대상으로 하지 않으면 안 된다. 최근 특히 활발하게 이루어져 온 입법작업에서 학설은 어떠한 역할을 수행하고 있는 것인가 혹은 수행해야 하는 가의 문제이다.[78] 노동입법은 삼자구성의 노동정책심의회에서의 심의를 거치게 되어 있어 그 의사록도 공개되어 공익을 대표하는 위원으로서 노동정책심의회에 참가하는 연구자가 어떠한 역할을 수행하고 있는 것인가는 어느 정도 명확하다. 그러나 공식논의보다도 중요한 의미를 가질 수 있는, 삼자와 관청의 물밑논의는 알 길이 없다. 게다가 이러한 공익위원으로서의 연구자의 역할과는 별개로 입법론에 관한 연구자의 논문이 구체적인 입법에 어떠한 역할을 수행해 왔는가도 검토되어야 할 것이지만 이것에 대해서는 문제의 중요성만 지적해두고 싶다.

지금 한 가지 지적해 두고 싶은 것은 노동분야의 빈번한 법개정이 입법해설이라고 하는 작업을 연구자에 요구하고 있는 점이다. 이것은 말할 것도 없이 필요한 작업이지만 그 부담이 앞에서 서술한 판례중시의 경향과 함께 작용하여 연구자의 자발적인 관심에 기초를 두는 창조적 연구를 한층 저해하는 요인이 될 가능성이 있다.

물론 입법동향과 판례의 쌍방을 전망하여 적절한 해결책을 제시하는 실정법학의 역할은 중요하고 그것은 노동법에서도 다르지 않다. 그러나 법관이 학설을 충분히 존중하고 있다고는 말할 수 없고, 또한 학설이 입법에 대해서 갖는 영향력도 한정되어 있다고 한다면 학설이 입법 혹은 판례를 통하여 노동법의 발전에 '직접' 기여할 가능성은 반드시 크다고 말할 수 없다.[79] 실정법학의 역할은 직접적으로 실무에 작용하기 보다는 '법률을 『깊게, 넓게, 멀리』 바라보면서 그 이해를 깊게 하는 것과 법학교육에 있다.'[80]라는 지적은 노동법에서야말로 타당하게 생각된다.

---

78) 奧田香子 "労働法の立法学" 法律時報 86권 4호(2014) 15쪽 이하는 노동입법의 과정에 관한 학설의 논의상황이나 노동보호법에 있어서 노사대표 참가의 의의에 관한 논의를 정리하고 있지만, 무엇보다 그것은 '입법과 학설' 문제의 일부이다.
79) 일정의 역사적 상황에서는 학자가 입법 혹은 판례의 발전에 결정적이라고도 할 수 있는 영향을 미치는 경우가 있다. 독일에서 말하면 입법에 미친 진츠하이머의 영향과 판례에 미친 니퍼다이의 영향이 두드러진 예이다(西谷敏 "法の発展における裁判と法解釈学－労働法の立場から" 法律時報 83권 3호(2011) 92쪽 이하 참조).
80) 星野, 앞의 주63) 184쪽.

제10장
노동법의 해석

▌들어가는 말

전후의 법해석 논쟁은 법해석에는 가치판단이 포함되어 있으며, 그러한 이상 해석자는 사회적인 책임을 자각해야만 한다고 한 1953년 쿠루스 사부로(来栖三郎)의 문제제기에서 비롯되었다. 그 배경에는 강화안보 양 조약의 발효와 관련한 정치적·헌법적 제상황의 격변이 있었던 것은 일찍이 하세가와 마사야스(長谷川正安)가 지적했던 대로이다.[1] 그러나 어느 실정법분야에서도 법해석상의 대립을 피할 수 없는 이상, 어떤 법해석이 올바른 것인지 법해석의 올바름을 결정하는 것은 무엇인지라는 의문이 생기는 것은 당연하며, 그것은 도대체 법해석이란 무엇인가라는 근본문제로 귀착될 수밖에 없다. 문자 그대로 난문이나 일반적으로 법의 해석이라는 작업에 종사하는 자는 끊임없이 문제의 소재를 의식하여 자신의 해석의 타당성을 자문하고, 또한 다른 해석 특히 법원에 의한 법해석을 비판할 때에는 그 방법적 기초에 대한 고찰까지도 요청된다 할 것이다. 이러한 의미에서 법해석의 성질이나 방법의 해명은 실정법학에 있어 영속적이고 보편적인 과제이다.

그러나 노동법학은 어느 시기까지는 법해석의 성질론에 강한 관심을 보였으나, 그 후에는 법해석의 성질론은 말할 것도 없고, 있어야 할 해석의 방법이라는 문제에 관해서도 대체로 무관심하다. 본 장에서는 이러한 문제의식에서 전후의 법해석논쟁과 그 연장선상에 자림매김하고 있는 이익형량론의 문제점을 정리하고, 그것이 노동법의 학설·판례에 어떠한 영향을 미쳐왔는

---

1) 長谷川正安『法学論争史』(1976, 学陽書房) 81쪽.

지, 그리고 그 영향은 노동법의 특질에서 볼 때 어떻게 평가될 수 있는지를 검토한다. 그것은, 노동법에 있어서 있어야 할 해석방법론을 본격적으로 검토하기 위한 예비적 작업의 일환이다.

I. 법해석논쟁에서 이익형량론으로

1. 법해석논쟁의 의의

1953년 이래 열띤 논의가 전개된 법해석논쟁의 추이와 논점은, 하세가와(長谷川正安)의 『법학논쟁사』에서 적확히 정리되어 있다.[2] 논쟁에 불을 붙인 쿠루스(来栖三郎)[3]는 법률의 동일한 조문에 관한 해석은 동시에 복수존재하고 해석자에 의한 하나의 해석은 '선택'이며, 그 선택의 기초에는 해석자의 가치판단이 작용하고 있다는 사실이 전제로 되어 있다고 한 것, 그 후 카와시마 다케요시(川島武宜)[4]가 쿠루스(来栖)의 문제제기에 입각하여 법해석에 주관적인 가치판단이 포함되어 있음을 인정하면서, 동시에 그것을 하나의 사회현상으로서 파악될 수 있는 것으로 보아 가치판단과 가치체계의 관계, 가치체계의 사회적, 경제적, 정치적 기초 그리고 사회의 발전법칙에 의거하여 어떤 가치체계가 장래 지배적인 것이 될 것인지 등에 관해 과학적으로 논의하는 것이 가능하다고 주장한 것(카와시마가 말하는 '실용법학'), 그것이 와타나베(渡辺洋三)[5]에서 보다 정밀하게 정식화된 것 등은 모두 하세가와(長谷川)가 지적한 바이다.

---

2) 長谷川, 앞의 주1) 90쪽 이하.
3) 来栖三郎의 견해에 관해서는 특히 "法の解釈と法律家" 私法 11호(1954) [来栖三郎著作集 1권(2004, 信山社)에 수록] 참조. 물론 쿠루스(来栖)의 문제제기는 전쟁 전 스에히로(末弘厳太郎)나 와가츠마(我妻榮) 등에 의한 법학방법론의 축적을 바탕으로 한 것이며, 이것을 고려하여 위치지워질 필요가 있다. 이 점에 관해서는 瀬川信久 "民法の解釈" 星野英一편집대표 『民法講座別卷1』(1990, 有斐閣) 3쪽 이하; 山本敬三 "法的思考の構造と特質－自己理解の現況と課題" 岩波講座現代の法 15 『現代法学の思想と方法』(1997, 岩波書店) 232쪽 이하 참조.
4) 川島武宜 『科學としての法律学』(1955, 弘文堂).
5) 渡辺洋三 『法社会学と法解釈学』(1959, 岩波書店) 제1편.

하세가와(長谷川) 자신은 이러한 카와시마(川島)나 와타나베(渡辺)의 주장을 적극적으로 평가하면서, 그들이 가치체계의 선택은 과학의 문제가 아니라고 하여 그 앞에서 멈추어버린 것을 비판하고, '사회의 발전법칙의 과학적 인식에 근거하여, 헌법전 틀 내에서 행하는 기성의 유권적 해석의 개혁을 위한 실천'이 헌법의 해석이라는 입장을 제시했다.[6] 하세가와(長谷川)는 동서에서, 법의 해석에 있어 이론과 실천의 통일의 문제를 당시 가장 깊이 논하고 있었던 사람은 누마타 이네지로(沼田稲次郎)라고 한다.[7] 법의 해석에 관한 누마타(沼田) 이론[8]이 쿠루스(来栖), 카와시마(川島), 와타나베(渡辺)의 흐름과 명확한 대립을 보인 것은 법해석을 인식으로 파악하고 있는 점이다. 누마타(沼田)는 '법을 해석한다는 것은 실정법(현재 타당하고 있는 법)의 해석이므로, 실정법이 여하한 가치체계를 받들며 타당하고 있는가를 인식하는 것'이라 하고, '법률가가 각자가 품고 있는 가치관이나 가치체계에 비추어 가치판단을 하는 것이 법해석이다'고 생각하는 경향을 비판한다.[9] 나아가 누마타(沼田)는 일반적으로 '역사적인 것의 객관적 진리는 인식자 그 자체를 포함하는 역사적 주체의 실천을 매개로 하여 관철하는 필연성에 다름 아니며', 인식자는 그 역사적 주체(계급)의 사회적 실천 가운데서 실천적으로 진리를 인식하는 것이라는 기본적인 입장에 서서, 법의 해석=인식도 인식자의 세계관=가치관에 근거하여 실천적인 입장에 규정될 수밖에 없다고 한다.[10]

이러한 인식론을 공유하지 않는 자에게는 조금 난해한 표현이나, 법의 세계에 입각하여 부연하면 다음과 같을 것이다. 법해석이란 실정법의 가치체계에 대한 인식이나 그 실정법 자체는 불변한 것은 아니며, 재판 등에 의해

---

6) 長谷川, 앞의 주1) 120쪽; 同『憲法判例の研究』(1956, 勁草書房) 23쪽 이하.
7) 長谷川, 앞의 주1) 105쪽 이하.
8) 沼田稲次郎 "労働法における法解釈"(1956)『沼田稲次郎著作集 2권』(1976, 労働旬報社) 331쪽. 또한 누마타(沼田)는 이미『労働法学序説』(1950, 勁草書房) 제4장 제2절에서 동일한 법해석방법론을 전개하고 있었다.
9) 沼田 "労働法における法解", 앞의 주8) 331쪽 이하. 또한 恒藤恭 "法解釈学と価値判断"『法の精神』(1969, 岩波書店) 32쪽 이하도 법의 정신과 적용을 구별해야 한다고 하며 법의 해석을 '가치판단' 혹은 '실천'으로 파악하는 사고방식을 비판한다.
10) 沼田 "労働法における法解釈", 앞의 주8) 332, 336쪽.

서 발전해가는 가능성을 가진다. 그 때 인식자(특히 법학자)는 단순히 법 발전의 바깥에서 그것을 관찰한다는 것은 아니며, 재판에 대한 작용을 통하여 직접으로 혹은 (노동) 운동에 대한 작용을 통하여 간접적으로 법발전에 관여하는 주체이다. 법의 해석=인식은 이러한 '법형성적 실천'의 과제의식을 바탕으로 행해지는 것에 다름 아니며, 그것이 올바른 것인 한 실제로 법을 그러한 방향으로 발전시키는 힘을 가지고, 그것에 의해서 또한 해석=인식의 진리성이 검증되게 된다.

이와 같이 누마타(沼田) 이론에서는, 법해석은 인식작용이라는 관점에서 출발하면서, 그 인식이 인식자의 세계관=가치관에 근거하여 실천적인 입장에 의해서 규정된다는 일반적인 의미에서도 또한 '법형성적 실천'을 통하여 현실의 인식대상인 실정법 자체를 발전시키는 가능성이 있다는 구체적인 의미에서도, 법해석=인식과 실천이 깊게 결부되어 있다. 법해석에 있어 가치판단을 과학적 인식으로부터 준별한 카와시마(川島)=와타나베(渡辺) 이론과의 상위는 명백할 것이다.

그러나 누마타(沼田) 이론은 노동법 분야는 별도로 하고, 법학계 전체에 커다란 영향을 미치지는 못했다. 누마타(沼田) 이론의 기초에 있는 인식론이 공유되기 어려웠던 점이나, 법발전의 계기로서 '운동'을 중시하는 이론이 노동법 이외의 분야에서는 충분히 공감을 얻지 못했던 점 때문일 것이다.

어쨌든 이 법해석논쟁을 통하여 법해석에는 카와시마(川島)=와타나베(渡辺)의 의미에서 해석자의 가치판단이 작용하고 있다는 견해가 유력하게 되었다.11) 그리고 그것이 법해석 방법으로서의 이익형량론을 낳는 토양이 되었다고 할 수 있다. 이익형량론의 논자 자신이 법의 해석이 가치판단이라고 하면 그것을 정면에서 인정하여 법률구성과는 명확히 구별해야 한다고 주장하여,12) 자신의 해석방법론의 위치가 법해석논쟁의 연장선상에 있다고 하고

---

11) 片岡曻 "法の解釈·適用" マルクス主義法学講座 3 『法の一般理論』(1979, 日本評論社) 189쪽 이하. 이러한 '통설'과 다른 이론으로서 天野知夫, 藤田勇, 長谷川正安, 沼田稲次郎의 견해를 들고 있다.
12) 星野英一 "民法解釈論序説"(1967) 『民法論集 1권』(1970, 有斐閣) 6쪽.

있다. 확실히 법해석의 성질론으로부터 당연히 이익형량론이 도출되는 것은 아니라는 것은 법해석을 가치판단으로 보는 논자도 이익형량론을 엄격히 비판하고 있었던 것13)으로부터도 명확하나 양자간의 연속성은 부정할 수 없다고 생각된다.14)

2. 이익형량론과 그 비판

카토우 이치로(加藤一郎)와 호시노 에이치(星野英一)로 대표되는 이익형량론은 세가와 노부히사(瀨川信久)의 정리에 의하면, 그 이전의 방법론과 비교하여 다음과 같은 특징을 갖고 있다.15) 즉 첫째 법규 · 이론구성 · 판례룰의 구속력의 경시, 둘째 법규 등의 구속을 받지 않고 판단할 때의 사고형식으로서 '이익형량'을 제시한 점, 셋째 사회의 제이익의 조정 · 한계 설정을 법관이 적극적으로 행하며 그 판단의 당부를 사후적으로 일반국민이 검토 · 비판한다고 하는 재판제도나 사회의 입장이 전제되어 있는 점이다.

그렇지만 카토우(加藤)와 호시노(星野)의 방법을 전적으로 동일하다고 볼 수는 없다. 카토우(加藤)는 법적 판단에서는 기존의 법규를 의식적으로 제외하고 완전히 백지상태에서 이익형량을 하여 결론을 도출할 수 있으며, 법규에 따른 형식적인 이유 제시(이론구성)는 결론의 설득력이나 타당범위의 획정을 위한 제2차적인 것이라는 점을 명언하였으나,16) 호시노(星野)는 법률의 문언과 법규의 성립과정에 대한 검토에도 중요한 의의를 인정하고 있기 때문이다.17) 그러나 호시노(星野)도 '해석은 정면에서 가치판단에 근거하여 행하고, 적어도 결론을 도출하기에 이른 근거에 관해 가치판단에서 유래하는 면과,

---

13) 渡辺洋三 "社会科学と法の解釈"(1967) 『法社会学の課題』(1974, 東京大学出版会) Ⅳ. 2.
14) 広渡清吾 『比較法社会論研究』(2009, 日本評論社) 312쪽은 미즈모토 히로시(水本浩)를 들면서, '이익형량론은 법적 판단이 인식이 아닌 타당한 가치판단 · 결단을 구하는 것이라는 이원론적 이해의 극히 실천적인 하나의 귀결이었다'고 위치지운다.
15) 瀨川, 앞의 주3) 53쪽 이하.
16) 加藤一郎 "法解釈学における論理と利益衡量"(1966) 『民法における論理と利益衡量』(1974, 有斐閣) 25쪽 이하.
17) 양자의 차이를 강조하는 것으로서 大村敦志 『民法總論』(2001, 岩波書店) 122쪽 이하; 小粥太郎 『日本の民法学』(2011, 日本評論社) 62쪽 이하 참조.

『이론구성』을 고려한 면을 명확히 구분하여 제시할 필요가 있다'18)고 하면서 나아가 '해석에서 결정적인 것은, 오늘날에 있어 어떠한 가치를 어떻게 실현 하고, 어떠한 이익을 어떻게 보호해야 하는가라는 판단이다'19)고 단언하고 있다. 법문의 구성이나 법규의 입법과정을 아무리 면밀히 연구한다고 하여도 그러한 작업은 호시논(星野) 스스로 '현재에 있어서 해석에 있어 필요한 것은 없다'20)고 하므로, 그것은 결국 카토우(加藤)의 경우와 마찬가지로 이익형량 의 결과로 도출된 결론을 일반국민에게 설득하기 위한 수단이라는 부수적인 의의밖에 가지지 않게 된다.

개념법학적 방법, 즉 '논리적 구성의 방법을 매개로 하여 기존법규의 "무흠결성"(Lückenlosigkeit)을 상정하고 이와 같은 법체계로부터 발생할 수 있 는 일체의 케이스의 해결기준을 논리적으로 연역한다'는 방법21)에 중대한 결함이 있다는 것이 공통의 인식으로 된 금일, 어떠한 법해석 방법을 취하여 도, 법관에 의한 구체적 사안에 근거한 적절한 판단이 중요하다는 점은 누구 도 부정할 수 없다. 그 의미에서는 이익의 형량은 어떤 방법에서도 불가결하 다. 문제는 법적용에 있어 당사자의 이익을 충분히 형량하는 것의 당부에 있 는 것이 아니라, 이러한 이익의 형량이라는 '과정을 독립시켜, 우선 법률로부 터 분리된 법관의 판단력·정의감·형평관념에 바탕한 결정과정에 의해 획득 된 성과를 제2차적으로 법률에서 그 기초를 구하지 않고 법률 및 법률학 (Rechtsdogmatik)에 의해 컨트롤한다는 사고방식'이 전통적·오서독스(orthodox) 한 방법론과 대립하는 것이다.22) 전통적·오서독스한 입장에서도, 법관의 실 질적·개별적 정의의 관점은 법적용 과정에서 '규범과 사태에 대한 시선의 왕 복'에 있어 고려되어야 한다는 주장이 보여지나,23) 이는 이익의 형량을 제1 차적인 것으로 보는 이익형량론과는 명확히 구별될 것이다.

---

18) 星野, 앞의 주12) 6쪽.
19) 星野, 앞의 주12) 11쪽.
20) 星野, 앞의 주12) 12쪽.
21) 磯村哲 "法解釈方法論の諸問題" 同(編)『現代法学講義』(1978, 有斐閣) 86쪽.
22) 磯村, 앞의 주21) 105쪽.
23) 磯村, 앞의 주21) 105쪽.

이익형량론은 ① 법관을 법률의 구속으로부터 해방시킨 것은 원리적인 삼권분립에 반하며, 역사적으로도 제정법의 공동화라는 사태를 초래하였던 점(특히 바이마르 사법), ② 이익형량의 기준이 모호하여 재판의 예측가능성을 저하시키는 점 등의 점에서 비판되어 왔다.24) 오늘날 민법학에서는 이익형량론의 영향이 후퇴하여 왔다고도 지적되고 있으나,25) 그 문제점이 명확히 자각된 상태에서 극복된 것인지는 명확하지 않다. 호시노(星野) 자신은, 이익형량론은 일본의 독자적인 것이라고 하나,26) 최근에는 국제적으로도 법의 해석·적용에서 결과 중시의 경향이 강해지고 있음이 그 문제성과 함께 지적되고 있으며,27) 이 논의는 꽤 뿌리가 깊은 것이다. 앞서 서술하였듯이 이익형량론은 법해석을 가치판단으로 보는 법해석성질론의 연장선상에 자리매김하고 있는 것이며, 본래는 그러한 법해석성질론을 포함한 재검토가 필요할 것이다.28) 그러나 여기서는 그만 논하고자 한다.

---

24) 甲斐道太郎 『法の解釈と實踐』(1977, 法律文化社) 91쪽; 原島重義 『法的判斷とは何か＝民法の基礎理論－』(2002, 創文社) 51쪽 이하, 113쪽, 243쪽 등. 平井宜雄 『法律学基礎論覚書』 (1989) 『法律学基礎論の研究－平井宜雄著作集 Ⅰ』(2010, 有斐閣) 121쪽 이하; 水本浩 『現代民法学の方法と体系』(1996, 創文社) 195쪽 이하 등.

25) 瀬川信久 "民法解釈論の今日的位相" 瀬川信久(編) 『私法学の再構築』(1999, 北海道大学図書刊行会) 3쪽 이하; 大村, 앞의 주17) 119쪽 이하(그러나 오무라(大村) 자신은 법(민법) 내재적인 가치에 따라, 가치설명적인 이익형량론을 옹호한다. 126쪽 이하).

26) 星野英一 "日本の民法学－ドイツおよびフランスの法学の影響" 早稲田大学比較法研究所(編) 『比較と歴史のなかの日本法学－比較法学への日本からの發言－』(2008, 早稲田大学比較法研究) 309쪽 이하.

27) グンタ・トイブナ(編)・村上淳一・小川浩三(訳) 『結果志向の法思考－利益衡量と法律家的論證』 (2011, 東京大学出版会) 참조.

28) 이 점, 쿠루스(来栖三郎)의 픽션(허구)론이나 하라시마(原島重義)의 법적 판단론을 독일·미국의 이론동향과 관련시켜 분석하는 広渡, 앞의 주14) 289쪽 이하의 논의가 유익하다.

Ⅱ. 이익형량론과 노동법의 학설 · 판례

1. 노동법학과 이익형량론

노동법학은 법해석의 성질과 관련한 법해석논쟁에는 비교적 깊게 관여하였다. 노사의 격렬한 이해대립을 반영하여 법해석의 결론이 크게 나누어지는 경우가 많은 노동법의 분야에서는 법해석이란 무엇인가, 그 진리성은 무엇에 의해 담보되는 것인가라는 문제는 특히 절실한 의미를 지니고 있었다. 그리고 누마타(沼田)에 의한 법해석이론이 다수의 노동법학자에게 강한 영향을 미쳤던 것은,[29] 무엇보다도 운동에 대한 작용이라는 구체적인 행동을 매개로 하여 현행법에 대한 인식과 실천(법형성적 실천)이 통일된다고 하는 파악 방식이 노동법에서는 현실적이며 노동법학자에게 매력적이었기 때문일 것이다.

이에 대해 법해석의 구체적인 방법에 관해서는 노동법학의 관심은 결코 높았다고는 할 수 없다. 다만 논의가 완전히 없었던 것만은 아니다. 가령 혼다(本多淳亮)는 노동법의 분야에서는 개념법학적 해석방법은 일단 엄하게 비판되는 경향이 강하다고 하고,[30] 이 분야에서는 이익형량론을 신봉하는 자는 상당히 많은 것으로 추정할 수 있다고 서술하고, 그 예증으로서 시모이(下井隆史)의 발언을 들고 있다.[31]

시모이(下井)는 어느 좌담회의 보고[32]에서, 노동법의 분야에서는 사실의 객관적 인식으로부터 바로 해석이 도출된다고 생각하는 경향, 결과적 타당성보다도 논리구성이나 추상적 개념이 중시되는 경향, 그리고 생존권이나 단결권을 직접으로 하여 일정의 해석론의 근거로 하는 경향이 지배적이라고 하

---

29) 片岡曻 "労働法学の方法" 新労働法講座 1『労働法の基礎理論』(1966, 有斐閣) 78쪽 이하; 本多淳亮『労働法総論』(1986, 青林書院) 제5장; 横井芳弘 "労働法学の方法" 現代労働法講座 1『労働法の基礎理論』(1981, 総合労働法研究所) 134쪽 이하 등. 독자적 입장에서 비교적 최근의 연구로서는 辻村昌昭『現代労働法学の方法』(2010, 信山社) 72쪽 이하가 있다.

30) 本多, 앞의 주29) 166쪽.

31) 本多, 앞의 주29) 158, 166쪽.

32) "[研究会]労働法学の理論的展開" ジュリスト 441호(1970) 73쪽 이하.

여, 그것을 비판하고 오히려 법해석이란 주체적인 가치판단을 포함하는 것이라는 점을 전면에 내세우는 편이 좋다고 서술하고 있었다. 그리고 시모이(下井)는 호시노(星野) 이론도 언급하면서 결과적 타당성 중시의 법해석을 주장하고 있다. 명시는 되어 있지 않으나 이익형량론을 지지한 것으로 보아도 좋을 것이다.

혼다(本多)가 말하듯이 노동법은 개념법학적인 방법에 가장 어울리기 어려운 분야이다.[33] 시민법과의 대항의 가운데서 스스로를 확립하고자 하는 노동법에서 노동법상의 고유의 법규가 존재하지 않는 경우에 바로 기존의 법규(민법, 형법 등)의 문언에 의거하여 문제를 해결하고자 하는 것은 명백히 부적절하기 때문이다. 현재 노동법학의 주류는 법해석에서 개념법학적인 해석을 멀리하고 끊임없이 결과적 타당성을 추구하여 왔다고 할 수 있다. 다만 법해석에서 헌법의 제규정(28조나 25조), 노동기준법의 기본이념 그리고 근로계약의 본질이라는 개념이 원용되어 학자의 법적 판단이 이러한 규정이나 이념으로부터의 귀결로서 제시되는 경향이 강했던 것은 사실이다. 시모이(下井)은 바로 이 점을 비판하고 법해석이 가치판단인 것을 정면에서 인정해야 한다고 주장한 것이다.

따라서 문제는 결과적 타당성을 중시하는지 여부에 있었던 것은 아니다. 결과적 타당성의 고려를 헌법을 정점으로 하는 법체계와 관련하여 그것에 포섭시키는 형태로 정당화할 것인가, 그렇지 않으면 이익형량론과 같이 이익의 형량=가치판단을 일단 제정법(헌법을 포함한다)으로부터 독립시켜 행할 것인가가 기본적인 대립점에 있었다.

그러나 논의는 깊이 있게 되지 않은 채로 종결되었다. 노동법 분야에서는 그 후 법해석에서 헌법의 기본권 조항이나 헌법·노동기준법 등의 기본이념을 중시하는 경향이 차츰 후퇴하고, 동시에 법률구성보다도 결과적 타당성을 중시하는 경향이 강화되어 온 것으로 생각된다. 1970년의 단계에서 시모

---

33) 島田信義『市民法と労働法の接点』(1965, 日本評論社) 7쪽 이하는 시민법을 수정한 노동법에 있어서는 특히 개념법학적 해석론이 부적절하다고 한다.

이(下井)가 한탄하였던 상태는 그 후 시모이(下井)가 주장하는 방향으로 크게 '개선'되어 왔다고 할 수 있는 것은 아닐 것이다. 그렇다면 노동법학에서 이익형량론을 신봉하는 자가 상당히 많다고 하는 혼다(本多)의 추측은 반드시 빗나간 것이라고는 할 수 없게 된다.

2. 노동판례의 해석방법

그렇다면 노동법 분야에서 판례는 어떤 해석방법을 취하고 있는 것으로 볼 수 있을까? 법해석의 대표적인 방법은 문리해석, 체계적 해석, 입법자의 사해석, 역사적 해석, 법률의사해석 등이 있으나,[34] 판례는 일견하면 반드시 일관한 방법을 취하고 있지 않은 것으로 볼 수 있다. 우선은 몇 가지의 예를 들어 판례에서의 법해석방법을 탐구하도록 한다.

(1) 문리해석 · 형식적 해석

노동법은 비교적 새로운 분야이며, 법률에 의한 규정이 충분히 발달하여 있다고는 할 수 없다. 그 영역에서, 제정법의 규정이 존재하는 경우, 법원이 그것에 의거하는 것은 당연하다고도 할 수 있다. 그러나 법률의 문언에 근거한 형식적 판단이 타당성에 문제가 있는 결론을 도출하는 결정적인 근거로 되는 경우가 적지 않다.

비교적 최근의 예를 들면 국철의 분할민영화의 절차를 정한 국철개혁법 제23조의 기계적인 해석에 의해 직원의 승계에서 국철이 행한 부당노동행위에 관하여 JR의 책임을 부정한 예,[35] 지방공무원법의 적용이 제외되는 특별직비상근직원(지공법 제3조제3항제3호)에 관해서도 지방공무원법 제172조의 형식적 해석에 의해 당국과의 관계가 근로계약 혹은 그것과 유사한 관계인 것을 부정하여 근로계약의 반복갱신에 의해 갱신에 대한 합리적 기대가 생긴 경우에는 해고법리를 유추적용한다는 판례법리의 적용을 부정한 예,[36] 사용

---

34) 법해석의 방법에 관해서는, 『法解釈講義』(2009, 東京大学出版会) 3쪽 이하 참조.
35) JR홋카이도(北海道)사건 · 最一小判 平15(2003).12.22. 民集 57권 11호 2335쪽.
36) 東京都中野区保育사건 · 東京高判 平19(2007).11.28. 労判 951호 47쪽. 공무비상근직원에 관

기업과 근로자를 파견하는 기업 간에 이른바 위장도급의 관계가 있어도 사용기업과 근로자 간에 근로계약이 존재하지 않는 한, 근로자파견법 제 2 조제 1 호에서 말하는 '근로자파견'에 해당하고, 직업안정법 제 4 조제 6 항에서 말하는 근로자공급에 해당할 여지는 없다고 하여, 근로자파견계약과 파견근로계약 모두 직업안정법 제44조 위반으로 무효라고 한 원심을 파기한 최고재판소 판결37) 등이 있다. 집단적 노동법 분야에서도 노동조합법의 기계적인 해석에 의해 결과적 타당성에 의문이 남는 판단을 한 것이 적지 않다. 가령 조합원에 대해서만 문제가 되는 체크오프제도도 노동기준법 제24조제 1 항의 임금 전액지급의 원칙의 적용을 받는다고 하여 근로자 과반수대표와의 서면협정이 필요하다고 한 예,38) 노동조합법 제17조가 비조합원에게 불이익한 효력확장을 부정하고 있지 않다는 것을 하나의 이유로 하여, 비조합원에게 불이익한 단체협약의 효력확장을 원칙으로서 유효하다고 인정한 예,39) 노동조합법 제 14조의 문언을 근거로 하여 서면화되지 않은 노사합의가 단체협약의 효력을 가진다는 것을 부정한 예40) 등이 있다.

(2) 문언이나 계약원칙에서 일탈한 목적론해석

본래 법률의 문언은 법해석의 출발점이며, 그 이상도 그 이하도 아니다.41) 법률의 문언에 구애되는 해석은 오래된 개념법학적인 방법을 상기시킨다. 그러나 판례는 결코 법률의 문언에 충실한 해석을 일관하여 하고 있는 것은 아니다. 그 가장 중요한 예가 헌법 제28조의 해석이다.

헌법 제28조는 모든 '근로자'에게 단결권, 단체교섭권, 단체행동권을 보

해서는 정보 · 시스템연구기구(국정연)(情報 · システム硏究機構)(國情硏)사건 · 東京高判 平18 (2006).12.13. 労働判例 931호 38쪽(最高裁에서 확정) 참조.
37) パナソニックプラズマディスプレイ(パスコ)사건 · 最二小判 平21(2009).12.18. 民集 63권 10 호 2754쪽.
38) 済生会中央病院사건 · 最二小判 平元(1989).12.11. 民集 43권 12호 1786쪽.
39) 朝日火災海上保険(高田)사건 · 最三小判 平8(1996).3.26. 民集 50권 4호 1008쪽.
40) 都南自動車教習所사건 · 最三小判 平13(2001).3.13. 民集 55권 2호 395쪽.
41) Pres, Unvollkommenes Gesetz und methodengerechte Rechtsfindung im Arbeitsrecht, in: Festschrift für Wank, 2014, S. 420.

장하고 있다. 판례는 이 '근로자'에 공무원이 포함되며, 단체행동의 전형이 쟁의행위임을 인정하고 있으므로 그 필연적인 귀결은 공무원도 쟁의권을 가진다는 것이다. 헌법 제28조의 문언해석으로부터는 그러한 결론이 도출될 수밖에 없다. 그러나 최고재판소는 결국 그 결론을 인정하지 않고, 모든 공무원의 모든 쟁의행위를 전면적으로 금지한 현행 공무원법제를 합헌으로 판단했다 (제9장 Ⅱ. 1). 여기서는 명확히 헌법의 문언으로부터 일탈한 해석이 행해지고 있다. 게다가 최고재판소는 쟁의행위를 금지하고, 그것을 부추기는 등의 행위를 처벌하는 법률의 규정에 대해서는 문언 그대로 엄격한 적용을 주장하고 있어 헌법과 법률에 대한 최고재판소의 법해석의 태도는 극히 대조적이다.

최고재판소는 또한 헌법 제28조에 근거하는 쟁의행위의 범위를 논함에 있어 동맹파업(스트라이크)의 본질을 문제로 삼아, 동맹파업의 본질은 '근로자가 근로계약상 부담하는 노무공급의무의 불이행에 있'으므로, 그것을 초월한 물리력의 행사는 '동맹파업의 본질과 그 수단방법을 일탈한 것이어서 도저히 이를 인정하여 정당한 쟁의행위로 해석할 수는 없다'고 한다.[42] 여기서는 헌법 제28조의 '단체행동'을 '동맹파업'으로 축소해석하고, 동맹파업의 본질에서 단체행동=쟁의행위의 한계를 도출하는 방법이 취해지고 있으나, 그러한 축소해석을 취하는 이유는 일절 제시되어 있지 않다. 그러나 이러한 단체행동=쟁의행위=동맹파업이라는 파악방식이 현재까지 최고재판소 판례를 지배하여 피케팅 등 파업에 부수하는 행위를 위법시하는 견해의 기초로 되어 있는 것이다.

문언으로부터 일탈한 해석은 노동기준법에 관한 판례에서도 보인다. 최고재판소는 가령 사용자에 의한 일방적 상계는 노동기준법 제24조제 1 항의 임금전액지급의 원칙에 위반한다고 하면서, 임금의 초과지급이 있었던 경우에는 일정의 범위에서 부당이득반환청구권과 익월 이후의 임금과의 조정적 상계를 인정하고,[43] 또한 근로자가 상계에 동의한 경우는, '동의가 근로자의

---

42) 朝日新聞西部本社사건·最大判 昭27(1952).10.22. 民集 6권 9호 857쪽.

43) 福島県教組사건·最一小判 昭44(1969).12.18. 民集 23권 12호 2495쪽; 群馬県教組사건·最二小判 昭45(1970).10.30. 民集 24권 11호 1693쪽.

자유로운 의사에 터잡아 행해진 것으로 인정하기에 충분한 합리적인 이유가 객관적으로 존재하는 경우' 상계는 가능하다고 하고 있다.[44] 그러나 노동기준법 제24조제 1 항은 법령의 규정 혹은 근로자 과반수대표와의 서면협정이 있는 경우에 한하여 임금전액지급 원칙의 예외를 인정하고 있는 것이므로, 이러한 서면협정 없이 상계를 인정하는 것은 명확히 제24조제 1 항의 문언에 반하는 것이다(제6장 Ⅲ. 2. 참조).

또한 산업재해로 인해 휴업 중인 근로자의 해고에 관한 판결이 논란을 불러일으키고 있다. 노동기준법 제19조제 1 항은 산재로 인한 휴업의 기간 및 그 후 30일간의 해고를 금지하면서, 단서에서 사용자가 노동기준법 81조에 의한 일시보상(요양보상 개시 후 3년을 경과하여도 치유되지 않는 경우에 평균임금 1200일분을 지급하여 보상책임을 면하는 제도)을 지급한 경우에 예외적으로 해고할 수 있음을 규정하고 있다. 그리고 노재보험법은 근로자가 요양개시 후 3년 경과한 시점에서 상병보상연금을 수급하고 있는 경우에는, 사용자가 노동기준법 81조에 따른 일시보상을 한 것으로 본다고 규정하고(제19조) 있으므로, 이 경우에도 사용자는 근로자를 해고할 수 있다. 문제가 된 것은 노재보험법상의 요양보상급부를 받을 뿐인 근로자에 대하여, 동조제 1 항의 예외를 인정할지 여부였다. 지방법원, 고등법원이 노동기준법과 노재보험법의 문언 및 그것에 합리적인 이유가 있다고 판단하여 그것을 부정한 것에 대해, 최고재판소는 노재보험법상의 급부의 성질은 사용자의 노동기준법상의 재해보상의무를 보험급부의 형식으로 행하는 것이므로 산재보험의 요양보상급부를 받는 자는 노동기준법 75조에 따라서 사용자로부터 요양보상을 받는 자와 동일시할 수 있다고 하여, 제19조제 1 항 단서의 적용을 인정하여, 원심을 파기환송하는 판단을 하였다.[45] 최고재판소는 필요하다고 생각하면 법률의 명문의 규정으로부터 일탈한 해석도 하고 있는 것이다.

당해 사안을 직접 규율하는 법률의 조문이 없는 경우에는 법원의 법창

---

44) 日新製鋼사건·最二小判 平2(1990).11.26. 民集 44권 8호 1085쪽.
45) 専修大学사건·最二小判 平27(2015).6.8. 民集 69권 4호 1047쪽(원심은 東京高判 平25(2013).7.10. 労判 1076호 93쪽).

조가 인정되나, 그 경우에도 노동법이나 민법의 일반원칙이 고려되어야 하는 것은 당연하다. 그러나 취업규칙의 일방적 변경에 의한 근로조건 인하에 관하여 합리성만 인정되면 그것에 반대하는 근로자도 구속된다고 하는 판례(제6장 Ⅳ. 2. 참조)는 노동기준법 제 2 조제 1 항에서도 확인된 계약법의 기본원칙으로부터 일탈한 것이다. 법원은 나아가 취업규칙에는 없는 연금규정의 변경 유보조항에 대해서도 그것이 합리적인 경우, 근로자가 그 내용을 알고 있었는지 여부와 관계없이 연금계약의 내용으로 되어 있다고 하여, 일방적 불이익변경을 허용한다.46) 이 또한 계약의 근본원칙으로부터 크게 일탈하는 '법창조'이다.

(3) 근로계약상의 의무의 구체화

근로계약상의 급부의무나 부수의무에 관하여 법률이나 단체협약·취업규칙에서 규정되어 있지 않고 근로계약 자체에서도 규정되어 있지 않은 경우에는 법관이 신의성실의 원칙(민법 제1 조제 2 항)에 근거하여 그 내용을 구체화한다. 그것은 민법 제 1 조제 2 항의 해석이라는 형식을 취하는 일종의 법창조(흠결보충)이며, 그 내용이 현행법의 가치체계(특히 헌법상의 제원칙)에 합치하고 있는지는 그 결론을 도출하는 논리에 설득력이 있는지 등이 문제가 된다.

판례가 신의칙에 근거하여 사용자의 의무로서 명언한 것으로는 안전배려의무가 중요하다. 최고재판소는 1975년 판결47)에서, 어떤 법률관계에 기반하여 특별한 사회적 접촉의 관계에 있는 당사자 간에 있어서, 당사자는 당해 법률관계의 부수의무로서 신의칙상 상대방의 생명과 건강을 배려해야 할 의무를 부담하는 것을 일반적으로 인정하였다. 그 후 최고재판소는 근로계약관계에서 사용자의 안전배려의무에 관하여 명언하고,48) 그것을 구체화하는 많은 판단을 누적하고 있다. 이는 인간의 존엄 또는 생존권의 이념을 구체화한 것으로서 일반적으로 긍정적으로 평가되고 있다.

---

46) 松下電器産業사건·大阪高判 平18(2006).11.28. 労判 930호 27쪽.
47) 陸上自衛隊八戸사건·最三小判 昭50(1975).2.25. 民集 29권 2호 143쪽.
48) 川義사건·最三小判 昭59(1984).4.10. 民集 38권 6호 557쪽.

한편 판례는 사용자가 신의칙상의 부수의무로서 근로자를 근로시킬 의무(근로자의 근로청구권)를 부담하는 것을 원칙으로서 부정하고 있다.[49] 이는 노동권(헌법 제27조제1항)의 의의를 충분히 고려하지 않는 것이며, 게다가 '근로계약에서 근로자는 사용자의 지휘명령에 따라 일정의 노무를 제공하는 의무를 부담하고, 사용자는 이에 대하여 일정의 임금을 지급하는 의무를 부담하는 것이, 그 가장 본질적인 법률관계이므로 ……'라는 이유 제시는 설득력이 없다. 근로계약에서 노무와 임금의 교환이 '가장 본질적인 법률관계'라는 것은 논리적으로 근로계약상의 부수의무로서 근로자를 근로시킬 의무가 생기는 것을 부정하는 논거로는 되지 않기 때문이다.

근로자의 의무에 관해서는 많은 판례가 있다. 특히 논란을 불러일으킨 것은 사용자의 기업질서 정립권을 강조하여 근로자의 기업질서 준수의무를 인정한 예,[50] 넓은 범위의 직무전념의무를 인정한 예,[51] 입사 시에 근로자가 신의칙상의 진실고지의무를 부담한다고 하여 근로자의 경력사칭을 이유로 하는 징계해고를 유효하다고 한 예,[52] 기업의 신용을 실추시키는 행위를 하지 않을 의무가 기업 밖에서 취업시간 외의 행위에까지 미치는 것을 인정한 예,[53] 근로자가 건강관리규정(취업규칙)에 바탕하여 건강의 유지에 노력할 의무, 건강회복에 노력할 의무, 건강관리상 또는 건강회복에 필요한 지시에 따를 의무를 부담하는 것을 인정한 예[54] 등이 있다. 이러한 근로자의 부수의무에 관한 판례에서는 근로자의 여러 자유권이나 인격권에의 배려가 결여된 판

---

49) 読売新聞社사건·東京高判 昭33(1958).8.2. 労民集 9권 5호 831쪽.
50) 関西電力사건·最一小判 昭58(1983).9.8. 労判 415호 29쪽. 이 문제에 관해서는, 제6장 Ⅱ. 1. 참조.
51) 目黒電報電話局사건·最三小判 昭52(1977).12.13. 民集 31권 7호 974쪽.
52) 炭研精工사건·東京高判 平3(1991).2.20. 労判 592호 77쪽(最一小判 平3(1991).9.19. 労判 615호 16쪽).
53) 国鉄中国支社사건·最一小判 昭49(1974).2.28. 民集 31권 7호 974쪽; 日本鋼管사건·最二小判 昭49(1974).3.15. 民集 28권 2호 265쪽.
54) 電電公社帯広電話局사건·最一小判 昭61(1986).3.13. 労判 470호 6쪽. 판결은 취업규칙의 조항이 합리적이면 근로계약의 내용이 되어 근로자의 의무로 된다고 한다. 그러나 신의칙상 근로자의 의무로서 인정되는 범위를 초월한 의무를 정한 취업규칙 조항은 그 합리성에 관하여 특히 신중하게 심사되어야 한다.

단이 두드러진다. 그것은 기본적 인권(특히 자유권)의 사인간 효력을 인정하는 것에 소극적인 최고재판소의 입장(제5장 Ⅱ. 2)을 반영한 것으로 보인다. 또한 퇴직 후의 경업금지의무의 범위에 관해서는 많은 판결례[55]에도 불구하고 그 판단기준은 아직 명확히 되어 있다고는 할 수 없다.

(4) 입법자 의사의 의의

법해석에서 입법자 의사가 하나의 중요한 판단지표가 된다.[56] 그러나 판례는 이 점에 대해 반드시 통일된 태도를 보이고 있다고는 할 수 없다. 몇 가지 판례를 예로 들어 살펴보자.

먼저 고연령자고용안정법(高年齢者雇用安定法)의 사법적 효력의 문제이다. 동법은 정년 연령이 60세를 하회해서는 안 된다는 것을 규정(제8조)함과 동시에 65세까지의 정년제를 정하는 사용자에게 ① 정년 연령의 인상, ② 계속고용제도의 도입, ③ 정년제의 폐지 중 어느 조치(고연령자 고용확보 조치)를 취할 것을 의무지우고 있다(제9조제1항). NTT서일본(西日本)사건에서 원고가 사용자가 어떤 조치도 취하고 있지 않은 것은 채무불이행 혹은 불법행위라고 하여 손해배상을 청구한 것에 대해, 판결[57]은 다음과 같은 이유로 제9조제1항의 사법적 효력을 부정하여 청구를 기각하였다. ① 동법은 사회정책 유도 입법 내지 정책실현형 입법으로서 공법적 성격을 갖고 있는 점, ② 동법 개정의 경위 특히 개정의 기초가 된 2004년 노동정책심의회의 '향후 고연령자 고용대책에 관하여(보고)'라는 제하의 건의가 계속고용제도의 내용을 일률적

---

55) フォセコ・ヴャパン・リミティッド사건・奈良地判 昭45(1970).10.23. 下民集 21권 9・10호 1368쪽; 東京リーガルマインド사건・東京地判 平7(1995).10.16. 労判 690호 75쪽; 三佳テック 사건・最一小判 平22(2010).3.25. 民集 64권 2호・562쪽 등. 판례의 경향에 관해서는 石橋洋 『競業避止義務・秘密保持義務 (労働法判例総合解説12)』(2009, 信山社) 참조.

56) 헌법 제41조를 근거로 법해석에서 입법자 의사의 중요성을 강조하는 견해로 前田達明 『民法學の展開』(2012, 成文堂) 6쪽 이하, 24쪽, 46쪽 이하 참조.

57) NTT西日本사건・大阪地判 平21(2009).3.25. 労判 1004호 118쪽. 판결은 大阪高裁(平21(2009) .11.27. 労判 1004호 112쪽)에서 지지되고 最高裁에서 확정되었다. 같은 취지 NTT西日本(德島)사건・高松高判 平22(2010).3.12. 労判 1007호 39쪽; 学校法人大谷学園사건・横浜地判 平22(2010).10.28. 労判 1019호 24쪽 등.

으로 정하지 않고 사업주 측의 사정 등도 고려해야 할 것이라고 하고 있는 점, ③ 제9조제2항이 노사협정에 의한 계속고용자의 선별을 허용하여 탄력적인 조치를 인정하고 있는 점, ④ 동법에는 노력의무규정이 많고 벌칙이나 기업명 공표 등의 제재까지 예정되어 있지 않은 점, ⑤ 동법 제8조가 제9조에 대해 노력의무규정이 삭제된 뒤에도 60세 미만의 정년제를 배제함에 그치고 있는 점 등이다.

이 중 입법자 의사와 관련한 것은 ②이다. 판결이 이 점을 상당히 중시하고 있는 것은 판결이 '건의' 중 '65세까지의 정년 확보 등'이라고 하는 부분을 별지로 게재하고 있는 점에서도 분명하다. 그러나 개정의 기초가 된 건의의 내용은 하나의 참고자료이기는 해도 입법자 의사 그 자체는 아니다. 게다가 입법자 의사를 문제로 하는 것이라면 고령법(高年法)의 1990년 개정에 따라 노력의무로 도입된 65세까지의 고연령자 고용확보 조치가 연금지급개시연령의 단계적 인상에 대응하여 2004년에야 법적 의무로 개정된 경위야말로 중시해야 할 것이었다.[58] 요컨대 이 판결에서는 입법자 의사가 적절치 않은 자료에 의해 판단된 것이다.

다음으로 명확한 입법자 의사가 애써 무시된 예로서는 JR홋카이도(北海島)사건·최고재판소 판결[59]을 들 수 있다. 1987년 거액의 누적적자 등을 이유로 국철(国鉄)이 6개의 여객철도회사와 1개의 화물회사 등(승계법인)으로 분할되어 민영화되었지만, 그 과정에서 다수의 국철노조(国労)·전동노(全動労) 조합원이 배제되었다. 국철개혁법(国鉄改革法) 제23조가 규정한 절차는 승계법인 설립위원에 의한 모집→국철에 의한 채용후보자 명부의 작성→설립위원에 의한 채용이라는 복잡한 것이었는데, 국철이 채용후보자 명부작성 시에 행한 조합원 차별이라는 부당노동행위(노조법 제7조제1호)가 승계법인(JR)에 귀책될 수 있는지 여부가 최대의 쟁점이었다. 각지의 지방노동위원회 명령에

58) 西谷敏 "労働法規の私法の効力 – 高年齢者雇用安定法の解釈をめぐって" 法律時報 80권 8호 (2008) 80쪽 이하; 根本到 "高年齢者雇用安定法9条の意義と同条違反の私法的効果" 労働法律旬報 1674호(2008) 6쪽 이하. 이 문제에 대해서는 본서 제5장 Ⅲ. 1.도 참조.
59) 앞의 주35).

입각해 중앙노동위원회도 JR이 노동조합법(労組法) 제7조의 사용자로서의 책임을 져야 할 것이라는 점을 인정하여 채용명령을 발하였는데, JR이 취소소송을 제기한 것이다.

이 사안에서 국철개혁법(国鉄改革法) 제23조를 조문대로 기계적으로 해석한다면 국철(国鉄)에 의한 명부작성과 JR 설립위원에 의한 채용행위를 분리하여 이해하는 것도 가능하였다. 그러나 법안의 국회심의에서 당시 하시모토(橋本) 운수장관(運輸大臣)은 국철(国鉄)은 설립위원의 채용사무를 보조하는 자로 민법상의 준위임에 가까운 것이라는 점을 반복하여 답변하였다. 또한 국철(国鉄)은 그것을 이유로 국철(国鉄)은 조합과 단체교섭을 할 입장이 아니라고 설명하였다. 그러나 JR홋카이도(北海島) 사건에서 도쿄지방재판소 판결[60]은 "개혁법의 입법과정에서 운수상(大臣) 등의 답변은 법안설명을 위해 편의적으로 사용된 것에 지나지 않는다"고 하여 국철(国鉄)이 승계법인의 보조자적 지위에 있었다는 것을 부정하였고, 도쿄고등재판소[61]도 그 입장을 유지하였다. 최고재판소도 국철개혁법(国鉄改革法)이 승계법인의 채용절차 각 단계에서 국철(国鉄)과 설립위원의 권한을 명확하게 분리해 규정하고 있는 이상, 국철(国鉄)의 부당노동행위 책임을 JR에 지울 수 없다고 한 것이다.

이 최고재판소 다수의견에 강하게 반대한 후카자와(深澤)법관과 시마다(島田)법관은 특히 법률 제정과정에서의 운수장관(大臣) 답변을 문제로 삼고 있다. "국회의 법안심의에서 운수상(大臣)의 답변은 입법자 의사로서 법해석 시에 중요하게 평가하여야 한다. 특히 개혁법은 …… 극히 단기간 내에 그 내용을 실현하여 역할을 수행한 것인데, 이 경위를 고려하면 합리적인 이유도 없이 입법자 의사에 반한 법해석을 하는 것은 피해야 할 것이다. 이러한 운수상(大臣)의 답변은 법안설명을 위해 편의적으로 사용된 것에 지나지 않는다는 것과 같은 견해는 국회의 심의를 경시하고 국민의 국회심의에 대한 신뢰를 훼손하는 것으로 도저히 용인할 수 없다"고.

국회에서 운수장관(大臣)의 답변이 심의회의 '건의' 등과는 달리 각별한

---

60) 平10(1998).5.28. 民集 57권 11호 2478쪽.
61) 平12(2000).12.14. 民集 57권 11호 2529쪽.

비중을 가져야 할 것이라는 점은 소수의견이 말하는 그대로이다. 또한 이 소수의견이 국철개혁법(国鉄改革法)이 특정한 정책목적으로 제정되어 단기간 동안에 그 내용을 실현하는 역할을 수행한 법률인 점을 강조하는 것도 정당하다. 문제가 된 것은 수십 년 전에 제정된 법률에서의 입법자 의사가 아니라는 것이다.[62] 최고재판소는 이러한 명확한 입법자 의사에 반해 굳이 개혁법의 기계적인 문언해석을 고집하여 국철노조(国労) · 전동노(全動労) 조합원의 배제라는 헌법 제28조에 반하는 '국가정책'(国策)을 법적으로 추인한 것이다.[63]

　또 하나의 사례는 명백한 입법자 의사를 굳이 언급하지 않고 사례판단에 그친 최고재판소의 3개의 판결[64]이다. 이들 사건에서는 오페라극장의 합창단원과 출장수리 등에 종사하는 자가 노동조합법(労組法)상의 '근로자'에 해당하는 것을 전제로 단체교섭 응낙을 명한 중노위 명령의 적법성이 문제가 되었다. 고등법원 두 사안 모두 노무제공자의 '근로자'성을 부정했던 것에 대해, 최고재판소의 각 판결은 모두 원심을 파기하고, 자판하거나 고등법원에 환송하였다. 최고재판소 판결의 판단방법은 모두 ① 사업조직에의 편입, ② 업무의 신청 · 의뢰에 대한 승낙 여부의 자유, ③ 계약조건의 일방적 결정, ④ 지휘감독과 장소적 · 시간적 구속의 정도, ⑤ 보수의 대가성이라는 지표에 따라 사안을 검토한 다음, 그러한 것을 종합적으로 고려하여 해당 노무제공자

---

62) 西谷敏 "国鉄改革とJRの使用者責任" ジュリスト 1143호(1998) 84쪽 이하 참조.

63) 또한 JR홋카이도(北海島) · 일본화물(日本貨物)사건 · 東京高判 平14(2002).10.24. 労判 841호 29쪽은 개혁법 제23조에 대해 국철(国鉄)은 승계법인 설립위원이 제시한 채용기준에 따라 승계법인을 위해 채용후보자를 선별하는 사무를 위임받고 있었음에 불과한 것이고, 승계법인이 고용계약의 일방당사자로 국철(国鉄)에서 부당노동행위가 있다면 승계법인이 '사용자'로서 책임을 지는 것은 당연하다고 하여 국회에서의 운수상(大臣)답변에 부합하는 해석을 보이고 있다. 다만, 이 판결은 비위행위를 반복하여 국철(国鉄) 분할민영화에 반대하고 있던 전동노(全動労)(全国鉄動力車労働組合) 조합원을 채용후보자명부에 등재하지 않은 국철(国鉄)의 행위는 부당노동행위가 아니라고 하여 이 '국책'(国策)을 다른 면에서 정당화하였다. JR의 책임을 부정하는 결론이 도출만 될 수 있다면 이론구성은 뒷전으로 밀렸다는 인상을 지울 수 없다.

64) 新国立劇場運営財団사건 · 最三小判 平23(2011).4.12. 民集 65권 3호 934쪽; INAX メンテナンス사건 · 最三小判 平23(2011).4.12. 労判 1026호 27쪽; ビクターサービスエンジニアリング사건 · 最三小判 平24(2012).2.21. 民集 66권 3호 955쪽.

의 근로자성을 긍정하는 것이었다.

이들 판결의 결론 그 자체는 타당하고 학설의 일반적인 지지를 받고 있다.[65] 노동조합법 제3조가 정의하는 '근로자'를 노동기준법 제9조의 '근로자'보다 넓게 해석해야 하는 것은 노동조합법 제3조의 문언에서도 노동조합법 입법과정[66]에서도 명확하였다. 오히려 노동조합법상의 '근로자'를 노동기준법 상의 '근로자'에 가까운 형태로 좁게 해석한 일련의 고등법원 판결[67]에 중대한 문제가 있었다. 그렇기 때문에 최고재판소로서는 문제를 명확히 하기 위해 노동조합법의 제정과정에 근거해 적어도 노동조합법상의 '근로자'가 노동기준법상의 '근로자'보다 넓은 개념이라는 점을 일반론으로서 명시해야 했다고 생각한다. 굳이 사례판단에 그친 최고재판소의 과도하게 소극적인 자세는 이해하기 어려운 것이다.

3. 일관된 방법의 결여인가 이익형량론인가

이상에서 살펴본 바와 같이 판례는 사안 별로 다양한 법해석 방법을 사용하고 있고, 거기서 통일된 방법을 찾아내기란 어렵다. 이에 관해서 애초에 판례에는 일관된 법해석 방법이 결여되어 있다는 견해가 있을 수 있겠다. 특히 한편으로 법률의 문언에 구애되거나 그 형식적 이해를 판단에 직결시키는 일련의 판례가 있는가 하면, 다른 한편으로 실질적 고려를 우선시켜 법률의 문언에서 벗어나거나 노동법에서도 중요한 당연한 계약원리를 사실상 무시하는 듯한 판례가 있는 것을 보면 통일적인 방법이 결여되어 있다는 생각이 강

---

65) 특히 労働法律旬報 1745호(2011) 및 ジュリスト 1426호(2011)의 특집 참조. 또한 이 문제에 관한 사건에 대해서는 西谷敏 "労組法上の「労働者」の判断基準" 労働法律旬報 1734호(2010) 29쪽 이하 참조.

66) 노조법(労組法) 제정과정에서 중요한 역할을 한 스에히로(末弘厳太郎)는 노조법은 "'근로자'를 극히 광의로 해석하여……흔히(일반적으로) 급료생활자로 불리는 자라면" 모두 근로자로서 노조법(労組法)의 적용을 받는 것으로 했다고 설명하였다(末弘厳太郎『労働組合法解説』(1946, 日本評論社) 21쪽).

67) 新国立劇場運営財団사건・東京高判 平21(2009).3.25. 労判 981호 13쪽; INAX メンテナンス사건・東京高判 平21(2009).9.16. 労判 989호 12쪽; ビクターサービスエンジニアリング사건・東京高判 平22(2010).8.26. 労判 1012호 86쪽.

하게 든다.68)

그러나 다른 관점도 가능하다고 생각된다. 즉 판례는 전체적으로 이익형량론이라는 법해석 방법을 자각적으로 선택 또는 적어도 이 방법론의 영향을 강하게 받고 있다는 견해이다. 이익형량론은 당사자의 이익형량에 근거해 사안별 타당한 해결을 법해석의 가장 중요한 요소로 고려하여, 법률구성은 그 결론을 설득적으로 제시하기 위한 수단으로 보는 것으로 이 방법을 취하는 경우 어떤 경우에는 법률의 문리해석이 중시되고, 어떤 경우에는 법목적이 강조되는 경우가 있을 수 있다. 즉 입법자 의사라는 것이 어떤 판결에서는 중시되고 다른 판결에서는 무시 내지 경시되는 경우도 있을 수 있기 때문이다. 이와 같이 생각하면 판례의 일견 수미일관하지 않는 입장도 법해석 방법에서의 혼란이라기보다 오히려 이익형량론이라는 하나의 법해석 방법에 근거한 법률구성의 다양성으로 이해하는 편이 좋다고 생각된다.69)

법률의 문언해석을 고집하여 결과적 타당성을 경시하는 판례만을 보면 판례의 문제는 오히려 이익형량론의 대척점에 있는 개념법학적인 방법에 있다는 인상을 받는다. 그러나 법률의 문언해석을 고집하는 재판도 실은 문언해석의 결과를 타당하다고 보는 실질적인 판단에 근거하고 있는 것으로 개념법학적인 방법보다도 오히려 이익형량론적인 입장에 서 있다고 볼 수도 있는 것이다.70)

대개의 판례는 결론을 제시할 뿐이고 그러한 판단에 이른 법해석 방법이나 사고과정을 신중하게 제시하는 태도를 취하고 있지 않다. 법적 판단에

---

68) 米津孝司 "社会法·労働法から" 民商法雑誌 132권 4·5호(2005) 530쪽은 '비교적 소박한 제정법 실증주의와 이른바 순전한 이익형량 또는 사회과학적 방법의 잡거(雜居)상태'라고 논평한다.

69) 요네즈(米津)는 이러한 법적 사고는 실태적인 생활관계의 '장'에 있어서 여러 이익을 중시하면서 그 장에서의 지배적인 사회규범에 근거한 평가를 법발견에 있어 우선시킨다는 스에히로(末弘厳太郎) 이래의 전통으로 그것은 누마타(沼田稲次郎)나 그 영향 하에 있는 논자에게도 공통된 경향이었다고 한다(米津孝司 "ドイツ労働契約法理における法的思考" 西谷古稀 (下) 498쪽 이하).

70) 笹倉, 앞의 주34) 28쪽은 조문의 '글자 그대로의 적용'도 대개의 경우 '(의논·교섭 등의 전에) 미리 생각해 두는 결론'에 대한 법관의 판단이 선행하고 있다고 한다.

서 '결론을 도출하기까지에 이른 근거에 대하여 가치판단에서 유래하는 측면과『이론구성』을 고려한 측면을 확실히 나누어 제시하는' 것이 이익형량론에서 요구되는 것이[71]라고 한다면, 판례가 취하는 입장은 이익형량론 조차도 아니라고도 할 수 있다.[72] 그러나 설령 그렇다하더라도 판례가 사안별 결과적 타당성에 최고의 가치를 두고 있다면, 그것은 이익형량론과 공통된 태도로 그 방법론상의 적절성에 대해 이익형량론과 같은 차원에서 검증을 받지 않으면 안 된다.

어쨌든 법적 판단의 방법이 명시되어 있지 않은 것 자체가 하나의 큰 문제라고도 할 수 있다. 왜냐하면 설사 법해석 방법은 다양하게 있을 수 있다고 하더라도 법해석자, 특히 법관이 어떠한 방법에 따라 일정한 판단에 이르렀는가를 명시하는 것에 의해 비로소 그에 대한 비판적 검토의 토대가 형성되고 재판에 대한 민주적 컨트롤이 가능해지기 때문이다.[73]

III. 법해석방법론에서 본 노동법의 특질

이익형량론자 중에서도 호시노(星野)는 논의의 범위를 주의 깊게 민법에 한정하고 있지만,[74] 카토우(加藤)는 이익형량론이 다른 분야에도 – 그 특수성을 고려하면서 – 적용되어야 할 일반적인 방법론이라고 하고 있다.[75] 그러나 그 차이가 여기서는 중요하지 않다. 왜냐하면 여기서 문제로 하는 것은 호시

---

71) 星野, 앞의 주12) 6쪽.
72) 笹倉, 앞의 주34) 235쪽은 최고재판소 판결의 근거 제시가 지극히 간단하다는 것 자체가 그 정치적 성격을 나타낸다고 한다.
73) Preis, a.a.O. (41), S. 415f.는 법관이나 기타 법적용자는 올바른 법을 발견하려고 한다면 법적 판단에 이른 방법적인 길을 설명할 수 있고, 그에 의해 비로소 그 판단이 간주관적으로 추체험할 수 있는 것이 되어, 투명성으로 근거 지워지고 이리하여 비판 가능한 것이 된다고 한다. Rüthers, Wozu auch noch Methodenlehre?, JuS 2011, S. 869도 삼권분립을 일탈한 법원의 월권을 컨트롤하기 위해 법학방법론이 중요한 의미를 갖는다는 점을 강조한다.
74) 星野, 앞의 주12) 3쪽.
75) 加藤, 앞의 주16) 34쪽 이하.

노(星野)나 카토우(加藤)의 논의 자체의 타당성이 아니라 노동법 해석에서 이익형량론 내지 유사한 방법을 취하는 것의 당부이기 때문이다. 이하에서는 법해석 방법이라는 관점에서 보아 유의미한 노동법의 특질을 정리하고, 노동법해석에 있어서 이익형량론 내지 그것과 유사한 방법을 취하는 것이 갖는 의미에 대해 생각해 보고자 한다.

1. 노동법과 이익의 형량

노동법 분야에서 실제로 이익형량론을 지지하는 논자가 많은지 여부는 차치하더라도 노동법의 해석이 이익형량론과 같은 방법에 기울어지기 쉬운 것은 사실일 것이다.

먼저 노동법은 후발분야인 까닭에 민법 등의 전통적인 법영역과 비교해 대상이 되는 노동관계를 규정하는 명문의 규정이 없다. 민법의 고용에 관한 규정이 노동관계에 적용된다고 하더라도 그것은 불과 9개 조문에 지나지 않는다. 1985년 이후 다수의 노동입법이 제정되고 2007년에는 노동계약법(労働契約法)이 제정되었지만 여전히 공백은 크다.

노동관계의 기초는 근로계약이므로 그것에 대해 계약에 관한 규정의 적용을 일반적으로 부정할 수는 없지만, 노동관계는 계약법이 예정하는 대등당사자의 관계가 아니라 근로자의 종속성을 기본적 특징으로 하는 독특한 관계이어서 계약법의 무매개적인 적용이 타당하지 않은 결과를 초래하는 경우가 적지 않다. 예컨대 근로자의 과실로 인해 사용자에게 거액의 손해가 발생한 경우, 민법 제415조 이하에 근거해 그 전액을 근로자에게 배상하게 하는 것은 매우 부당한 결과를 초래한다(제3장 Ⅳ. 5. (1) 참조). 또한 노사 간 합의에는 사용자의 유형·무형의 압력이 작용하는 것이 통상적이지만 그에 대해 민법상의 착오(제95조)나 사기·강박(제96조제 1 항)의 규정으로 대응하기에는 많은 한계가 있다. 노동법적으로는 그 합의가 근로자의 진의에 근거해 성립했는지 여부에 관해 신중한 판단이 요구되는데(제6장 Ⅴ. 2), 그 판단에서 합의내용이 어느 정도 객관적으로 당사자의 '이익'을 반영하고 있는지에 대한 실질적 고려가 없어서는 안 된다.76) 이리하여 노동법상의 법규가 결여되어 있는 영역에서는 법률(특히 민법)규정의 문언해석에 따르기보다 당사자의 이익을 적절히 고려한 판단이 바람직하다고 할 수 있는 경우가 많은 것이다.

나아가 또 하나의 사정도 있다. 집단적 노동관계에서는 종종 시민법의 틀을 벗어난 노동조합의 활동이 전개되어 왔다. 예컨대 생산관리, 파업시의 피케팅, 직장점거, 기업시설에의 유인물부착 등이다. 이러한 단체행동은 민법이나 형법의 제조항이나 기본원칙에 비춰 판단하면 소유권침해, 위력업무방해 등으로서 위법평가를 면할 수 없다. 하지만 노동법적으로는 헌법 제28조의 단체행동권에 기초한 행동으로서 '정당'성(노조법 제1조제2항, 제8조, 제7조 제1호)의 범위를 벗어났는지 여부의 문제가 된다. 그것은 행위의 태양, 사용자가 입은 손해의 정도, 그러한 행동의 목적, 사용자의 태도 등 그것이 행해지게 된 경위 등 다양한 요소를 종합해 판단하지 않으면 안 된다. 확실히 사안에 따른 여러 사정의 고려가 중요한 것이다.

이러한 사정에서 본다면 노동법 분야에서는 이익형량론이야말로 적절한 법해석 방법론인 것처럼 보인다. 그러나 전술한대로 당사자의 이익을 형량하는 것과 법해석 방법으로서 이익형량론을 취하는 것과는 별개의 사항이고 위와 같은 사정이 곧바로 이익형량론을 정당화하는 것은 아니다.

노동법은 이미 근로자의 '인간다운 생활'(노동기준법 제1조), 인간의 존엄(헌법 제13조), 단결권보장(헌법 제28조) 등을 기본이념으로 하는 독자적인 법영역을 이루고 있다. 노동법은 이미 민법이라는 바다에 떠 있는 개개의 '섬'77)과 같은 존재가 아니다. 비록 법률규정 그 자체는 여기저기 흩어져 있음에 불과하다 해도 그것은 독자적인 원칙이 지배하는 노동법이라는 해역에 떠 있는 섬이고, 섬이 존재하지 않는 곳에서도 노동법의 기본원칙이 타당하지 않

---

76) 西谷・規制 415쪽 이하, 同 "労働契約法の性格と課題", 西谷敏・根本到(編) 『労働契約と法』 (2011, 旬報社) 17쪽 이하.

77) Krebber, Der Einfluß der Rechtsdogmatik auf Wissenschaft und Praxis des Arbeitsrechts, in: Stürner(Hrsg.), Die Bedeutung der Rechtsdogmatik für die Rechtsentwicklung, 2010, S. 294. セバスチアン・クレッバー・根本到(訳) "労働法における学問と実務への法解釈学の影響" 松本博之・野田昌吾・守矢健一(編) 『法発展における法ドグマティークの意義』(2011, 信山社) 337쪽.

으면 안 된다. 즉 노동법상의 법규가 결여되어 있는 경우 기본적으로는 법률의 흠결이 인정되어야 할 것이고 그것은 헌법 등의 기본이념에 근거하여 노동법적인 검토를 거친 민법의 제규정이나 종속적 관계를 다루는 다른 법률(차지차가법(借地借家法), 소비자보호법(消費者保護法) 등)의 유추적용, 일반조항의 구체화78) 등에 의해 보충되게 된다.

이리하여 노동법은 제정법을 기초로 하면서 판례나 법도그마(Rechtsdogmatik)에 의해 보충되어 체계적으로 구성되어야 할 법영역(전체 법체계 중 하나의 작은 체계)이고 사안별 판단도 이러한 체계와 관계되어 행해지지 않으면 안 된다. 그렇다고 한다면 노동법에서 당사자의 이익형량이 아무리 중요하다고 해도 그것을 독립적으로 선행시키는 이익형량론이라는 방법이 정당화되지는 않는다. 오히려 이익형량론과 같은 방법은 노동법의 다음과 같은 특질에서 보아 부적절하다고 해야 할 것이다.

2. 노동법의 특질과 이익형량론

(1) 근로자보호를 위한 강행규정

노동법 내에서도 노동기준법으로 대표되는 노동보호법은 사용자에 대한 종속적 상태에 있는 근로자의 보호를 위해 근로조건의 최저기준이나 사용자가 준수해야 할 룰을 정하는 것으로 당연히 강행규정을 중심으로 한다. 거기서는 법적 판단에 있어 법률이 설정한 '틀'이 강하게 의식되어야 하는 것은 당연하고,79) 먼저 이익을 형량하고 제2차적으로 설득을 위해 법규를 원용하는 방법은 기본적으로 적절치 않은 것이다.

---

78) 일반조항에 의거한 판단이 흠결의 보충과 법규에 근거한 판단의 어느 쪽인지는 다툼이 있지만(磯村, 앞의 주21) 98쪽 이하), 흠결의 보충이라고 이해하는 것이 타당할 것이다(広中俊雄 『民法解釈方法に関する十二講』(1997, 有斐閣) 73쪽 이하 참조).
79) 加藤, 앞의 주16) 34쪽 이하도 "노동법에서는 경제적 강자인 사용자에 대하여 경제적 약자인 근로자의 권리를 옹호하지 않으면 안 되기" 때문에, 자유로운 해석이 강자의 자유가 되지 않도록 충분한 배려가 필요하다고 지적한다.

(2) 입장의 호환성 결여와 이질적인 이익의 대립

대부분의 노동분쟁은 근로자(개인 혹은 집단)와 사용자 사이에 발생한다. 양자 사이에는 기본적인 이해의 대립이 존재하고 법도 그것을 전제로 하고 있다. 그것은 헌법 제28조가 근로자에게 단체행동권(쟁의권)을 포함한 노동기본권을 보장하고 있는 점에서도 분명하다. 더욱이 근로자와 사용자 사이에는 일반적인 거래의 경우와는 달리 입장의 호환성이 결여되어 있다.

나아가 노동분쟁에는 이질적인 이익이 대립하는 경우가 많다. 집단적 분쟁에서 그 점은 명확하지만 개별적 분쟁에서도 대립하는 것은 당사자의 경제적 이익에 한정되지 않는다. 예컨대 노동분쟁의 중심을 이루는 해고문제는 근로자 측에서는 금전적 이익 외에 다양한 인격적 이익이 관계되어 있고, 경영자 측에서도 직장질서나 직장의 인간관계 유지라는 금전으로 환산하기 어려운 이익이 관계되어 있는 경우가 많다.

이와 같은 노동분쟁의 특질에서 보아 이익형량에 따라 근로자와 사용자를 포함한 다수의 사람들을 납득시키는 결론을 이끌어내기에는 많은 어려움이 따른다. 여기서는 이익형량의 기준이 되어야 할 '상식'이 성립하기 어려운 것이다.

(3) 규범과 현실·상식

노동법상의 판단이 '상식'에 의거할 수 없는 또 하나의 이유가 있다. 노동기준법 등의 노동보호법은 근로자의 생존권이나 인간존엄 이념의 실현을 위해 근로조건의 최저기준을 설정하고 그것에 반하는 노동현장의 상황을 변혁하는 역할을 담당하고 있다. 1947년에 성립된 노동기준법은 ILO의 여러 조약을 고려해 당시로서는 상당히 높은 기준을 설정하였다. 전쟁에 따른 경제적 혼란에서 회복되지 못했던 일본기업으로서 그 기준을 준수하는 것이 쉽지는 않았지만 노동기준법은 굳이 그러한 기준을 설정하는 것에 의해 근로조건의 개선을 촉진하려고 한 것이다. 노동기준법 등의 노동보호법은 본질적으로 이러한 현실변혁적인 성격을 갖고 있다. 이러한 분야에서는 노동현장의 '상식'에 의거하기보다도 그 '상식'을 바꾸는 것이 필요한 경우가 많다.

가령 임금이 지급되지 않는 잔업이라는 노동기준법 제37조에 위반하는 상태가 오늘날에도 관공서를 포함해 직장의 '상식'으로 되어 있는 것은 주지의 사실이다. 판례는 역시 임금이 지급되지 않는 잔업 일반을 용인하는 것과 같은 태도를 취하지는 않으나, 기본급이 상당히 고액이고 시간 관리도 제대로 이루어지지 않았던 사안에서 기본급에 시간외 할증임금을 포함시키는 합의도 허용된다는 – 노동기준법 제37조에 반하는 – '상식'에 따른 예가 있다.[80] 또한 연속한 장기의 연차유급휴가는 취득할 수 없다는 직장의 '상식'도 판례에 규정적인 영향을 미치고 있다.[81]

집단적 노동법 분야에서도 법적 원칙과 상식의 괴리는 크다. 예를 들면 노동조합을 결성하는 것이 근로자의 기본적 인권(헌법 제28조)이라는 것을 아는 사람이 국민의 22%에 그친다는 조사가 있다.[82] 나아가 파업에 대해서라면 그것이 헌법에 보장되어 있다는 것을 아는 사람은 더욱 소수일 것이다. 파업 건수가 최근 극단적으로 줄어든 점도[83] 있고 파업 그 자체를 부당하게 여기는 풍조가 강해지고 있는 것이다.

이리하여 노동법 분야에서는 '상식'에 의거한 법적 판단이 법의 기본원칙에 반하는 결과로 될 위험성이 필시 다른 분야보다도 강하다. 누마타(沼田稻次郞)가 일찍부터 노동'상식'이 아니라 규범적 평가를 매개로 한 '노동양식'을 판단기준으로 해야 함을 주장해 온[84] 것은 그 때문이다.

---

80) 모건스탠리재팬(モルダン·スタンレー·ジャパン)사건 · 東京地判 平17(2005).10.19. 労判 905호 5쪽.

81) 時事通信社사건 · 最三小判 平4(2002).6.23. 民集 46권 4호 306쪽.

82) NHK 放送文化研究所編 『現代日本人の意識構造[第八版]』(2015, 日本放送出版協会) 86쪽 이하.

83) 2014년에 발생한 쟁의행위는 80건(이 가운데 반일 이상의 파업은 27건)이다(厚生労働省 「平成26年労働争議統計調査の概況」).

84) 누마타(沼田)이론에서 '노동양식'의 의의에 관해서는 片岡曻 『現代労働法の理論』(1967, 日本評論社) 209쪽 이하 참조. 노동법 해석에 있어서 실태를 중시해야 할 것을 강조하는 요로이(萬井)가 『실태』를 중시한다는 것은 실태의 용인도 그것에 대한 추종도 아니다. 실태의

(4) 헌법과의 밀접한 관계

헌법에서 제시된 가치체계가 모든 법해석과 법적용에서 틀을 구성하여 그것을 영도해야 하는 것은 어느 법영역에서도 다르지 않다. 그러나 노동법은 헌법과 특히 깊은 관계를 갖고 있다. 왜냐하면 노동법 분야 개별법규의 대부분은 헌법의 위임에 근거해 제정된(헌법 제27조제 2 항에 근거한 노동보호법), 혹은 헌법의 인권조항을 구체화한(헌법 제28조와 노동조합법의 관계) 것이기 때문이다(제1장 Ⅲ. 3. 참조).

그래서 노동법에서 법적 판단은 헌법적인 가치가 특히 강한 구속력을 갖는다고 이해해야 할 것이다. 물론 헌법의 해석에는 일정한 폭이 있다. 근로자와 관련한 기본적 인권이 재산권(제29조제 1 항)이나 영업의 자유(직업선택의 자유 제22조제 1 항) 등과의 관계에서 어떠한 제약에 따를 것인가에 대해서는 견해의 대립도 생길 수 있다. 그럼에도 불구하고 헌법규범은 하나의 '틀'로서 개별법규 및 그 해석을 구속하고 나아가 명문규정이 존재하지 않은 경우에도 일반조항에 의거한 판단의 내용을 규정한다(기본적 인권의 사인간 효력. 제5장 Ⅱ. 2. 참조).

이러한 헌법에 따른 구속이라는 관점에서 보더라도 헌법조항을 포함한 법규보다 법관에 의한 당사자의 이익형량을 우선시키는 법해석방법은 노동법에 어울리기 어려운 것이다.

(5) 예측가능성의 의의

법관에 의한 사안별 이익형량을 우선시키는 방법이 재판결과의 예측을 곤란하게 하여 법적 안정성을 해하는 것은 이익형량론의 중대한 결점이 되어 왔다. 그것은 당연히 노동법 분야에도 그러하다.

게다가 예측가능성이 중요한 의미를 갖는 것은 항상 비용계산에 근거해

파악은 분석, 법이론화와 일체이다'(萬井隆令 "労働法解釈の在り方について―実態の把握, 分析, 法理論化" 日本労働法学会誌 126호(2015) 10쪽 이하)라고 하는 것도 같은 취지일 것이다.

행동하는 사용자에게 뿐만이 아니다. 오히려 막대한 비용, 시간, 정신적 부담을 걸고 경우에 따라서는 인생 전부를 걸고 소송에 도전하는 근로자에게 있어서야 말로 예측가능성이 중요한 것이다. 또한 재판결과의 예측가능성이 높아지면 그것이 노동현장에서 행위규범으로 정착되어 분쟁을 예방하는 효과를 갖는 것도 기대된다.

물론 판례가 축적되어 있으면 그것을 사안의 성격에 따라 유형화하는 작업을 통해 재판의 예측가능성을 높일 수 있지만, 재판이 법률의 구속 하에 행해진 경우와 비교한다면 그 예측가능성의 정도는 낮다고 하지 않을 수 없다. 또한 법원이 법률에 구속되는 그 본연의 모습, 요컨대 법해석 방법론(가령 법해석에서 입법자의 의사에 어떠한 지위를 부여할 것인지가)이 확립되지 않는다면 새로운 분쟁유형에 관한 재판결과의 예측은 곤란해진다. 그 의미에서도 보다 높은 예측가능성을 가질 수 있는 법해석 방법론이 필요한 것이다.

(6) 노동관계분쟁의 사회적·정치적 성격

노동관계에서 발생하는 분쟁은 일반적으로 그 영향범위가 넓고 그 의미에서 사회적·정치적 성격이 강하다. 개별적 노동관계와 집단적 노동관계 어느 쪽에서 발생한 분쟁이든 그에 관해 확립된 판례는 근로자생활과 기업경영에, 또 문제에 따라서는 정치적으로 심대한 영향을 미친다. 최고재판소의 법관이 판결의 영향을 고려하면서 판단하지 않을 수 없는 것은 당연하고 실제 그러한 고려는 대부분의 판결에서 명료하게 간파할 수 있다.

그러나 그런 만큼 법관의 이러한 '정치적' 판단이 제정법(헌법을 포함한다)의 구속에서 벗어나 부적절하게 이루어진 경우의 악영향은 심각하다. 우리는 그 전형적인 예를 헌법 28조의 명확한 문언에서 일탈하여 공무원의 쟁의행위에 대한 전면적인 부정을 인정한 판례,[85] 근로조건의 결정·변경은 노사합의에 따른다는 원칙(노동기준법 제2조제1항의 노사대등결정원칙, 노동기준법 제15조제1항의 근로조건 명시의무)을 무시 내지 경시하고 안이하게 사용자의 배치전환

---

85) 全農林警職法사건 · 最大判 昭48(1973).4.25. 刑集 27권 4호 547쪽.

명령권을 인정한 판례,86) 또한 종업시각 직전에 행해진 잔업명령에도 따를 의무가 있다는 것을 인정한 판례87) 등에서 볼 수 있다. 법관이 법률의 구속 으로부터 자유롭게 판단함으로 인해 삼권분립의 원칙에 저촉될 수 있다는 이익형량론에 대한 비판은 노동법 분야에서도 혹은 노동법 분야에 있어서야 말로 중요한 의미를 가지는 것이다.88)

맺는 말

법관에 의한 이익의 형량은 당사자 어느 측으로부터도 법원이 상대방의 이익을 과도하게 중시하고 있다는 불만을 불러일으킨다. 연구자도 독자적인 입장에서 법관의 이익형량의 방법을 비판적인 검토의 대상으로 한다. 그러나 순전한 이익형량은 법관의 이익형량에 근거한 판단을 우선시키고 법률구성을 제2차적인 것으로 위치지우는 이익형량론으로 결국은 결정권한을 가진 법원의 이익형량이 관철될 수밖에 없다. 당사자 각자의 권리·이익이 헌법을 정점으로 하는 법이 선택한 가치체계에 있어서 어떻게 평가되어 위치 지워지는지가 명확하게 되어야 비로소 이익형량이 법적 판단이 되어 그것을 둘러싼 논의가 법적 논의가 된다. 그 경우에 비로소 패소한 당사자의 불만도 누그러진

---

86) 東亞ペイント사건·最二小判 昭61(1986).7.14. 勞判 477호 6쪽; 日産自動車村山工場사건·最一小判 平元(1988).12.7. 勞判 554호 6쪽.

87) 日立製作所武蔵工場사건·最一小判 平3(1991).11.28. 民集 45권 8호 1270쪽.

88) 물론 최고재판소는 '정치적' 고려에서 근로자의 이익을 중시한 판단을 내린 경우도 있다. 예컨대 노동성 고시가 규정한 재해인정기준을 충족하지 않는 조건 하에서의 과로사를 산재로 인정하고 그에 따라 인정기준의 변경을 촉구한 橫浜南勞基署長(東京海上橫浜支店)사건·最一小判 平12(2000).7.17. 勞判 785호 6쪽이나, 정신적인 불안 때문에 계속 결근하고 있는 근로자에 대해 정신과 의사에 의한 건강진단을 실시한 다음, 치료권장, 휴직 등의 조치를 취해 경과를 무단결근으로 취급하여 이루어진 권고사직처분은 무효라고 한 일본 휴렛팩커드사(日本ヒューレット·パッカード社)사건·最二小判 平24(2012).4.27. 勞判 1055호 5쪽 등이 주목된다. 최고재판소는 기업사회의 규범을 기본적으로 용인하면서 그 과도함에 일정한 제동을 걸려고 한 것으로 생각된다(吉田美喜夫 "勞働事件と最高裁" 市川正人·大久保史郎·斉藤浩·渡辺千原(編) 『日本の最高裁判所－判決と人·制度の考察－』(2015, 日本評論社) 98쪽).

다. 따라서 우리는 이익형량을 끊임없이 현행법의 가치체계와 관련 지워 다루는 식의 방법을 취하지 않으면 안 된다.

그러나 적절한 법해석방법을 찾아내는 것은 결코 쉽지 않다. 본 장에서는 법관의 이익형량에 근거한 판단을 우선시키고 법률구성을 제2차적인 것으로 위치지우는 이익형량론이 노동법 분야에서는 중대한 문제를 안고 있다는 점을 지적해 왔지만, 한편 법률의 무흠결성을 전제로 하여 법률조문 내지 논리구조로부터 모든 문제의 적절한 해결을 도출하려고 하는 개념법학적인 방법도 부적절하다는 것은 분명하다. 우리는 어느 방법에도 문제가 있다는 것에 입각하여 평가법학[89]을 축으로 현재도 여전히 치열하게 다뤄지고 있는 독일의 방법론논쟁[90] 등도 참조하면서 또 노동법의 독자성을 충분히 의식하여 타당한 방법을 모색하여야 한다.[91]

그것과 관련해서 강조해야 할 것은 입법의 중요성이다. 법관이나 연구자에 의한 현행법의 해석이 법률에 따른 구속을 받으면서, 또 당사자 이익의 적절한 형량에 근거한 결과적 타당성을 보유할 수 있기 위해서는 해석을 구속하는 법률 그 자체가 적절하고 상황의 변화에 적확하게 대응하는 것이지 않으면 안 된다. 노동법 분야에서는 헌법의 여러 조항이 개개의 법해석을 지도하는 이념을 제공하고 나아가 민법이나 노동계약법의 일반조항의 내용이 되어 법관이나 연구자의 판단을 구속하지만, 이런 것은 여전히 추상적인 것으로 헌법의 요청이나 일반조항의 내용을 구체화하는 법률의 정비가 중요하다. 특히 빈약한 내용으로 성립된 노동계약법을 충실하게 하는 것은 급선무

---

89) 요네즈(米津)는 평가법학을 "법의 외적 체계인 헌법, 노동법규, 민법규정 등의 배후에 존재하는 법원리의 내적 체계로 거슬러 올라가 단계적인 구조로 성립되어 있는 이 법의 내적 체계에 있어서의 평가모순을 회피하면서 구체적인 문제마다 법적 제 원리 사이에서 형량의 최적화를 도모함으로서 개별적인 정의와 법적 안정성의 균형 잡힌 발견을 확보하는 것을 목표로 하는" 것이라고 규정한다(米津, 앞의 주69) 489쪽 이하).

90) 磯村, 앞의 주21) 85쪽 이하, 青井秀夫『法理学概説』(2007, 有斐閣) 제2부 등.

91) 笹倉, 앞의 주34) 4쪽 이하는 법해석이라는 작업을 참조사항(법문 자체의 의미, 조문끼리의 체계적 연관, 입법자의 의사, 입법의 역사적 배경, '법률의사')과 조문적용의 방식(글자 그대로의 적용, 선언적 해석, 확장해석, 축소해석, 반대해석, 물론해석, 유추, 비부, 반제정법해석)으로 구별하여 정리한다. 법적 판단의 구조분석으로서 유익하다.

이다. 물론 아무리 입법화가 진전되었다고 하더라도 법해석과 그 방법론의 의의가 상실되는 일은 있을 수 없지만 적절한 입법화는 무리 없는 법해석에 의해 타당한 결론을 얻기 위해 불가결한 전제조건이다.

* 본 장은 西谷敏, "勞働法の特質と法解釈方法論", 杉原泰雄·樋口陽一·森英樹(編) 『戰後法學と憲法－歷史·現狀·展望(長谷川正安先生追悼論集)』(2012, 日本評論社) 262쪽 이하를 대폭 가필하여 수정한 것이다.

제11장
근로관계의 사법화와 분쟁해결

들어가는 말 – '사법화'의 빛과 그림자

'사법화'(legalization, Verrechtlichung)의 개념은 미국이나 독일에서는 부정적인 맥락에서 사용되는 경우가 많다. 토이브너(Teubner)의 정리에 의하면 다음과 같다.[1]

첫째, 규범의 범람(Normenflut)이다. 특히 산업·노동의 분야에서 너무나 많은 법률이 제정되어 그 전체적 인식과 통일적 해석이 곤란해지고 나아가 법에 대한 신뢰감을 상실시키고 있다고 한다.

둘째, 분쟁의 수용(Konfliktenteignung)이다. 즉 사회분쟁을 당사자로부터 빼앗아 법원으로 인도함으로써 시간과 비용이 들어가 오히려 분쟁의 적절한 해결 가능성을 빼앗는 것이 된다는 것이다.

셋째, 비정치화(Entpolitisierung)이다. 근로관계를 법률적으로 형식화함으로써 본래 정치적이었어야 할 계급투쟁을 중립화하여 희석(稀釋)시키는 것이라고 비판되고 있다.

넷째, 실질화(Materialisierung)이다. 즉 현대의 사회국가에서 고전적인 법의 실정성이나 일반성, 형식성이 사라지고 법이 산업·노동 분야에 국가적 개입의 유도 수단으로 전화된다. 여기에는 형식적 합리성보다는 실질적 합리성이 우위에 있게 된다.

다른 각도에서 '사법화'를 법의 확장과 법의 세밀화·특수화로 구분하는

---

1) Teubner, Verrechtlichung – Begriffe, Merkmale, Grenzen, Auswege, in: Kübler(Hrsg.), Verrechtlichung von Wirtschaft, Arbeit und soziale Solidarität, 1984, S. 293ff.

의견도 있다.2) 법의 확장이란 종래에는 단순한 사회현상 내지 정치현상이라고 이해되고 있던 영역이 규범화 되어 법적 현상이 되는 것을 말하고,3) 법의 세밀화·특수화는 이미 법적으로 파악된 영역에서 법적 수단이 세분화·특수화되어 법적 유도수단의 정확성이 증대해 가는 것을 말한다.

요컨대 '사법화'란 전체적으로 국가기능이 비대해져 종래에는 사회나 경제에 맡겨져 있던 영역에까지 국가=법이 개입하는 것 외에도 법 그 자체가 더욱더 세분화·정밀화되어 인간의 사회·경제생활을 그물망과 같이 지배하고 있는 사태를 표현하는 개념이라고 할 수 있다.4) 이러한 현상을 부정적으로 파악하는 미국이나 독일에서의 논의는 물론 일본에서도 참고가 된다.

그러나 일본사회에서는 당사자의 관계를 권리와 의무의 법적 관계로 파악하고 그로부터 발생하는 분쟁을 법원 등의 공적 기관에 의해 해결한다고 하는 의미의 '사법화'는 결코 충분하다고는 할 수 없다. 특히 근로관계가 전개되는 기업이라는 소사회에서는 근로자·사용자의 권리와 의무가 명확하게 정의되는 것도 아니기 때문에 사용자의 자의적인 지배가 관철되기 십상이다. 근로자·사용자 관계가 '사법화'되는 것은 근로자가 권리 주체로서 인정되기 위한 전제조건이다. 따라서 일본에서의 '사법화'는 부정되어야 할 폐단이기 이전에 우선적으로 실현되어야 할 과제인 것이다.5)

---

2) Voigt, Verrechtlichung in Staat und Gesellschaft, in: Voigt(Hrsg.), Verrechtlichung. Analysen zu Funktion und Wirkung von Parlamentarisierung, Bürokratisierung und Justizialisierung sozialer, politischer und ökonomischer Prozesse, 1980, S. 16.

3) 일본에서는 이웃소송이 그 전형적인 예이다. 이웃소송에 대해서는 星野英一(編)『隣人訴訟と法の役割』(1984, 有斐閣); 小島武司(他)『隣人訴訟の研究』(1989, 日本評論社) 참조.

4) '사법화'를 문제 삼는 경우에 당연히 '법'의 개념에 대한 일정한 이해가 전제가 된다. 특히 어떤 사회적 기반을 기초로 한 규범을 '법'이라고 할지가 중요하다. 예를 들어 연구실에서의 금연의 룰은 '법'이라고 할 수 있을까? '법'의 사회적 기반은 국가이거나 적어도 '전체 사회'가 아니면 안 된다는 입장(加藤新平『法哲学概論』(1976, 有斐閣) 345쪽 이하)에 따르면 '법'이라고는 할 수 없지만, 모든 사회의 규범을 법으로 인정하는 입장(末弘嚴太郎『法学入門』(1934, 日本評論社), 83쪽)에 의하면 '법'이 될 수 있다. 그러나 여기에서는 '법'의 가장 전형적인 형태인 국가법을 염두에 두고 있다.

5) 笹倉秀夫『法思想史講義＜下＞』(2007, 東京大学出版会) 354쪽; 広渡清吾『比較法 社会論研究』(2009, 日本評論社) 117쪽 이하. 1999년부터 추진된 사법제도 개혁은 일본 사회의 '사법

336

또한 '사법화'에 대한 앞에서의 비판 내지 회의는 글로벌화를 배경으로 하는 규제완화의 본격화라는 새로운 사태 속에서 재검토될 필요가 있다. 규제완화가 이미 존재하는 규제의 큰 틀을 유지하면서 예외를 늘려가는 방법으로 이루어지는 경우에 법적 규제망은 세밀화하고 복잡화해져 '사법화'가 진행한다. 이 경우의 규제완화에 대한 비판은 '사법화'의 비판으로 이어진다. 그러나 규제완화를 위해서 국가가 어느 영역에서 물러나는 경우에 그 영역에서는 '비법화'(Entrechtlichung)의 현상이 생기게 되고 규제완화 반대론은 '비법화'를 비판하고 '사법화'를 요구하지 않으면 안 된다.

이와 같이 규제완화는 사정에 따라 '사법화' 또는 '비법화'를 진행시키는 것으로서 결국 '사법화' 문제가 국가기능론과는 별도의 차원에서 검토 대상이 되어야 한다는 것을 의미하게 된다.

본 장에서는 오늘날의 근로관계에서 위와 같은 의미에서의 '사법화'가 어떠한 상황에 있는지를 검토하고 그와 관련하여 근로관계의 분쟁해결 문제에 대해서도 검토하기로 한다.

I. 근로계약의 성질과 근로관계의 사법화

근대사회에서는 근로자와 사용자 관계의 법적 기초는 근로계약이고 이러한 의미에서 근로자·사용자관계는 본래 법적 관계이다. 그러나 그것이 곧 근로자·사용자관계의 사법화를 의미하는 것은 아니다. 근로자·사용자관계는 그것이 법적 관계(특히 계약관계)라는 것으로 의식되고 그 관계로부터 많은 법적

화'를 지향하는 것이었다고 할 수 있다. 즉『司法制度改革審議会意見書-21世紀の日本を支える司法制度-』(2001년 6월 12일)에서 '법의 정신, 법의 지배가 이 나라의 피이고 살이다. 즉 '이 나라'가 추구해야 하는 자유와 공정을 핵심으로 하는 법(질서)이 국가 전체 사회에 적용되어 국민의 일상생활이 편안할 수 있어야' 하는 것을 사법제도 개혁의 근본적 과제로 한다고 하고 있다. 사법제도 개혁의 각각의 내용에 대해서는 찬반이 첨예하게 대립하고 있지만 현재의 일본에서 '사법화'의 촉진이 중요한 과제라는 것에 대해서는 공통의 인식이 형성되어 있다고 생각된다.

분쟁이 현실적으로 발생하는 경우에 비로소 사법화한 것이라고 말할 수 있다.

오히려 근로자·사용자관계는 일반적으로 사법화하기 어려운 관계이다. 물론 고용(근로계약의 체결)과 퇴직이나 해고(근로계약의 해지)의 단계에서는 그것이 계약관계라는 것은 분명하다. 그러나 근로자·사용자관계가 존속하는 기간 중의 취업관계는 법적 관계, 즉 근로계약상의 의무이행의 과정이라고는 의식되기 어렵다. 근로자는 협동작업(협력)을 위해서 형성된 집단의 일원으로서 사업주가 작성한 취업규칙과 사업주의 그때그때 지휘명령에 따라서 취업하는 것이 당연하다고 생각한다. 스에히로(末弘嚴太郞)가 일본의 근로계약을 지위설정계약이라고 설명한(제6장 I. 2.) 것은 어느 정도는 자본주의적 경영에서의 보편적인 근로자·사용자관계의 본래의 모습을 표현한 것이라고 할 수 있다.

19세기 유럽의 근로계약의 이해에서도 이러한 근로관계관을 반영하고 있었다. 근로계약을 노무의 임대차라고 구성한 1804년 나폴레옹 민법전에 있어서는 노동과정은 물건(노동)의 사용과정으로서 단순한 사실적인 관계에 지나지 않았다. 나폴레옹 민법전이 근로계약에 대해서 고유의 규정을 거의 두지 않았던 것도 그 때문이다. 근로계약을 노동(력)의 매매라고 보는 근로계약관도 마찬가지다. 노동과정은 사용자가 구매한 상품을 소비하는 과정이고 그것은 기본적으로는 비법적이었다. 1900년에 시행된 독일 민법전은 노무공급계약에 관하여 20개조의 규정을 두어 나폴레옹 민법전보다는 다소 깊게 근로관계에 접근하였지만 근로관계의 세부적인 부분을 법적으로 규율한 것은 아니었다.

20세기 초부터는 근로계약의 성질에 관한 연구가 진행되었다. 예를 들어 로트말(Rottmarl)은 민법전의 제 규정을 기초로 근로자·사용자의 권리와 의무를 해명하여 근로계약 이론의 확립에 크게 공헌했다.[6] 기르케(Gierke)도 근로관계를 중세 이래의 전통에 근거하여 보호와 충성의 상호관계에 의한 인법적(人法的) 공동체관계(personenrechtliches Gemeinschaftsverhältnis)라는 입장[7]에서 로

6) 로트말의 노동법이론의 공헌에 관해서는 Rückert, 'Frei' und 'sozial': Arbeitsvertrags—Konzeptionen um1900 zwischen Liberalismus und Sozialismus, ZfA 1992, S. 245ff.

7) Gierke, Die zwei Wurzeln des Dienstvertrages, in: Festschrift für Heinrich Brunner, 1914, S.

트말과는 다른 형태로 근로자·사용자의 권리의무를 해명하여 진츠하이머 등 그 후의 노동법 이론에 커다란 영향을 미쳤다.

그렇지만 위와 같은 근로계약 법리의 연구는 개별적 근로관계를 사법화하기 위한 준비작업이었다고는 할 수 있어도 사법화 그 자체는 아니었다. 근로관계의 규율에 있어서 실제로 큰 역할을 한 것은 1891년의 영업법 개정(이른바 노동보호법)에 의해 사용자에게 작성이 의무화된 취업규칙이고, 20세기 초부터 보급하기 시작한 단체협약이며, 1920년 종업원대표위원회법에 의해 창설된 종업원대표위원회(Betriebsrat)였다. 개별적 근로관계는 당시에는 이러한 집단적 관계의 배후에 머물러 있었던 것이다.

개별적 근로관계의 사법화는 독일 바이마르 시대에 있어서 단체협약의 규범적 효력의 승인이나 몇 개의 근로자보호입법의 성립으로 개개 근로자의 권리가 명확화된 것을 전제로 하고 특히 노동법원의 창설(1926년)로 근로자의 권리가 비교적 용이하게 실현되는 길이 열린 이후에 본격적으로 전개되었다.[8] 그리고 독일은 현재, 노동 분야에 있어서도 연간 약 50만 건의 소송이 노동법원에 제기되고 있는 사법화 사회가 되고 있다.

II. 일본식 기업사회와 사법화

1. 일본식 기업사회의 특징

장기 고용관행, 연공적 임금이나 인사제도, 기업 내 노동조합 등의 일본식 고용관행을 배경으로 하여 일본 특유의 기업사회가 형성되어 왔다.[9] 기업

40ff., 和田肇 『労働契約の法理』(1990, 有斐閣) 23쪽 이하; 西谷敏 『ドイツ労働法思想史論－集団的労働法における個人·団体·国家』(1987, 日本評論社) 205쪽 이하; 皆川宏之 "オットー·フォン·ギールケにおける雇用契約の法理(1)(2)" 季刊労働法 238·239호(2012) 참조.

8) 한편, 독일에서의 집단적 노사관계의 전개를 '사법화'의 과정으로 묘사한 것은 西谷, 앞의 주7)의 동기였다.

9) '기업사회'에 관해서는 田端博邦 "序論 現代日本の企業·社会·国家" 東京大学社会科学研究所(編) 『現代日本社会5構造』(1991, 東京大学社会科学研究所) 1쪽 이하; 広渡清吾 "序論·い

사회의 특징은 근로자·사용자관계가 용이하게 사법화하지 않는다고 하는 점에 있다. 근로자가 계약의식을 가지기 어려운 것은 어느 정도까지는 근로계약이라는 것의 보편적인 성질에 기인하지만, 장기 고용관행이 지배적인 일본식 기업사회에서는 근로자의 계약의식이 상당히 희박하고 기업사회의 구성원으로서의 의식이 지배적이 된다.

기업사회를 실제로 지배하는 규범에 의하면 정식사원인 근로자에게는 기업에 대해서 헌신적으로 봉사할 것이 요구된다. 또한 빈번한 배치전환이나 갑작스럽게 이루어지는 장시간의 잔업에 대해서도 사생활을 희생하여서라도 응하도록 기대된다. 그에 대한 보상은 안정된 고용, 생활을 배려한 임금제도(연공제, 고액의 상여금, 주택수당, 가족수당 등), 정기적인 승급, 퇴직금, 퇴직연금, 사택 등 각종의 기업 내 복리후생, 그리고 사용자(상사)의 온정이며, 그것이 근로자의 기업 충성심으로 이어져 왔다. 적지 않게 전근대적 성격이 남아 있던 이 충성과 배려의 관계는[10] 고도경제성장기에 점점 세련되고 일본식 고용관행으로 정착되었다.

물론 기업사회의 근로관계도 노동기준법 등이 적용되고 또 취업규칙이나 단체협약에 의해서 규제되는 한 법적 관계이다. 그러나 기업 내에서 통상적으로는 독자적인 사회규범이 지배하게 되는데, 이것은 때로는 근로자에게 법적인 의무 이상의 부담을 강요한다는 의미에서 비법적이고, 때로는 법률에 반하여 근로자의 권리를 침해한다는 의미에서 반법적이다. 수당이 지급되지 않는 잔업은 이러한 양 측면을 가지고 있다.

일본 기업은 또 해고라는 명확한 법적 수단을 가능한 한 피하고 퇴직을 권장(강요)하는 방법으로 근로자를 퇴직하게 하여 법적 분쟁이 되기 어려운 방법을 취해 왔다. 배치전환이나 전적·전출(출향), 강격(강등) 등의 인사상의

ま, 何が問題か" 東京大学社会科学研究所(編) 『現代日本社会6問題の諸相』(1992, 東京大学社会科学研究所) 3쪽 이하; 西谷·規制 5쪽 이하 참조.
10) 기업사회에서의 노사관계관은 근로관계를 보호와 충성이 대응하는 인적 공동체관계라고 본 기르케의 이해와 공통하는 면이 있다. 그러나 기르케의 근로관계관이 중세의 영주-기사 관계라는 1 대 1의 계약관계를 기초로 하고 있는 것에 대해서, 기업사회의 근로관계관은 근로자의 기업='가(家)'에 대한 소속이라는 집단적 성격이 강하다는 점에 특징이 있다.

여러 문제는 사용자가 본래 가지는 인사권(경영권)의 행사라는 인식하에 그다지 법적 문제로 다루어지지 않았다.[11] 그리고 기업 내 노동조합이 여전히 일정한 영향력을 가지고 있고, 조합원 개개인의 취업(근로)조건에 대한 발언권을 갖는 경우에는 개별적 인사 문제도 단체교섭으로 해결될 가능성이 있어서 그 자체가 사법화될 필요는 없었던 것이다.

2. 사법화의 진행

일본식 기업사회는 그러나 점차 근로관계의 사법화를 촉진하는 방향으로 변화해 왔다. 특히 1970~80년대부터 그 경향을 보이기 시작했는데, 특히 1990년 이후 헤이세이(平成) 불황기에서 현저해졌다.[12]

첫째로 1980년대 중반 이후의 균등법과 파견법의 제정, 근로시간에 관한 노동기준법의 개정 등 법 개정이 이루어져 전체적으로 노동법에 대한 관심이 높아졌다. 노동법학의 관심도 집단적 노동관계법에서 개별적 근로관계법으로 크게 바뀌고 근로자·사용자의 권리의무에 관한 이론적 검토도 진행되었다. 이것들은 근로관계의 사법화를 추진하는 전제조건이 되었다.

둘째로 버블 붕괴 후의 장기 불황기에는 사용자 자신이 종래의 충성과 보호를 축으로 했던 일본식 고용관행을 크게 전환하여 정리해고, 퇴직강요, 비정규직근로자로의 전환, 근로조건의 급격한 변경 등의 조치를 단행했다. 또 이러한 조치는 전체적으로 직장을 황폐하게 하고 성희롱이나 집단적 괴롭힘 등의 온상이 되었다. 나아가 장시간 근로는 더욱더 심각하게 되어 과로사나 과로자살, 정신적 질병 등의 문제를 발생시켰고, 근로자·사용자간에 많은 새로운 분쟁이 발생하는 계기가 되었다. 그리고 이미 상사나 사용자의 온정에 기대할 수 없다는 것을 깨달은 근로자(및 그 가족)는 단념하기 보다는 분쟁을 공적 기관을 통해 해결하려는 적극적 행동을 취하게 되었다. 이것은 사용자의 자세 전환에 대한 근로자의 당연한 반응이었던 것이다.

---

11) 이 문제에 관한 논의의 전개는 渡辺裕 "配置転換・転勤と出向の法理" 労働法文献研究会(編) 『文献研究・労働法学』(1978, 総合労働研究所) 15쪽 참조.
12) 西谷·規制 17쪽 이하; 西谷·人権 57쪽 이하 참조.

셋째로 헤이세이(平成) 불황기에는 근로자 전체 중 비정규직근로자의 비율이 크게 증가하였다. 그 증가에 있어서도 1990년의 약 20%에서 15년 동안 약 40%로 증가하는 급격한 것이었다. 일반적으로 비정규직근로자는 근속연수가 비교적 짧거나 직무내용이나 근로조건의 변화가 적기 때문에 근로조건이 근로계약서에 명기되는 경우가 많아서 사용자와의 관계에서 상대적으로 사법화하기 쉽다. 그러한 비정규직근로자의 급증은 기업의 근로관계 전체를 사법화하는 방향으로 작용했던 것이다.

넷째로 장기 불황 속에서 기업별 조합은 그 기능이 저하되고 개인적으로 가입하는 지역유니온이 활동력을 높여 왔다. 이 양자의 경향이 함께 근로관계의 사법화에 기여했다고 말할 수 있다. 즉 근로자가 해고나 성희롱 등 심각한 문제에 직면했을 때에 기업 내 조직의 단체교섭에 의한 문제 해결이 이전보다 더 어려워져 법적 수단에 의지하는 것이 증대했다. 한편 문제에 직면한 근로자의 지원에서 중요한 역할을 하는 지역유니온은 사용자와의 단체교섭에 의해서 문제 해결에 노력하는 것 외에 당사자에 의한 소송이나 노동국(노동청) 알선 신청 등의 지원에 힘을 기울였다. 이러한 것도 소송 건수의 증가 등 근로관계의 사법화에 기여했던 것이다.

다섯째로 2007년에 제정된 노동계약법도 근로관계의 법화를 촉진했다. 특히 법률의 제정을 계기로 사용자가 근로계약상의 분쟁예방 혹은 유리한 해결을 목적으로 근로조건을 미리 근로계약서에 상세하게 규정하거나 근로조건의 저하 등에 대해서 근로자의 서면 동의를 받는 경향이 강해졌다.

마지막으로 개별 분쟁의 증가에 대응하기 위해서 재판 이외의 노동분쟁 해결제도를 정비하여 법적 분쟁의 해결 방법을 마련하였다. 특히 도도부현 노동국(노동청)의 알선을 제도화한 개별노동관계분쟁해결촉진법(2001년)과 재판과 조정 사이에 위치하는 노동심판을 핵심으로 하는 노동심판법(2004년)이 중요하다. 이러한 제도의 정비는 공적 기관에 제기되는 개별근로관계분쟁의 건수를 비약적으로 증대시켜 근로관계의 사법화에 기여하였다.

이러한 배경에서 공적 기관에 제기되는 개별노동관계분쟁은 1990년 이래 급증하고 있다. 1990년 당시 법원에 새롭게 제기된 소송은 본소와 가처분을 합하여 연간 약 1,000건이었고, 개별노동분쟁을 취급하는 공적 기관은 법원으로 한정되어 있었다. 그런데 2014년도에는 근로관계의 통상 민사소송의 신규접수 건수 3,254건, 노동심판의 신규신청 건수 3,496건이고, 나아가 노동국(노동청)에서의 개별 분쟁 알선 5,010건, 도도부현 노동위원회의 개별분쟁 알선 319건, 도도부현 노동행정주관부국 등의 알선 845건을 더하면 연간 약 1만 3,000건의 개별 분쟁이 공적 기관에서 다투어지고 있다. 25년 사이에 약 13배로 늘었다.

3. 사법화의 한계

공적 기관에 제기되는 개별적 노동분쟁 건수는 이와 같이 비약적으로 증가했지만 유럽 각국에서의 노동재판의 건수(예를 들어 독일에서는 연간 50만 건)에는 한참 뒤떨어져 있다. 앞으로의 추세에 대해 확실한 예상은 어렵겠지만 일본의 노동분쟁 건수가 가까운 장래에 유럽과 같은 수준이 될 가능성은 별로 없다고 생각된다.

무엇보다 일본 근로자의 권리의식은 유럽 각국의 근로자와 비교하여 결코 높다고는 할 수 없고, 나아가 그 권리의식은 단기간에 변화하는 것도 아니기 때문이다. 근로자가 여러 인사조치나 성희롱, 집단적 괴롭힘 등을 법적으로 다툴 수 있다는 것은 이론적으로 명백하고 그에 관한 지식도 보급되었지만, 그것을 법적으로 다투는 것에 대해 주저하는 풍조는 여전히 뿌리 깊다고 할 수 있다.

근로자·사용자관계를 계약관계로 파악하는 의식이 희박한 기업사회에서의 근로관계는 기업 내부의 문제이지 그것을 법적 문제로 삼아 외부로 가지고 나가서는 아니 된다는 규범이 지배적이다. 기업사회의 구조가 상당히 크게 변화한 이후에도 그러한 의식은 여전히 불식되고 있지 않다. 근로자의 대부분이 소를 제기함과 동시에 기업을 퇴직하지 않을 수 없게 되거나 해고나 퇴직한 후에 비로소 소를 제기하는 것도 그 때문이다. 근로자는 퇴직하고서야 비로소 자기의 권리를 주장하는 시민이 되고 근로관계가 진정한 의미에서의—그러나 사후적으로—법적 관계가 되는 것이다. 일본의 기업사회에서는 사법화를 진행시키는 조건이 갖추어져 왔지만 현실적인 사법화는 결코 충분하다고는 할 수 없고 가까운 장래에 그것이 비약적으로 진행할 것이라고도 예측하기 어렵다.

III. 사법화의 제 형태

1. 규범·룰(rule)의 종류

근로관계가 법적 관계로서 다루어지고, 발생한 분쟁을 재판 등으로 다투는 것이 가능한 경우 근로관계는 일단 사법화되었다고 할 수 있다. 당사자의 분쟁이 법원 등 분쟁해결기관에 제기된 경우에 그 기관은 법률, 단체협약, 취업규칙, 근로계약, 노사관행 등에 의한 해결 기준을 찾아 그에 기초를 두고 해당 분쟁에 대해서 판단한다.

분쟁해결의 기준은 실체형, 절차형, 사용자의 재량형 등 세 개로 분류할 수 있다. 실체형이란 미리 당사자의 권리의무의 내용이 구체적으로 결정되어 있는 것으로서 가장 표준적인 기준이다. 절차형이란 노동조합 등의 관여에 의해서 결정한다고 하는 절차만을 사전에 결정해 두는 방법이다. 사용자의 재량형이란 사용자의 재량=결정권을 정해 두고 법원 등은 그 남용의 유무에 대해서 심사하는 방법이다.

각각의 방법에 따라 분쟁해결의 예측가능성이나 분쟁해결의 방법에 차이가 있기 때문에 이러한 분류에는 의미가 있다.

2. 실체형

어떤 사항에 대해서 법률, 판례법리, 단체협약, 취업규칙, 근로계약의 조항 등에 의해서 당사자의 권리의무가 구체적으로 결정되어 있는 경우에는 말할 필요도 없이 그 사항을 둘러싼 법적 분쟁은 그 실체적 기준에 입각해서 판단하게 된다.

실체적 기준은 임금 그 밖의 근로조건에 대해서는 일반적인 기준이지만 전근·전보 등의 인사에 대해서도 문제가 될 수 있다. 예를 들어 근무 장소가 근로계약에 의해서 구체적으로 특정되고 있는 경우가 그 전형적인 예이다. 이 경우에 전근은 합의된 근로조건의 변경으로서 당연히 근로자의 동의가 필요하다. 전근에 대해서는 근로자의 개별적 동의를 필요하다는 취지의 조항이 단체협약이나 취업규칙 등에 존재하는 경우에도 마찬가지다.

전근에 대해서 근로자의 개별 동의가 필요하다는 기준은 후술하는 절차형에 해당한다고도 말할 수 있을 것 같지만, 본인의 동의라고 하는 요건은 헌법 제13조에 근거한 자기결정의 이념과도 깊은 관련이 있기 때문에 단순한 절차를 넘는 실체적인 의미를 가진다고 보아야 할 것이다.[13]

본래 근로조건 그 자체나 발생의 여지가 있는 분쟁의 해결 기준은 가능한 한 명확하고 구체적으로 규정해 두어야 하는 것이다. 그것은 먼저 노동기준법이나 노동계약법 그 외의 법규의 임무이고 판례법리가 그것을 보충한다. 또 근로조건에 관한 취업규칙이나 근로계약의 규정은 채용 시의 근로조건명시의무(노동기준법 제15조제1항)의 취지상 가능한 한 명확하고 구체적이지 않으면 안 된다. 이러한 구체적인 기준은 당사자의 예측가능성을 높여 분쟁을 사전에 방지할 수 있음은 물론 법적 분쟁이 생긴 후에도 그것을 신속하게 해결하는 역할을 하게 된다. 법원이 분쟁의 해결에서 '합리성'이라는 법률의 규범적 요건(예를 들어 노동계약법 제10조)이나 취업규칙에서의 '정당한 사유'라고 하는 일반적인 기준을 적용하여 판단해야 하는 경우에는 분쟁해결의 예측가능성이 낮아지고 실제의 분쟁해결 절차에 있어서도 쌍방이 그 입증과 반증을 위해 필요 이상의 시간과 노력이 필요하게 된다.

당사자의 권리의무의 내용이나 그 결정기준이 너무나 상세하게 결정되

---

13) 절차형이든 실체형이든 근로자가 표시한 변경에 대한 동의는 근로자의 진의에 따른 것인지의 여부를 신중하게 심사할 필요가 있다. 그 진의성은 단지 서면이나 서명날인 등의 형식으로는 담보되지 않는다(제6장 V. 2. 참조).

면 그 적용에서 탄력성을 잃게 되어 근로관계의 원활한 전개를 방해할 위험이 있다는 것은 일반론으로서 부정할 수 없다. 그러나 일본에서는 노동기준법이나 노동계약법 등의 법률이 해결 기준을 상세하게 규정하고 있지 않다는 것, 사용자가 취업규칙을 작성할 때에 자신을 제한하는 규정은 피하려고 한다는 것 등의 사정에 비추어 보면 해결 기준이 불명확하다는 측면이 무엇보다 중대한 문제이다.

3. 절차형과 법의 절차화

분쟁해결을 위해서 미리 권리의무의 내용이 아니라 근로자 집단의 관여에 의한 권리의무의 결정 방법이나 분쟁해결 절차를 정해 두는 방법이 있다. 근무 장소나 전근을 예로 들면 단체협약에 의한 인사동의나 협의조항이 이에 가깝다.

인사동의조항에 따라 노동조합이 전근에 동의를 하지 않았던 경우나 또는 인사협의조항에 의거하여 노사가 전근에 대해 충분히 협의를 하지 않았던 경우에는 해당 전근명령은 원칙적으로 무효가 된다.[14] 따라서 노동조합이 조합원의 이익을 보호할 의욕과 능력을 갖는 한, 절차형의 규제는 근로자가 원치 않는 전근을 저지하는 데 유효하다.

그런데 이러한 노동조합의 관여를 포스트모던론(탈근대화론)이 말하는 '법의 절차화'[15]에 유사한 현상으로 파악하고 이를 적극적으로 평가하는 미즈마치 유이치로(水町勇一郎)의 견해가 있다.[16] 미즈마치에 따르면 일본에서는 기업 내의 노사협의에 의한 문제 해결이 폭넓게 보급되어 있는데, 판례는 취업규칙에 의한 근로조건의 변경이나 정리해고의 유효성 판단에서 이를 고려하고 있고, 노동기준법은 근로시간의 규제에 노사협정이나 노사위원회의 결의

---

14) 다만 이론구성에 대해서는 인사협의조항에 규범적 효력을 인정하는 견해(西谷, 組合法 350쪽 이하)와 이를 부정하면서 중요한 절차위반으로서 권리남용이 된다는 견해(菅野, 労働法 882쪽)로 나뉘어져 있다.
15) 법의 '프로세스화'라고도 한다. 예를 들어 笹倉, 앞의 주5) 354쪽 참조.
16) 水町勇一郎 『労働社会の変容と再生』(2001, 有斐閣) 279쪽 이하.

를 중시하는 규정을 두어 규제를 당사자에 의한 분권적이고 유연한 협의나 조정에 맡기는 제도를 도입하고 있다. 이러한 '법의 절차화'의 배경에는 유럽과 공통적인 '포스트공업화'의 상황이라는 것과 동시에 일본사회의 고유한 분권적인 공동체 사회(전형적인 '기업공동체'라고 하는 것에 의한 유연한 협의의 문제 해결)의 잔존이라고 하는 두 개의 사정이 존재한다고 한다. 그리고 미즈마치는 이러한 노동법의 절차화의 방향을 다양화·복잡화하는 사회상황에 적응을 가능하게 하는 것이라고 하여 적극적으로 평가하고 있다.

그리고 미즈마치는 '근대화'가 철저한 것만은 아닌 일본에서의 법의 '절차화'는 '탈근대(포스트모던)'가 아니라 '전근대(프리모던)'로의 회귀가 되어 버릴 가능성을 안고 있다'[17]고 지적하면서, 협의·교섭의 개방성·투명성의 확보와 협의·교섭에서의 다원적·분석적 조정의 필요성에 특히 유의하여 제도화하는 것이 필요하다고 한다.[18]

그러나 일본의 전근대성을 의식한 미즈마치의 신중한 유보에도 불구하고, 필자는 이러한 법의 절차화라는 '방향' 그 자체에 찬성할 수 없다. 법의 절차화는 분명히 미즈마치가 말하는 바와 같이 '규제의 완화가 아니라 규제 본래의 모습의 변화'이겠지만,[19] 그것은 실체적 규제를 완화시켜 절차적 규제로 비중을 옮기는 것에 불과한 것이다. 그러나 일본에서 근로조건의 실체적 규제는 근로시간의 규제나 비정규직근로의 규제에서 알 수 있듯이 EU 각국과 비교하여 이미 지극히 느슨하다. 사회 상황의 다양화·복잡화가 진행되고 있다고 하더라도 일본에서의 실체적 규제를 지금보다 더 완화하는 것이 좋다고는 생각되지 않는다.[20] 이것이 노동법의 절차화에 찬성할 수 없는 첫 번째의 이유이다.

두 번째로, 법의 절차화가 적절히 기능하기 위해서는 절차의 당사자로서

---

17) 水町, 앞의 주16) 284쪽.
18) 水町, 앞의 주16) 286쪽 이하.
19) 水町, 앞의 주16) 287쪽.
20) 矢野昌浩 "構造改革と勞働法" 法の科学 34호(2004) 50쪽에서는 '일본 노동법의 현황에 있어서는 실체적 규제에 의한 사법화를 진행하는 것이 이해관계자의 대등한 교섭력을 갖는 공공권(公共圈)을 형성할 수 있도록 하기 위해서는 여전히 중요하다'고 한다.

의 지위가 적절히 형성되는 것이 필수조건이다. 이 점에 대해서 미즈마치는 다양한 가치·이익이 반영되는 민주적인 선출방법과 집단적 협의·교섭의 장에서 소수자의 가치·이익을 근거로 한 다원적·분석적인 조정이 이루어졌는지를 심사할 것을 제안하고 있다. 물론 근로자의 이익대표를 근로조건과 관계되는 사항의 결정에 관여시키는 법 정책을 전제로 했을 경우에는 이러한 배려가 필요할 것이다. 그러나 이러한 신중한 고려를 하더라도 일본의 현실에서 근로자의 대표가 다양한 근로자 이익을 적절히 대표하여 사용자에게 그것을 충분히 강력하게 주장할 수 있는 지위에 있는지에 대해서 의문을 가질 수밖에 없다. 적어도 이러한 절차가 실체적 규제의 완화를 대체할 수 있는 적절한 규제 방법이라고는 생각되지 않는 것이다.

앞서 말한 인사동의·협의조항은 사용자의 배치전환 등의 명령이 유효한지에 대한 법적 심사를 대체하는 것은 아니다. 노동조합과의 협의 등은 인사에 관한 명령이 유효하기 때문에 실체적 요건에 더하여 부과되는 절차적 요건이다. 따라서 노동조합이 만일 조합원의 이익을 충분히 옹호하지 않고 조합원의 희망에 반해 인사에 동의하더라도 그것이 곧바로 유효한 것이라고는 할 수 없다. 그러나 실체적 규제를 완화하여 절차적 규제에 중심을 옮기는 것은 그것과는 의미가 다르다. 그 경우에는 절차의 주체나 실제의 협의·교섭의 전개에 있어서 경우에 따라서는 본래 법원에 의해서 엄격하게 이루어져야 할 사법심사를 후퇴시켜 기업 내에서 지배하고 있는 비법적(혹은 반법적)인 사회규범에 우위를 주는 결과가 되지 않을 수 없게 되는 것이다.

4. 사용자의 재량형

사용자의 재량형이란 앞서 말한 것과는 달리 일정한 근로조건에 대해 사용자의 재량적 결정의 권한을 미리 정해 두는 방법이다. 이것은 인사에 관해서는 일반적인 방법이다. 예를 들어 '사용자는 업무상의 필요가 있으면 근로자에게 전근을 명할 수 있다. 근로자는 정당한 사유 없이 이것을 거부해서는 안 된다.' 라는 조항이 가장 전형적이다.

이러한 사용자의 권한은 단체협약으로 결정되기도 하지만 취업규칙으로 규정되기도 한다. 후자의 경우에는 사용자는 스스로가 단독으로 결정할 수 있는 취업규칙에 따라 전근에 관한 단독결정권을 정한 것으로서 이중의 단독 결정을 하게 된다. 법원의 심사는 먼저 이러한 조항의 '합리성'(노동계약법 제7조)에 대해서 하고 그 다음에 실제의 전근명령이 권리남용에 해당하지 않는지를 판단하는 것이기 때문에 형식적으로는 이중의 심사가 이루어지게 된다. 그러나 판례에 의한 취업규칙 조항의 '합리성' 심사는 일반적으로 극히 느슨하게 이루어지기 때문에 전근이 가장 대표적이라고 할 수 있는 상기와 같은 조항에 대해서 '합리성'이 부정된다는 것은 생각하기 어렵고 전근명령이 권리남용이라고 판단되는 것은 예외적인 경우이다.21)

결국 이러한 취업규칙의 조항은 현실적으로는 사용자의 전근명령권의 행사를 법원이 법적으로 추인하기 위한 형식 이상의 의미를 갖지 않는 경우가 많다. 근로자는 분명히 전근명령을 재판으로 다툴 수 있기 때문에 전근 문제는 사법화하고 있다고 할 수 있다. 그러나 어떠한 형태로든 사용자의 명령권이 명기되어 있으면 근로자에게는 명령권의 남용이라고 주장할 수 있는 여지가 좁을 수밖에 없다. 따라서 그것을 아는 근로자로서는 아무리 불이익한 전근명령일지라도 법적인 분쟁을 단념하고 그에 따를 수밖에 없을 것이다. 그렇다면 전근 문제는 형식상은 사법화하고 있지만 실질적으로는 사법화하지 않은 것, 또는 낮은 차원의 사법화에 불과한 것이 된다. 같은 문제는 사용자의 재량권이 취업규칙 등에서 인정되고 있는 시간외근로 명령이나 능력 · 성과주의 임금의 결정에 있어서도 발생한다.22)

노동기준법이 사용자에 대해서 채용에 해당하는 근로조건의 명시(제15조 제1항, 노동기준법 시행규칙 제5조제1항)와 상세한 근로조건을 기술한 취업규칙의 작성을 의무화하고 있는(제89조) 것은 근로자의 권리 · 의무를 명확히 하여 장래의 근로조건에 대한 예측가능성을 높이는 것이 근로자 보호에 이바지하

---

21) 東亜ペイント事件 · 最二小判 昭61(1986).7.14. 労働判例 477호 6쪽 참조.
22) 西谷敏 "日本的労使関係と紛争解決システム" 片岡昇 · 萬井隆令 · 西谷敏(編) 『労使紛争と法』 (1995, 有斐閣) 249쪽 이하.

는 것이라는 취지에 따른 것이다. 내용이 공허하고 단지 사용자의 권한을 근거 짓는 것에 불과한 취업규칙 조항이나 근로조건의 명시는 분명히 노동기준법의 취지에 반하고 근로관계의 사법화의 요청에도 역행하는 것이다. 감독기관은 이러한 취업규칙 조항이나 근로조건 명시에 대한 지도·감독을 강화해야 할 것이고, 법원은 이러한 취업규칙 조항의 '합리성'을 엄격하게 심사해야 한다. 근로관계의 진정한 사법화를 위해서는 사용자의 단독결정의 적법성·타당성을 법적으로 판단할 구체적 기준의 설정이 불가결하다.

Ⅳ. 노동분쟁과 그 법적 해결

1. 공적 분쟁해결제도의 의의

노동분쟁이란 근로관계의 당사자 사이에 근로조건이나 그 외의 사항을 둘러싼 분쟁이 표면화하는 것이다. 당사자 사이의 대립이라고 하더라도 그것이 감정적인 응어리나 말다툼에 그쳐 외부화하지 않는 이상 분쟁이라고는 할 수 없다.

근로자와 사용자의 이해는 본래 공통적인 것이라고 하는 기업사회 특유의 관념을 전제로 한다면 분쟁의 발생은 묵과할 수 없는 병리현상이다. 그러나 근로자와 사용자의 이해는 대립하는 것이 당연하고, 분쟁의 발생은 그 자연스러운 귀결에 지나지 않는다고 생각할 수 있다. 오히려 근로자의 권리·이익이 사용자에 의해서 침해되고 있는데 근로자가 그것을 참고 견디며 분쟁으로서 표면화하지 않는 상태야말로 불건전한 것이다.

그러나 노동분쟁이 발생하면 근로자·사용자의 쌍방은 큰 부담이 될 수 있다는 것도 사실이다. 그것이 쟁의행위로까지 발전하는 경우에는 사회 전체에도 큰 영향을 미친다. 따라서 분쟁 당사자나 국가가 이해대립이 분쟁으로 발전하는 것을 방지하거나 분쟁이 발생하였을 경우에 그것을 신속하고 적절하게 종식시켜야 하는 것 또한 당연하다.

분쟁의 해결을 촉진하기 위해서는 제3자가 개입하여 당사자 쌍방의 주장을 들어 타협점을 찾고, 경우에 따라서는 해결안을 제시한다고 하는 방법이 유효하다. 일본에서는 개인에 의한 중재는 하고 있지 않으며, 분쟁해결에 조력하는 제3자 기관은 통상적으로 법원, 노동국(노동청), 노동위원회 등의 공적 기관이다.[23] 이것이 일본의 전통이지만 이 전통은 아마 공적 권위에 의지하기 십상인 일본인의 법의식과 관계가 있다고 할 수 있다.

2. 노동분쟁의 유형과 특징

(1) 개별분쟁의 집단분쟁화와 집단분쟁의 개별분쟁화

분쟁의 근로자측 당사자가 근로자 개인인 경우에는 개인분쟁, 노동조합(때로는 종업원대표)인 경우에는 집단분쟁이라고 한다. 이것은 분쟁의 대상 사항의 성질이 아니라 분쟁 당사자에 의한 분류이다. 따라서 해고나 배치전환 등 근로자 개인과 관계되는 분쟁(개별분쟁)도 노동조합이 단체교섭으로 해결하려고 하고 사용자가 교섭을 거부하는 경우에는 집단분쟁이 된다. 외국에서는 재판에 의한 법적 해결이 가능한 사항은 노동조합의 단체교섭이나 쟁의행위의 대상 사항으로 인정하지 않는 경우가 많지만, 일본에서는 개인의 문제도 의무적 단체교섭사항이며[24] 따라서 그것을 둘러싼 쟁의행위는 목적에 있어서 정당한 것으로 인정되고 있다.[25]

실제로 개인의 권리·이익을 둘러싼 분쟁의 당사자는 대체로 지역유니온이다. 지역유니온의 주요 활동 목적은 근로조건의 집단적 결정보다는 근로자의 개별적 권리·이익의 구제이다. 지역유니온이 조합원 개인의 문제와 관계되는 단체교섭을 신청하였다가 거부되어 분쟁이 되는 경우가 많다. 노동위원회는 단체교섭 거부의 부당노동행위 구제제기 사건이나 단체교섭 응낙알선신

---

23) 일본의 공적 분쟁기관의 종류와 특징에 관해서는 山川隆一『労働紛争処理法』(2012, 弘文堂) 22쪽 이하 참조.
24) 예를 들어 조합원의 해고에 관한 日本鋼管鶴見造船所사건·東京高裁 昭57(1982).10.7. 労働判例 406호 69쪽(最三小判 昭61(1986).7.15. 労働判例 484호 21쪽).
25) 西谷·組合法 418쪽 참조.

청 사건에 대해서도 단체교섭의 내용인 개별분쟁의 문제에 개입하지 않을 수 없는 경우가 많다. 따라서 이런 종류의 사건에 대해서는 개별분쟁이 집단분 쟁화하거나 집단분쟁이 개별분쟁화하는 것이다.

(2) 권리분쟁의 이익분쟁화

일반적으로 분쟁은 권리분쟁과 이익분쟁으로 나눌 수 있다. 권리분쟁은 당사자의 권리 · 의무의 존부를 다투는 분쟁이며, 이익분쟁은 당사자의 장래 의 이익을 둘러싼 분쟁이다. 집단분쟁 중에 사용자에 의한 조합의 억압이나 단체교섭의 거부 등을 둘러싼 분쟁이나 조합의 활동 · 쟁의행위를 둘러싼 분 쟁 등은 권리분쟁이며, 임금인상을 둘러싼 분쟁은 이익분쟁이다. 개인분쟁은 기본적으로는 권리분쟁이지만 차기 년도의 연봉 결정을 둘러싼 분쟁 등은 이 익분쟁이다. 권리분쟁은 재판, 노동심판, 노동위원회의 심사 등에서 다루어지 고, 이익분쟁은 노동국(노동청)이나 노동위원회의 알선 등에서 다루어진다.

이와 같이 권리분쟁과 이익분쟁은 일단 개념상 구별되지만 근로자 · 사용 자의 권리 의식이 충분하지 않은 일본에서는 권리분쟁과 이익분쟁의 경계가 고정적이지 않기 때문에 권리분쟁이 이익분쟁으로 또는 이익분쟁의 감각으로 취급되는 경우가 적지 않다. 예를 들어 해고는 본래에 분명히 권리분쟁이지 만 분쟁 당사자 혹은 알선 담당자가 당초부터 금전보상금의 액수에만 관심을 갖는 경우가 많은데, 이 경우의 분쟁은 금전보상금의 액수를 둘러싼 이익분 쟁의 양상으로 나타난다.26)

또 사용자에 의한 정당한 사유가 없는 단체교섭의 거부는 부당노동행위 (노조법 제 7 조제 2 호)이며, 본래는 노동위원회에 구제를 제기하거나 손해배상의

---

26) 당사자가 금전보상금에만 관심을 갖는 것은 근로자의 취업청구권을 원칙적으로 부정하는 판례(讀売新聞社사건 · 東京高裁 昭33(1958).8.2. 労民集 9권 5호 831쪽)의 영향도 있고, 해고 가 무효인 경우에도 원직복귀가 쉽지 않은 현실에 그 또 하나의 원인이 있다. 따라서 해고 분쟁에 대해서는 금전해결이 많다는 현실을 근거로 해고의 금전적 해결제도(해고가 무효인 경우에도 사용자에 의한 일정한 금전보상금을 지급하는 것으로 근로관계의 해소를 인정하 는 제도)를 도입하는 것에는 찬성할 수 없다. 이러한 제도는 또 해고의 비용계산을 용이하 게 하여 사용자의 해고에 대한 유혹을 강하게 하는 것이 될 것이다.

청구 등에 의해 해결되어야 하는 것이지만, 실제로는 노동위원회에 단체교섭 응낙을 알선사항으로 하여 알선의 신청이 이루어지는 경우가 많다. 노동조합은 단체교섭의 거부라는 공격을 받더라도 사용자와 맞대응만은 피하려고 하거나 공적기관의 중개에 의해서 단체교섭 사항 그 자체가 해결되기를 기대할 것이다. 결국 이러한 것도 권리분쟁의 이익분쟁화라고 해야 할 현상이다.

3. 분쟁해결의 방법

(1) 조정적 해결의 의의와 본래의 모습

공적기관에 의한 분쟁해결의 방법은 판정적 해결과 조정적 해결로 나눌 수 있다. 판정적 해결이란 재판에 의한 판결이나 결정, 노동위원회에 의한 구제명령 등으로서 당사자의 권리·의무를 명확히 하여 분쟁을 해결하려고 하는 방법이다.

조정적 해결은 제3자가 당사자 사이에 개입하여 합의의 성립에 조력을 주는 방법이며, 노동국(노동청)의 알선이나 노동위원회에 의한 알선·조정·중재 등이 대표적인 것이다. 당사자가 당초부터 조정적 해결을 요구하는 경우뿐만이 아니라 판정적 해결을 위해 제기된 재판이 화해로 해결되는 경우나 노동심판의 제기가 조정으로 종료하는 경우에도 조정적 해결이라고 할 수 있다. 모두 당사자의 합의를 전제로 '당사자 상호간의 양해와 조리에 따른 실정에 맞는 해결을 도모하는 것'이 목적이 된다(민사조정법 제1조).

노동심판제도에 따른 노동심판은 '개별근로관계에 대한 민사분쟁에 대해서 당사자 사이의 권리관계를 바탕으로 사안의 실정에 맞는 해결을 위해 필요한 심판'이라고 정의되고 있는(노동심판법 제1조) 것처럼 판정적 해결과 조정적 해결을 절충한 제도라고 할 수 있다.

법원에 의한 화해는 재판관이 일정한 심증(사실과 법적 판단에 관한)을 기초로 하고 그것을 당사자에게 공개하여 진행하기 때문에 해당 사건에 관한 법적 판단이 하나의 '축'을 이루고 있는 점이 특징이다. 이와는 달리 노동국(노동청) 등에 의해 이루어지는 알선제도는 그 법적 기준이 명확하다고는 할 수 없다.

　그러나 재판상의 화해에 있어서의 법적인 '축'도 언제나 확실하고 명확하다고는 할 수 없는 것이고, 반대로 알선의 경우에도 권리·의무의 존부에 관한 알선인의 판단이 '축'을 이루는 경우가 적지 않다. 오히려 알선의 경우에도 법적 판단이 빠진 '더하여 2로 나누는 방식'에 폐해가 있다는 점에 비추어 법적 판단에 근거하는 어떠한 '축'이 필요하다고도 할 수 있다. 나아가서 재판상의 화해와 알선 둘 다 해결을 위한 재판관 또는 알선인의 '강압'이 있어서는 안 된다.27) 이러한 관점에서 재판상의 화해와 알선과의 차이는 상대적인 것이라고 할 수 있다.

　조정적 해결은 판정적 해결과 비교할 때 통상은 해결 수준이 낮다고 하는 약점(demerit)이 있지만, 해결에 필요한 시간이 짧고 또 당사자의 합의에 의하는 해당 분쟁의 종국적 해결로서 해결 내용의 이행이 쉽게 이루어질 수 있다는 장점(merit)이 있다. 특히 계속적 관계인 근로관계에 있어서 분쟁 후에도 근로자와 사용자의 원활한 관계를 유지하려고 하면 당사자의 합의는-불가결이라고까지는 말할 수 없지만-중요한 역할을 하게 된다.28)

　조정적 해결에 있어서는 분쟁 당사자가 이 메리트(장점)와 디메리트(약점)를 잘 판단하여 재판관 또는 알선인의 제안에 동의할 것인지 안 할 것인지의 판단을 할 수 있도록 하는 것이 중요하다. 그러기 위해서는 당사자가 특히 분쟁이 재판에 이르렀을 때에 승소할 가능성이 어느 정도인지 전망할 필요가 있다. 의료에 있어서의 설명과 동의(informed and concent)와 같이 분쟁 당사자

---

27) 전 재판관이었던 세키(瀬木) 씨는 재판관에 의한 화해의 강요가 일본의 민사재판에 있어서 커다란 문제라고 하고, 재판관이 화해를 고집하는 이유는 사건처리를 빨리 끝내고자 하는 것과 판결서를 작성하고 싶지 않는다는 것을 이유로 들고 있다(瀬木比呂志『絕望の裁判所』(2014, 講談社現代新書) 133쪽).
28) 무엇보다 공적 기관에 제기된 분쟁은 해고를 둘러싼 분쟁이나 근로자의 퇴직 후의 분쟁이 압도적으로 많고, 또 해고 분쟁에 있어서도 근로자의 퇴직과 해결금의 지급을 내용으로 하는 화해로 종료되는 것이 많다. 이것은 당사자가 분쟁 상태에 빠졌을 경우에 화해의 경우에도 노사관계를 원래대로 되돌리는 것이 용이하지 않다는 것을 보여주는 것이다. 그러나 그렇다고 하더라도 해고의 금전해결제도를 도입하는 것에는 큰 문제가 있다(앞의 주26)).

는 가능한 한 충분한 정보의 제공을 얻은 후에 자유로운 의사로 합의할 수 있도록 해야 한다.

(2) 분쟁의 한정적(ad hoc) 해결과 룰(rule)형성적 해결

분쟁해결의 방법에는 또한 한정적(ad hoc, 그때그때의) 해결과 룰(rule)형성적 해결로 구별할 수도 있다.

분쟁 당사자가 공적기관에 분쟁의 해결을 요구할 때에 당사자는 자신이 직면한 구체적인 분쟁의 해결에 깊은 관심을 갖는 것은 당연하다. 그러나 예를 들어 산업재해로 피해를 받은 근로자·유족이 '두 번 다시 같은 피해가 발생하지 않도록'한다는 취지에서 재판을 제기하는 경우에 직접적인 피해 구제와 동시에 룰 형성을 기대하고 있는 것이라고 할 수 있다. 또 당사자가 사례 판단적 해결을 바라고 있는 경우에도 공적 기관에 의한 해결이 객관적인 룰 형성에 기여하는 경우도 적지 않다.

재판에서 법관은 당연히 무엇보다도 해당 사건의 타당한 해결을 목적으로 하지만 의도적으로 룰을 형성하기도 하며 또 재판의 결과가 룰 형성의 역할을 하기도 한다. 특히 최고재판소는 구체적 사건의 다툼을 계기로 경우에 따라서는 의식적으로 해당 문제(및 관련 문제)에 관한 판례법리를 형성하려고 한다. 일본의 최고재판소는 일반적 룰 형성에 적극적이라고는 할 수 없고, 판례법의 형성이 요구되고 있는 경우에도 단지 사례 판단(ad hoc형 분쟁해결)의 해결로 끝내는 경우가 많았지만 그럼에도 불구하고 최고재판소가 형성한 판례법리는 노동법의 발전에 중요한 역할을 해왔다(제9장 Ⅱ. 2. (2) 참조). 또 최고재판소가 사례판단으로 내린 결정이 실제로 선례로서 정착하는 경우도 적지 않다(제9장 Ⅱ. 2. (4)). 하급심의 판단도 최고재판소의 판결만큼은 아니지만 상급법원의 판결례가 적은 경우 등에는 일반적 의의를 갖는 경우가 있다. 이와 같이 법원에 의한 판정적 해결은 일단 ad hoc형과 룰 형성형으로 나눌 수 있지만 실제의 기능에 대한 양자의 구별은 상대적인 것이다.

다음으로 조정적 해결에서는 보다 명확하게 ad hoc형 해결을 의도한다.

조정적 해결에 있어서 법관이나 알선담당자가 과도하게 룰 형성을 의식하는 것은 당사자의 의사와 일치하는 것이라고는 할 수 없다.

　그러나 그럼에도 불구하고 조정적 절차에서의 ad hoc형(사례 판단) 해결의 축적이 결과적으로 하나의 '시세'(=기준)을 형성해 가는 것은 불가피하다. 예를 들어 해고 분쟁에 있어서 일정한 금전보상의 지급과 근로자의 '자율 퇴직'을 내용으로 하는 화해 또는 합의가 성립하는 경우가 많은데, 그 금전보상금의 수준은 일정한 시세(기준)에 따라 정하게 되는 것이고,29) 이러한 것은 알선 등의 담당자뿐만 아니라 분쟁 당사자에게도 큰 영향을 미치고 있다고 추측할 수 있다. 또 어느 공적 기관이 조정적 해결을 하면서 양 당사자의 주장을 더하여 2로 나누는 방식의 해결을 반복하는 경우에는 그러한 방식이 일반화되어 다른 분쟁의 조정에도 영향을 미칠 가능성이 있다.

　분쟁의 해결에서 가장 중요한 것은 해당 분쟁 당사자가 최대의 만족을 얻는 것이지만, 조정적 해결의 축적이 결과적으로 일종의 룰을 형성한다고 한다면 분쟁조정에 임하는 담당자도 그에 무관심해서는 안 될 것이다. 구체적인 해결이 '시세(기준)'로부터 동떨어지는 것은 문제이지만 동시에 '시세' 그 자체가 법적 원칙으로부터 동떨어지는 것도 문제이다.30) 이러한 의미에서 조정 담당자는 ad hoc형(사례판단)의 해결에 있어서도 끊임없이 법적 원칙을 의식해야 하는 것이다.

---

29) 菅野和夫·仁田道夫·佐藤岩夫·水町勇一郎(編著) 『労働審判制度の利用者調査－実証分析と提言－』(2013, 有斐閣) 102쪽 이하[高橋陽子]에서는, 고용종료 사건에 대해서 개별노동분쟁알선, 노동심판, 재판상의 화해, 판결의 금전보상금의 비교를 시험하고 있다. 이러한 것도 역시 '시세'라고까지는 할 수 없어도 이에 가까운 것이라고 할 수 있을 것이다.

30) 재판 외 분쟁처리에 있어서 개개의 처리 내용이 어느 정도까지 법에 따른 것이어야 하는지는 이론적으로 검토를 필요로 하는 문제이다(垣內秀介 "裁判外紛争処理", 岩波講座 『現代法の動態5 法の変動の担い手』(2015, 岩波書店) 233쪽 이하 참조). 아울러 노동심판제도의 하나의 문제로서 심판원의 구성이나 그 운용에 있어서 대기업에서의 지배적인 관행을 기준으로 한 것으로 하기 쉽고, 그로부터 일탈하는 중소기업의 관행을 시정하는 역할을 하는 반면, 대기업의 기준 자체를 비판적인 법적 음미의 대상으로 삼기가 어렵다는 것이 지적되고 있다(佐藤岩夫 '労働審判制度利用調査の概要と制度効果の検証' 日本労働法学会誌 120호(2012) 29쪽).

들어가는 말

이 책은 노동법의 미래에 대한 전망을 논하는 것이 아니다. 노동법의 미래와 관계되는 다양한 논의를 염두에 두면서 노동법의 핵심 부분을 확인하고 부분적으로는 재구성하면서 노동법의 기초 구조를 밝혀가려는 것이 본서의 과제였다. 이러한 검토가 노동법의 본래의 모습에 대한 요체되는 논의를 위해서 불가결하다고 생각했기 때문이다. 그러나 한편으로는 노동법의 기초 구조 그 자체가 동태적인 이상, 노동법의 장래에 대해서 전혀 고려하지 않을 수는 없다. 이하에서는 몇 가지의 기본적 시점에 대해서 살펴보기로 한다.

Ⅰ. 노동의 의의와 노동권

1. 노동의 의의

우선 전제로서 확인해 두어야 하는 것은 현재 및 장래에 있어서의 노동 (특히 임금노동)의 의의이다. 일본에서는 고용, 사회보험, 생활보호 등 모든 안전망(safety net)이 파탄을 보이고 있는 가운데, 국가의 직접적 급부에 의해 모든 국민의 생활보장을 도모하는 기본소득제(basic income)론이 힘을 얻고 있다.[1]

---

[1] 기본소득제론에 관한 논의의 폭이 넓다. 그 순수형은 모든 개인에게 소득이나 자산과는 관계없이 생활에 필요한 소득을 보장하려는 것이다. 기본소득제론에 대해서는 山森亮『ベーシック・インカム入門－無条件給付の基礎所得を考える－』(2009, 光文社新書); 宮本太郎 『生活保障－排除しない社会へ』(2009, 岩波新書) 128쪽 이하; 立岩真也・斉藤拓『ベーシック・インカム－分配する最小国家の可能性』(2010, 青土社) 職場の人権 64호(2010); POSSE 8호(2010) 특집 등 참조.

이것은 종래부터 뿌리 깊게 존재하고 있던 고용 중심의 복지국가(론)에 대한 비판, 즉 고용 중심의 발상은 고령자나 장애자 등 일할 수 없는 사람에게 낙인(stigma)을 찍는 것이라거나 무상노동을 무가치하다고 생각하는 것은 옳지 않다는 등의 비판을 계승하고 특히 워크 페어(workfare 취업을 강하게 유도하는 복지정책)의 전개를 계기로 하여 그 영향력이 강해져 왔다. 고용중심론에 대한 이러한 비판에 대해서 경청해야 하는 부분이 많은 것도 사실이다.

그러나 기본소득제론에 대해서는 그 실현가능성에 강한 의문이 있고 노동의 의의를 과소평가하고 있다는 점에 근본적인 문제가 있다. 노동의 의의에 대해서는 별도로 논한 적이 있으므로[2] 여기서는 간단하게 요약하기로 한다.

노동은 단순한 생활을 위한 고통인가 아니면 그 자체가 '기쁨'이기도 한 인간적인 일인가에 대해서는 고대 그리스·로마시대부터 현재에 이르기까지 쟁점이 되어 왔다.[3] 고대 그리스·로마에서 노예가 담당하는 천한 일로 간주된 노동은 점차 크리스트교 도덕의 확산이나[4] 자본주의의 발전 속에서 적극적으로 평가되었고, 마르크스도[5] 인간은 노동을 통해 비로소 동물과는 다른 유적(類的) 존재로 확인되는 것이라고 하여 본래에 노동이 갖는 의의를 높이 평가하였다. 그 후 노동에 대한 예찬을 비판하고 오히려 근로자는 더 '게을러'야 한다는 주장도 있었지만[6] 그것은 자본주의의 발전과 더불어 심각해진 실업문제나 장시간 노동에 대한 비판인 것이고 반드시 본래에 노동이 갖는

---

2) 西谷·人権 19쪽 이하.
3) 今村仁司『近代の労働観』(1998, 岩波新書); ユルゲン·コッカ·西谷敏(訳) "労働の歴史と未来－ヨーロッパの視点" 季刊労働法 194호(2000) 6쪽 이하; 橘木俊詔(編著)『働くことの意味』(2009, ミネルヴァ書房) 第1·2장 참조.
4) 특히 근면하고 금욕적인 생활 태도야말로 신으로부터 선택받은 자에 대한 증명이라는 프로테스탄티즘(특히 칼뱅파)의 확산이 자본주의의 발전에 크게 기여했다고 하는 베버(Max Weber)의 주장이 유명하다(マックス·ウェーバー·阿部行蔵(訳) "プロテスタンティズムの倫理と資本主義の「精神」"『世界の大思想 23』(1965, 河出書房) 121쪽 이하).
5) マルクス·長谷川宏(訳)『経済学·哲学草稿』(2010, 光文社古典新訳文庫) 102쪽 이하. 마르크스의 주목적은 자본주의에 있어서의 소외노동의 비판이었지만 그것은 노동이 본래 중요한 가치를 갖는다는 것을 전제로 한 논의였다.
6) ポール·ラファルグ·田淵晋也(訳)『怠ける権利』(2008, 平凡社ライブラリー); バートランド·ラッセル·堀秀彦·柿村峻(訳)『怠惰への讃歌』(2009, 平凡社ライブラリー) 10쪽 이하.

가치 그 자체를 부정하는 것은 아니었다.

현대 사회에 있어서 노동은 무엇보다도 생활의 수단이지만 또한 이를 초월한 정신적인 가치를 가진다. 첫째, 노동이 그 자체로서 그 당사자에게 기쁨을 주는 경우가 있다. 특히 창조적인 일이 그렇지만 단순한 노동도 근로자에게 자유로운 재량이 주어지면 일하는 즐거움의 원천이 된다. 둘째, 자신의 일이 사회에 도움이 된다는 의식, 즉 노동의 사회적 유용성의 의식이 사는 보람이 된다. 셋째, 일을 통한 인적 관계, 즉 동료나 고객 등과의 관계가 근로자의 사회적 소속 의식의 원천이 되고 또 근로자를 사회적 인간으로 성장시킨다.

물론 근로자가 현실적으로 노동을 통해 기쁨과 사는 보람을 느끼게 되는지의 여부는 노동의 종류에 따라 그리고 노동의 조건(근로시간, 보수, 직장 환경 등)에 따라 다를 수 있다. 단순하게 노동의 가치를 예찬해서 끝날 문제는 아니다. 그러나 그럼에도 불구하고 본래 노동의 의의가 앞서 말한 것과 같다면 노동의 기본적 중요성을 확인한 후 노동의 내용과 그 조건의 가능한 개선, 노동의 액세스(access)에 대한 평등한 기회와 자기결정권의 보장 방법을 찾는 것이 사회의 과제이며 노동법의 기본적인 임무라고 해야 할 것이다.

2. 노동권의 보장

노동법학에서도 헌법 제27조제 1 항의 노동권의 의의를 재차 강조하는 경향이 강해지고 있다. 나아가서 노동권은 단순한 생활보장의 수단으로서가 아니고 취업 자체에 의미가 있는 권리로서 파악되고 있다. 스와 야스오(諏訪康雄)가 역설하는 '커리어(career)권'의 구상,7) 즉 일하는 사람들이 자기 나름대로 직업 생활을 준비하여 시작하고 전개해가는 것을 근로자의 기본적인 권리로 파악하고 이를 근거로 하여 정책 전개를 도모하려는 구상이 그 대표적인 것이지만, 이와는 다른 각도에서 노동권의 의의를 강조하는 사람도 많다.8)

---

7) 諏訪康雄 "キャリア権の構想をめぐる一試論" 日本労働研究雑誌 468호(1999) 54쪽 이하; 同 "労働市場法の理念と体系" 日本労働法学会編・講座 21世紀の労働法第2巻 『労働市場の機構とルール』(2000, 有斐閣) 16쪽 이하.
8) 三井正信 "労働権の再検討と労働法システム" 西谷古稀(上) 105쪽 이하; 有田謙司 "労働法

이러한 논의에서는 근로자에게 인간 존엄에 합당한 생활이 노동의 기회 보장을 통해서 확보되어야 한다는 주장뿐만 아니라 노동의 영위 그 자체가 인간의 존엄에 있어서 불가결한 가치를 갖는 것으로 이해하고 있다. 이러한 것은 예를 들어 법해석론에서 취업청구권을 긍정하는 논의로 이어진다.[9]

뿐만 아니라 이러한 논의에서 중요한 것은 노동권 또는 취업의 권리가 노동의 내용과의 관계에서 이해되고 있다는 것이다. 헌법 제27조제 1 항에 따라 권리로서 보장되는 노동은 어떠한 내용의 노동이라도 좋다고 하는 것이 아니라 헌법 제27조제 1 항에 기초한 인간의 존엄 이념(헌법 제13조의 개인의 존중-행복추구권)에 의거한 디센트 워크(decent work)가 아니면 안 되는 것을 말하는 것이라고 생각되지만,[10] 이러한 논의는 노동권과 공통의 발상에 의거하는 것이다. 이러한 관점은 향후 노동법 본연의 모습을 생각할 때에 출발점이 되지 않으면 안 된다.

II. 고용의 보장과 일자리의 보장

노동법의 미래를 생각함에 있어서 노동의 의의를 출발점으로 삼아야 한다는 것은 많은 학자 사이의 공통적인 이해라고 생각된다. 그 위에 문제가 되는 것은 고용의 보장과 일자리의 보장의 관계이다. 즉 근로자가 어느 사용자에게 취업의 기회를 얻도록 하는 것(고용의 보장)을 정책의 중심 목표로 할 것인지 아니면 고용의 보장뿐 아니라 현재의 사용자와 근로관계를 가능한 한

における勞働權の再構成" 毛塚古稀 5쪽 이하; 同 "『就勞價値』論の意義と課題" 日本勞働法学会誌 124호(2014) 111쪽 이하; 長谷川聡 "「就勞價値」論の今日的展開と勞働契約法理" 毛塚古稀 33쪽 이하 등.

9) 취업청구권에 대해서는 각주8)의 문헌 외에 諏訪康雄 "就勞請求權" 村中孝史・荒木尚志(編) 『勞働判例百選(第8版)』(2009, 有斐閣) 52쪽 이하; 唐津博 『勞働契約と就業規則の法理論』(2010, 日本評論社) 85쪽 이하; 西谷・人權 224쪽 이하 등 참조. 한편 근로계약의 체결 강제도 취업청구권의 관점에서 근거가 된다(鎌田耕一 "勞働法における契約締結の強制-勞働者派遣法における勞働契約申込みみなし制度を中心に" 毛塚古稀 543쪽 이하).

10) 西谷・人權 44쪽 이하. 이 책 제4장 VI. 참조.

계속하게 하는 것(일자리의 보장)도 함께 중시할 것인지의 문제이다. 이것은 해고제한의 평가와 관계된다.

제1장에서 간단히 소개한 유럽에서의 유연안정화(flexicurity)론은 ① 유연한 근로계약(해고의 용이화), ② 포괄적인 평생학습 전략, ③ 적극적 노동시장 정책, ④ 현대적인 사회보장제도를 편성하여 가능한 한 무리 없이 일자리의 보장에서 고용의 보장으로의 전환을 촉진하려는 것이었다(제1장 Ⅳ. 1). 일본에서도 '실업 없는 노동이동'의 촉진을 슬로건으로 하여 장려금과 인재 비즈니스업을 이용하여 일자리의 보장에서 고용보장으로의 정책전환이 추진되고 있다.11)

이러한 정책 전환은 기업간 또 산업간의 노동이동을 촉진함으로써 노동력의 보다 효율적인 활용을 도모하려는 것이다. 글로벌화를 배경으로 기업간의 심각한 경쟁, 기업재편의 진전, 기술혁신의 급속한 발전 속에서 근로자의 기업간 또는 산업간의 이동을 모두 부정할 수 없을 것이다. 문제는 그 이동을 어떠한 방법과 속도로 진행할 것인지, 특히 이동의 촉진을 위해서 해고를 용이하게 하는 정책을 취할지 아닐지의 여부이다. 유연안정화정책의 하나인 덴마크 모델은 해고제한의 완화를 중요한 구성요소로 하고 있었는데, 일본에서도 해고의 금전해결제도 도입으로 고용의 종료를 보다 강력하게 촉진하려는 움직임이 강하다.12) 이것은 ①고용－②실업·직업훈련－③재취직이

---

11) 2013년의 내각회의에서 결정된 일본부흥전략(『日本再興戦略』)에서는 '지나친 고용유지형에서 노동이동지원형으로의 정책전환(실업 없는 노동이동의 실현)'을 밝혔는데, 구체적으로는 고용조정 장려금에서 노동이동지원 장려금으로 자금을 대담하게 전환시킬 방침을 제시했다. '실업 없는 노동이동의 실현'은 『日本再興戦略'改定2014』 및 『日本再興戦略'改定2015』에서도 재차 강조되었다. 이를 실현하기 위한 구체적 시책으로서는 민간 인재 비즈니스의 활용, 커리어체인지를 위한 커리어컨설팅 기법의 충실, 다양한 정사원제도의 활용, 근로자 스스로의 주체적인 커리어업 활동의 지원 등을 들고 있다. 이러한 정책에 관해서는 脇田滋 "雇用保障をめぐる法的課題－『身分差別的』労働者概念批判" 西谷古稀(上) 38쪽 이하 참조.
12) 『日本再興戦略'改定2014』 이래 '예견가능성이 높은 분쟁해결시스템의 구축'이라는 관점에서 해고의 금전해결제도를 창설하는 방향으로 정하고 그 실현을 추진하고 있다. 이 제도는 해고가 무효라고 판단되더라도 원직으로 복귀할 수 있는 근로자가 적고 대부분은 금전 해결로 마무리 된다는 현실을 바탕으로 이것을 정면으로 법제도화 하려는 것이다. 예를 들어 大内伸哉 『解雇改革－日本型雇用の未来を考える』(2013, 中央経済社) 191쪽 이하에서는 악

라는 노동이동의 과정에서 ①로부터 ②로의 이행을 강압적으로 진행하는 의미를 갖는다.

　만일 기업간이나 산업간의 노동이동이 불가피하다고 하더라도 인간존엄의 이념이나 그에 기초를 둔 노동권, 디센트 워크 이념에 의하면 노동이동에는 최저한으로 두 개의 조건을 만족할 필요가 있다. 첫째로 위에서 기술한 ②의 충실, 즉 공공직업안정기관을 중심으로 한 직업소개제도의 확립, 충분한 실업보장, 적절한 직업훈련기회를 제공하는 것이며, 이것은 동시에 ②로부터 ③으로의 매끄러운 이행을 보장하게 된다.[13]

　둘째로 이동에 대해서 가능한 한 근로자 자신의 자기결정을 존중하는 것이다. 먼저 ①로부터 ②로의 이행에 있어서 해고는 가능한 한 피하고 퇴직은 근로자 자신이 결정해야 한다. 그러기 위해서는 ②가 충실할 것 또는 ①로부터 직접 ③으로 이행할 수 있어야 하는 것이 전제조건이 된다. 그리고 ②로부터 ③으로의 이행에 있어서도 근로자의 자유로운 의사가 존중되지 않으면 안 된다.[14]

　해고제한의 정당화 근거로는 근로자의 자기결정권,[15] 고용이 갖는 인격적 의의,[16] 신의칙상의 고용유지의무[17] 등을 들 수 있다.[18] 이것들은 말할

질적인 해고는 무효로 하고, 악실이지 않지만 정당성이 없는 해고에는 금전해결제도를 도입할 것을 제안하고 있다. 이 제도가 어느 정도 해고를 촉진하게 될지는 '금전'의 기준에 따라 다를 수 있겠지만 현재의 해고제한을 '지나친 고용유지형'이라고 간주하는 정부의 사고에 의하면 해고를 용이하게 하는 신제도가 구상될 가능성이 높다. 해고의 금전해결제도에 대해서는 제11장 Ⅳ. 2. (2) 각주26)도 참조.

13) 즉 '디센트한 실업을 보장하면서 디센트한 고용으로의 이행을 촉진한다'는 관점이 중요하다(矢野昌浩 "半失業と労働法－「雇用と失業の二分法」をめぐる試論" 西谷古稀(上) 176쪽).

14) 스와(諏訪)는 커리어권 구상에 있어서 '개인의 주체성과 자유의사'의 존중을 강조하지만(諏訪 '労働市場法の理念と体系', 앞의 주7) 17쪽), 그것은 직업선택의 자유 즉 ②에서 ③으로의 이행이라고 하는 포현은 문맥상 그렇다. ①에서 ②로의 이행에 있어서의 자기결정, 즉 해고제한에 대해서 어떻게 생각하고 있는지는 분명하지 않다.

15) 米津孝司 "解雇法理に関する基礎理論的考察" 西谷敏・根本到(編) 『労働契約と法』(2010, 旬報社) 261쪽 이하; 西谷・人権 74쪽 이하.

16) 村中孝史 "日本的雇用慣行の変容と解雇制限法理" 民商法雑誌 119권 4・5호(1999) 602쪽 이하; 吉田克己 『市場・人格と民法学』(2012, 北海道大学出版会) 231쪽 이하; 和田肇 "整理解雇法理の見直しは必要か" 季刊労働法 196호(2001) 20쪽.

필요도 없이 상호 배척하는 것이 아니며, 사견으로는 근로자의 자기결정권의 관점이 가장 중요하다. 근로자의 고용에서 국가의 책임이 흔히 강조되는데, 개별 사용자도 고용의 종료에 대해서 가능한 한 근로자의 자기결정권을 존중할 것, 즉 근로자에게 퇴직을 강요해서는 안 되는 것은 물론 해고에 의한 실업의 발생을 가능한 한 회피할 의무가 있다고 생각해야 할 것이다.

그리고 해고가 적절히 제한되어 특정의 사용자 아래에서 근로관계가 안정되는 것은 근로자가 스스로의 권리를 행사하고, 의무가 아닌 것에 대해서는 거부할 수 있는 것이 불가결한 조건이다. 그것은 또 근로조건의 변경 등을 할 때에 근로자의 의사표시가 진심에 의한 것이라는 것을 보장하는 조건이기도 하다. 현직의 안정된 지위 보장은 근로관계가 노동법상의 원칙에 따라 형성되기 위한 필수의 조건이며 노동법의 실효성에 있어서 기본적인 중요성을 갖는다. 이러한 의미에서 해고의 제한은 정당사유설과 해고권남용설 어느 설에 의하더라도 근로자의 자기결정권을 보장하기 위해서 사용자의 단독결정을 규제하는 노동법의 본질적인 역할이 가장 잘 발휘되어야 할 영역인 것이다.

유연안정화 모델에 대해서도 다양한 비판이 있지만 적어도 이 모델은 해고제한의 완화, 적극적 고용정책, 평생학습, 현대적 사회보장의 종합적인 체계에 의해 산업구조의 변화에 대응하려는 것이다. 그리고 이러한 정책을 추진함에 있어서는 노·사·정 3자의 합의가 전제로 되어 있다. 따라서 유연안정화의 체계적 정책 중에서 경영자나 정부가 자신에게 유리한 부분만을 선별하여 취하는 정책은 최악의 결과를 초래하게 될 것이다. '실업 없는 노동의 이동'이 '노동의 이동 없는 실업'으로 전락하거나, 그렇지 않는다고 하더라도 근로자가 근로조건이 열악한 직장으로 재취직을 강요당하는 것이 되고 전체적으로 고용의 악화가 촉진되기 때문이다.

---

17) 本久洋一 "解雇制限の規範的根拠" 日本労働法学会誌 99호(2002) 20쪽; 川口美貴 『労働法』 (2015, 信山社) 520쪽 이하.
18) 논의의 상황에 관해서는 山本陽太 "解雇規制をめぐる法理論" 季刊労働法 245호(2014) 189쪽 이하 참조.

III. 법체계에서의 노동법

노동법의 궁극적 목적은 일하는 사람의 행복의 최대화이며 그 주요 수단은 사용자의 단독 결정의 규제와 그것을 보조하는 국가정책이다. 그러나 근로자와 그 가족의 행복을 실현하기 위해서는 노동법만으로는 충분하지 않은 것은 분명하다. 노동법의 인접영역인 사회보장제도, 세제, 주택정책, 소비자보호제도, 보육정책, 교육정책, 환경정책 등도 노동법과 더불어 근로자와 가족의 생활을 지지하게 된다. 노동법을 포함한 이러한 종합적인 시책을 생활보장제도라고 부른다고 하면 생활보장제도 전체 속에서 노동법이 어떠한 위치를 차지해야 하는지가 노동법의 장래를 생각할 때에 하나의 중요한 시점이 된다.

1980년 말까지 융성했던 일본식 고용관행에서는 상당히 고액의 상여금이 포함된 임금, 퇴직금, 부양가족수당, 주택수당 등이 포함되어 있었고 또 사용자는 근로자에게 주택, 사원식당, 진료소, 보육시설, 휴양시설 등을 제공하고, 나아가 기업연금제도에 의해 근로자와 가족의 생활을 장기적으로 보장하려고 했다. 대기업의 남성 정사원을 모델루 한 이러한 기업 내 복리후생은 어느 정도 중소기업에도 보급되어 있었지만 그러나 많은 여성근로자나 압도적으로 다수인 비정규직근로자는 이러한 혜택에서 배제되어 있었다.

그리고 1990년대 이후의 헤이세이(平成) 불황 속에서 기업 내 복리후생으로부터 배제된 비정규직근로자가 급증하고, 또 기업은 정사원에 대해서도 기업 내 복리후생을 정리 · 축소해 왔다. 전체적으로 근로자 복지의 상당 부분을 기업이 담당해왔던 일본식 기업사회의 구조적 결함이 드러났다. 이러한 상황 변화로 본래에 기업이 담당했던 근로자의 생활보장 기능의 상당 부분을 국가 · 사회가 맡게 되었다. 이것은 노동법의 기능범위의 일정한 축소와 다른 생활보장제도에 의한 대체를 의미하는 것이다.[19] 그러나 장기불황의 시대는

---

19) 島田陽一 "これからの生活保障と勞働法学の課題－生活保障法の提唱' 西谷古稀(上) 56쪽

사회보장제도 등의 공적인 생활보장제도가 오히려 큰 폭으로 후퇴하는 시기이기도 했다. 그리고 기업이나 국가도 포기한 생활보장제도의 상당 부분은 영리를 목적으로 하는 민간기업이 담당하게 되고 이것은 근로자의 빈곤화를 한층 더 촉진하는 결과가 되었다.

이러한 상황을 고려하여 공적인 생활보장의 체계 속에서 노동법이 차지해야 할 위치를 생각해야 한다. 그리고 적어도 다음과 같은 관점은 반드시 필요하다.

첫째, 노동법은 공적인 생활보장제도의 일환으로서 자리매김하고 노동법상의 여러 문제를 검토할 때에는 끊임없이 다른 공적 생활보장제도와의 관계가 검토되어야 한다.[20) 그러나 그렇다고 해서 결코 노동법이 생활보장 법체계 속으로 용해되어야 하는 것을 의미하는 것은 아니다. 사용자의 단독결정의 규제를 핵심으로 하는 노동법은 독자적인 존재 의의를 계속 갖는 것이고, 단지 다른 생활보장제도와의 관계가 보다 의식적으로 고려되어야 한다는 것이다.

둘째, 검토되어야 할 노동법과 다른 생활보장제도와의 관계는 양자의 제휴와 동시에 역할분담의 문제도 포함된다. 양자의 역할분담은 역사적으로 결정되어 온 것으로서 사회적 경제적 여러 조건이 변화하는 가운데 끊임없이 재검토되어야 하는 것이다. 그러나 근로자를 고용하고 그에 따른 이익을 얻는 사용자는 근로자와 그 가족의 생활의 보장에 대해서 임금지급 이외의 책임을 모두 국가에 넘겨서는 안 된다. 예를 들어 질병·장해나 출산·육아 기간 중에 근로자의 근로를 면제하고 공적 사회보험제도에 의한 급여와 함께 근로자 생활의 보장에 협력하는 것은 사용자의 책무인 것이다. 또 고령자 고

이하에서는 '일본형' 생활보장의 구조는 붕괴과정에 있고 향후에는 노동법과 사회보장법이 제휴하여 생활보장을 위한 법(생활보장법)을 수립하는 것이 불가결하게 된다고 한다. 그러나 여기에서는 '생활보장법'의 개념은 노동법과 사회보장법의 제휴에 관한 법으로서 좁게 파악되고 있다(68쪽).

20) 예를 들어 三井, 앞의 주8) 117쪽 이하에서는 근로자의 '일·가정 양립지원'라는 관점에서 보육서비스, 육아·돌봄지원, 한부모의 취업지원, 복지수당 등을 포함하여 노동법과 사회보장법이 제휴해야 한다고 주장한다.

용이나 퇴직금 지급의 형태에서 고령자의 생활보장에 공헌하는 것도 오랜 세월 근로자를 사용해 온 사용자의 책임이다. 나아가서 사용자가 그러한 보장의 대상을 정사원으로 한정해서는 안 된다. 비정규직근로자도 생활하며 살아가는 인간이며 그 인간으로부터 노동력만을 떼어내 이용하는 것은 허용될 수 없는 것이라고 한다면, 비정규직근로자에 대해서도 사용자는 그 특성에 적합한 범위에서 생활보장에 대한 배려의 의무가 있는 것이다.

셋째, 일본식 고용관행이 지속가능하지 못하고 있는 오늘날은 비정규직근로자를 포함한 근로자 전체의 생활보장을 위해서 국가가 보다 적극적인 역할을 해야 하는 것은 당연하다. 그리고 각종의 공적 생활보장제도를 확립해 가면 기업이 담당해 온 제도의 일부를 국가에 이행시키는 것도 생각할 수 있다. 그러나 공적 생활보장제도가 충분히 정비되지 않은 상황에서 사용자가 종래의 제도를 일방적으로 포기하는 것은 무책임하다는 비판을 면할 수 없을 것이다.

경제·사회의 변동 속에서 근로자·국민의 인간 존엄에 합치되는 생활을 보장하기 위해서는 빈틈없는 생활보장의 체계가 구축되어야 하는 것이 당연한 것이고, 국가와 사용자의 책임 분담이나 책임의 이행은 생활보장 체계 안에서 정합적으로 자리매김하지 않으면 안 된다. 이러한 생활보장 체계의 전체를 시야에 넣고 주로 사용자의 책임영역의 여러 문제와 고용보장의 분야를 취급하는 것이 노동법이다.

찾아보기

ㄱ

간접고용 ······························· 212
간접적 효력설 ················· 131, 136
강박 ···································· 194
강행법규 ················· 129, 142, 179
개념법학 ······························ 308
개방조항 ································ 25
개인도급 ······························ 205
개인분쟁 ······························ 351
개인의 존중 ················ 21, 100, 264
개인주의 ···················· 108, 263
게마인샤프트 ························· 260
게젤샤프트 ··························· 260
경고파업 ······························ 244
경력사칭 ······························ 317
경업금지의무 ··················· 172, 318
경영권 ································· 171
경제적 기본권 ·················· 95, 139
경제적 종속성 ········· 5, 81, 118, 236
계급적 종속성 ···················· 5, 38
계속고용제도 ··············· 141, 154, 318
고도전문근무제 ······················ 228
고용보장 ··················· 23, 152, 361
──법 ································· 8
고용형태에 의한 차별(금지) ············· 219
공공복지 ······························ 98
공무원의 정치활동 ···················· 277
공법·사법 이원론 ··············· 130, 144

공서양속 ······························ 152
공장법 ························· 1, 4, 129
공정대표의무 ························· 246
과로사·과로자살 ·········· 121, 228, 341
관계적 계약 ·························· 173
관공근로자의 근로기본권 ··············· 139
관리 ······························· 3, 203
──감독자 ························· 223
──직 ····························· 223
관여권 ······························· 110
관철파업 ······························ 244
괴롭힘 ······················· 81, 122, 286
구조조정 ······························ 225
국제노동조합총연합 ··················· 30
국제연합 ························· 27, 104
국철의 분할민영화 ·············· 279, 312
규제완화(론) ·············· 1, 21, 123
균등대우 ························· 204, 218
근로계약 ········ 63, 70, 75, 78, 146, 159,
        167, 172, 186, 316, 337
근로관계의 사법화 ·············· 337, 341
근로권 ································· 96
근로시간 단축 ··················· 12, 217
근로자 개념 ··············· 204, 231, 234
근로자 공급사업 ······················ 213
근로자의 종속성 ·············· 5, 41, 160
근로자 파견 ·························· 205
근로조건의 명시 ······················ 349

글로벌화 ·················· 167, 238, 258, 337
기간제고용 ··············· 155, 193, 208, 210
기간제근로계약 ·························· 193, 200
가간제근로자 ······························· 207, 211
기르케(Otto von Gierke) ·· 62, 146, 340
기본권보호의무 ·························· 119, 144
기본소득제론 ···································· 357
기본적 인권 ··········· 21, 50, 92, 96, 128,
    130, 134, 258
    ──의 사인간 효력 ······ 130, 318, 330
기업 내 복리후생 ············· 221, 340, 364
기업변동 ··· 167
기업별(노동)조합 ············· 162, 248, 250
기업제도론 ·································· 72, 163
기업질서 ································· 170, 317
길드 ··· 239

ㄴ

나폴레옹 민법전 ·················· 62, 70, 338
남녀고용기회균등법 ················· 175, 226
네덜란드 모델 ··································· 22
노동세약승계법 ······························· 281
노동기본권 ············· 21, 93, 96, 100, 274
노동기준법 ···· 40, 76, 99, 148, 223, 327
노동법의 개념 ·································· 1, 4
노동법의 유연화 ····························· 21, 23
노동보호법 ················· 5, 7, 8, 71, 140
노동분쟁의 유형 ······························· 351
노동시장법 ··· 8
노동심판 ························· 140, 342, 353
노동양식 ··· 329
노동조합 ··········· 16, 238, 240, 243, 245,
    250, 251, 255, 260, 261, 265, 268
노력의무 ·································· 157, 319

노무공급계약 ···················· 63, 77, 338
노사대등결정원칙 ······················· 164, 186
노재보험법 ······························· 232, 315
능력·성과주의 ··························· 175, 349
니퍼다이(Hans Carl Nipperdey) ······ 135,
    147, 293

ㄷ

다국적 기업 ································· 14, 28
다양한 정사원 ···································· 226
단결권 보장 ················· 8, 13, 135, 257
단독결정의 규제 ···················· 6, 33, 365
단속법규 ··· 143
단시간 근로자 ···································· 216
단체교섭(권) ············· 47, 101, 245, 259
단체협약 단일화법 ······························ 248
단체협약의 효력 ··············· 162, 247, 313
    ──확장 ·························· 162, 313
대상조치 ··· 102
덴마크 모델 ································ 22, 361
도도부현 노동국의 알선 ······················ 342
독일기본법 ··· 245
독일 민법전 ················· 40, 61, 63, 338
동맹파업 ··· 314
동일가치노동·동일임금(원칙) ···· 215, 220
디센트 워크(Decent Work) ······ 127, 360

ㄹ

라드부르흐(Gustav Radbruch) ···· 35, 41,
    54, 61, 90
룰(rule)형성적 해결 ·························· 355

ㅁ

맥아더 서한 ······················· 275, 277
멩거(Anton Menger) ·················· 62, 95

목적론해석 ······················· 313

무기계약 ··························· 210

무한정 정사원 ····················· 226

무효력설 ······················ 131, 138

묵시의 합의 ························ 195

문리해석 ··························· 312

민법의 사회화 ··················· 63, 80

밀(John Stuart Mill) ··············· 111

ㅂ

바이마르 노동법 ··················· 257

바이마르 헌법 ················· 132, 245

반실업자 ··························· 205

배치전환 ···················· 80, 174, 289

배타적 교섭대표제 ············· 246, 259

법도그마 ··························· 327

법실증주의 ····················· 91, 298

법원 ···················· 72, 272, 280

법의식 ························· 91, 351

법의 절차화 ······················· 346

법의 흠결 ····················· 84, 271

법이념 ······················ 54, 90, 113

법조사회주의 ······················ 62

법치주의 ······················· 54, 93

법학전문대학원(법과대학원) ········· 301

법해석논쟁 ························· 304

보충적 효력 ················· 153, 155

복지국가 ···················· 50, 98, 358

본채용거부 ························· 137

부당노동행위 ·········· 129, 160, 194, 224,
   252, 312, 352

부수의무 ··························· 316

블랙기업 ··························· 10

비갱신조항 ················· 176, 193, 199

비근로자화 ···················· 205, 230

비법화 ···························· 337

비정규직근로자 ······· 162, 204, 207, 219,
   222, 342, 364

비정규직화 ························· 23

ㅅ

사법반동 ··························· 273

사법화 20, 112, 300, 335, 341, 343, 344

사업양도 ····················· 169, 287

사용자의 이익대표 ················· 224

사용자의 재량 ················· 344, 348

사적 자치 ······················ 26, 115

사회국가 ···················· 20, 135, 335

사회연대주의 ······················ 71

사회정책 ··························· 10

사회주의단속법 ····················· 64

산업별(노동)조합 ············· 241, 247

산전후휴가 ························· 181

삼권분립 ··············· 274, 280, 309, 332

생존권 ················ 21, 51, 94, 99, 121

——적 기본권 ··················· 96, 100

성별역할분담 ······················ 217

성희롱 ············ 122, 205, 225, 286, 341

소득정책 ··························· 242

소비자계약 ························· 82

소비자보호 ···················· 144, 153

시민법 ············· 19, 34, 41, 50, 61

'시민사회'론 ························ 55

신분계약 ··························· 162

신자유주의 ···················· 21, 123, 258

실업 없는 노동이동 ················· 361

ㅇ

아르바이트 ································· 175, 207
ILO ································· 15, 27, 127
안전배려의무 ············· 63, 237, 284, 316
ad hoc 해결 ································· 355
NPO ··· 16
약관 ·· 25, 82
8시간 근로제 ································· 15
연봉제 ··· 175
연차유급휴가 ············· 16, 181, 284, 329
예측가능성 ·························· 232, 330
opt-out ······································· 179
워크쉐어링 ····························· 15, 22
워킹 푸어(working poor) ················· 121
원생적인 노동관계 ························· 10
위장도급 ······················ 82, 142, 313
위헌법률심사 ······························· 274
유니온숍 ··············· 162, 248, 251, 270
유리원칙 ····································· 185
유사 파트타임 ······················ 208, 215
유연안정화(론) ····························· 361
의회제 민주주의 ··························· 17
이익형량론 ······· 304, 307, 310, 322, 327
인간다운 생활 ············· 8, 99, 180, 326
인간의 존엄 ························ 106, 360
인격권 ······················ 110, 122, 317
인사권 ··· 341
인사협의조항 ······························· 346
인적 종속성 ············ 5, 64, 77, 118, 236
일반조항 ································· 79, 84
일본문화론 ································· 263
일본식 고용관행 ············ 284, 339, 364
일시보상 ····································· 315

일자리보장 ················ 22, 25, 127, 360
임금채권의 포기 ··························· 183
입구제한 ····································· 211
입법자 의사 ··················· 156, 291, 318
입헌주의 ······························ 20, 271

ㅈ

자기결정(권) ························ 111, 113
자기책임 ······················ 121, 125
자유(권) ························ 101, 109
──적 기본권 ················ 96, 109, 137
자유의사의 허위성 ························· 165
잔업수당 ······················ 166, 225
쟁의행위의 민사면책 ······················· 255
적극적 승인 ························ 100, 255
전근 ································· 226, 345
전적 ······················ 74, 80, 178, 284
정년 ································· 141, 318
정당사유설 ············· 39, 85, 283, 363
제1차적 자기결정 ············· 178, 180, 200
제2차적 자기결정 ············· 178, 180, 193
제4차 산업혁명 ····························· 32
제도적 계약 ························ 134, 173
조정적 해결 ································· 353
조직적 종속성 ································· 5
종속성 ····················· 5, 36, 64, 159
종업원대표제 ························ 250, 253
죄형법정주의 ··············· 54, 141, 157
준근로자 ····································· 235
중간착취 ························ 213, 215
지역유니온 ············· 259, 270, 342, 351
지위설정계약 ························ 162, 338
직능조합 ····································· 241
직무전념의무 ······························· 317

직무형 근로계약 ························· 163
직무형 정사원 ························· 175
직업소개 ······················ 214, 362
직업훈련 ······················· 22, 362
직접적 효력설 ························· 135
진의 ···················· 165, 177, 180
진츠하이머(H. Sinzheimer) ···· 3, 35, 58,
  66, 166, 339
집단분쟁 ······························ 351
집단주의 ···················· 41, 263, 265

ㅊ

차별금지 ·················· 126, 152, 218, 287
착오 ································ 193
체크오프 ······························ 313
총자본의 이성 ················· 13, 29, 43
최고재판소 조사관 ····················· 295
최저임금법 ························· 9, 156
최저임금제 ····························· 9
취업규칙 ·· 154, 161, 186, 190, 296, 349
──의 불이익변경 ····················· 187
취업청구권 ···························· 360

ㅋ

커리어(career)권 ····················· 359
코알리시옹(coalition) ········· 16, 240, 243

ㅌ

퇴직의 자유 ·························· 74

ㅍ

파견근로 ························· 24, 210
파시즘 ·············· 37, 101, 107, 257
파업(권) ························ 244, 253
판례법리의 명문화 ···················· 289
판례실증주의 ························· 297

판례의 구속력 ························ 272
판정적 해결 ························· 353
편의제공 ···························· 252
평가법학 ···························· 333
표준적 근로관계 ················ 25, 206
피케팅 ················· 102, 314, 326
필라델피아선언 ························ 27

ㅎ

하르츠 개혁 ·························· 24
한정 정사원 ·················· 175, 226
할증임금 ···················· 184, 329
합리적 한정해석(론) ··············· 275, 296
합병 ······························ 168
합의에 의한 상계 ···················· 183
합의해지 ···························· 193
해고권남용법리 ················· 79, 283
해고의 금전해결제도 ············· 354, 361
해고제한 ··········· 22, 210, 233, 361
──법 ···················· 79, 281
──의 잠탈 ················· 201, 287
헤이세이 불황 ········· 120, 160, 341, 364
현대시민법론 ···················· 35, 54, 59
협동체 사상 ························· 97
협약의 불이익변경 ····················· 185
협약자치의 한계 ······················ 185
호출근로 ···························· 217
화이트칼라 ···························· 4
화해 ······························ 353
회사분할 ···························· 168
효력확장(제도) ··············· 246, 313
휴업수당 ···························· 87
휴업 중 해고 ························ 315

저자소개

1943년 일본 코베(神戸)시에서 출생
1966년 교토(京都)대학 법학부 졸업
1971년 교토(京都)대학 대학원 법학연구과 박사과정 수료
1971년 오사카시립(大阪市立)대학 법학부 교수
2007년 오사카시립(大阪市立)대학 정년퇴임. 긴키(近畿)대학 교수
현 재 오사카시립(大阪市立)대학 명예교수

주요저서

『労働法における個人と集団』(有斐閣, 1992)
『ゆとり社会の条件—日本とドイツの労働者権』(旬報社, 1992)
『労働組合法』(有斐閣, 초판 1998, 제2판 2006, 제3판 2012)
Vergleichende Einführung in das japanische Arbeitesrecht, Carl Heymanns Verlag, 2003
『規制が支える自己決定—労働法的規制システムの再構築』(法律文化社, 2004)
『労働法』(日本評論社, 초판 2008, 제2판 2013)
『人権としてのディーセント・ワーク—働きがいのある人間らしい仕事』(旬報社, 2011)

역자소개

이 책 번역작업에 참여한 「한일노동법포럼」 회원은 아래와 같습니다.

이승길(아주대학교) : 제1장
문무기(경북대학교) : 제2장
노상헌(서울시립대학교) : 제3장
박선영(여성정책연구원, 간사) : 제4장
송강직(동아대학교) : 제5장
김희성(강원대학교) : 제6장
조상균(전남대학교) : 제7장
이달휴(경북대학교) : 제8장
심재진(서강대학교) : 제9장
조임영(영남대학교) : 제10장
이병운(순천대학교) : 제11장, 제12장

감수 : **송강직, 노상헌, 정영훈**(헌법재판연구원)

ROUDOUHOU NO KISOKOUZOU

© SATOSHI NISHITANI 2016

Originally published in Japan in 2016 by Horitsu Bunka Sha, KYOTO,

Korean translation rights arranged with Horitsu Bunka Sha, KYOTO,

through TOHAN CORPORATION, TOKYO, and Eric Yang Agency, SEOUL.

Korean translation rights © 2016 by Parkyoung Publishing Co.

노동법의 기초구조

초판발행	2016년 10월 25일
중판발행	2020년 4월 30일
지은이	SATOSHI NISHITANI
옮긴이	한국노동법학회·한국비교노동법학회
펴낸이	안종만·안상준
편 집	한두희
기획/마케팅	정연환
표지디자인	조아라
제 작	우인도·고철민
펴낸곳	(주) **박영사**
	서울특별시 종로구 새문안로3길 36, 1601
	등록 1959. 3. 11. 제300-1959-1호(倫)
전 화	02)733-6771
f a x	02)736-4818
e-mail	pys@pybook.co.kr
homepage	www.pybook.co.kr
ISBN	979-11-303-2951-2 93360

* 잘못된 책은 바꿔드립니다. 본서의 무단복제행위를 금합니다.
* 역자와 협의하여 인지첩부를 생략합니다.

정 가   50,000원